MW01038014

LOS AMOS DE MÉXICO

JORGE ZEPEDA PATTERSON
Coordinador

LOS AMOS DE MÉXICO

temas'de hoy.

Diseño de portada: Estudio la fe ciega / Domingo Martínez
Fotografía de portada: © Shutterstock

Bajo el sello editorial TEMAS DE HOY[MR]
Avenida Presidente Masarik núm. 111, Piso 2
Colonia Polanco V Sección
Deleg. Miguel Hidalgo
C.P. 11560, Ciudad de México
www.planetadelibros.com.mx

Primera edición: octubre de 2007
Segunda edición: septiembre de 2011
Tercera edición: septiembre de 2016
ISBN: 978-607-07-3646-9

Impreso en los talleres de EDAMSA Impresiones, S.A. de C.V.
Av. Hidalgo núm. 111, Col. Fracc. San Nicolás Tolentino, Ciudad de México
Impreso y hecho en México / *Printed and made in Mexico*

Índice

Introducción

El título de este libro atiende a un puñado de familias cuya riqueza y poder las ubica en la cúspide de la pirámide social y económica del país. Pero, ¿son los multimillonarios los verdaderos dueños de México?

La información que se presenta en los siguientes diez capítulos lleva a pensarlo así. Las 20 familias más acaudaladas del país no sólo concentran una proporción superior al 10 por ciento del PIB, y más de la mitad del valor accionario de la Bolsa Mexicana; además influyen decisivamente en la economía y la política mexicanas y, por ende, en la vida de todos los habitantes. Como lo dice Francesc Relea en el primer capítulo, es prácticamente imposible que un mexicano transcurra un día de vida sin requerir de los productos de Slim o del conjunto de los empresarios aquí incluidos. Comer o beber, vestirse, ver televisión, seguir el futbol, fumar, enfermarse, viajar, hablar por teléfono, ir al cine, escuchar música. En este momento resulta impensable "un día sin Slim" y sus colegas. Pero más allá de la omnipresencia de Bimbo, Televisa, Telmex, TV Azteca, Modelo, Sanborns, Cinépolis y otra veintena de grandes consorcios, los multimillonarios son los dueños del país por la enorme capacidad que tienen para moldear y modificar las estructuras políticas y económicas del mismo de acuerdo con sus intereses.

En el presente libro sobre los multimillonarios de México no están todos los que son, pero sí son todos los que están. Los diez casos seleccionados desde luego no son exhaustivos y, como toda lista, es objeto de polémica. Carlos Slim y Emilio Azcárraga no podían faltar como cabezas de los dos imperios económicos más influyentes en la vida diaria de los mexicanos. Alberto Baillères es el tercer hombre más rico del país; María Asunción Aramburuzabala es la mujer con mayor fortuna de América Latina, y no me refiero a su boda con el embajador de Estados Unidos, del cual se divorció poco después; Lorenzo Servitje es ave de tempestad por su protagonismo político y su osito Bimbo se encuentra hasta en el anaquel más aislado de la geografía nacional; Roberto Hernández fue el banquero de Fox y Calderón; Olegario Vázquez Raña, flamante propietario de la tercera cadena de televisión, irrumpió en los medios de comunicación apoyado por sus hoteles y hospitales, el camino inverso que siguió Ricardo Salinas Pliego, quien a partir de TV Azteca logró diversificarse y hacer un imperio financiero e industrial. Quizá hay otros más ricos que Jorge Vergara (Omnilife y Chivas) y la familia Ramírez (Cinépolis), incluidos en esta selección, pero ambos constituyen los capitales más dinámicos de sus respectivas regiones, Jalisco y Michoacán; sus casos son similares a los de otra docena de empresarios regionales a lo largo del territorio. Consideramos que un libro sobre los dueños del país no podía quedar circunscrito a empresarios del Distrito Federal y Nuevo León, como hubiera sido el caso de atenernos exclusivamente a las variables económicas.

En la lista de la revista *Forbes* publicada en 2016 con los diez mexicanos más ricos del país aparecen cinco personajes de este libro: Carlos Slim, Alberto Baillères, Lorenzo Servitje, María Asunción Aramburuzavala y Ricardo Salinas Pliego. Pero no siempre los *rankings* de *Forbes* reflejan el protagonismo de los capitanes del dinero en la vida política y social del país. Aunque no se encuentran en la lista de los diez primeros, decidimos incluir a Emilio Azcárraga, a Olegario Vázquez Raña, a Roberto Hernández, a los Ramírez y a Jorge Vergara por razones obvias.

No hay un patrón o casillero que los incluya a todos. Algunos de ellos se hicieron a sí mismos: Jorge Vergara y Roberto Hernández literalmente no podían pagar su tarjeta de crédito hace 30 años. En el extremo opuesto, varios de ellos son ya "tercera generación": Emilio Azcárraga Jean, Mariasun Aramburuzabala y Alejandro Ramírez heredaron —y ampliaron— imperios fundados por sus abuelos. Son casos de éxito que echan por tierra la vieja maldición china sobre la tercera generación: "la primera construye la fortuna, la segunda la disfruta y la tercera se la acaba".

En situación intermedia se encuentran Carlos Slim, Olegario Vázquez Raña, Alberto Baillères y Lorenzo Servitje, típicos casos de segunda generación: sus padres iniciaron la carrera empresarial y otorgaron un impulso destacado a sus hijos, pero luego estos multiplicaron la herencia o el apoyo recibido.

La selección de los casos ha sido, pues, un cruce de criterios económicos con otros periodísticos para ofrecer un panorama que refleje, en carne y hueso, una radiografía de los hombres y mujeres más poderosos de la iniciativa privada y de la historia de las empresas que construyeron. En ningún sentido el libro intenta convertirse en un linchamiento de estos personajes simplemente porque son millonarios. Es cierto que la dimensión de sus fortunas constituye para muchos mexicanos un motivo de escándalo en un país que padece tantas desigualdades. Pero el análisis de sus biografías muestra que, en la mayoría de los casos, se trata de personas con virtudes y defectos comunes y corrientes, potenciados, eso sí, por el poder y por la disponibilidad de una enorme chequera. Desde luego todos ellos tienen en común la habilidad para hacer negocios exitosos y su capacidad para aprovechar en su favor las distorsiones y particularidades que caracterizan a la sociedad y a la política mexicana.

Las diez investigaciones que aquí se presentan no son un tendedero para ventilar los trapos sucios, aunque ciertamente incluimos algunos. El propósito es, simplemente, ofrecer una visión documentada de la manera en que hicieron sus fortunas y las circunstancias personales y familiares en las que se han desenvuelto. Entender el proceso de construcción de estos imperios empresariales arroja importantes luces para desentrañar un lado poco explorado, pero decisivo, de la historia económica —y política— reciente del país.

Ser inmensamente rico en una sociedad que hace del dinero la esencia del éxito y el poder no es cosa fácil. "Termina por convertir a las personas en una especie diferente", me dijo una cineasta a propósito de Jorge Vergara, y es cierto. Los que se acercan a Slim, a Azcárraga o a Baillères saben que una palabra, un proyecto aprobado, un arranque de generosidad de parte de ellos tiene el poder de transformar vida y fortuna. A principios de 2007 entrevisté a Bill Gates y pude constatar la actitud de arrobo con que se acercaban hombres y mujeres, pobres y no tan pobres, a saludarlo. Lo reverenciaban como si en algún momento fuese a sacarse de la bolsa un millón de dólares para ofrecerlo a la menor provocación.

La riqueza ilimitada afecta a los ricos y la manera en que estos ven al resto de la especie humana. Pero también cambia a las personas que rodean a los ricos y, por ende, los cambia a ellos. Al poder que emana del hecho de ser empresarios exitosos se añade la actitud reverencial de propios y extraños, que termina por construir una corte de adulación en torno a cada uno de ellos. Como se verá en las siguientes páginas, algunos han utilizado estos recursos para ampliar su imperio por las buenas y por las regulares; otros los han aprovechado para satisfacer caprichos y alguna que otra infamia; pero más de uno ha usado su posición encumbrada para mejorar su entorno o, al menos, escoger su "buena causa".

Los autores de estos perfiles son todos profesionales de amplia experiencia y de muy diversa procedencia. Reporteros o editores formados en diarios como *El País*, *El Universal*, *La Jornada* y *Reforma*, y de revistas como *Proceso*, *Expansión*, *Día Siete* y *Gatopardo*. Entre todos ellos y ellas han publicado una veintena de libros. Deliberadamente se buscó hacer un texto plural, ajeno a capillas gremiales o corrientes ideológicas, sin mayor énfasis que buscar al mejor periodista o analista posible para cada uno de los empresarios biografiados.

Para la elaboración de estos perfiles algunos autores pudieron entrevistar al empresario respectivo (Carlos Slim, Ricardo Salinas Pliego, Jorge Vergara), en otros casos no fue posible. Pero todas las investigaciones se nutrieron de un amplio número de entrevistas con personas cercanas o familiares, empleados y ex empleados, amigos y enemigos. Las y los autores contaron con una documentada investigación de archivos de periódicos y revistas, gracias al apoyo de Fernando Hurías, a quien extendemos nuestro reconocimiento.

La investigación y redacción original de este libro se realizó en el año 2007. Para la segunda edición, fechada en 2016, se hicieron cambios sustantivos. Optamos por quitar los capítulos correspondientes a Lorenzo Zambrano, cabeza de Cemex, y de Roberto González, fundador de Maseca y Banorte, fallecidos ambos en los últimos años. Pero esta segunda edición fue enriquecida con la incorporación de un personaje imprescindible: Ricardo Salinas Pliego, el poderoso y polémico dueño de TV Azteca y grupo Elektra.

Por otra parte, las biografías de los empresarios que aparecían desde la primera edición han sido actualizadas gracias a la acuciosa investigación de la periodista Ixchel Cisneros. Al final de cada capítulo hemos incluido una adenda para dar cuenta de los cambios de vida experimentados por estos personajes a lo largo de la última década. Una excepción es el caso de Carlos Slim, cuyo capítulo fue reescrito y actualizado desde su primera página por considerar que la aparición de nuevos materiales obligaba a una revisión completa de su perfil (en particular la publicación en 2015 de *Slim. Biografía política del mexicano más rico del mundo*, de Diego Enrique Osorno).

En el transcurso de la década que media entre la primera y la segunda edición todos ellos se han hecho más ricos, aunque María Asunción Aramburuzabala ya no está casada con el ex embajador estadounidense Tony Garza, y Jorge Vergara contrajo terceras nupcias con la empresaria Angélica Fuentes y luego emprendió acciones legales para "descontraerse". Todas esas modificaciones de vida e imperio están debidamente registradas en estas adendas.

Seguirá siendo motivo de controversia si los nueve hombres y la mujer incluidos aquí pueden ser considerados como "los dueños de México". En todo caso, las siguientes páginas revelan que el país les pertenece mucho más a ellos que a cualquiera de nosotros. Léalas si no, y juzgue usted mismo.

JORGE ZEPEDA PATTERSON

Carlos Slim

Liderazgo sin competencia

Por Francesc Relea

La sombra del magnate planea sobre la vida de la mayoría de mexicanos de clase media desde que despunta el sol. Una buena mañana, Pancho González sale para hacer media hora de ejercicio en su bicicleta, que está fabricada por Bimex. En la casa, los conductores de electricidad que dan luz a la vivienda son de Empresas Nacobre, y el agua de la ducha corre por tuberías de cobre extraído de una mina de FRISCO. El disco compacto que suena en el equipo de música mientras nuestro protagonista se viste fue adquirido en la cadena Mixup. La primera llamada telefónica del día es a través de la línea fija de Telmex.

El vehículo lleva neumáticos nuevos de la marca Euzkadi adquiridos en los almacenes Sears. De camino a la oficina, suena el teléfono celular, que tiene contrato con Telcel. Antes de llegar al trabajo, es obligada una parada para desayunar. Qué mejor que cualquiera de las cafeterías de la cadena Sanborns, que abundan en toda la ciudad. Después del primer café del día apetece el primer cigarrillo, de Cigarrera La Tabacalera Mexicana (Cigatam). En el trabajo, lo primero es conectar el ordenador para revisar el correo electrónico y dar una ojeada a la prensa a través de internet, cuyo servidor es de Prodigy Infinitum (Telmex). A media mañana, llega a la oficina un agente de seguros con el que contrata una póliza, de Seguros Inbursa.

La jornada llega a su fin y de regreso a casa hace una parada en una pastelería para comprar unos chocolates elaborados o distribuidos por Nacional de Dulces, y acompaña a un cliente al hotel Calinda, operado por Real de Turismo. Al llegar el fin de semana apetece una escapada al mar, sin que se disparen los gastos. Volaris, una línea aérea de bajo coste, es la compañía perfecta para viajar a Acapulco.

Todas estas empresas y negocios, que pertenecen a sectores tan diversos como bicicletas, construcción, minería, comercio, telecomunicaciones, autopartes, restauración, tabaco, alimentación, hostelería o aviación, giran en la órbita de Carlos Slim Helú, el número uno de los empresarios mexicanos, el más rico de los ricos, dueño de un conglomerado que representa más de una tercera parte del valor del principal índice bursátil de México.

El cineasta Sergio Arau hizo la película *Un día sin mexicanos*, en la que mostraba en clave de humor la situación de colapso que generaría en la economía de Estados Unidos si de la noche a la mañana los millones de emigrantes latinos desaparecieran del estado de California. Uno podría preguntarse qué pasaría si un día el imperio de más de 200 empresas de Slim dejara de funcionar. ¿Podrían vivir sin Slim, ni siquiera un día, los millones de mexicanos que, como el Pancho González de esta historia, se mueven al ritmo del magnate?

El despacho del hombre más rico de México está en un edificio menos aparatoso de lo que cabría esperar, bien custodiado por efectivos policiales que revisan al visitante sin grandes aspavientos. El *sancta-*

sanctórum de Carlos Slim es la sede principal del grupo financiero Inbursa, en la colonia Lomas de Chapultepec, un barrio residencial de la capital mexicana. Lo que empezó como un fondo de inversión en 1981 ha ampliado sus prestaciones bancarias, y ofrece también seguros y planes de pensiones, hasta convertirse en uno de los cuatro ejes del imperio económico del magnate. Los otros tres son telecomunicaciones, comercio e infraestructura.

Slim es el presidente honorífico vitalicio del consejo de administración y presidente del comité ejecutivo de Teléfonos de México (Telmex), la joya de su patrimonio. La revista *Forbes*, que cada año publica la lista de los más ricos del mundo, situaba en 2004 al empresario mexicano en el puesto 17. Cuatro años después, la cotización de sus activos en la Bolsa le permitió dar un salto espectacular que lo colocó en el primer lugar del *ranking* de millonarios.

A lo largo de la siguiente década, Slim compartió con Bill Gates, dueño de Microsoft, y con el inversionista Warren Buffett el podio de los tres hombres más ricos del mundo, intercambiando posiciones cada año en función de la cotización en la bolsa de las acciones de sus empresas. Sus fortunas oscilan en torno a los 75 mil millones de dólares en los mejores momentos. En los últimos dos años, sin embargo, Slim ha caído de este podio, tras una pérdida en el monto accionario en América Móvil, la operadora de telefonía digital en América Latina, y la disminución de la cotización internacional sus empresas mineras.

Mucho más claro está el panorama en México. En su país de nacimiento, Slim no tiene rival. Las cifras hablan por sí solas. En el *ranking* de los 100 empresarios mexicanos más importantes que publica anualmente la revista *Expansión*, Slim ocupa el primer lugar de manera destacada desde hace 15 años, gracias a que combina las mayores ventas, una gran participación de mercado y a que es el protagonista de las mayores operaciones bursátiles. Es, asimismo, el empresario más exitoso económicamente —sus compañías representan el 6.3 por ciento del PIB de México—, el primer empleador privado, con cientos de miles de puestos de trabajo directos y medio millón indirectos, y el que obtiene mayores beneficios, en condiciones de seguir creciendo.

No deja de ser paradójico que alguien que por momentos ha sido considerado el hombre más rico del planeta viva en un país con la mitad de la población en el umbral de la pobreza, y que figura en el puesto 103 de 126 naciones en la lista de Naciones Unidas sobre igualdad. El aumento de la riqueza de Slim contrasta con la realidad lacerante de muchos de sus compatriotas, según muestran las estadísticas: en los dos últimos años ganó 27 millones de dólares diarios, mientras que el 20 por ciento de la población mexicana vive con dos dólares al día.

A Slim le encanta exhibir su poderío y autoridad. Lo hace, por ejemplo, cuando habla por el interfono que tiene sobre la mesa de reuniones para cualquier consulta a sus colaboradores, que lo atienden con sumisión y celeridad.

—Eduardo, ¿Inbursa se formó en el 80? ¿Cuándo bajó de valor? ¿De abril del 80 al 92 nunca bajó de valor? Dime cuál fue la rentabilidad, anda, Eduardo.

—Ahora mismo se lo miro, señor.

Al instante, el jefe llama a su secretaria para aclarar más dudas: a cuánto pagamos la acción de tal empresa, cuál era el valor de Inbursa, a cuánto vendimos aquella otra compañía... "Desde su constitución como fondo de inversión, en abril de 1981, hasta 1990 el valor de las acciones de Inbursa siempre se mantuvo al alza", dice con satisfacción. "En los 26 años de existencia, el rendimiento anual compuesto en dólares ha sido del 22.4 por ciento de promedio", señaló en la entrevista que me concedió en 2007.

Como el rey Midas, lo que toca Slim se convierte en oro. Esta es la imagen del multimillonario mexicano que transmiten los medios de comunicación, y que él se encarga de alimentar. Su mayor éxito es haberse convertido en el líder indiscutible de las telecomunicaciones en México, con tentáculos en toda la región. "El año pasado uno de cada dos latinoamericanos tenía un teléfono móvil, y este año, dos de cada tres. En algunos países de Latinoamérica tenemos una penetración semejante a la de Estados Unidos. Es muy satisfactorio ver cómo esta empresa, América Móvil, que empezó de cero en 1990, ha crecido de esta manera". Los tentáculos del gigante de la telefonía celular de Slim llegan hasta Estados Unidos, Guatemala, Nicaragua, El Salvador,

Honduras, Puerto Rico, República Dominicana, Colombia, Ecuador, Brasil, Paraguay, Perú, Chile, Argentina y Uruguay, con casi 200 millones de usuarios.

Pero volvamos al cuartel general del hombre más rico de México. La vigilancia es severa, pero muy discreta, algo que caracteriza al ambiente que rodea a la familia Slim. El propio Ingeniero maneja su automóvil y por lo general prefiere prescindir de un chofer y hasta hace algunos años incluso de protección. Pero, tras el secuetro de su ex socio y amigo Alfredo Harp Helú en 1994, el grupo decidió desarrollar un programa de protección ejecutiva. Un especialista estadounidense en seguridad, Eric Lamar Haney, reclutó y capacitó a la guardia profesional y eficaz que cuida a la familia.[1]

Con todo, la vigilancia en el interior del edificio parece más destinada a la protección de las obras de arte repartidas en las diversas dependencias y en la sala de exposiciones. Los guardias prestan especial atención a dos esculturas del francés Auguste Rodin (1840-1917), uno de los artistas preferidos de Carlos Slim. La mayor colección de obras del escultor que existe en el mundo fuera de Francia está en el Museo Soumaya, inaugurado el 8 de diciembre de 1994 en la Ciudad de México, que exhibe gran parte del patrimonio artístico del millonario mexicano. Constituyen el acervo del museo más de 64 mil obras.

Su afición al arte o a coleccionarlo queda patente en todos los rincones de la sede de Inbursa. En el rellano de la escalera principal hay una réplica de *La Piedad*, de Miguel Ángel, que cuenta con la bendición del Vaticano y la certificación de la Casa Buonarroti, que lleva el nombre del artista. Slim es un admirador del pintor paisajista estadounidense Conrad Wise Chapman, cuya obra cuelga en las paredes del despacho y de la sala de reuniones.

Origen familiar

Carlos Slim nació el 28 de enero de 1940 en la Ciudad de México. Su padre, Julián Slim Haddad, originario de la ciudad libanesa de Jezzine (de población cristiano-maronita), llegó a México en 1902 en su huida de la represión militar de los turcos otomanos. Otros dos hermanos, José y Pedro, habían emigrado a territorio mexicano dos años antes para hacer "las Américas". Apostaron por un cambio de vida y no les arredró que la nación que les dio acogida atravesara los años turbulentos de la revolución. De hecho, Pedro Slim, tío de Carlos, fue compadre del líder rebelde y caudillo del sur Emiliano Zapata.

En plena efervescencia revolucionaria, en mayo de 1911, los hermanos José y Julián Slim firmaron ante notario el acta de constitución de la sociedad comercial La Estrella de Oriente, en honor a su lugar de origen, dedicada a la mercería y juguetería, que tuvo sus instalaciones en la céntrica calle de Capuchinas, cerca del Palacio Nacional. Fue la primera piedra de la dinastía Slim en el mundo de los negocios, la cual quedó registrada bajo la razón social de "José Slim y Hermano". Y el embrión del mayor imperio económico de la historia de México.

Con apenas 26 años, Julián Slim se convirtió en dueño único de la empresa al comprar la parte de su hermano y catapultó el negocio con la compra de varios locales en el centro de la capital mexicana. El valor de La Estrella de Oriente se multiplicó en un tiempo récord. Fundó más tarde la Cámara Libanesa de Comercio y el Centro Libanés en la Ciudad de México. Aquel inmigrante libanés se casó con la chihuahuense Linda Helú, hija de un próspero marchante mexicano de ascendencia libanesa. El matrimonio vivió en la colonia Hipódromo Condesa, uno de los barrios de abolengo de la capital, y tuvo seis hijos, tres mujeres (Nour, Alma y Linda) y tres varones (Julián, José y Carlos). Doña Linda era una mujer venerada en casa. Cuando falleció, su dormitorio permaneció intacto, tal cual era.

Carlos era el quinto de los hermanos y heredó como ninguno el olfato del padre para los negocios y para ganar dinero. Fue distinto el caso de su hermano mayor, Julián, que escogió la profesión de policía y llegó a desempeñarse como comandante de la Policía Judicial Federal en los años 80.

Pero Carlos, el menor de los varones, nunca ocultó su vocación empresarial y así lo demostró desde su época de alumno del Instituto

Alonso de la Veracruz. De los agustinos pasó a la Escuela Nacional Preparatoria San Ildefonso.

Slim resume en tres las claves del éxito de su padre: vocación, talento y trabajo, y cuenta que aprendió desde pequeño la importancia de ahorrar. La biografía no autorizada del magnate, escrita por José Martínez, aporta interesantes detalles de cómo el joven Carlos heredó la mentalidad empresarial que se vivía en casa. Son sus propias palabras: "A fines de 1952, cuando yo tenía 12 años, y con el fin de administrar nuestros ingresos y egresos, mi papá nos estableció la obligación de llevar una libreta de ahorros, que revisaba con nosotros cada semana. Siguiendo esta regla, llevé mis balances personales varios años. En enero de 1955, mi patrimonio era de 5,523.32 pesos, y para agosto de 1957 aumentó a 31,969.23. Siguió creciendo, invertido fundamentalmente en acciones del Banco Nacional de México, y usando en ocasiones crédito, de manera tal que para principios de 1966 mi capital personal era mayor a 5 millones de pesos, sin incluir el patrimonio familiar".[2]

En los inicios de carrera, en la Facultad de Ingeniería de la Universidad Nacional Autónoma de México (UNAM), escribió un artículo en la revista estudiantil titulado "Club de inversiones", en el que relataba la formación de un club de inversores precoces, que estaba encabezado por el joven Carlos Slim. Cada integrante tenía que aportar entre 100 y 200 pesos. Uno de sus compañeros de curso, Fructuoso Pérez Galicia, recuerda que en aquellos años las inquietudes de Slim por el mundo de los negocios "ya eran muy claras", aunque nunca hubiera imaginado que llegaría tan lejos. Era un estudiante regular, para nada el primero de la clase, muy bien dotado para las matemáticas, según coinciden alumnos y profesores.

El ingeniero Pérez Galicia, de 57 años, habla con orgullo de la amistad con el alumno más famoso de su promoción. Es el actual presidente de la Generación 57 (año de ingreso) de la Escuela Nacional de Ingeniería, luego facultad, en la que se graduó Carlos Slim. "Cuando estábamos en el tercer año, empezó a dar clases a los alumnos de primero. Le nombraron profesor de matemáticas sin haber terminado la carrera. Era un amante de la ingeniería. Al salir de la facultad empezó a trabajar como ingeniero con el doctor Carlos Isunza, un gran maestro. Más tarde cursó un máster en Ingeniería y Finanzas en la Universidad de Stanford [Estados Unidos])".

Era una persona seria y amigable, comenta otro compañero de promoción, Jaime Cadaval. Según este testimonio de la época de estudiantes, Slim era de los pocos que llegaban a la facultad en su vehículo, sin chofer. Sus compañeros sabían que procedía de una familia adinerada, pero en su comportamiento no había lugar para la ostentación. "Terminábamos las clases a las diez de la noche y solía acompañarme a la casa", recuerda Cadaval, que describe al estudiante Carlos Slim como reservado, serio, brillante y amante de fiestas. "Cuando nos juntábamos a estudiar, solía decir 'esto ya lo sabemos, vayamos al cine' ". En su etapa de veinteañero, el máximo representante del poder económico de México era un tipo bastante normal, de bajo perfil y poco dotado para la oratoria.

El beisbol

La mayor pasión deportiva de Carlos Slim ha sido y es el beisbol, un deporte que arraigó en México entre amplias masas, aunque muy por debajo del futbol, a pesar de la vecindad con Estados Unidos. Cuando le pregunto por el origen de su afición, su respuesta es directa: "Porque unos leen letras y otros leemos números. Me gustan las estadísticas del beisbol. Jugué en una época, pero no soy un fanático que está pegado a la televisión. Me gustan las estadísticas de beisbol, de natación, de carreras de atletismo… Los resultados y la evolución histórica de cómo se va mejorando".

En los años 40 y 50 el beisbol vivió su mejor época en México. Los grandes jugadores negros de las ligas mayores de Estados Unidos vinieron a jugar a la liga mexicana. Slim podría pasarse horas hablando de George Herman Ruth Jr., conocido como *Babe*, el jugador más popular de la historia del beisbol de Estados Unidos, o de Barry Bonds, que "tiene la formidable habilidad de recibir la base por bolas, como nadie en el mundo". "A Barry lo critican por los *homeruns*.

Pegó un *homerun* cada 16 veces, y *Babe* Ruth, uno cada 11 veces". Hoy presume una pelota que perteneció a Babe Ruth, regalo de Bill Clinton.

Entrevistado para el libro de Enrique Osorno, Slim precisa que a él le gustaba jugar de *catcher*, la más estratégica de las posiciones; pero también practicó el futbol americano y algo de atletismo, en particular el lanzamiento de jabalina y disco.

Coleccionar arte y libros antiguos, sobre todo de historia de México y geografía, son otras aficiones del magnate. La colección de libros más importante está en el Centro de Estudios Condumex. Los cuadros se van intercambiando entre el Museo Soumaya y la sala de exposiciones de la sede de Inbursa.

Al terminar los estudios universitarios empezó a trabajar como corredor de Bolsa, donde inició su verdadera carrera en el mundo de los negocios. Compró su primera empresa importante, la embotelladora Jarritos del Sur, y en 1967 se casó con Soumaya Domit Gemayel, nacida en México y portadora de dos apellidos ilustres en la sociedad libanesa. El padre, Antonio Domit, fue un destacado empresario de la industria del calzado. La madre, Lili Gemayel, perteneció a una prominente familia de políticos cristianos maronitas de Líbano. El padre de Lili, Pierre Gemayel, fundó en 1975 el partido derechista Kataeb o Falange, cuyas milicias combatieron a los guerrilleros palestinos en la larga guerra civil libanesa. Dos hijos de Pierre Gemayel y hermanos de Lili fueron presidentes de la república: Amin y Bechir, muerto en un atentado en 1982. Un hijo de este último, Pierre, fue asesinado en noviembre de 2006 cuando ocupaba el cargo de ministro de Industria. Los Gemayel son una de las tres grandes familias cristianas maronitas cuyas cabezas han sido algunos de los más destacados señores de la guerra que ha ensangrentado Líbano.

La boda de Carlos Slim con Soumaya Domit fue oficiada por el polémico personaje Marcial Maciel, fundador de la poderosa orden religiosa Legionarios de Cristo. Después de diversas denuncias que colocaron a la jerarquía eclesiástica en una posición incómoda, en enero de 2005 Maciel fue expulsado de la Iglesia por orden del papa Benedicto XVI, cuando tenía 84 años, por abusos sexuales a jóvenes seminaristas.

El Vaticano tomó la decisión, presentada como una renuncia de Maciel al cargo que ejerció durante 64 años, después de una larga investigación del Tribunal Eclesiástico de la Santa Sede. Carlos Slim pertenece a esta congregación, presente en 18 países, y que tiene en sus filas a destacados personajes públicos de derecha.

Los hijos

En sintonía con la tradición de Oriente Próximo, Carlos Slim ha sido muy cuidadoso a la hora de mantener los lazos familiares. Ha repartido los puestos clave de su imperio económico entre miembros de la familia, y siempre se ha reservado para sí la última palabra. Durante años, el primogénito de sus hijos, Carlos, se sentó en los consejos de administración de Telmex sin abrir la boca. Se limitaba a escuchar lo que decía el padre.

En octubre de 1997 su salud recibió un serio aviso que lo llevó al quirófano en Houston para someterse a una intervención cardiovascular. A partir de aquella fecha empezó a ceder el control de sus empresas a los familiares más directos. Su hijo Carlos Slim Domit accedió a la presidencia del Grupo Carso y más tarde, en junio de 2004, fue nombrado presidente del consejo de administración de Telmex. La vicepresidencia quedaba en manos de un profesional sin vínculos familiares, Jaime Chico Pardo, que ejercía como director general. En septiembre de 2006, Chico Pardo fue nombrado presidente de la empresa, cargo que compartía con Slim Domit, pero más tarde, al retirarse del grupo Chico Pardo, la posición quedó en Carlos *junior*. El sobrino Héctor Slim Meade, hijo de Julián el policía, ya fallecido, es director general de Telmex.

Dentro de esta remodelación, el gran jefe, Carlos Slim Helú, quedó como presidente honorario de todos los negocios del grupo. Y queda claro que la otra gran obsesión del patriarca es su familia. Los capitanes de sus empresas son sus tres hijos varones: Carlos, Marco Antonio y Patrick; los esposos de sus tres hijas —Soumaya, Vanessa y Johanna— se desempeñan en posiciones claves. Arturo Elías Ayub, casado con Johanna Slim, es el presidente de la Fundación Telmex y responsable de la comunicación social del consorcio, además es coordinador en las recientes incursiones para adquirir equipos de futbol (Pachuca y León en México); Daniel Hajj, marido de Vanessa, es el poderoso presidente de América Móvil, y Fernando Romero, casado con Soumaya, fue quien diseñó el Museo Soumaya y es el arquitecto a cargo de diseñar el nuevo aeropuerto de la Ciudad de México, en colaboración con el afamado Norman Foster. "No todos mis hijos trabajan conmigo. De las tres hijas, Soumaya dirige el museo del mismo nombre, bautizado así en honor de su madre". En realidad sus hijas se mantienen ajenas a los negocios, dedicadas a las áreas filantrópicas y culturales del imperio.

Pero es Carlos, el primogénito, la cabeza del Grupo Carso. En 2010 contrajo matrimonio con María Elena Torruco, hija de Miguel Torruco, a quien alguna vez se le relacionó con Andrés Manuel López Obrador y fungió como secretario de Turismo de Miguel Ángel Mancera, en el gobierno de la Ciudad de México.

Marco Antonio, el más discreto de los tres hijos varones, funge como cabeza del Grupo Inbursa, el flanco financiero del consorcio. Y Patrick, el más joven e inquieto de los tres, ha pasado por la presidencia de América Telecom y América Móvil, aunque la opinión pública se enteró de su existencia tras su campaña en contra de las leyes que favorecían la práctica del aborto en la Ciudad de México. Como parte de esa campaña, Patrick se involucró con otros empresarios conservadores para intentar legalizar un partido sinarquista. En 2008 el IFE negó el registro. Unos años más tarde, afectado por un padecimiento renal crónico, recibió de su hermano Carlos uno de sus riñones. Posteriormente financió la película *Cristiada*, protagonizada por Andy García y Eva Longoria.

Justamente una afección renal provocó la muerte, en 1999, de la madre de todos ellos, Soumaya Domit, lo que representó un duro golpe para Carlos Slim. Llevaban 32 años de casados. La designación misma de la palabra Carso había sido resultado de la conjugación de las primeras letras de los nombres de Carlos y Soumaya, tres décadas antes, cuando la joven pareja decidió unir sus destinos.

Los años de la Bolsa

Durante años, el joven Slim operó en la Bolsa de Valores con excelentes resultados a través de su Casa de Bolsa Inversora Bursátil. Su sagacidad para sortear las altas y bajas del mercado, y la información privilegiada a la que tenía acceso, cuando las leyes mexicanas eran más blandas que en la actualidad, le permitieron ganar las primeras sumas importantes de dinero. Hay que recordar que en México los beneficios obtenidos en la Bolsa están exentos del impuesto a las ganancias de capital.

Contra lo que se cree, Slim no se hizo millonario gracias a Telmex, sino a la crisis de 1982. Cuando el empresario cumplió 42 años dio el primer gran salto cualitativo. Sea por cálculo o por azar, la terrible devaluación de 1982 durante el último año de gobierno de López Portillo lo sorprendió apertrechado de dólares.

Slim se convirtió en un especialista en comprar a bajo precio empresas quebradas o en el límite, para reflotarlas y venderlas con una buena plusvalía. Había empezado en 1976 con la adquisición y posterior reestructuración de Galas de México, una empresa de transformación de papel. En los años 80 sacó partido de la crisis y adquirió un ramillete de compañías que, una vez saneadas, fueron vendidas o incorporadas al *holding* de Slim, que para entonces ya operaba bajo el nombre de Carso.

De las empresas adquiridas destacan Cigarrera La Tabacalera Mexicana (Cigatam), comprada en 1981, que produce marcas como Marlboro, Philip Morris, Delicados, Benson & Hedges. Slim suele presentar esta compañía como modelo de su éxito empresarial, ya que en 25 años ganó en promedio el 1.5 por ciento de cuota de mercado cada año. Otras empresas adquiridas en esta época fueron Hulera El Centenario (23 por ciento), Bimex, Hoteles Calinda, Reynolds Aluminio y Aluminio S.A. En 1984 se concretó la compra del 33 por ciento de un importante paquete de acciones de Seguros de México por 55 millones de dólares. El Grupo Financiero Inbursa quedó integrado por la Casa de Bolsa Inversora Bursátil, Seguros de México y Fianzas La Guardiana.

En 1985, Grupo Carso adquirió la mayoría de Sanborns, con su filial Denny's, que incluye cadenas de tiendas, centros comerciales y cafeterías, Artes Gráficas Unidas, Fábricas de Papel Loreto y Peña Pobre y Porcelanite, una de las primeras empresas de cerámica del mundo. En 1986 compró la compañía minera FRISCO y Empresas Nacobre; el control de la empresa de neumáticos Euzkadi, líder del mercado, y posteriormente la mayoría de General Tire.

La crisis de 1982 fue una época de grandes oportunidades para Slim. El magnate admite que compró empresas al 1.5 por ciento del valor contable, pero puntualiza rápidamente que fue el único que asumió el riesgo de invertir en aquellos tiempos de desconfianza. Rechaza la idea de que se aprovechó de la crisis, porque su lectura es siempre la misma: mientras sus competidores se retiraban, él se dedicó a comprar. Claro que en condiciones extremadamente ventajosas, porque el valor de las empresas cayó en picada. En 1982 Wal-Mart quedó en 77 millones de dólares, Cementos de México (Cemex) en 26 millones, y British American Tobacco, líder del sector tabaquero, en 5 millones de dólares. Vendió esta última empresa por 40 millones de dólares.

Fueron años de grandes inversiones de Carlos Slim, en los que construyó una parte importante de su capitalización. Compró el 23 por ciento de Firestone por 140 mil dólares, el 40 por ciento de Cigarrera La Moderna por 2 millones de dólares, y el 36 por ciento de la papelera Anderson Clayton a 58 pesos la acción. Este último fue realmente un negocio redondo, ya que a los dos meses de la compra daba un dividendo de 65 pesos la acción. "Hubo que hacer un ajuste en negativo en la Bolsa de Valores. Lo nunca visto", reconoce el magnate. Varias de las empresas fueron vendidas total o parcialmente, como Cigatam, hoteles, El Globo, Química Fluor, negocios de neumáticos, impresión y empaquetado, entre otras.

Arturo Elías Ayub, yerno de Slim, director de Comunicación Social del Grupo Carso y director general de la Fundación Telmex, califica de "visión empresarial" la compra de empresas devaluadas. "Hay que recordar", advierte el portavoz de Slim, "que el ingeniero apostó por México cuando nadie se atrevía a hacerlo. Compró muchas empresas en situaciones de crisis como la del 82 y el 95. Cree en su país. Y apostó por el país creyendo que muchas empresas devaluadas tienen potencial para crecer. Por ejemplo, la empresa Porcelanite, que fabrica baldosas, la compramos cuando producía 200 mil metros y hoy produce 7 millones de metros".

Hasta los años 80, Slim no figuraba en el grupo de los empresarios más importantes de México, donde destacaban nombres como Azcárraga y Garza Sada. Le faltaba el *pedigree* de los poderosos. Un elevado número de compañías cerraron sus puertas o fueron puestas en venta en la llamada "década perdida" causada por la crisis de la deuda. La actividad económica quedó estancada y pasó de un crecimiento anual del PIB del orden del 6.7 por ciento en el periodo 1965-1980, al 1.8 por ciento en los 80.

Muchos empresarios sacaron sus capitales del país. Y los especuladores aprovecharon la situación para llenar sus arcas. En este contexto, Slim mostró sagacidad y ambición a la hora de comprar empresas entre 1981 y 1986. Su "visión empresarial" lo colocó en una situación óptima en diciembre de 1990 para marcar el mejor gol de su carrera y entrar en las grandes ligas. Se la sirvió en bandeja el presidente Carlos Salinas de Gortari (1988-1994), al dar luz verde a la privatización de la compañía estatal Teléfonos de México (Telmex). Salía a la venta la joya de la corona del sector paraestatal, que da empleo a 250 mil trabajadores y representa más del 40 por ciento de la capitalización total de la Bolsa de Valores de México.

El monopolio estatal de las telecomunicaciones pedía a gritos inversiones para mejorar su deficiente infraestructura y, por consiguiente, la calidad del servicio. El terremoto de 1985 fue la demostración más palpable de esta realidad. El sistema de telecomunicaciones colapsó y puso de relieve la imperiosa necesidad de invertir en el sector. Al gobierno le sobraban argumentos para justificar una política de modernización, que tendría como eje central la privatización de Telmex. El anuncio se produjo en septiembre de 1989. Un año después se modificó el título de concesión que exigía a la empresa un conjunto de obligaciones para impedir prácticas monopólicas o abusivas.

Hubo tres ofertas y una docena de grupos extranjeros interesados en la adquisición de Telmex. El Grupo Carso acudió a la licitación junto a la francesa France Telecom y la estadounidense South Western Bell International Holding Co. Enfrente había rivales de la talla de Telefónica de España. Slim logró su objetivo, con la colaboración inestimable del presidente de la República, y se hizo con un paquete del 20.4 por ciento de Telmex que le permitió adjudicarse el 51 por ciento de los votos de la asamblea de accionistas. El 20.4 por ciento de las acciones se repartía de la siguiente manera: Grupo Carso se quedó con el 5.8 por ciento, Bell con el 5 por ciento y una opción de otro 5 por ciento, y France Telecom y un grupo de inversores mexicanos con el 4.6 por ciento.

Roberto Hernández, archirrival de Slim, maniobró durante años para comprar Telmex. Sabía que la compañía necesitaba una fuerte inyección de dinero para mejorar el servicio y confiaba en que tarde o temprano el gobierno acabaría por abrir la puerta a la inversión privada. Cuando llegó el día y fue el empresario de origen libanés quien ganara la apuesta, Slim y Hernández se convirtieron en enemigos frontales. Hernández recibió como "premio de consolación" el primer banco del país, Banamex, que años más tarde vendería a Citibank en una rentable operación bajo la administración de Vicente Fox.

Un documento elaborado en noviembre de 2006 por Rafael del Villar Alrich, investigador del Banco de México, describe así el proceso de privatización: "Para maximizar los ingresos de la privatización el Gobierno vendió a un solo grupo de inversionistas un paquete que incluyó Telmex y Telnor (Teléfonos de Noroeste, operador telefónico del noroeste de México), las dos empresas estatales de telefonía fija del país operando en áreas geográficas exclusivas; la única concesión de telefonía celular existente de alcance nacional; la Red Federal de Microondas, así como numerosas bandas de frecuencias. A esta empresa se le permitió ofrecer todo tipo de servicios de telecomunicaciones con excepción de servicios de televisión y radiodifusión. Con el objeto de eliminar los subsidios y hacer más atractiva la empresa a potenciales compradores, el Gobierno aligeró de manera significativa la carga fiscal de la empresa y elevó las tarifas. Al privatizarla, el Gobierno le permitió a Telmex acreditar contra inversiones hasta el 65 por ciento del impuesto especial a la telefonía que tenía una tasa del 29 por ciento de la facturación de la empresa. Ello implicó en la práctica reducir el impuesto del 29 por ciento al 10 por ciento. También elevó fuertemente las tarifas de la empresa antes de su privatización. Los ingresos anuales por línea pasaron de 440 dólares en 1989 a 710 dólares en 1990, un incremento de 61 por ciento".[3]

Algunos medios describieron la privatización de Telmex como "la venta del siglo", que supuso un desembolso de mil 757 millones de dólares, un precio que desató sonoras protestas de quienes consideraban que estaba muy por debajo de su valor. Carlos Slim obtuvo una financiación del gobierno federal por un monto de 426 millones de dólares, al 10.68 por ciento de interés y un plazo de seis meses. Los inversores extranjeros pagaron al contado. La operación garantizó a los nuevos dueños de Telmex el control del mercado interno hasta 1996, es decir, Slim disfrutó de una posición monopólica por un periodo de seis años, ya que durante este plazo no se otorgó ninguna nueva concesión para la red telefónica de larga distancia. Hay que señalar que al privatizarse la compañía, los ingresos de telefonía de larga distancia internacional y nacional representaban poco más del doble de los ingresos que la empresa obtenía de la telefonía local, mercado que al privatizarse quedaba abierto a la competencia.

El decreto de privatización tenía ciertas cláusulas, presuntamente compensatorias, que pretendían impedir la concentración. Por ejemplo, a Emilio Azcárraga, dueño de Televisa, el monopolio televisivo, se le prohibió adquirir Telmex. Asimismo, se tomaron los recaudos para impedir que el comprador del monopolio telefónico pudiera participar en la prestación de servicios de televisión y video.

La filosofía empresarial de Carlos Slim

La filosofía empresarial de Carlos Slim se resume en un decálogo que el Grupo Carso presenta como los principios que guían su actuación en el mundo de los negocios:

Estructuras simples, organizaciones con mínimos niveles jerárquicos, desarrollo humano y formación interna de las funciones ejecutivas. Flexibilidad y rapidez en las decisiones. Operar con las ventajas de la empresa pequeña que son las que hacen grandes a las grandes empresas.

Mantener la austeridad en tiempos de vacas gordas fortalece, capitaliza y acelera el desarrollo de la empresa, asimismo evita los amargos ajustes drásticos en las épocas de crisis.

Siempre activos en la modernización, crecimiento, capacitación, calidad, simplificación y mejora incansable de los procesos productivos. Incrementar la productividad, competitividad, reducir gastos y costos guiados siempre por las más altas referencias mundiales.

La empresa nunca debe limitarse a la medida del propietario o del administrador. No sentirnos grandes en nuestros pequeños corralitos. Mínima inversión en activos no productivos.

No hay reto que no podamos alcanzar trabajando unidos, con claridad de los objetivos conociendo los instrumentos.

El dinero que sale de la empresa se evapora. Por eso reinvertimos en utilidades.

La creatividad empresarial no sólo es aplicable a los negocios, sino también a la solución de muchos de los problemas de nuestros países, lo que hacemos a través de las fundaciones del grupo.

El optimismo firme y paciente siempre rinde sus frutos.

Todos los tiempos son buenos para quienes saben trabajar y tienen con qué hacerlo.

Nuestra premisa es y siempre ha sido tener muy presente que nos vamos sin nada; que sólo podemos hacer las cosas en vida y que el empresario es un creador de riqueza que la administra temporalmente.

El sexto punto del decálogo resume la ley de leyes en la que se apoya Carlos Slim a la hora de encarar un negocio. “El dinero que sale de la empresa se evapora”. Por esta razón, hay que utilizar las sinergias dentro del grupo hasta sus últimas consecuencias, vendiendo y comprando entre las propias empresas siempre que sea posible.

Arturo Elías Ayub destaca la rapidez en la toma de decisiones a pesar de tratarse de un grupo empresarial mastodóntico: “Es un gigante que se mueve muy rápido, más rápido que una empresa pequeña. El secreto es tomar decisiones. Y la libertad que tienen los ejecutivos en la toma de decisiones. No hay que reportar, reportar y reportar. Tenemos una estructura de pocos niveles jerárquicos. El grupo no tiene un corporativo, donde se tomen decisiones. El corporativo está dentro de cada una de las empresas. El director despacha desde dentro de la empresa, está en la planta”.

Monopolios o dominancia. La competencia según Slim

A Carlos Slim no le gusta ser tildado de monopolista. Detesta la palabra. Niega incluso la existencia de monopolios en México. En su opinión, Cementos Mexicanos (Cemex), que controla más del 80 por ciento del mercado cementero, o las cadenas Televisa y TV Azteca, que se reparten el 95 por ciento de las concesiones de televisión, no son monopolios. Prefiere hablar de “cárteles” y de “posición dominante en el mercado”. Una opinión bien diferente a la del Banco Mundial, que en varios documentos ha criticado el papel de los monopolios en México, pues representaban un freno a la competencia, al desarrollo y al crecimiento.

La periodista Mary Anastasia O’Grady escribió en *The Wall Street Journal* que en los últimos 20 años la economía mexicana ha experimentado una apertura sin precedentes; pero un reducido número de sectores estratégicos, que incluye la telefonía fija en la que Telmex controla el 95 por ciento del mercado, se aprovecha de una situación que no permite la libre competencia. “En ninguna parte del mundo”, dice, “puede comprenderse mejor que en México el coste del ‘modelo de negocio’ de Carlos Slim. Los economistas coinciden en señalar que el poder que tienen los actores dominantes a la hora de fijar los precios ha incrementado el coste de hacer negocios en México, cuya economía es menos competitiva en los mercados internacionales”.[4]

En noviembre de 2006, el Banco Mundial publicó un informe titulado *La trampa de la desigualdad y su vínculo con el bajo crecimiento en México*, firmado por Isabel Guerrero, del propio Banco Mundial, Luis Felipe López-Calva, investigador del Programa de Naciones Unidas para el Desarrollo (PNUD) y del Stanford Center for International Development, y Michael Walton, de la Kennedy School of Government de la Universidad de Harvard. El estudio advierte de la desigualdad reinante en México, en comparación con otras naciones, y toma como referencia básica la Encuesta Nacional de Ingresos y Gastos de los Hogares (ENIGH). "En el año 2000, el ingreso del 10 por ciento más rico de la población resultó ser 45 veces más que el del 10 por ciento más pobre".[5] Debido a que la población verdaderamente adinerada no está captada en estas encuestas, el artículo complementaba la medida con la lista de la riqueza de los multimillonarios que publica la revista *Forbes*; en aquel año, hace tres lustros, el valor total neto de los 10 multimillonarios mexicanos que figuran en la base de datos de *Forbes* alcanzaba entre el 5 y el 6 por ciento del PIB. Hoy esa es la proporción de la parte que corresponde a Slim exclusivamente.

El informe del Banco Mundial aborda el tema más espinoso y controvertido del sector de las telecomunicaciones: las tarifas. "Los costos son altos si se les compara con otros países", afirma el documento. "Telmex domina el mercado de larga distancia y el mercado celular y de telefonía local. Sus márgenes de utilidad netos son de más del doble que los de su rival más cercano. Asimismo, las tarifas telefónicas son altas en México si se les compara con América Latina, en especial en los precios locales para la telefonía comercial. Las tarifas comerciales de telefonía (incluyendo costos de instalación, cuotas mensuales y tarifas por minuto) son más de tres veces mayores en México que en Argentina y cuatro veces mayores que en Brasil".

El informe concluye que la democratización mexicana y la alternancia política en el gobierno "no llevó a ningún cambio fundamental y, en algunos aspectos, el equilibrio político resultante fue peor con respecto al ejercicio de la influencia desigual y de la eficiencia. A menos que se atienda el vínculo entre desigualdad y competitividad, es poco probable que México logre resolver su problema de crecimiento".

Acostumbrados al martilleo de las críticas que los acusan de monopolistas y de tarifas elevadas, los portavoces del imperio Slim tienen bien aceitada la respuesta. "Ahí te van unos números reales, ¿ok?", dice el yerno y portavoz Arturo Elías Ayub, en su despacho de Telmex: "La competencia está abierta para telefonía local desde la privatización. Para telefonía de larga distancia hubo un plazo de gracia hasta 1997. Nunca entró nadie en telefonía local porque las condiciones tecnológicas no lo permitían. Nadie se atrevió a construir una nueva red nacional de telecomunicaciones. Cuando venció el plazo de gracia para la larga distancia, en enero de 1997, entraron las dos compañías más grandes del mundo, AT&T y MCI, asociadas con los dos bancos principales de México, Bancomer y Banamex. Telmex tenía una posición dominante. Después salieron tecnologías inalámbricas que permiten que existan competidores en telefonía local".

En el mercado A (grandes ingresos, grandes clientes) Telmex tiene el 48 por ciento del mercado.
En el mercado B (empresas pequeñas, barrios ricos como Lomas de Chapultepec, Polanco), 66 por ciento.
En los mercados C, D, E y F (sierra de Oaxaca, Chiapas, Guerrero), Telmex tiene el 100 por ciento del mercado. Esos mercados constituyen el 80 por ciento de las líneas.

El gran argumento de Elías Ayub y de su suegro es que ellos corrieron con los riesgos de apostar cuando nadie estaba dispuesto a hacerlo: "Nadie quiere invertir un peso en estos mercados, no hay un solo competidor que se vaya a la sierra de Guerrero a poner un cable. Nos echan la culpa a Telmex de que los competidores no invierten. Uno de los grandes competidores, Axtel, anunció hace unos años que iba a invertir 30 millones de dólares anuales. Telmex mientras tanto invertía mil 500 millones de dólares al año, Telcel alrededor de 2 mil millones. Vamos a seguir siendo los más grandes, y vamos a tener el 100 por ciento del mercado C, D, E y F mientras ellos no vayan a invertir en los lugares donde está el 80 por ciento de las líneas, que sólo pagan su renta básica y no les interesa a los competidores".

Repantigado en el sofá de su despacho, Elías Ayub se muestra desafiante cuando se trata de rebatir críticas por la falta de competencia en las telecomunicaciones, o por las tarifas elevadas. "Que nos digan una sola práctica monopólica de Telmex. Una sola". Sin esperar respuesta, enumera una lista de ejemplos de buenas prácticas que, de ser cierta, convertiría a la compañía telefónica mexicana en una empresa modélica: "La tarifa de interconexión es 0, no se paga nada. Los tiempos de entrega de enlaces son de menos de 25 días. No hay un solo país en América Latina que los entregue en menos de seis meses. No hay una sola demanda hoy en día de un competidor, una autoridad o un regulador. Es muy fácil decir que Telmex es una empresa monopólica, pero que digan por qué. La realidad es que no hay una sola práctica anticompetitiva; sí somos los más grandes: tenemos el 92 por ciento del mercado de telefonía local, pero porque tenemos el 100 por ciento del mercado del 80 por ciento de las líneas que son adonde no quieren ir ni invertir".

Las autoridades reguladoras brillan por su ausencia

Según el Banco Mundial, en el ámbito institucional hay un organismo relativamente independiente, la CFC, "pero que funciona desde un contexto jurídico débil en general". La CFC evalúa si la conducta de una empresa es "anticompetitiva" y, de serlo, impone multas o exige cambios en su práctica empresarial. La compañía sancionada puede apelar a la CFC y, de fracasar, puede presentar un recurso de amparo ante los tribunales. Con frecuencia ha fallado en contra de Telmex y, por lo mismo, recibido críticas de parte del consorcio.

Entrevistado todavía en su carácter de presidente de la Comisión Federal de Competencia (CFC, 2004-2013), Eduardo Pérez Mota, rebatió las afirmaciones del portavoz de Telmex, pero antes no resistió elogiar determinados aspectos de la figura de Carlos Slim: "Le respeto mucho como empresario. Es una persona de gran talento. En el sector financiero es un jugador importante. En aviación, compró parte de la línea aérea de bajo costo Volaris. También incursionó en bienes de autoservicio. En todos estos sectores ha contribuido a aumentar la competencia. En los sectores donde hay competencia las inversiones de Slim no sólo lo benefician a él sino también a los consumidores. En cambio, en aquellos sectores en los que Slim ha tratado de evitar la competencia, a través de influencias o impidiendo la aplicación de una regulación eficiente, la actividad del empresario no ha beneficiado a todos los consumidores. Donde hay falta de competencia es donde falla Slim".

Tras los elogios, Pérez Mota evaluó con rigor la actuación de Telmex, y no creía que la compañía estrella de Slim hubiese pasado con buena nota el examen: "Ha tratado de evitar la regulación y la aplicación de la ley, haciendo caso omiso a las acciones de la Comisión de Competencia". El panorama que dibujó el ex presidente de la CFC resultaba totalmente opuesto al que describen los directivos del gigante de las telecomunicaciones de México, con su gran jefe a la cabeza: "Ha hecho un uso muy intenso del Poder Judicial. Recurren todas y cada una de las decisiones de la CFC. Dicen públicamente que no hay casos contra Telmex en los tribunales. Recientemente, había una multa de 4 millones de dólares que quedó firme por una sanción que impuso la CFC. Inmediatamente, recurrieron contra el pago de dicha multa, cuando habían dicho públicamente que Telmex no estaba en litigio contra la CFC. Es un manejo público, poco transparente y poco honesto. Tratan constantemente de evitar la participación de competidores. Muy pocas decisiones de la CFC en materia de investigaciones han significado algún tipo de sanción o castigo para Telmex. Incluso ante las últimas multas han logrado presentar los correspondientes recursos que han sido aceptados por el Poder Judicial".

Denise Dresser, colaboradora del diario *Reforma*, la revista *Proceso* y de otros medios de comunicación, y profesora del ITAM, es una de las voces críticas hacia Carlos Slim más irreductibles. Hablé largamente con esta intelectual brillante, de voz suave y pluma afilada. Denise se puso a investigar a Slim y poco a poco llegó a la conclusión de que el magnate supone un cuello de botella para el crecimiento y desarrollo de México: "Impide la competencia al elevar las barreras de entrada a cualquiera que quiera participar en el mercado, disminuye la competitividad, es decir, tiene incidencia en otras muchas variables que determinan a qué velocidad puede crecer México, cuánto se queda de ingreso disponible en el bolsillo de los consumidores que podrían gastar en otra cosas si no pagaran lo que pagan de telefonía".

Denise Dresser vivía en Los Ángeles y a su regreso a México contrató los mismos servicios de telefonía fija, celular e internet, y empezó a pagar tres veces más por el servicio. Para disminuir los gastos contrató un servicio de *voice over* para llamadas de larga distancia: "Al poco tiempo empezamos a tener problemas con nuestro servicio de internet. Corrió el rumor de que Telmex trataba de interferir el servicio. Nos cambiamos a otro operador, que tampoco funcionó, y fue tal la indignación que me produjo que decidí escribir el primer artículo titulado 'El verdadero innombrable'. La revista *Proceso* lo publicó hace algunos años y causó un notable impacto. Nadie había escrito sobre Slim en términos tan duros".

Decía Dresser: "El que todo lo mueve, todo lo controla, todo lo compra. El que está por encima de la autoridad del Gobierno y la vigilancia de los medios... El que no necesita mover los hilos de la política porque controla las arterias de la economía. El quinto poder. El verdadero innombrable. Pero no es Carlos Salinas; es Carlos Slim". Preguntaba la autora: "¿Quién pierde cuando Slim gana?, ¿quién transfiere riqueza mientras el señor Slim la acumula?, ¿quién se queda sin opciones mientras el verdadero innombrable se adueña de ellas?". Y avanzaba su propia respuesta: "El perdedor en la construcción del imperio Slim tiene nombre y apellido. Sus datos aparecen en cada cuenta de Teléfonos de México y en cada recibo de América Móvil y en cada suscripción de Prodigy. El perdedor es el consumidor mexicano".[6]

Vinieron después otros dos artículos hasta que Carlos Slim invitó a Denise Dresser a tomar café. Suele reunirse con la gente que respeta. "La primera parte de la conversación me mostró gráficas e intentó convencerme de costos comparativos, pero la realidad es que yo, como consumidora, pago lo que pago". Lo que más llamó la atención a la profesora y articulista es cuando Slim le dijo: "Pero, Denise, ¿por qué estás tan obsesionada con la competencia?". "Me parece muy revelador del estado mental que tiene gran parte de la cúpula empresarial de México, que tiene una visión feudal del país". Para qué tengo que competir, piensan estos grandes empresarios, cuando, desde la perspectiva del consumidor, la competencia permite mejores productos a precios más bajos. "Slim está en la mentalidad del señor feudal y yo estoy en la mentalidad del consumidor, simplemente porque creo en la oferta más diversa y porque quiero el desarrollo económico de México".

En el desayuno que compartimos, Dresser reconstruyó buena parte de aquella conversación con Carlos Slim: "Somos un país donde todo el mundo se acomoda, nadie quiere alzar la voz, se le teme, se le respeta o se le aplaude. A mí me han llegado a decir que lo mío con Slim ya es un asunto personal. ¡No tiene nada de personal! Lo primero que me dijo cuando me vio fue: '¿Por qué te caigo mal?' Yo le contesté: 'Estás perfectamente posicionado para competir. Eventualmente, tu tajada del pastel será más pequeña, pero el pastel será más grande'. Y él me respondió: '¿Quieres que regale un pedazo del bocado?' ". En este sentido tiene razón. A Slim no le corresponde establecer las condiciones de la competencia. Es responsabilidad del gobierno crear condiciones de terreno nivelado de juego. Siempre y cuando no use armas para bloquear o para conseguir privilegios.

¿Y los consumidores? No se quejan y no se organizan porque en México no hay una cultura de defensa del consumidor, la gente no es consciente de sus derechos, que los debe hacer valer, ni reconoce la diferencia entre lo que se paga en México y en otros países. Denise Dresser participa en un movimiento que lucha a favor de un cambio constitucional para que se reconozcan los derechos del consumidor y se permitan los juicios. Se llama Al Consumidor. Es una organización incipiente, que colabora con la CFC. "Eduardo Pérez Mota me parece un héroe en México. Es una comisión con una agenda encomiable e instrumentos limitados, por su presupuesto o por la ley misma de competencia. Es un organismo desconcentrado del Ejecutivo". Todas las resoluciones de la CFC contra Telmex han sido recurridas sistemáticamente ante la Suprema Corte. Hay ocasiones en que la CFC no arma bien los casos, o se enfrenta a tribunales que no entienden bien el asunto de la competencia. Carlos Slim es un empresario sagaz, trabajador, que nunca ha estado involucrado, al menos que se sepa, en escándalos, que caracterizan a cierta parte de la comunidad empresarial mexicana. "Ha aprendido *to play the system*. Entiende lo que Stiglitz llama capitalismo de cuates, donde hay una colusión entre el gobierno y la clase empresarial. Los empresarios exigen ciertas condiciones para invertir, el gobierno las concede y los dos ganan mucho", resume Denise Dresser.

Sigue atentamente lo que se dice y escribe de él. En una ocasión fue al ITAM a dar una conferencia. Una alumna de Dresser se levantó de entre el público y leyó el primer párrafo del artículo "El verdadero innombrable". Fue una sacudida en el ITAM, una institución que mira a Slim con aprecio. Respondió: "Tú y esta señora mienten". Y ordenó que le trajeran una carpeta. Mostró una serie de recortes de prensa. "No soy el verdadero innombrable. Aquí hay todas estas referencias a mi persona". Lógicamente, el sentido del término innombrable era bien distinto. Y añadió: "Ustedes no entienden el privilegio que tienen los consumidores mexicanos de sentarse en un Sanborns, donde llega una señorita muy bien vestida con un traje regional y le sirve un café y le cuesta 20 pesos".

A duelo con Televisa

El verdadero telón de fondo en el interminable litigio con las autoridades es el conflicto abierto que han sostenido Televisa y Grupo Carso a propósito de los temas de convergencia entre telefonía y televisión en la era digital. Hace 20 años eran los mejores aliados. El propio Slim fue una especie de padrino del joven Emilio Azcárraga, cuando este heredó el imperio televisivo de parte de su padre, el célebre *Tigre* Azcárraga, plagado de deudas y acosado por numerosos y poderosos accionistas que buscaban quedarse con el negocio. Un poco incentivado por el entonces presidente Ernesto Zedillo y otro poco por amistad con el padre, Slim fondeó parte de los recursos que el joven necesitaba para liquidar acredores y consolidar su paquete accionario. En algún momento el Ingeniero llegó a tener el 25 por ciento de las acciones de la televisora, pero nunca optó por ampliar su participación y mucho menos intentó alguna toma hostil (como sí haría en otras empresas). Al parecer Slim estaba convencido de que la televisión abierta no era su negocio.

Las nuevas plataformas tecnológicas convirtieron a los viejos aliados en enemigos enfrentados. La posibilidad de trasmitir por cable no sólo una señal televisiva, o por línea telefónica algo más que una conversación, los convirtió en competidores en la prestación de servicios de internet y, con ello, en rivales potenciales en la entrega de contenidos y servicios propios de la era digital.

Desde entonces uno y otro trataron de litigar para mantener al rival fuera del espacio de competencia. Televisa para evitar que Carso participara en algo que estuviese relacionado con video o multimedia; Telmex para imponer límites a los infinitos usos digitales del cable. Uno y otro se acusaron de constituir un monopolio indeseable en su ramo, tanto en tribunales como en la opinión pública; y ambos se quejaron del trabajo sucio de desprestigio que el otro emprendía.

Carso intentó aliarse con Dish, la empresa de los Vargas en México, para participar en cable; mientras que Azcárraga adquirió Iusacel en sociedad con Ricardo Salinas Pliego, para competir con Telcel.

Al final, las autoridades terminaron interviniendo en la disputa, aunque el saldo dejó a Televisa en mejores condiciones que su rival. La fortuna de Slim puede ser 30 veces mayor que la de su competidor, pero las alianzas de Televisa con la clase política inclinaron la balanza, particularmente en el sexenio de Enrique Peña Nieto, aunque no exclusivamente.

Con la resolución final, "América Móvil, administradora de Telcel y Telmex, resultaba la más perjudicada al quedar obligada a ofrecer servicios de interconexión sin costo alguno. Por el contrario fueron muy pocas las nuevas medidas contempladas en contra del duopolio televisivo".[7]

Peor aún, para liberar al Grupo Carso de la acusación de preponderancia (monopolio al tener más del 70 por ciento de la cuota de mercado) y dejarlo en libertad para futuros emprendimientos, Slim optó por desprenderse de un paquete accionario importante de América Móvil y reducir así su participación a un porcentaje inferior al 50 por ciento. Un recurso ingenioso e inesperado para, en la práctica, dejar sin efecto parte de las ataduras de las disposiciones oficiales.

De cualquier forma, la diversificación del grupo ha continuado en los últimos años al mismo ritmo que en sus inicios. Es uno de los protagonistas más activos para competir en la privatización del sector energético y desde hace tiempo participa en la construcción de plataformas petroleras. Su constructura IDEAL se ha convertido en una de las más grandes concesionarias de obra pública en el país. Es un protagonista cada vez más importante en la extracción minera o en la construcción y administración de enormes plantas de tratamiento de aguas en varias ciudades. En efecto, en términos económicos, todo México es territorio Telcel.

La filantropía de Slim

Junto al recibo del consumo telefónico los clientes de Telmex suelen recibir un folleto con una serie de cifras de los programas filantrópicos de Carlos Slim. "Cambiando historias por amor a México" es el lema de la Fundación Telmex, uno de los tres ejes de la acción social en la que está empeñado el primer empresario de México en la recta final de su vida. Los otros dos son la Fundación Carso y el Centro de Estudios de Historia de México Condumex.

"La idea del ingeniero siempre ha sido tener fundaciones que resuelvan problemas de fondo y que no sean simples fundaciones asistencialistas", en palabras del portavoz Arturo Elías Ayub. La filantropía de Slim abarca cuatro grandes áreas: educación, salud y alimentación, justicia y cultura. Los resultados hasta la fecha son cientos de miles de becas para estudiantes universitarios, decenas de miles de equipos de cómputo, 400 mil bicicletas para niños que caminaban más de dos horas para llegar a la escuela y 127 mil lentes para niños en edad escolar.

En el programa de Salud y Nutrición, los resultados ascienden a casi medio millón de cirugías ortopédicas, oftalmológicas, reconstructivas y generales; trasplantes de corazón, hígado, pulmón, riñón, médula ósea, córnea, piel y hueso; equipos médicos especializados para la atención médica de mujeres embarazadas y sus bebés; y millones de bolsas de un kilogramo de dulce nutritivo para niños de escasos recursos que viven en poblaciones alejadas.

El programa de Justicia ha otorgado 100 mil fianzas sociales a personas que, teniendo derecho a la libertad, siguen en prisión por pobres y no por delincuentes. En el programa de Apoyo en Desastres Naturales, la Fundación Telmex ha donado miles de toneladas de ayuda humanitaria. En el programa cultural, cuentan con el Museo Soumaya y las exposiciones que dan vueltas por todo el país.

La Fundación Telmex se creó hace 20 años y tiene un presupuesto de mil 500 millones de dólares; la Fundación Carso tiene más de 30 años de vida y 2 mil 500 millones de dólares de presupuesto; y el Centro de Estudios de Historia de México Condumex mueve unos 500 millones de dólares. El patrimonio total de las tres fundaciones supera los 5 mil millones de dólares. La Fundación Telmex se financia con dinero que ha salido de la empresa, y los recursos de la Fundación Carso proceden directamente del patrimonio de Slim.

Sin embargo, no todos aplauden la filantropía del hombre más rico de México, cuya acción es vista en ciertos sectores como un intento de limpiar su reputación a través de un legado que nadie podría cuestionar, y de aparecer como un hombre virtuoso a un costo relativamente bajo. Son las voces que insisten que buena parte de la fortuna de Slim se ha construido sobre las espaldas de los consumidores.

Es el caso de Eduardo Pérez Mota, el ex presidente de la CFC, que considera que "el mayor impacto social que cualquier empresario puede tener se debe dar en el mercado, a través de un comportamiento respetuoso de los competidores, sin restarle agresividad y audacia. Pero todo debe hacerse operando las reglas del mercado, sin desplazamientos indebidos y sin utilización de influencia para evitar que se aplique la regulación". Pérez Mota, como tantas voces críticas del multimillonario mexicano, preferiría servicios más baratos de internet y de telefonía fija y celular para todos los consumidores mexicanos, y menos filantropía.

Desde que se publicó, hace años, que Slim disputaba a Bill Gates el título de hombre más rico del mundo, diversos analistas empezaron a comparar la actuación del millonario mexicano con la del estadounidense. "El dueño de Microsoft hizo su fortuna como un innovador que aportó valor añadido a las vidas de sus clientes. Slim se hizo rico a base de aprovecharse de un entorno favorable en el que disfrutó de privilegios para los monopolios, que le permitió acumular riqueza e influencia política", escribió Mary Anastasia O'Grady, en *The Wall Street Journal*.[8]

¿Va camino Carlos Slim de convertirse en el Bill Gates de México? ¿Tenemos que creer en la acciones de buena voluntad del dueño de Microsoft? La Fundación Bill and Melinda Gates coincidió en sus inicios con todo el movimiento *antitrust* contra el multimillonario estadounidense, cuando lo empezaron a demandar los gobiernos de muchos estados de la Unión y de Europa por prácticas monopólicas. La filantropía original de Gates tiene mucho que ver con una operación de imagen o de pura cosmética. Posteriormente, la Fundación Gates se convirtió en un enorme poder filantrópico que ha tenido un impacto positivo en África, donde ha gastado billones de dólares en la lucha contra el sida, la malaria y la tuberculosis.

Denise Dresser preferiría que "Slim dejara de hacer lo que hace, pero si el gobierno no lo para, por lo menos que le exija que retribuya de alguna manera, que una parte del dinero que ha acumulado a expensas de los consumidores regrese de una forma importante". "No estoy convencida de que este discurso filantrópico sea *the real thing*. Para empezar, es incomparable la cantidad de dinero comprometida por Slim a las cantidades que comprometieron Warren Buffett (37 mil millones de dólares de su fortuna personal) y Bill Gates (31 mil millones de dólares)".

"Hay una falta de profesionalidad en su filantropía. Por ejemplo, el hecho de la que Fundación Telmex esté presidida por su yerno y tengan cinco personas más y se dediquen a dar dinero discrecionalmente". El rey de las telecomunicaciones ha llegado a decir que el nuevo empuje filantrópico se va a financiar con acciones de IDEAL. Es decir, en la medida en que a IDEAL le vaya bien, le irá bien a la fundación. Es una filantropía atada a la posibilidad de buenos negocios.

En la ética de Slim el dinero mejor gastado socialmente es aquel que genera empleos. No es una filantropía gratuita sino la convicción de que un empresario responsable es aquel que ofrece un empleo seguro y estable para que otros se ganen un futuro para sus familias. Una filosofía del beneficio mutuo. No hay mejor destino para el siguiente millón de dólares que aquel que puede generar fuentes de trabajo donde no las había.

Slim y la política

A pesar de que sus asesores niegan toda posibilidad de que Slim irrumpa algún día en la política mexicana, el empresario ha hecho alguna incursión en este terreno, que ha dado pie a más de una especulación. El Acuerdo de Chapultepec, presentado por todo lo alto en septiembre de 2005 en el Alcázar del Castillo de Chapultepec, ha sido sin ningún género de duda la iniciativa política de mayor calado auspiciada por el magnate. El objetivo de la propuesta era trabajar para "el desarrollo de América Latina a través del desarrollo de capital humano y de inversión estructural", y reclamaba acuerdos entre los sectores público y privado en educación y salud. Más de 4 mil líderes empresariales, políticos y académicos firmaron el acuerdo. Sin embargo, en los círculos más escépticos se preguntaron hasta qué punto el discurso político y social que propagaba Slim era de manufactura propia.

"Creo que el Acuerdo de Chapultepec provino de la cabeza de Felipe González, la idea de la transición pactada y que todo el mundo se sentara a la mesa". Denise Dresser escribió un artículo titulado "Pensar diferente" sobre aquella propuesta de acuerdo, en el que señalaba que era un pacto para preservar el *statu quo*, donde se sientan todos los que mandan en México y deciden pactar para que las cosas no cambien: "No dijeron cuánto pensaban sacrificar para crear realmente una economía competitiva. El acuerdo de Chapultepec no menciona la palabra competencia. La comisión de seguimiento del acuerdo me envió una carta en la que me decían que mi posición era reiterativa e inflexible, y añadían que como yo era 'líder de opinión' los ponía en una situación de desventaja permanente porque no podían hacer valer sus argumentos. Y resulta que alguien que envía propaganda del acuerdo de Chapultepec en todos los recibos de teléfono se siente avasallado. Me enviaron una copia del acuerdo, con subrayado en amarillo todas las veces que aparece la palabra competitividad. Pero resulta que competitividad es muy diferente de competencia".[9]

Fue la primera y última intervención directa y protagónica de Carlos Slim en la escena política. Después de eso ha optado por intentar llevar relaciones cordiales con los distintas fuerzas políticas y en particular con el presidente en turno.

Relación Slim-López Obrador

Cuando Andrés Manuel López Obrador era jefe de Gobierno del Distrito Federal mantuvo una relación cordial con Slim. Había de por medio la remodelación del Centro Histórico, que el magnate financió. La cercanía dio paso al distanciamiento después de la derrota electoral del candidato perredista y su estrategia posterior de no aceptar la victoria de Felipe Calderón. Slim criticó el plantón de los seguidores de López Obrador en el Paseo de la Reforma el verano de 2006. Calificó de "locura kafkiana" la protesta del candidato derrotado. Fue la primera vez que rompió un largo silencio durante la enconada campaña electoral y después de las presidenciales del 2 de julio de aquel año. Las críticas de Slim recibieron la réplica del PRD y del propio López Obrador.

El político y el empresario podrían haberse entendido de ganar el primero las elecciones presidenciales. El eje central del proyecto de AMLO para desatar el crecimiento económico era inversión pública y privada en el desarrollo de infraestructuras. En otras palabras, segundos pisos, pero no sólo en el Distrito Federal sino por todo el país. Con miras a ello, contaba con la disposición de Slim y su *holding* IDEAL para construir obras públicas. Durante aquella campaña electoral, cuando entrevisté a AMLO y le pregunté por Slim y su actitud frente a la competencia y el poder de los monopolios, me contestó que no era una prioridad en México. Lo más importante era combatir la pobreza, "primero los pobres". El discurso antimonopólico lo empezó a usar después de las elecciones. "Yo habría aplaudido a López Obrador si hubiera usado el tema de los monopolios como caballo de batalla en la campaña electoral", dice Dresser. "Entonces sólo se dedicaba a despotricar contra un par de empresarios rapaces y no a hacer un diagnóstico cabal de que ellos son síntoma de un problema más profundo, que tiene que ver con la estructura de la economía mexicana".

EN SUMA, las posiciones políticas de Slim pecan, o disfrutan según se mire, de un pragmatismo evidente. Su credo parecería consistir en un "ni demasiado lejos ni demasiado cerca". Fue uno de los empresarios que aportó los 25 millones de dólares solicitados por Carlos Salinas para la campaña del PRI, pero igual fue capaz de entenderse con Andrés Manuel López Obrador o con el presidente de turno, cualquiera que fuese el partido.

De hecho, suele escoger a sus amistades más por empatía y curiosidad que por cualquier cálculo político o económico. No es un intelectural pero procura la cercanía de pensadores y artistas o personas de trayectoria singular. Amigo cercano igual de Octavio Paz que de Felipe González, Julio Scherer o Gabriel García Márquez; pero también de Shakira o Sophia Loren.

Quienes lo conocen aseguran que disfruta de las charlas de sobremesa largas, aunque él las prolongue con Diet Coke antes que con vinos finos. Sin embargo, en rara ocasión lo han visto conducir la conversación cuando se encuentra entre un grupo de amigos. De hecho, a Slim le ha costado trabajo acostumbrarse a ser el centro de atención de las miradas. Es una de las razones por las que lo incomoda ser señalado como el hombre más rico del mundo, como lo fue en su momento.

Esto no significa que la vida de Slim haya sido una sucesión de éxitos empresariales y personales. Hay inversiones fallidas tan estrepitosas como su compra de CompuUSA, con la que intentó aterrizar en el mercado minorista de venta de equipo electrónico en Estados Unidos, sólo para perder 2 mil millones de dólares. La muerte de su esposa y la crisis cardiaca sufrida en 1997 le provocaron decaimientos que bordearon un estado depresivo.

Héroe o villano, motivo de elogios o vituperios, pero sobre todo de envidia, hoy, a sus 76 años de edad, a Slim se le ve bastante satisfecho de sí mismo. Preside un clan familiar estable y compenetrado en la conducción de un imperio de más de 180 empresas; la versatilidad de sus negocios es tal que se ha hecho prácticmente invulnerable a una crisis; su dinero está invertido en tantos países y en tal cantidad de giros que no depende excesivamente de algún poder político, y puede advertirse que cada vez dedica más tiempo a hacer las cosas que le gustan: pontificar de beisbol, dar consejos de economía, encontrarse con los amigos que disfruta y hacer más dinero. Mucho.

El poder económico de Carlos Slim Helú ha llegado tan lejos, y son tantos y tan largos los tentáculos de sus empresas, que su desaparición de la escena mexicana sería un cataclismo no sólo para los cientos de miles de ciudadanos que, como Pancho González, consumen al ritmo que marca el magnate, sino también para la economía del país. Paradójicamente, el liderazgo indiscutible como el hombre más rico deja a México huérfano de competidores en sectores estratégicos. Un mal escenario para el crecimiento y el desarrollo.

FRANCESC RELEA *fue corresponsal del diario español* El País *para México, Centroamérica y el Caribe. Cubrió durante siete años la corresponsalía de dicho diario en América del Sur, con sede en Buenos Aires, y en Portugal, con sede en Lisboa. Con anterioridad trabajó como reportero del programa* Treinta Minutos *de TV3-Televisión de Catalunya, para el que realizó numerosos reportajes en América Latina,*

Oriente Próximo, África, Centroamérica y el Caribe. Más recientemente, como director de documentales dirigió Serrat y Sabina. El símbolo y el cuate, *presentado en el festival de San Sebastián sobre la relación de los dos cantautores con América Latina. Prepara el largometraje* Ciudades a contraluz *sobre la transformación de Medellín, Sarajevo, Beirut y Kigali, que vivieron hace dos décadas una terrible pesadilla. Es licenciado en Ciencias de la Información por la Universidad Autónoma de Barcelona y máster en Relaciones Internacionales por la Johns Hopkins University.*

Emilio Azcárraga Jean

Las trampas del rating

Por Jenaro Villamil

A los 29 años de edad, Emilio Azcárraga Jean tuvo que dejar a un lado su pasión por los deportes acuáticos para concentrarse en el rescate del consorcio más importante de medios de comunicación en habla hispana. En marzo de 1997, el tercero en la dinastía de los Azcárraga, varón único del tercer matrimonio de Emilio *el Tigre* Azcárraga Milmo, heredó de su padre un enorme desafío más que el goce de una fortuna valuada en 5 mil 400 millones de dólares por la revista *Fortune.*

La situación no era nada fácil para Azcárraga Jean. Televisa tenía una deuda que entonces parecía impagable: mil 480 millones de dólares, derivada en su mayoría de la compra de la participación accionaria de Rómulo O'Farrill, de la deuda Alameda, cuyos intereses crecieron en forma exponencial, de la deuda de 320 millones de dólares con su tía Laura Azcárraga y de 200 millones de dólares con los bancos, más una serie interminable de intrigas y ambiciones de parientes y ex socios de su padre; las ventas netas de televisión habían disminuido drásticamente: 17.9 por ciento entre 1994 y 1995, como resultado del "error de diciembre"; los gastos de capital también se redujeron drásticamente, de 2 mil 168.8 millones de pesos en 1994 a 955.8 millones en 1995. Televisa terminó 1996 con pérdidas netas por 598.5 millones de pesos, según el informe del consorcio ante la Securities and Exchange Commission (SEC), el organismo de Estados Unidos que regula la actividad del mercado de valores.

A la muerte del magnate, las acciones de Televisa cayeron 1.35 por ciento en un solo día.

Por si fuera poco, el principal producto de Televisa —sus contenidos audiovisuales— registraba una caída sostenida ante la audiencia mexicana. Su competencia, TV Azteca, con apenas cuatro años de existencia, le quitaba *rating* a sus telenovelas, noticiarios y programas de espectáculos. La empresa IBOPE México informó que en el horario triple A, el más caro de la televisión privada, Televisa "bajó progresivamente a lo largo de 1996, de un promedio anual de participación en el mercado de aproximadamente 81 por ciento en 1995 a poco más de 74 por ciento en 1996 ".[1]

Al 31 de diciembre de 1996, la compañía que controlaba 65 por ciento de las concesiones de televisión privada y las empresas de televisión restringida Sky y Cablevisión poseía el 50 por ciento de la empresa satelital Panamsat y ramificaba sus intereses en la industria editorial, radiofónica y en el mercado estadounidense a través de Univisión; asimismo tenía un número total de 20 mil 700 empleados entre la compañía y sus subsidiarias. El problema no sólo era el gran número de empleados sino el oneroso gasto de mantener 46 vicepresidencias que, en muchos casos, no cumplían con funciones clave y ostentaban salarios tan onerosos como el del médico personal de su padre, y otros, que sin hacer nada ganaban entre 500 mil y un millón de pesos.

Televisa estaba tan enferma como su dueño y artífice de la transformación del imperio mediático de habla hispana, Emilio *el Tigre* Azcárraga Milmo. Y el elegido para enfrentar la terapia de choque, su hijo Emilio Azcárraga Jean, no tenía ni la edad, ni la experiencia, ni el control accionario suficientes para revertir la situación. Poseía apenas el 10 por ciento de las acciones de la empresa, un porcentaje menor al que tenía la familia de Miguel Alemán Velasco, con 11 por ciento del total, los Burillo Azcárraga con el 16 por ciento, y los Cañedo White con el 10 por ciento.

El Tigre Azcárraga Milmo enfermó de gravedad a finales de 1996 y no había tomado las previsiones suficientes para pasarle a alguien la estafeta. Miguel Alemán Velasco, el segundo accionista más importante y amigo de años atrás de *el Tigre,* desempeñó un papel clave en este proceso de transición en el mando de la empresa.

A finales de febrero de 1997, Alemán fue a visitar a su amigo para recomendarle que tomara medidas urgentes en la sucesión. *El Tigre* quería que él se quedara al frente durante un periodo de transición. Él le confió que buscaba hacer una carrera política, ahora que ya nadie le diría que era su padre, el ex presidente Alemán, ni el poderoso empresario quienes apadrinaban sus aspiraciones.

Frente a esta situación Azcárraga Milmo anunció el 3 de marzo de 1997 que su hijo Emilio Azcárraga Jean sería el nuevo presidente de la compañía, pero compartiría el poder con el joven Guillermo Cañedo White, hijo de su otro amigo y compañero de la aventura en la construcción del Estadio Azteca, quien fungiría como presidente del consejo de administración.

Consultado sobre ese periodo, Alemán rememoró:

"Tanto Azcárraga Jean como Cañedo White y el licenciado Mondragón, secretario del consejo, se trasladaron a Beaver Creek, Colorado, a reunirse conmigo e invitarme a Los Ángeles para organizar los cambios en la compañía. Entre otras cosas se me informó que Alejandro Burillo dejaría de ser integrante del consejo de administración. En esa época, mi hijo Miguel Alemán Magnani había adquirido del señor Azcárraga un 3 por ciento adicional de acciones del Grupo Televicentro, por lo que éramos el segundo accionista más importante.

"Se celebró el consejo de administración, se modificaron los estatutos de la compañía para asegurar que, de ser necesario, se podía forzar la salida del señor Cañedo White de la presidencia del consejo de Grupo Televisa, que en mi opinión siempre debió ocupar el señor Azcárraga Jean; yo tuve que atender la reunión porque mi hijo estaba de luna de miel, ya que se casó días después de que el señor Azcárraga Milmo cayó enfermo.

"A la muerte del señor Azcárraga Milmo se acordó un aumento de capital en el que la familia Alemán conservó el porcentaje, pero no lo aumentó a pesar de que tenía derecho para ello con el propósito de permitir que el señor Azcárraga Jean tuviera una posición de control cómoda en la empresa porque siempre hemos considerado que la familia Azcárraga ha sido la cabeza del Grupo Televisa".[2]

Por supuesto, la transición no fue tan tersa. Las amenazas e intrigas de sus propios familiares para desplazar al heredero del control de Televisa fueron constantes. Los periodistas Claudia Fernández y Andrew Paxman relatan en su extraordinario libro *El Tigre. Emilio Azcárraga y su imperio Televisa* que, tras la muerte de su padre, Azcárraga Jean enfrentó varias disputas. Primero, con su primo Fernando Diez Barroso, hijo de Laura Azcárraga, que estaba decidido a cobrar los 320 millones de dólares de deuda, al tiempo que su otro primo, Alejandro Burillo Azcárraga, mantenía una guerra nada soterrada con los hermanos Guillermo y José Antonio Cañedo White para desplazarlos y tomar el control de la empresa. Coyunturalmente, Azcárraga Jean y Burillo Azcárraga se aliaron para desplazar a los Cañedo y a Diez Barroso.

Este último realizó una maniobra que se documenta en la biografía citada: en el restaurante Morton's de Los Ángeles, Fernando Diez Barroso se reunió con Marvin Davis, un especialista en compras apalancadas y adquisiciones hostiles. Esa misma noche, en otra mesa, cenaban Emilio Azcárraga Jean y Guillermo Cañedo White con David Evans, presidente de Sky Latin America. "Diez Barroso había sido sorprendido *in fraganti*", escribieron los autores de la biografía de Azcárraga Milmo.[3]

Si Diez Barroso se hubiera aliado con Burillo Azcárraga y con Miguel Alemán, que poseían el 14 por ciento del control de la empresa cada uno, tendrían el 49 por ciento de Televisa y, por tanto, el control de la empresa, desplazando al heredero. "Sólo les habría quedado persuadir a alguno de los seis herederos de don Emilio, Paula [Cusi] o alguna de las hijas, por ejemplo, para entre todos tener una mayoría de acciones con voto. Es casi seguro que este fuera el tema de la discusión entre Diez Barroso y Davis esa noche en Morton's", señalaron Fernández y Paxman.[4]

Para enfrentar a sus familiares, Azcárraga Jean no sólo demostró astucia sino también buscó, de entrada, diferenciarse de su padre y de las herencias incómodas. A quien le preguntara, Emilio Jr. les afirmaba: "las lealtades de mi padre no son mis lealtades".

Tampoco las fobias, al menos, en un inicio. Antes del fallecimiento de su padre, el 15 de abril de 1997, Azcárraga Jean realizó una serie de entrevistas en medios de comunicación que durante años fueron críticos a la línea de conducción de su padre. Este hecho rompía con el clásico menosprecio de su padre a la opinión pública y, aún más, a los medios poco amigables con Televisa. En entrevista con la revista *Proceso*, Azcárraga Jean declaró no sin algún dejo de candor:

"Yo nací llamándome Emilio Azcárraga, ese es mi nombre desde hace 29 años. No me puede pesar porque es parte de mí, de lo que soy. Estoy orgulloso de llamarme como me llamo, como mi padre, como mi abuelo.

"Sí, tengo 29 años y no me rajo. Esto me tocó ser y lo asumo. Tengo un compromiso moral con las gentes que trabajan en esta empresa".[5]

El representante de una nueva generación de empresarios de medios de comunicación, heredero de la visión y las redes de poder que construyó su abuelo en los años 30 y de la cultura corporativa de su padre, también fue tajante:

"Esto es un negocio. Lo fundamental, la cara de esta empresa es la producción de entretenimiento, después la información. Educar es labor del gobierno, no de Televisa".

Esta declaración de principios de quien comenzaría a ser conocido como *el Tigrillo* no ha cambiado en una década. Se ha agudizado. Televisa ha dejado cualquier pretensión de servicio social o su condición de servicio público concesionado para centrarse en el negocio de la producción, distribución y concentración de contenidos audiovisuales. Ha expandido su interés en las teleapuestas, en el internet y ahora la telefonía fija vía cable, aspiración que lo coloca en franca competencia con Carlos Slim, su segundo ex socio.

Tampoco es casual la sacralización del *rating* por parte de Azcárraga Jean. Después de su estancia en 1988 en la estación de Televisa en Tijuana, en 1993 su padre lo nombró vicepresidente de Programación. Desde esa posición, aprendió que los contenidos del consorcio eran la clave del negocio y que su comercialización requería un constante cambio.

Paradójicamente, en esa primera entrevista Azcárraga Jean se mostró claramente incómodo con la regla de oro de su padre en su relación con la política y el poder: "somos soldados del Presidente", dijo en alguna ocasión Azcárraga Milmo.

Su hijo afirmó: "yo no creo que tener relaciones con personalidades de la política nos vaya a beneficiar en lo que importa. Yo creo en el *rating*. No creo que tener buenas o malas relaciones con el secretario de Gobernación vaya a alterar mi *rating*, que a final de cuentas es a lo que me dedico, a obtener el mayor *rating* posible".

La reiteración del *rating* como el valor más importante en la pantalla mexicana la aprendió Azcárraga Jean de su propio padre. "este es un país de jodidos y hacemos una televisión para jodidos", fue una de las frases más polémicas de su progenitor.

La formación académica del heredero de Televisa consistió en estudios de Relaciones Industriales en la Universidad Iberoamericana (no concluidos), un posgrado de Mercadotecnia y Administración en Southwestern College, en San Diego, California, y otros estudios en la Universidad de Lakefield, Canadá. Sin embargo, él mismo advierte que su auténtica "escuela" fue la propia empresa.

A pesar de minimizar el papel de la política, desde abril de 1997 Azcárraga Jean entendió perfectamente que Televisa requería de los favores del poder y que el mismo consorcio necesitaba convertirse en un poder político para enfrentar los enormes desafíos que tenía ante sí. Los corresponsales de *The New York Times*, Julia Preston y Samuel Dillon, publicaron pocos años después que fue el presidente Ernesto Zedillo quien facilitó la operación para que Azcárraga Jean se impusiera a sus parientes y a otros accionistas que buscaban quedarse con el control de la empresa.

Así reprodujeron el diálogo entre el entonces primer mandatario y el heredero de *el Tigre:* " 'Emilio, tu papá me pidió que te ayudara y te cuidara', le dijo. 'Entre el gobierno y la familia Azcárraga siempre ha habido un pacto, comenzando por tu abuelo y pasando a tu padre, y ahora tú tienes la responsabilidad. Pero la situación ha cambiado, y debemos ajustarnos a la nueva realidad'.

"'Emilio, los asuntos de Televisa los vamos a ver tú y yo directamente, eso debe quedar claro'. Rechazó la propuesta que traía el grupo de formar un comité ejecutivo, y alentó a Alemán a vender sus acciones. Dijo que no le quedaba claro qué intereses representaban los hermanos Cañedo, dejándolo desconcertado. Al final todos acordaron que en adelante trataría sólo con el joven Emilio".[6]

Sin embargo, Miguel Alemán Velasco, el *consigglieri* de Azcárraga Milmo durante décadas, rechaza esta versión: "No es cierto porque yo estaba ahí cuando le informé al presidente Zedillo que el presidente de Televisa iba a ser Emilio chico. Él me preguntó: '¿Qué es lo que debo hacer?' Le dije: 'Yo creo que debemos darle su lugar, es decir, tú lo puedes recibir, es una manera, pero si tú vas a visitarlo es otra manera'. '¿Cómo?', me preguntó. 'Tú vas solo y lo ves sólo a él. No ves a nadie de nosotros. Nosotros ahí no existimos. El nuevo *Tigre* es él'.

"Entonces, se escogió Televisa San Ángel. Emilio estaba en su oficina, ni siquiera en la de su padre. Entonces, Zedillo llegó derechito a la oficina de Emilio, se bajó, todo mundo supo que el Presidente había ido a ver a Emilio Azcárraga Jean, presidente de la empresa y ya. Lo que sí tuvimos que dominar es a los demás".[7]

Para una empresa que depende de las concesiones otorgadas por el Estado mexicano, la visita del presidente de la República fue fundamental para avalar que la "nueva cabeza" de Televisa era Azcárraga Jean.

El desafío económico y la pérdida de audiencias, como efecto de la crisis de credibilidad y la clara alineación de Televisa al sistema priista, fueron resueltos de otra manera.

El propio Azcárraga Jean asumió ante la reportera Julia Preston, de *The New York Times,* que sus abogados le recomendaron vender la empresa, pero optó por no hacerles caso: "Esta compañía fue hecha por mi familia y tengo un importante interés moral en ella. Además, fue fácil para mí apostar: no tenía nada qué perder. Tenía sólo 29 años".[8]

Convencido de enfrentar el desafío, Azcárraga Jean decidió, primero, resolver las deudas con sus familiares, incrementar su control accionario de 10 a 51 por ciento en un periodo de tres años, recortar gastos y renegociar la enorme deuda de poco más de mil 400 millones de dólares.

Las medidas adoptadas no fueron fáciles, pero tampoco del todo transparentes. A diez años de distancia, la ex esposa de Emilio Azcárraga Milmo, Paula Cusi, presentó una demanda ante la jueza 62 de lo civil en el Distrito Federal, Yolanda Morales Romero, acusando a Azcárraga Jean por el presunto despojo de la sexta parte correspondiente al legado y la herencia de *el Tigre.*

La demanda de 160 fojas involucró a otros 40 codemandados, incluyendo a las hermanas, primos, funcionarios, ex socios de Televisa y a los albaceas de la herencia de *el Tigre.* El punto fundamental de esta acción jurídica es que obligaría a Azcárraga Jean a transparentar e informarle a la jueza y a buena parte de los accionistas minoritarios del emporio cómo actuó para pagarles a los otros herederos, para contratar empréstitos —incluyendo uno por 40 millones de dólares a Banco Inbursa un día antes de la muerte de su padre— y para reestructurar la composición accionaria de la empresa. (El litigo se resolvería años después con un desenlace de telenovela: Paula Cusi fue llevada a prisión con un pretexto pueril y eventualmente liberada a cambio de su desestimiento en su pretención. Posteriormente ella demandaría a su abogado, quien habría recibido 6 millones de dólares, como parte de acuerdo, mismos que nunca entregaría a su representada, según versión de ella misma).

La demanda tocó de manera directa a una de las decisiones más polémicas de Azcárraga Jean: la búsqueda de nuevos socios financieros. El magnate financiero Carlos Slim y posteriormente la joven empresaria María Asunción Aramburuzabala se transformaron en los segundos socios más importantes de Azcárraga Jean hasta finales de 2006.

En el terreno laboral, Azcárraga Jean fue implacable para reducir el número de empleados. Despidió a 6 mil 20 trabajadores en una primera etapa y desapareció las 46 vicepresidencias que formaban el oneroso "Estado mayor" de su padre. En 2001 desapareció el sistema informativo ECO, uno de los proyectos más ambiciosos de su padre, vendió la participación de Televisa en la empresa satelital Panamsat, así como casas y yates, y cerró corresponsalías en una terapia de choque para ganar la confianza de los inversionistas.

A Julia Preston le declaró: "Cuando fui a Nueva York en 1997 a explicarles lo que queríamos hacer, el 70 por ciento no creyó una palabra de lo que dije".[9]

En paralelo, se comprometió a recuperar la credibilidad y el *rating* de la empresa. Suspendió los famosos contratos de exclusividad que generaban obligaciones con un gran número de actores, actrices y cantantes. Decidió quitar de la pantalla a Jacobo Zabludovsky, el ícono informativo que, como pocos, representaron durante décadas el rostro de los noticiarios de *24 Horas* y llegó a ser calificado como el auténtico "ministro de Información" del régimen; también culminó la relación con Raúl Velasco, el otro ícono mediático de Televisa, durante años el amo y señor de la industria del espectáculo a través de su programa *Siempre en Domingo.*

Contrató a nuevos productores, provenientes de la competencia, de TV Azteca y de Miami, hizo pactos con empresas como la holandesa Endemol, creadora del estilo de *reality shows* exitosos de manera efímera como el *Big Brother,* así como otros estilos de infoentretenimiento, como el concurso *Bailando por un sueño,* e incursionó en nuevos estilos de la parodia política como *El privilegio de mandar*. Azcárraga Jean estaba decidido a transformar a Televisa en una "fábrica de sueños".

De todas las medidas adoptadas, la más importante fue la conformación de su propio "equipo compacto". Con Azcárraga Jean llegó a los puestos de dirección un grupo de treintañeros y ambiciosos ejecutivos, amigos cercanos a él, que se volvieron *Los Cuatro Fantásticos* de la "nueva Televisa". Junto con ellos, Azcárraga Jean pretendía revertir la crisis y cumplir el plan más ambicioso de su abuelo y de su padre: "conquistar" Estados Unidos. Es decir, convertirse en la corporación más importante de televisión entre las audiencias de habla hispana, convertida en *El dorado* para este negocio.

El "hermano" y los Cuatro Fantásticos

En los terrenos de la ex hacienda Casas Viejas, en el paradisiaco municipio mexiquense de Valle de Bravo, tres grandes terrenos de 212 mil, 70 mil y 260 mil metros cuadrados, respectivamente, se convirtieron desde el 2006 en el sitio de festejos exclusivos de la "nueva Televisa" de Emilio Azcárraga Jean. Colindante uno con otro, los dos terrenos más grandes pertenecen al presidente de Televisa y al vicepresidente adjunto más poderoso del consorcio, Bernardo Gómez.

Los terrenos son propiedad de la empresa Grupo Piljo, creada el 19 de abril de 2004 con el objetivo de "vender, comprar, fabricar, distribuir, comercializar, promover, importar, arrendar, exportar, otorgar en usufructo o de cualquier otra manera comerciar con toda clase de productos, bienes inmuebles, equipo, sistemas y máquinas".

Bernardo Gómez es el propietario del 99 por ciento de las acciones, y como accionista minoritario aparece en el registro público de la propiedad con el folio 278897 el apoderado y abogado general de Televisa, Joaquín Balcárcel Santacruz.

El terreno que pertenece a Emilio Azcárraga Jean posee dos lagos, uno de ellos artificial de 207 mil 422 metros cuadrados, además de otros 4 mil 640 de camino rodeado de un tupido bosque que hacen un total de 212 mil 62 metros cuadrados. Colinda con el hotel ecológico Rodavento, en donde el 2 y 3 de febrero de 2006 se realizó un exclusivo encuentro entre la cúpula de Televisa y los candidatos presidenciales del PAN, Felipe Calderón, de la coalición Por el Bien de Todos, Andrés Manuel López Obrador y de la Alianza por México, Roberto Madrazo.

Más pequeño que el terreno de su jefe y amigo, el de Bernardo Gómez tiene 70 mil metros cuadrados, está mejor cuidado y luce una hermosa construcción campirana. El Grupo Piljo, propiedad de Gómez, le compró a Azcárraga Jean el predio número 104 de Bosques de

Avándaro, con una pequeña superficie de mil 656 metros cuadrados y una construcción color rosa mexicano que tiene acceso directo al lago de Valle de Bravo. Esa fue una de las antiguas propiedades de *el Tigre* que se construyó en los terrenos del municipio de Avándaro, colindante con Valle de Bravo.

Amigos entrañables desde la infancia, "hermanos" desde hace más de tres décadas, estos dos ejecutivos han traducido su cercanía en vecindad en torno a los extensos terrenos que comparten con el manantial de La Hierbabuena. En esos terrenos, Azcárraga Jean y Gómez han realizado reuniones empresariales, encuentros políticos y festejos privados.

Uno de estos ostentosos eventos ocurrió en mayo de 2006, cuando Bernardo Gómez invitó a más de 400 personas, entre empresarios, políticos, periodistas, familiares, clientes y ejecutivos de la empresa al bautizo de su hija.

Testigos relatan que el invitado estelar fue el propio Emilio Azcárraga Jean. Las familias de los dos amigos compartieron el pan y la sal. Bernardo Gómez mandó a traer de Argentina al cantautor Alberto Cortés. En el momento cumbre del festejo, Cortés cantó *Mi árbol y yo*, su famosa composición que rememora la muerte de un hermano, cuya ausencia queda simbolizada en un árbol sembrado "en los límites del patio, donde termina la casa".

"Esta canción se la dedico a mi amigo Emilio", anunció Bernardo Gómez a todos los presentes.

Azcárraga Jean se quedó en silencio. Todos observaban la reacción del presidente de Televisa. Quienes conocen la historia de ambos jóvenes saben que la indestructible amistad se fortaleció a raíz de la muerte de un hermano de Bernardo Gómez en un accidente automovilístico. Emilio manejaba el vehículo. Gómez se autoinculpó para evitar un escándalo en torno al hijo del poderoso e irascible *Tigre* Azcárraga. Desde esa época, relatan los conocedores de este episodio, Azcárraga Milmo desconfió de Gómez, pero su hijo Azcárraga Jean lo ha defendido contra viento y marea.

Como esta, muchas otras anécdotas confirman la cercanía entre Emilio y Bernardo. "Lo que le hagan a Bernardo me lo hacen a mí", es una máxima que Azcárraga Jean ha hecho circular en estos diez años al frente de Televisa.

A mediados de 2006, el corresponsal de *Newsweek*, Joseph Contreras, sostuvo una entrevista con el heredero de *el Tigre*. Antes de que llegara el presidente de Televisa, el periodista sostuvo una conversación animada con los otros tres integrantes del círculo compacto: Bernardo Gómez, Alfonso de Angoitia y Pepe Bastón. Emilio llegó 20 minutos después. Al entrar en la sala donde se iba a realizar la entrevista, De Angoitia y Bastón lo saludaron y se hicieron a un lado. Bernardo siguió hablando como si nadie hubiera entrado. Durante la entrevista, Azcárraga Jean utilizó varias veces la muletilla: "como dijo Bernardo...".

El mismo Azcárraga Jean, en la ronda de entrevistas que concedió al cumplirse su primera década al frente de Televisa, refrendó su afecto hacia Gómez y acalló así los rumores insistentes sobre el posible exilio de quien durante el sexenio foxista se ostentó como el principal operador del consorcio, amigo de la ex primera dama Marta Sahagún.

El 15 de enero de 2007, en entrevista con Joaquín López-Dóriga, en *El Noticiero* de Canal 2, Azcárraga Jean hizo un balance triunfalista de su papel como presidente del Grupo Televisa, pero el mensaje más importante fue el espaldarazo a Bernardo Gómez, algo inédito en la historia de la dinastía de los Azcárraga. Fue un espaldarazo importante porque se produjo después de varios desencuentros entre el vicepresidente de Televisa y el equipo de Felipe Calderón. El mandatario panista ordenó que no se volvieran a "abrir Los Pinos a patadas", en referencia a la confianza extrema con la que Gómez irrumpía en la residencia presidencial para negociar con la primera dama Marta Sahagún. En dos ocasiones, Calderón le advirtió a Azcárraga Jean que el trato entre Los Pinos y Televisa sería sólo "de presidente a presidente".[10]

En esa misma entrevista, Azcárraga Jean hizo un reconocimiento a otros dos cercanos colaboradores que conforman junto con Bernardo Gómez el grupo bautizado por ellos mismos como *Los Cuatro Fantásticos.*

—Emilio, mencionas lo del equipo —intervino Joaquín López-Dóriga—. Hace diez años todos éramos diez años más jóvenes, pero tú lo eras más, tú tenías 28 años, y había dudas, vamos, aquí entre tú y yo, no sólo había dudas, y tú lo sabes, había apuestas de que no ibas a poder. ¿Por qué? Tus 28 años y el reto de sacar a Televisa de aquel momento y traerlo a este. Cuéntanos esta noche, ¿cómo lo hiciste? ¿Cómo lo sacaste? ¿Cómo la trajiste hasta aquí?

—Bueno, yo creo que esas dudas estaban bien fundamentadas porque no había, porque yo no había tenido la experiencia de manejar Televisa antes. Y la situación, como hablábamos, económica, la situación de *rating*, muy mala. Pero tuve la suerte de traer a tres personas a trabajar, y que tenían, tienen muchas virtudes, pero la principal era que tenían toda mi confianza: Bernardo, primero Bernardo Gómez, que como sabes, aparte, no es mi amigo, es como mi hermano, que llevó a cabo toda la reestructura de noticieros, y también se involucró en la parte estratégica de Televisa.

"Alfonso de Angoitia, que llevó toda la parte de la reestructura financiera, renegociación de deudas, toda la parte económica. Y Pepe Bastón, que llevaba toda la parte de entretenimiento para recuperar ese *rating* y ese liderazgo.

"Entonces, tener a estas gentes *[sic]* creo que fue fundamental, el que tuvieran mi confianza, el que se tomaran decisiones, que se han tomado decisiones, de repente muy difíciles. Decisiones que en su momento han tenido costos, inclusive personales, pero siempre hemos tenido una visión".[11]

Ni uno más ni uno menos. En esa entrevista, en el noticiero estelar de Canal 2, Azcárraga Jean sólo mencionó por su nombre a estos personajes. No hubo referencia explícita a los socios que lo ayudaron a rescatar del bache financiero a Televisa y ningún familiar salió a relucir en ese balance.

El reconocimiento a estos colaboradores y amigos se repitió en otra entrevista publicada en la revista *Caras*, propiedad de Televisa, para hacer un balance de su primera década.

—¿De quién has sentido más apoyo en este tiempo? —le preguntó Lucía Alarcón.

—Fortaleces las amistades en las buenas, pero las haces en las malas. Fundamentalmente en la construcción de esto, siempre lo he dicho y siempre lo diré, son Bernardo Gómez, Alfonso de Angoitia y Pepe

Bastón. Pepe llevaba algún tiempo trabajando en Televisa, desde 1989; Bernardo y yo teníamos una amistad muy grande desde tiempo atrás, y Poncho era el mejor abogado que conocía cuando me di cuenta de los problemas legales y económicos en los que podía estar metido. Por la amistad y el talento de cada uno de ellos, hoy se ve el resultado, y siempre les viviré agradecido, porque nos ha ido muy bien a todos los que trabajamos aquí. Fue muy difícil luchar contra la corriente, y se han tomado decisiones por la empresa que han afectado nuestra vida personal o profesional, pero, como también lo he dicho, estamos seguros que si hay que tomarlas otra vez, lo haremos".[12]

La epopeya de los cuatro jóvenes ejecutivos ha sido insistentemente alimentada durante los años en que Azcárraga Jean ha estado al frente del consorcio. En los hechos, ha constituido un mensaje explícito para socios, accionistas, trabajadores y hasta parientes de que el "grupo compacto" de Azcárraga Jean que alcanzó la cima en 1997 llegó para quedarse.

Bernardo Gómez, en entrevista con la revista *Líderes,* sintetizó así la epopeya: "Los primeros días, cuando Emilio tenía 10 por ciento de Televisa, todo mundo quería quedarse con la empresa. Vivíamos bajo la regla del alcohólico: trabajar sólo por hoy, sin saber qué iba a pasar mañana. Si una variante económica se movía, adiós Televisa. Hubo momentos en que dijimos: ya se murió el niño. Pero vivió.

"Gracias a Dios, resultó un *success story* porque pudo haber sido un fracaso".[13]

Menos emotivo, más frío en sus referencias estadísticas y sin metáforas infanticidas, Alfonso de Angoitia, vicepresidente de Finanzas, rememoró esta etapa durante su participación en la XV Convención del Mercado de Valores: "Televisa operaba con un margen de apenas 15 por ciento, por lo que generaba un flujo raquítico. Además, Televisa tenía un pasivo de mil 300 millones de dólares, con un vencimiento a corto plazo, por lo que las calificadoras de valores nos calificaban como de alto riesgo".

En ese discurso, pronunciado el 15 de noviembre de 2004, De Angoitia consideró que la reestructuración de Televisa fue "una gran oportunidad para cuatro amigos":

"Nos tomó por sorpresa bastante jóvenes. Emilio Azcárraga y Pepe Bastón con sólo 29 años, Bernardo Gómez con 30 y yo, a quien me consideraban el viejo del grupo, con 34.

"Hoy, después de un proceso de reestructuración que nos tomó siete años, los resultados son sorprendentes... Emilio Azcárraga tiene el control, y el pasivo de mil 400 millones de dólares ha sido pagado en su totalidad... de 1997 a la fecha hemos reducido la fuerza laboral en un 40 por ciento y los gastos de administración en un 66 por ciento. Como consecuencia, el margen derivado de nuestro negocio de televisión pasó de 33 al 45 por ciento y nuestro margen consolidado se ha más que duplicado, pasando del 15 al 35 por ciento".

El triángulo formado entre Azcárraga Jean-Gómez-Angoitia se formalizó en octubre de 2003 con la Oficina Ejecutiva de la Presidencia de Televisa. Este triunvirato es el encargado de la supervisión, la planeación estratégica y el desarrollo de los nuevos negocios del consorcio.

En el "grupo compacto" participa también José Bastón. La confianza de Azcárraga Jean en este joven, amigo también desde la época de estudios, fue clave para que Bastón se convirtiera en el sustituto de José Dávila, vicepresidente de Operaciones. Desconocido al principio por los mercados y los productores de la empresa, Bastón se transformó en el artífice de los nuevos contenidos en la pantalla comercial. Es el responsable también de la exportación de la producción audiovisual de Televisa y del reciente proyecto de convergencia tecnológica a través del portal de *Esmas.com.*

Quienes conocen la relación entre José Bastón y Emilio Azcárraga Jean relatan que este lo aprecia "como si fuera su hermano menor", pues tiene la facultad de atemperar el enojo, las frustraciones y las exigencias de los artistas del consorcio. A diferencia de Bernardo Gómez y de Alfonso de Angoitia, a quienes se les respeta y teme, a José Bastón los trabajadores de Televisa lo ven más cercano y dialogante.

De Angoitia y Gómez fueron los artífices de la negociación con el poderoso consorcio mediático español PRISA, que en 2001 adquirió la mitad de la entonces ruinosa cadena radiofónica Radiópolis por 55 millones de dólares y se hizo responsable de los contenidos. Ambos también acordaron con Alejandro Soberón, el dueño de OCESA, la compra del 40 por ciento del Corporativo Interamericano de Entretenimiento (CIE) para participar en la organización de espectáculos.

Paradójicamente, a partir de mediados de 2005 esta misma dupla ha sido la responsable de preparar el cambio de participación accionaria de los accionistas y se concentró en dos tareas fundamentales para Azcárraga Jean: la compra de Univisión y la expansión de Televisa en los negocios derivados de la convergencia en telecomunicaciones. De ahí surgió la nueva área de Televisa: la empresa Apuestas Internacionales, una subsidiaria que posee el control del negocio de los centros de juego conocidos como Playcity y responsable de la incursión en nuevos sistemas de loterías.

Para los observadores críticos, el punto más vulnerable de la gestión de *el Tigrillo* han sido los estilos y las maneras como se conduce su vicepresidente Bernardo Gómez. No pocos recuerdan la animadversión que el propio Azcárraga Milmo sentía por el joven Bernardo.

Claudia Fernández y Andrew Paxman relatan en su libro sobre *el Tigre* que este le dio empleo a Pepe Bastón, "uno de los mejores amigos de su hijo, pero no al otro, Bernardo Gómez, a quien consideraba un vividor y una mala influencia".[14]

Otros testigos sugieren que, finalmente, la cercanía entre Bernardo y Emilio ha sido más funcional y benéfica para el segundo que para el primero. El trabajo de "policía malo" y las relaciones políticas —que tanto le incomodan a Azcárraga Jean— son tareas ejercidas por Gómez, mientras Emilio ha logrado mantenerse como el eje de poder, sobre todo en el "círculo compacto". La vieja divisa "divide y vencerás" parece que le ha funcionado.

No todo es ahora miel sobre hojuelas entre estos jóvenes ejecutivos. Las diferencias entre Alfonso de Angoitia y Bernardo Gómez se han agudizado, pero trascienden poco. El estilo destemplado, bravucón y mal hablado de Gómez contrasta con la discreción, la frialdad y la implacable eficacia del vicepresidente de Finanzas. En 2006, la compañía TV Promo, vinculada a Alejandro Quintero, vicepresidente de comercialización, dejó de estar bajo la esfera de poder de Bernardo y se le dio a Alfonso de Angoitia. En medio de este reacomodo importante hubo un escándalo generado a raíz de la publicación en *Proceso* de contratos entre TV Promo y el entonces candidato a gobernador del Estado de México, Enrique Peña Nieto. El caso trascendió hasta los círculos bursátiles de Estados Unidos. Y antes de que se generara otro escándalo por presunto fraude a accionistas minoritarios, Televisa decidió reconocer a TV Promo como una de sus subsidiarias y dejarle a De Angoitia el control de los ingresos de este intermediario publicitario.

Azcárraga Jean y sus socios, del amor al distanciamiento

Enfrentar el desafío que le dejó su padre no fue labor sólo de los cuatro amigos y ejecutivos treinteañeros que conducen los destinos de Televisa. El secreto fundamental durante la primera década de liderazgo de Azcárraga Jean fue la incorporación de dos socios inversionistas que lo ayudaron a refinanciar la gigantesca deuda heredada y transformaron a Televisa de una empresa familiar en un corporativo con extensas redes e intereses en la cúpula empresarial mexicana.

El primero de los socios que se incorporó a Televisa fue Carlos Slim, el magnate de las telecomunicaciones mexicanas, que adquirió inicialmente el porcentaje accionario que le pertenecía a Miguel Alemán Velasco y su hijo. Esto lo convirtió automáticamente en el segundo accionista más importante del consorcio, donde llegó a tener 25 por ciento de las acciones. Las pláticas para incorporar al dueño del Grupo Carso a Televisa iniciaron en 1998. En abril de 1999, el ingeniero Slim adquirió las acciones de la familia Alemán y de la sucesión de Emilio Azcárraga Milmo que estaban relacionadas con los pasivos que tenía *el Tigre* con su hermana Laura Azcárraga y su hijo Alejandro Burillo.

En paralelo, la heredera del emporio de Cervecería Modelo, María Asunción Aramburuzabala, y su socio Carlos Fernández adquirieron las acciones que pertenecieron a Alejandro Burillo Azcárraga, el *primo incómodo* de Emilio Azcárraga Jean que abandonó Televisa en junio de 2000. La información de prensa del 20 de junio de 2000, poco antes de las elecciones presidenciales que derivaron en la derrota del PRI y el ascenso de Vicente Fox, reportó que Burillo Azcárraga cedió 16.7 por ciento de Grupo Televicentro a la familia Aramburuzabala y 3.92 por ciento a la familia Fernández, ambos accionistas de Cervecería Modelo. El resto de su participación lo compró Emilio Azcárraga Jean, quien alcanzó así el 54 por ciento del capital social, al tiempo que la sociedad de inversión de capitales Inbursa, de Carlos Slim, sumó 25.44 por ciento.

El acuerdo con Slim era ampliamente benéfico para Azcárraga Jean, ya que el dueño de Telmex y Telcel le cedió su capacidad de voto al *Tigrillo*, con lo cual el joven ejecutivo acumuló el 79 por ciento de los votos y podía modificar los estatutos del consejo de administración.[15]

Todos los analistas financieros subrayaron que el ingreso de los capitales del Grupo Carso y del Grupo Modelo a Televisa representó un voto de confianza para Azcárraga Jean, en el 2000, cuando apenas contaba con 31 años.

Para el inicio del sexenio foxista, la composición accionaria de Televicentro, la controladora mayoritaria de Televisa, quedó entonces de la siguiente manera: Azcárraga Jean con el 53.94 por ciento, Inca Inbursa de Carlos Slim y su hijo del mismo nombre con el 25.44 por ciento, y Grupo Modelo, con Aramburuzabala y Fernández, con el 16.70 y 3.92 por ciento restantes.

Azcárraga Jean no cometió el mismo error que su padre. Asesorado por sus ejecutivos, en especial por Alfonso de Angoitia, el heredero de *el Tigre* tuvo la precaución de venderles a Slim y a Aramburuzabala acciones que les daban derecho de voz, pero no de voto. Por tanto, no podían vetar o aprobar determinadas decisiones del manejo empresarial de Televisa, en particular los contenidos.

En el año 2002, Azcárraga Jean realizó una compleja reestructuración accionaria de la compañía, para crear un fideicomiso formado por los tres grupos de accionistas principales e intercambiar sus títulos de Televicentro, la controladora que desde entonces quedó como un mero "cascarón", por certificados de participación ordinaria (CPO) que son títulos de crédito a largo plazo que emite una sociedad fiduciaria sobre bienes, valores o derechos que tiene un fideicomiso. Esta figura se convirtió en el poseedor mayoritario de las acciones de Televisa.

Las tres familias acordaron un calendario bajo el cual se comprometían a no vender su parte accionaria antes del 1 de julio de 2005. Los

Slim convinieron, además, mantener al menos la tercera parte de su participación en el fideicomiso hasta el 1 de julio de 2009. Aceptaron respaldar al comité técnico controlado por Azcárraga Jean y sus dos principales colaboradores: Bernardo Gómez y Alfonso de Angoitia.

Hasta el 31 de mayo de 2006, un mes antes de las elecciones presidenciales, este fideicomiso tenía el 16.78 por ciento del control de la compañía y sus subsidiarias, frente al 83.22 por ciento disperso entre otros accionistas e inversionistas del mercado de valores, quienes poseen el 65 por ciento del consorcio, según informó el propio Azcárraga Jean en su entrevista con López-Dóriga, en enero de 2007.

El cambio, en esencia, consistió en que Slim y Aramburuzabala intercambiaron sus acciones en Televicentro por otras en Televisa, que empezó a cotizar como empresa pública en la bolsa de valores de Estados Unidos y se tuvo que ajustar a los rígidos controles de la SEC. De esta manera, el 25 por ciento de Slim se transformó en poco más de 5 por ciento, y algo similar sucedió con la participación de Aramburuzabala.

Sin embargo, desde julio de 2005 la influencia de otro socio se comenzó a sentir con fuerza al interior del consorcio y a desplazar al magnate Slim y a la joven empresaria del Grupo Modelo. Roberto Hernández, viejo competidor de Slim, ex dueño de Banamex y poseedor de la compañía telefónica Avantel, entre otros negocios, comenzó a participar en las decisiones del equipo de Azcárraga Jean.

El papel de Roberto Hernández ha sido clave desde el inicio de la gestión de Emilio Azcárraga. El ex dueño de Banamex respaldó al joven heredero durante su disputa con su primo Fernando Diez Barroso. La aspiración de este de obtener 320 millones de dólares se resolvió gracias a la intermediación de Hernández, quien le hizo ver que su pleito contra Azcárraga Jean sería también contra los bancos acreedores. Diez Barroso acabó aceptando el 21 por ciento de las acciones que estarían en un fideicomiso sin derecho a voto, más las otras acciones. El 1 de febrero de 1999, Grupo Televicentro anunció que había reestructurado toda su deuda de mil 270 millones de dólares —incluyendo la deuda Alameda, donde se encontraba la porción más conflictiva vinculada a Diez Barroso y otros familiares— reduciéndola a 533 millones de dólares. En mayo de ese mismo año, los Alemán vendieron su paquete accionario a los Slim, quienes compraron parte de las acciones de Diez Barroso.

En todo este proceso, Roberto Hernández y Banamex desempeñaron un papel clave. Posteriormente, el secretario de Hacienda del foxismo, Francisco Gil Díaz, hombre cercano al dueño de Avantel, favoreció fiscalmente a Televisa para reducirle varios adeudos con la dependencia federal. Por eso no resulta extraño que Hernández decida incrementar su influencia en Televisa, desplazando a su ex mentor y eterno rival en el mercado de las telecomunicaciones, Carlos Slim.

En paralelo, las diferencias entre el "grupo compacto" de Azcárraga Jean y Slim se agudizaron, en especial ante las sospechas de que existían "empresas paralelas" o *brokers* como las compañías TV Promo y Crea TV, que venden paquetes publicitarios a gobernadores y candidatos electorales sin reportar al consejo de administración y evadiendo el pago de ganancias a los accionistas minoritarios.

También surgieron diferencias por el manejo informativo de los principales noticiarios de la empresa, por las polémicas decisiones que adoptó Azcárraga Jean frente a su socio en Univisión, Joe Perencchio, así como la ambición de diversificar los intereses de Televisa hacia el negocio de las apuestas, sin tomar en cuenta a Slim ni a Aramburuzabala.

A partir de julio de 2005, Roberto Hernández fue adquiriendo CPOs en el mercado bursátil internacional hasta convertirse, en menos de año y medio, en el segundo accionista más importante de Televisa, desplazando por completo a Slim. Ambos son rivales en el mercado de telecomunicaciones, y con el proceso de digitalización y de convergencia tecnológica, Telmex también producirá y distribuirá contenidos audiovisuales a través de sus redes, algo que ha generado un distanciamiento cada vez mayor entre Azcárraga Jean y Slim.

El 13 de febrero de 2007, el director de Telmex Internacional, Óscar von Hauske, informó que la compañía de Slim pretendía reducir 5.5 por ciento sus inversiones en México durante este año para buscar nuevas oportunidades en Sudamérica y otras partes del mundo y ofrecer servicios de *triple play* (audio, video e internet en una misma red).

Hernández dio un paso fundamental al adquirir el 26 de diciembre de 2006 por 110 millones de dólares un total de 18 millones 100 mil CPOs que pertenecían al paquete accionario de María Asunción Aramburuzabala. Este paquete le permitió a Hernández y a su socio Alfredo Harpo Helú tener un 1.5 por ciento más de las acciones más valiosas de la compañía, desplazando por completo a Slim.

Informes de la vicepresidencia de Finanzas de Televisa reportaron que antes de esta transacción millonaria, Hernández había estado acumulando CPOs a través del mercado bursátil. A partir de ese momento, ni Slim y sus hijos, ni Aramburuzabala y su socio Carlos Fernández tienen ningún control ni derecho de veto en el consejo de administración de Televisa.

Antes de este movimiento accionario, uno de los momentos estelares de la influencia de Roberto Hernández en Televisa fue su participación en el encuentro con los candidatos presidenciales, realizado en Valle de Bravo, el 2 y 3 de febrero de 2006. Conocida era la enemistad entre el ex dueño de Banamex y el candidato presidencial de la izquierda, Andrés Manuel López Obrador, que afloró en esa reunión.

Sin embargo, lo más sintomático se produjo en una reunión privada que el "equipo compacto" de Azcárraga Jean sostuvo con Carlos Slim el 3 de febrero de 2006 en aquellos terrenos de Valle de Bravo.

Alfonso de Angoitia explicó la "reingeniería" financiera para que Azcárraga Jean, con apenas el 10 por ciento del control de las acciones lograra la mayoría. Primero, le compró a sus hermanas. Después, se hizo de las acciones de los Cañedo White y finalmente buscó a Carlos Slim para asesorarse en el manejo de la deuda y elevar el nivel de las acciones.

Presente en aquella reunión, Slim fue "interrogado" por el maestro de ceremonias, Bernardo Gómez. Azcárraga Jean le agradeció al magnate su apoyo, su asesoría y su dinero para construir la "nueva Televisa". Sin embargo, en una parte del encuentro Bernardo Gómez le recordó a Slim que su inversión era "neutra" y que ellos no iban a permitir que se cambiara la programación.

"Nosotros somos los responsables de los contenidos", avaló Azcárraga Jean. Slim guardó silencio. En reuniones previas, el dueño de Grupo Carso deslizó varias críticas a la programación, llegándola a calificar de "telebasura". Estaba inconforme con la falta de apoyo de

Televisa a la promoción del Acuerdo de Chapultepec que el empresario convirtió en prácticamente una plataforma de gobierno alterna.

Quienes estuvieron presentes en ese cónclave recuerdan que, a partir de entonces, la ruta de distanciamiento entre Slim y Televisa se agudizaría. En 2006 el Senado de la República había aprobado la polémica *Ley Televisa* que prácticamente prolongaba hasta más allá del 2030 los derechos del consorcio sobre un bien público concesionado como es el espectro. Públicamente, Slim guardó silencio ante las agrias críticas contra el paquete de reformas a la Ley Federal de Radio y Televisión y a la Ley Federal de Telecomunicaciones. Él esperó lo mismo de Azcárraga Jean durante la negociación del Acuerdo de Convergencia para que el título de concesión de Telmex se cambiara y pudiera ofrecer servicios de video.

Los asesores jurídicos de Televisa y el "grupo compacto" de Azcárraga Jean hicieron todo lo posible para evitar que el Acuerdo de Convergencia prosperara. Presionaron directamente en la Secretaría de Comunicaciones y Transportes. El mismo Azcárraga Jean se reunió en distintas ocasiones con el subsecretario Jorge Álvarez Hoth, impulsor del acuerdo, y lo amenazó diciéndole que ese acuerdo "no pasará".

Como efecto de estas diferencias, en octubre y noviembre de 2006, el secretario de Hacienda, Francisco Gil Díaz, sostuvo un enfrentamiento con su homólogo de Comunicaciones y Transportes, Pedro Cerisola. Este funcionario, cercano a los intereses de Telmex, criticó la *Ley Televisa* y apoyó el Acuerdo de Convergencia. En contraste, Gil Díaz, ex empleado de Roberto Hernández en Avantel, cabildeó a favor de la *Ley Televisa* y se enfrascó en un agrio debate público con Cerisola por el Acuerdo de Convergencia que eximía a Telmex del pago de contraprestación a la Secretaría de Hacienda por el cambio de su título de concesión para permitirle ingresar al mercado de video.

Para todos los observadores fue claro el realineamiento de las alianzas: Gil Díaz operaba a favor del nuevo y segundo socio en importancia de Azcárraga Jean, mientras que Carlos Slim tomaba nota. *El Tigrillo* ya había sacado las uñas.

Después del distanciamiento con Slim se produjeron, a principios de 2007, diferencias de criterio editorial y de negocios con el consorcio español Grupo Prisa, sobre todo por el manejo de la estación W Radio, en donde el grupo editor de *El País* mantiene un 49 por ciento de inversión neutra, pero es responsable de los contenidos editoriales.

Azcárraga Jean, en público y en privado

Las "garras" del *Tigrillo* han sido el resultado natural de una cultura de dirección empresarial propia de la dinastía Azcárraga, de una estructura corporativa, pero también de un sello personal que se ha consolidado en esta década.

Emilio Azcárraga Jean no es más el joven heredero que enfrenta un desafío enorme, sino la cabeza de una empresa en la cual ha dejado su impronta. Diez años después de tomar el control, Televisa se ubicaba en 2007 en el lugar 9 de la lista de las 500 empresas mexicanas publicada por la revista *Expansión,* aunque en años más recientes su posición ha caído consistentemente como resultado del ascenso de nuevos protagonistas: en 2015 no figuraba dentro de las primeras 20 empress del país. Hasta antes de la aparición de la tercera cadena de televisión, poseía una participación de 67.5 por ciento de dominancia en el mercado de medios electrónicos, porcentaje de concentración sólo superado en otras ramas por Carlos Slim y sus hijos (75.1 por ciento en telecomunicaciones), y Germán Larrea (68.4 por ciento en minería).

La revista *Forbes* ha colocado a Azcárraga Jean entre su club de multimillonarios mexicanos: una fortuna que ascendió entre 2005 y 2007 de 3 mil 300 millones de dólares a poco más de 5 mil millones de dólares. Sin embargo, las listas de *Forbes* de 2013 situaban al empresario en el lugar número diez, con 2 mil 500 millones de dólares; en la lista de 2015 ya no aparece en los diez primeros lugares.

La transformación de Azcárraga Jean como figura pública en la última década es coherente con la reproducción del estilo de la dinastía que encabeza. Como su abuelo, el pionero y visionario de la radio y la televisión privadas en México, o como su padre, el patriarca audaz que consolidó a Televisa como monopolio, Azcárraga Jean ha aplicado en público y en privado una máxima del poder: utilizar el músculo mediático de una empresa que controla 260 concesiones de televisión abierta y es el quinto consorcio con mayor impacto financiero en el mercado bursátil (sólo debajo de Carso, Cemex, Grupo México y Maseca) para presionar, cabildear e incidir política y económicamente a favor de sus intereses.

La investigadora Fátima Fernández Christlieb lo apunta de la siguiente manera en su ensayo sobre el poder fáctico de Televisa:

"Lo que hereda Azcárraga Jean es una maquinaria bien aceitada en lo económico y obviamente en lo político, a la que no le afecta la inexperiencia del hijo del *Tigre*. Sus apenas 30 años de edad no son obstáculo para conducir la nave. Se hace cargo de un imperio mediático cuando la mayoría de los operadores del abuelo ya han muerto y cuando los del padre pueden salir de la empresa sin que se alteren los modos, los mecanismos de presión, el estilo de hacer política".[16]

Azcárraga Jean aprendió rápido y aplicó las reglas del imperio familiar. Por eso sustituyó a muchos de los cuadros directivos que acompañaron a su padre, buscó nuevos socios, creó su propio "grupo compacto" de colaboradores, se deshizo de figuras emblemáticas de la pantalla en la era de *el Tigre* —Raúl Velasco, Jacobo Zabludovsky, Lucía Méndez, entre muchos otros—, creó su propia "fábrica de sueños" y hasta cambió el logotipo de Televisa, pero no modificó un ápice la estructura vertical, propia de las empresas familiares que define a Televisa, aun cuando más del 60 por ciento del consorcio sea una empresa pública que cotiza en la bolsa.

Para mantener intacta esta verticalidad en la estructura, Azcárraga Jean contó con la proclividad del gobierno de Vicente Fox y de su esposa Marta Sahagún a los intereses de "Televisa 2000 ".

Esa fue la gran ventaja de *el Tigrillo,* tal como lo anota Fátima Fernández:

"A ningún Azcárraga le había tocado coincidir con un Poder Ejecutivo tan permeable. Tampoco ningún gobierno se había enfrentado a varias cabezas de jóvenes con poca deferencia hacia las instituciones nacionales. La combinación de ambas cuestiones resultó costosa para la nación, como lo muestran las crónicas de octubre de 2002, con el llamado *decretazo*, y las pormenorizadas descripciones de lo ocurrido entre el 1 de diciembre de 2005 y el 11 de abril de 2006, fecha en que se publicaron las polémicas reformas conocidas como *Ley Televisa*".[17]

Todo espacio vacío se llena. Y esto sucedió con la renuncia del foxismo a ejercer un papel regulador y de conducción ante el poder de las dos grandes empresas televisivas, Televisa y TV Azteca.

Esta operación no fue un choque de trenes sino una renuncia voluntaria del foxismo que se extendió a toda la clase política. La sacralización del *rating*, de la cultura del *spot* y de todos los ingredientes de la mercadotecnia televisiva le dieron a Azcárraga Jean un poder de presión e intervención que ni siquiera él mismo previó ni planeó.

Lo que sí preparó y transformó conscientemente fue su propia imagen pública. De aquel joven que le declaró a *Proceso* que no entendía de política, ni le interesaba, queda poco. Su inseguridad e, incluso, su candor en las entrevistas de prensa, se transformaron gradualmente. Ahora sólo aspiraba a que le creyeran capaz de enfrentar el desafío de sacar a Televisa del bache económico. Para el 2001 era claro que lo había logrado con la ayuda de nuevos socios, buena asesoría interna y claros favores gubernamentales en materia fiscal. Su objetivo desde entonces ha sido proyectar la autoridad y la capacidad de liderazgo que convirtió a su padre en un mito del hombre fuerte.

Para lograrlo, Azcárraga Jean acudió a los mismos asesores de imagen y entrenadores mediáticos que acostumbran contratar los políticos para aparecer en pantalla. A diferencia de su padre, e*l Tigrillo* no desperdicia la oportunidad para salir en televisión, dejarse entrevistar por los conductores de sus noticiarios o por las revistas de espectáculos y de sociales que pertenecen a Televisa. La autorreferencialidad es una característica de su primera década de conducción.

El radiodifusor sinaloense, Roque Chávez, recuerda que cuando conoció a Azcárraga Jean, en 1998, era un joven tímido, muy distinto a su abuelo y al padre, con quienes también trató. Emilio Azcárraga Vidaurreta gustaba de presumir que los medios electrónicos eran un "negocio de putas y cabrones". Y actuó en consecuencia. Emilio Azcárraga Milmo se declaró "soldado del Presidente" y jefe incuestionable de su empresa. El nieto ni siquiera se atrevía a decir malas palabras, pero su única lealtad declarada ha sido con el *rating*.

Nueve años después de aquel encuentro, Chávez recuerda que lo vio en uno de los eventos de *Espacio*, y observó que *el Tigrillo* ya hablaba diferente, leía bien el *teleprompter*, guardaba su mano derecha en el bolsillo del pantalón y saludaba a los invitados con las clásicas palmaditas en la espalda de los políticos mexicanos.[18]

Su interés por la política partidista es resultado más de una necesidad del cargo que desempeña, pero nunca un gusto genuino. En eso coincide con el menosprecio declarado de su padre a los políticos. Él mismo ha confiado que la figura que más admira es Bill Gates, el fundador de Microsoft y con quien Azcárraga Jean y su "equipo compacto" se han reunido varias veces como si escucharan al oráculo. Su referencia a figuras históricas o personajes políticos mexicanos son escasas o nulas.

En abril de 2000, Azcárraga Jean le confió a *The New York Times* que "cuando tenía 18 años, en realidad no me importaba si había libertad de expresión en México o no. Pero en la última década, desde que trabajo aquí, he visto cambios increíbles. El sistema cambió; se abrió la democracia".

Su idea de la democracia, en realidad, es más cercana a la videocracia y su discurso sobre la libertad de expresión está en consonancia con la defensa de la autorregulación empresarial como mecanismo ideal de libre mercado, sin interferencia alguna del Estado y mucho menos sin compromisos sociales o ideológicos. En este plano es tan pragmático como los *yuppies* o los CEO de las empresas globalizadas.

Los encuentros con estudiantes universitarios, conocidos como *Espacio*, se han convertido en la plataforma de autopromoción y definición más clara de la figura pública de Azcárraga Jean.

El 14 de junio de 2001, el presidente de Televisa insistió en una frase que justifica el desinterés de la empresa en los contenidos que no sean entretenimiento, concursos o *reality shows*: "Educar no es labor de los medios".

"Televisa es una empresa que vende programas a cerca de 100 países alrededor del mundo y en este mundo de alianzas se deben encontrar los mejores productos a los mejores precios", subrayó Azcárraga Jean en el mismo evento.

"La globalización debe ser para adentro y para afuera y el gobierno debe apoyar a sus empresas para lograr salir afuera a competir, siempre que se garantice la reciprocidad", demandó ante los jóvenes reunidos en Toluca, en 2001.[19]

Para la siguiente edición, en abril de 2002, realizada en Pachuca, Azcárraga Jean insistió en definir a Televisa como una "fábrica de sueños" y consideró que su labor para superar la crisis de *rating* se había cumplido.[20]

Sin embargo, Azcárraga Jean no es del todo ajeno a la política ni se concentra sólo en "fabricar sueños". En medio de la intensa discusión sobre una reforma electoral para limitar el despilfarro de los partidos políticos en medios electrónicos, Azcárraga Jean declaró el 14 de octubre de 2004, ante la Cámara de Comercio México-Estados Unidos, reunida en Nueva York, que "cualquier control de la publicidad sería inaceptable en una filosofía de apertura y de cambio".

"Lo que hemos logrado en Televisa desde 1997 —insistió el empresario— es una democracia completa de los tiempos, una equidad para que todos los candidatos tengan el mismo espacio, ya sean de partidos grandes o chicos. En el 2000 fuimos los promotores de hacer también el debate entre los pequeños partidos", presumió.[21]

Azcárraga Jean también le reprochó al gobierno de Vicente Fox y a los partidos políticos la falta de reformas laboral, fiscal y energética porque "son fundamentales para construir un México mejor".

En contraste, Azcárraga Jean manifestó siempre su oposición a reformas legislativas que trataran de acotar la enorme concentración mediática existente en la televisión privada y buscar una regulación más eficaz. La consigna de siempre fue que los medios deben "autorregularse" y eliminar cualquier tipo de reforma legal que deje en desventaja a Televisa.

De esta manera, Azcárraga Jean vetó las reformas a la Ley Federal de Radio y Televisión que se discutieron, primero, en la Secretaría de Gobernación durante todo el 2001 y que se frustraron con el famoso *decretazo* que eliminó el 12.5 por ciento de tiempo fiscal. Después expresó su oposición a la reforma de la misma ley que se discutió en el Senado de la República durante parte del 2004 y todo el 2005. Los espacios informativos y los noticiarios de Televisa sólo informaron marginalmente esta discusión.

Mientras vetaba esta reforma legal, el equipo de Azcárraga Jean redactó, cabildeó y presionó a los legisladores para lograr una ambiciosa contrarreforma legislativa que le permitiera quedarse con el espectro sobrante de la transición del modelo analógico al digital, sin tener ninguna obligación de devolvérselo al Estado.

El producto de esta contrarreforma fue la polémica *Ley Televisa*. El cerebro y operador político de Azcárraga Jean, su amigo y hermano Bernardo Gómez, desempeñó un papel fundamental, en coordinación con el senador priista Emilio Gamboa Patrón, quien se convirtió en el promotor de estas reformas. El 31 de marzo de 2006, el "grupo compacto" de Emilio Azcárraga Jean logró su principal aspiración política: que la *Ley Televisa* se aprobara y que el gobierno foxista la promulgara, sin que se le cambiara "una coma" a la iniciativa que fue redactada en el despacho jurídico de la empresa.

El heredero del *Tigre* supo leer bien las debilidades de la clase política y sacar un jugoso provecho en el sexenio foxista. Los beneficios que obtuvo fueron inmensos: pasó de 30 mil a 51 mil horas de producción audiovisual al año; cerró la posibilidad de que existiera una cadena que compitiera con Televisa y pactó con TV Azteca un acuerdo duopólico; garantizó hasta el 2021 el control de 260 concesiones de televisión abierta y obtuvo un número similar de "concesiones espejo" para la transición digital; obtuvo 130 permisos para centros de apuestas, convirtiéndose, de golpe, en la compañía más importante en el área de los juegos y sorteos; logró privilegios y exenciones fiscales; controló el sector a través de la Cámara Nacional de la Industria de Radio y Televisión (que Bernardo Gómez dirigió entre 2001 y 2002); consolidó su condición monopólica en la televisión restringida con la desaparición de DirecTV como competencia de Sky, su filial más importante; expandió sus intereses hacia la industria de la aviación con la creación de Interjet.

Sin embargo, el estilo personal de Azcárraga Jean descuidó dos flancos que ahora se transforman en su principal desafío: la expansión internacional de Televisa y las modificaciones en la estructura del sistema político mexicano. Si bien su peso en la clase política no disminuye, no ha podido evitar una pérdida continua de imagen y credibilidad frente a la opinión pública.

El 24 de noviembre de 2000, Televisa anunció que a partir del 1 de enero del 2001 cambiaba su logotipo. La nueva imagen publicitaria, aprobada por Emilio Azcárraga, dejaba atrás el ovoide amarillo que simulaba un ojo. Ahora es una esfera navegando alrededor del mundo con los colores amarillo, azul, naranja, blanco y rojo.

La transformación de Emilio Azcárraga Jean también se ha visto en el ámbito de su vida privada. Antes de cumplir 40 años, *el Tigrillo* había celebrado ya dos matrimonios: primero con Alejandra Cima, en octubre de 1999, y después con Sharon Fastlich, en febrero de 2004, con quien ha procreado tres hijos. Es interesante observar cómo las crónicas de sociales describieron una y otra boda y marcaron entre líneas las diferencias entre quien apenas tomaba el control de la maquinaria de Televisa y quien en 2004 era ya no sólo uno de los empresarios más reconocidos sino el eje de toda la clase política.

El 23 de octubre de 1999, el joven Azcárraga contrajo matrimonio con Alejandra Cima Aldrete en el ex convento de Nuestra Señora de La Merced, en pleno Centro Histórico de la Ciudad de México.

Los testigos del joven esposo fueron los mismos que cuatro años y medio después, sus "tres mosqueteros": Bernardo Gómez, José Bastón y Alfonso de Angoitia. En 1999, el conductor Jacobo Zabludovsky y el entonces responsable de la programación de Televisa, Jaime Dávila, también fungieron como testigos.

El desfile de personalidades en 1999 correspondió con el clima político del momento. Asistieron los principales precandidatos presidenciales —Vicente Fox y Francisco Labastida—, siete secretarios de Estado —sin la presencia del presidente Ernesto Zedillo—; sus competidores, Ricardo Salinas Pliego, de TV Azteca, y Adrián Vargas, presidente de MVS; y un desfile de intelectuales, actrices, conductores, empresarios, comediantes. De una u otra manera, la "familia Televisa" predominó por encima de la clase política y empresarial.

El matrimonio entre Cima y Azcárraga Jean se malogró a poco más de año y medio. Alejandra Cima decidió enfrentar su divorcio y el cáncer de mama con apenas 30 años de edad. Su enfermedad crónica se convirtió en una causa social y filantrópica. Separada ya de Azcárraga Jean creó la Fundación Cima para apoyar a mujeres que padecen el mismo padecimiento.

A mediados de 2002, la revista *Quién,* propiedad de la familia Serna y del Grupo Expansión, generó un auténtico escándalo en la prensa rosa al publicar en su portada una fotografía en la que aparecieron Azcárraga Jean y Alejandra Cima bajo el título: "¿Crisis o separación definitiva?". La revista reprodujo versiones sobre el comportamiento supuestamente desconsiderado del presidente de Televisa, mientras su esposa enfrentaba el cáncer en clínicas de Estados Unidos.

Azcárraga Jean tomó como un agravio personal ese reportaje que apareció en los espectaculares y en los parabuses de la Ciudad de México. *El Tigrillo* fue protagonista de su propio *talk show.* Decidió crear su propia revista de sociales, *Caras,* no sólo para explotar ese jugoso mercado de la prensa de cotilleo, sino para contrarrestar todas aquellas versiones de la competencia que cuestionaban su vida privada. En tanto, la revista *Quién* convirtió a Cima en una de las personalidades frecuentes de sus ediciones.

Cuatro años y medio después, las garras del *Tigrillo* estaban más afiladas. Anunció su boda con Sharon Fastlicht, joven talentosa dedicada a la edición de revistas, hija de Stephanie Nea Kurgan y del empresario de origen judío Mark Fastlicht Sackler, propietario entonces de la cadena Cinemex, y una de las grandes fortunas de México.

La ceremonia, realizada el 28 de febrero de 2004, fue similar a una puesta en escena televisiva. Azcárraga Jean ordenó a los productores Miguel Ángel Fox y Rafael Calva —responsables de montar escenarios como las Olimpiadas o el Teletón— que transformaran el jardín de su domicilio en Contadero, Cuajimalpa, en tres sets temáticos con pistas de baile, espejos de agua, cascadas y escenarios especiales para cada uno de los *shows* que amenizaron el acontecimiento.

La ceremonia superó lo fastuoso de los eventos del mundo del espectáculo y de los negocios. Se convirtió en una auténtica pasarela política. Entre los mil 500 invitados se encontraban personajes tan disímbolos como el ex presidente Carlos Salinas de Gortari y el jefe de gobierno capitalino, Andrés Manuel López Obrador. Asistió la "pareja presidencial" Vicente Fox y Marta Sahagún, junto con decenas de guardias del Estado Mayor Presidencial. Los dirigentes de los tres principales partidos políticos también estuvieron presentes: Leonel Godoy, del PRD, Roberto Madrazo, del PRI, y Luis Felipe Bravo Mena, del PAN. Toda la pasarela de precandidatos presidenciales acudió al convite: Arturo Montiel, Santiago Creel, Enrique Jackson, Natividad González Parás, Miguel Alemán, así como Elba Esther Gordillo, Beatriz Paredes y empresarios como Carlos Slim, Carlos Hank Rhon, Ricardo Salinas Pliego, Roberto Hernández y Ángel Isidoro Rodríguez, *el Divino.*

Todos los periodistas de primera fila de la empresa estuvieron presentes, así como 16 cantantes que amenizaron la festividad, desde Tania Libertad hasta Los Tucanes de Tijuana y Juan Luis Guerra, uno de los cantautores predilectos de Azcárraga Jean.

Los testigos de la boda civil fueron los mismos "tres mosqueteros" de 1999: Bernardo Gómez, José Bastón y Alfonso de Angoitia, más sus parientes Carla Azcárraga de von Bertrab, Ariana Azcárraga de Surmont y su padrastro Delfín Sánchez Juárez, esposo de su madre Nadine Jean.

La unión entre Azcárraga Jean y Fastlicht no sólo derramó tinta y decenas de fotografías en las páginas de sociales y en las crónicas políticas. Significó una alianza importante con la comunidad judía y hasta periódicos como *La Vanguardia,* de Coahuila, especularon con la posibilidad de que el presidente de Televisa cambiara de religión.

Después de la fastuosa ceremonia y de una luna de miel por "varios países asiáticos", la nueva pareja cambió su domicilio a Miami, la capital de los medios de habla hispana en Estados Unidos. Azcárraga Jean dio a entender que desde la capital de Florida buscaba consolidar su centro de operaciones, no sólo para apoyar a su esposa, editora de la revista *Pink*, sino con miras a lograr la residencia estadounidense para ampliar la participación de su empresa en Univisión.

El fracaso de Univisión

"Estados Unidos es nuestro principal objetivo", declaró Emilio Azcárraga Jean, en septiembre de 2005, durante una reunión frente a académicos de la Universidad de Wharton.[22] No era extraña esta sentencia del presidente de Televisa. Todos los análisis financieros señalaban desde el 2000 que el mercado publicitario de mayor crecimiento —entre 15 y 20 por ciento anual— es el de las audiencias hispanas de Estados Unidos que suman ya casi 40 millones de personas, con un poder de compra igual o mayor a los 915 mil millones de dólares del producto interno bruto mexicano.

El crecimiento de Televisa en México sólo es posible en otras áreas que no sean la televisión abierta, ya que controla la distribución y la producción de 53 mil horas de producción audiovisual y posee casi el 70 por ciento de las frecuencias disponibles. La exportación y comercialización de sus contenidos tienen un mercado natural: América Latina, España y Estados Unidos, pero es en este último país donde la bonanza de Televisa se multiplicaría ampliamente.

Para lograr esto no basta con el suministro de contenidos. Azcárraga Jean quería rebasar a su propio padre y consolidar el viejo sueño de su abuelo: ser el dueño de una cadena televisiva propia en Estados Unidos. El objetivo, por supuesto, era Univisión, empresa creada originalmente por *el Tigre,* en sociedad con el ítalo-norteamericano Joe Perencchio, y con el venezolano Gustavo Cisneros, el magnate de Venevisión. Televisa mantuvo entre 9 y 11 por ciento de la propiedad de Univisión y un convenio de exclusividad de contenidos hasta el 2017, pero la comercialización y el manejo empresarial y editorial de Univisión no era controlado por Televisa.

El Tigre Azcárraga Milmo nunca pudo vencer las barreras jurídicas que impiden que en Estados Unidos un ciudadano extranjero posea más del 25 por ciento de una cadena televisiva, considerada un sector estratégico y prioritario por el Estado norteamericano. A pesar de su incursión en Spanish International Network (SIN), de la incorporación de Televisa al mercado bursátil de Nueva York en 1993 y de sus estancias cada vez más prolongadas en Estados Unidos, *el Tigre* no pudo consolidar su sueño. Siempre fue un extraño en el mundo de las grandes corporaciones mediáticas de habla hispana dominado por cuatro grandes cadenas: CBS, NBC, ABC y recientemente Fox, que han protagonizado concentraciones y alianzas cada vez más fuertes como la de Time-Warner-CNN o la de General Electric-Universal-NBC-Telemundo. Esta última cadena hispana, con sede en Miami, es una lejana competencia de Univisión que controla poco más del 60 por ciento de la audiencia y la publicidad del mercado latino en Estados Unidos.

Azcárraga Jean comenzó a adoptar decisiones para lograr su objetivo, *El dorado* de Univisión. En marzo y en julio de 2003 declaró a la revista *Newsweek* y ante la bolsa de valores de Nueva York, que estaba dispuesto a adoptar la ciudadanía estadounidense con tal de promover los negocios de Televisa en territorio norteamericano.

"Si la ciudadanía [estadounidense] es el camino, entonces que así sea", declaró Azcárraga al reportero Joe Contreras. "Tengo que hacer lo que sea necesario para fortalecer a la compañía, y Estados Unidos es definitivamente el mercado más importante para nosotros", sentenció.[23]

"El crecimiento que va a tener el mercado hispano de aquí a los siguientes 15 años es increíble. No hay ninguno que esté creciendo a los niveles que va a crecer, entonces, obviamente pensamos que nuestras inversiones deben estar más enfocadas a Estados Unidos", abundó el joven ejecutivo ante el mercado bursátil neoyorquino.[24]

Otra decisión importante fue su segundo matrimonio con la joven Sharon Fastlicht, de familia judía, poseedora de mayores contactos que Azcárraga Jean en el mundo de la comunidad hispano-estadounidense. Fastlicht estudió en la Universidad de Columbia, su familia era propietaria de una cadena de cines y de la revista *Cinemanía,* es inteligente y conoce bien los entretelones del mundo audiovisual y de los espectáculos en Estados Unidos. El matrimonio de Azcárraga Jean con la joven de 24 años estuvo acompañado de insistentes rumores sobre el cambio de residencia del presidente de Televisa hacia Miami, la ciudad considerada como la capital financiera y mediática de la comunidad hispana en Estados Unidos.

Los rumores sobre la búsqueda de la nacionalidad norteamericana culminaron en marzo de 2004 cuando Emilio Azcárraga anunció que mantendría su residencia en México y que el cambio de nacionalidad "no está en mis planes".[25]

En paralelo, la venta de Univisión se convirtió en una posibilidad a principios de 2005, cuando Joe Perencchio decidió hacer pública la oferta. Televisa era el aspirante natural a adquirir el control accionario de la empresa, pero la situación se complicó durante este lapso. Además del candado jurídico de la Comisión Federal de Comunicaciones de Estados Unidos (FCC), se produjeron varios desencuentros entre Perencchio y Azcárraga Jean, incluyendo una demanda de Televisa contra su socio de Univisión por la explotación de contenidos en internet.

Estas diferencias culminaron en la peor derrota para Azcárraga Jean cuando en junio de 2006 se conoció que la sociedad formada con cuatro fondos de inversión y Televisa había perdido ante el empresario de origen egipcio Haim Saban, quien, aliado a otros fondos de inversión, pagó 12 mil 300 millones de dólares por las acciones que le dieron el control de Univisión. Para Perencchio fue un negocio redondo. Sus 300 millones de dólares de inversión inicial se multiplicaron por más de 40 veces.

Las complicaciones entre Perencchio y Azcárraga Jean iniciaron en 2001. En mayo de ese año, Univisión amplió su cobertura al adquirir 13 nuevas estaciones por mil 100 millones de dólares. Esto llevó a la compañía a poseer un total de 31 estaciones de televisión, 68 estaciones de radio y la cadena en español Telefutura. La televisora con sede en Los Ángeles se convirtió así en un suculento pastel. Su expansión la colocó como la primera cadena de habla hispana y el quinto consorcio televisivo estadounidense.

Televisa y Univisión, bajo la conducción de Angoitia, firmaron un convenio en diciembre de ese mismo año para amarrar un acuerdo de suministro de contenidos hasta el 2017 y Azcárraga se convirtió en vicepresidente de la televisora, con la aspiración de incrementar de 10.4 hasta 15 por ciento su participación accionaria.

Durante cinco años, el puesto de CEO de Univisión se mantuvo vacante, hasta que en mayo de 2005 Joe Perencchio decidió designar a Ray Rodríguez, un ejecutivo de origen cubano, y desechó la propuesta de Emilio Azcárraga Jean, quien propuso a Bernardo Gómez, su brazo derecho, para encabezar la dirección ejecutiva de la cadena televisiva con sede en Los Ángeles.

La decisión enfureció a Azcárraga Jean, quien renunció a su cargo de vicepresidente de Univisión, y también al otro socio, el venezolano

Gustavo Cisneros, quien mantuvo una discreta participación accionaria de casi 6 por ciento.

Cisneros no adoptó ninguna medida de represalia contra Perenchio, pero Televisa inició en junio de 2005 un juicio en contra de Univisión acusándola de retener 1.5 millones de regalías por la puesta al aire del programa de entrega de premios musicales *Lo Nuestro.* Televisa argumentó que el acuerdo de suministro de contenidos no incluía la explotación comercial de sus artistas y de su programación por internet.

En respuesta, Perencchio le pidió a Azcárraga que le regresara 5 millones de dólares de regalías pagados "de más" durante los últimos diez años.

A pesar del pleito jurídico con Perencchio, Azcárraga Jean buscó tener el control de Univisión y terminar así con la conflictiva sociedad entre Televisa y este empresario de entonces 74 años, amigo personal de la familia Bush y con amplios contactos en los circuitos de poder en Estados Unidos.

Un año antes de la venta, las ganancias de Univisión se incrementaron 40 por ciento. El valor de la empresa que fue creada originalmente por *el Tigre* Azcárraga alcanzaba los 11 mil millones de dólares, casi el doble del valor de Televisa, con todo y sus cuatro cadenas en México.

Azcárraga Jean buscó al magnate y creador de Microsoft, Bill Gates, propietario de un fondo de inversión, y a otros cuatro grupos para apalancar la propuesta de compra: Carlyle Investment, Blackstone, KKK Roberts y Venevisión. De manera sospechosa, estos cuatro últimos decidieron "bajarse" de la oferta de Azcárraga Jean días antes del cierre de las ofertas. Quienes se mantuvieron fueron los fondos Cascade Investment —de Bill Gates— y Bain Capital Partners.

El 20 de junio de 2006 llegaron dos grupos con sus propuestas: el que encabezaba Azcárraga Jean, que ofreció 35.75 dólares por acción; y el otro dirigido por Haim Saban y los fondos de inversión Madison Deaborn Partners, Providence Equity Partners, Texas Pacific Group, Thomas H. Lee Partners y Saban Investments, que ofrecieron 35.5 dólares por acción. Pocas horas después de la negociación con Perencchio, el fin de semana, la oferta de Saban se incrementó a 36.25 dólares, desplazando a Televisa.

La madrugada del martes 27 de junio Azcárraga Jean y su "grupo compacto" se enteraron de que habían perdido la batalla por Univisión ante un empresario nacido en Alejandría, Egipto, residente en Los Ángeles desde 1983, con una fortuna de 2 mil 800 millones de dólares y creador de la empresa Saban Entertainment que produjo filmes como *El ataque de los tomates asesinos* y los dibujos animados de los *Powers Rangers*. "*Los Cuatro Fantásticos* fueron vencidos por los *Powers Rangers*", comentó suspicaz un analista del mercado audiovisual de Estados Unidos.

A principios de 2007, Azcárraga Jean anunció que vendía el 11 por ciento de su participación accionaria de Univisión, que asciende a mil 400 millones de dólares. El acuerdo de suministro de contenidos hasta el 2017 está ahora en duda ante el conflicto y la molestia de *el Tigrillo*.

Paradójicamente, mientras Azcárraga Jean no pudo vencer el conjuro en contra de su dinastía, su primo Alejandro Burillo Azcárraga, su principal rival en la conducción de Televisa, anunció en febrero de 2007 que entraría al mercado de la televisión hispana a través de su sociedad con la estadounidense Caribevisión Holdings, creadora de la cadena Buenavisión, que se podrá ver en Miami, Nueva York y Puerto Rico. El ejecutivo de Buenavisión, Carlos Barba, trabajó antes en Telemundo y Univisión, y anunció que buscaba la compra de otros canales en Denver, Washington, California y Texas.

La pérdida de Univisión fue una derrota clave para Azcárraga Jean. Tanto, que a unas semanas de las elecciones del 2 de julio de 2006, el presidente ejecutivo de Televisa estaba más preocupado por encabezar la revancha contra Perencchio que en la propia sucesión presidencial de México.

Estaba convencido que la familia Slim le jugó una mala pasada: en febrero de 2006, Carlos Slim Jr., integrante del consejo de administración de Televisa, compró 3.6 por ciento de las acciones de Univisión. La prensa nortemericana acusó al hijo del dueño de Grupo Carso de utilizar "información privilegiada" sobre el valor de las acciones de la cadena. En los hechos, la compra de acciones de Slim Jr. constituyó el pretexto ideal para que los medios especializados como *The Wall Street Journal* criticaran la condición monopólica de Televisa y la empresa de los Azcárraga fuera vetada como posible competidora en la televisión concesionada de Estados Unidos.

Los errores de liderazgo y de trato de Azcárraga Jean con su socio norteamericano, la desconfianza de las autoridades reguladoras de Estados Unidos frente a las prácticas monopólicas de Televisa —en especial la sospecha de que existen empresas paralelas como TV Promo cuyas ganancias no son reportadas a la bolsa—, así como la insistencia del *Tigrillo* en colocar a Bernardo Gómez como director ejecutivo de Univisión, pesaron más que cualquier otra consideración.

Credibilidad en entredicho

La derrota de Univisión coincidió con una creciente tensión política en México, en medio de la campaña electoral más polarizada de los últimos 20 años. El candidato de la izquierda, Andrés Manuel López Obrador, acusó insistentemente a Televisa de haber sesgado sus contenidos informativos a favor de Felipe Calderón.

A la defensiva, Azcárraga Jean insistió en que Televisa "no tiene candidato" y que su único compromiso era con la equidad y la competencia electoral. Incluso, para acallar las críticas contra la compañía por su opacidad en el manejo de las cuentas de publicidad, Azcárraga Jean firmó junto con el entonces consejero del IFE, Luis Carlos Ugalde, un acuerdo voluntario de "transparencia" para que Televisa proporcionara al árbitro electoral copia de las facturas de los contratos de publicidad que cada uno de los candidatos firmó con el consorcio. El acuerdo fue, en esencia, un intento para acallar a los críticos que le achacaban a Televisa el veto a las reformas electorales que afectaran sus intereses como principal empresa concentradora de los gastos de publicidad.

Para mayo de 2006, después de la aprobación y promulgación de la *Ley Televisa,* los contenidos informativos del consorcio se fueron sesgando cada vez más a favor del panista Calderón. El equipo de Azcárraga Jean había obtenido del PRI lo que necesitaba —la iniciativa original que se presentó en la Cámara de Diputados, en diciembre de 2005— y no le perdonó al PRD su voto en contra en el Senado.

Además, tenía que retribuirle al PAN y al gobierno de Vicente Fox la suma de favores y beneficios obtenidos a lo largo de seis años de privilegios y nuevos permisos. Televisa se convirtió en el principal espacio de la campaña negativa de *spots* que intoxicaron mediáticamente la contienda. En privado, Azcárraga Jean confiaba a sus más cercanos colaboradores y amigos que Televisa ya estaba "blindada" ante el posible triunfo de López Obrador, pero nunca pensó que el consorcio se convirtiera en parte central del litigio postelectoral que inició en la madrugada del 2 de julio, cuando el IFE decidió no dar a conocer el resultado del conteo rápido y la sensación de que se cometió un desaseado fraude electoral se impuso entre los seguidores de López Obrador.

Si en el 2000 Televisa y Azcárraga Jean supieron adaptarse al histórico triunfo del panista Vicente Fox, a pesar de su evidente apuesta a favor de Francisco Labastida y el PRI, en el 2006 la nueva generación de ejecutivos al frente del consorcio no supieron o no quisieron mantener una actitud informativa equilibrada en los días más álgidos del conflicto postelectoral del 2006.

Las reglas de adhesión de Televisa hacia el sistema no se alteraron; tampoco la estructura de poder vertical y de condición monopólica. Sin embargo, lo que sí cambió paulatinamente fueron las propias audiencias televisivas. El proceso de 2006 puso en duda la promesa de apertura y pluralidad de la "fábrica de sueños" de Azcárraga Jean.

Sus comentaristas, conductores y hasta su programa de parodia política, *El privilegio de mandar* —cuyo éxito inicial fue declinando conforme se acercó el día de las elecciones—, optaron por criticar la protesta de López Obrador y acusarlo de ser un "mal perdedor" y un enemigo de las instituciones.

La efímera "luna de miel" con el ex jefe de gobierno capitalino había terminado. Para decenas de miles de seguidores de López Obrador, que gritaron consignas contra el consorcio en los multitudinarios mítines de la etapa postelectoral, Televisa se convirtió en uno de los cómplices del fraude.

Del otro lado, el equipo de Calderón tampoco tenía confianza en Azcárraga Jean y sus "cuatro fantásticos". Dos encuentros privados sostenidos entre el futuro presidente y la cabeza de Televisa se convirtieron en un repaso de agravios. En especial, Calderón le reclamó a Azcárraga Jean las actitudes de Bernardo Gómez, que menospreció durante varios meses la apuesta de Calderón, para privilegiar su trato con Santiago Creel en la contienda interna del PAN y, después, con Roberto Madrazo. A Calderón también le disgustaba profundamente la caricaturización de su figura en los programas de parodia política. "La institución presidencial no puede ser objeto de burla", le habría dicho Calderón a Azcárraga Jean, en uno de sus últimos encuentros antes de la toma de poder el 1 de diciembre.

A su vez, Emilio Azcárraga le manifestó su oposición ante la posibilidad de que se cumpliera con la promesa de campaña de licitar una "tercera cadena" de televisión. Había perdido Univisión y no iba a dejar que Telemundo le hiciera sombra en su propio territorio.

El otro motivo de desencuentro fue el papel de Bernardo Gómez. En el brindis de fin de año, el 11 de diciembre, la estrella del vicepresidente ejecutivo de Televisa se opacó. A diferencia de otros años, Gómez sólo tomó el micrófono para referirse al premio "Ondas" que recibió Televisa en Barcelona por la "excelente cobertura" informativa de las elecciones presidenciales del 2006.

A su vez, Emilio Azcárraga advirtió a sus colaboradores que vendrían tiempos difíciles para la empresa ante "las presiones" de los enemigos y de la competencia.

Sin especificar cuáles eran los "enemigos" ni a qué presiones se refería, Azcárraga Jean subrayó que Televisa se sustenta en "un amplio reconocimiento internacional" y que estaban preparados "para lo que venga", según describieron varios asistentes al brindis.[26]

Poco antes de ese brindis, durante la semana del 6 al 10 de diciembre, Televisa y TV Azteca emprendieron una agresiva campaña televisiva contra el Grupo Saba, propiedad de Isaac Saba Raffoul, socio de General Electric-Telemundo en la empresa Palmas. Ese grupo había presentado ante la Secretaría de Comunicaciones y Transportes una petición formal para entrar a la licitación de una "tercera cadena". En los noticiarios de ambas televisoras se acusó a Grupo Saba de encabezar un "monopolio criminal" de distribución de los medicamentos.

Durante ese mismo lapso surgieron diferencias sustanciales con socios importantes. La subsidiaria Sky, que controla la televisión satelital del país, sacó del aire las transmisiones de W Radio, en especial el noticiario matutino conducido por Carmen Aristegui, así como las transmisiones de Disney Channel y Jetix, dos de las productoras más importantes de programación infantil. En el primer caso se argumentó "fallas técnicas" que nunca fueron resueltas. En los otros dos, un escueto comunicado de Televisa lo atribuyó a "diferencias comerciales".

El caso de W Radio generó múltiples lecturas. Para nadie era un secreto la incomodidad de Azcárraga Jean con Carmen Aristegui, periodista de amplio prestigio y credibilidad que fue de las pocas profesionales del consorcio que no se ajustó al guión de defender la *Ley Televisa* y, por si fuera poco, difundió unas polémicas grabaciones de Emilio Gamboa Patrón, artífice de esa ley, con el empresario textilero Kamel Nacif. Gamboa Patrón siempre ha hecho valer su capacidad de presión y el cobro de favores a Televisa cuando se trata de censurar o emprenderla contra algún periodista que lo critique.

Por otro lado, Aristegui se ganó ante las audiencias más críticas de Televisa una gran credibilidad por su cobertura del proceso del 2006 y el conflicto postelectoral. Contrastó el papel de la conductora de *Hoy por Hoy* con el de otros conductores que se alinearon a un guión de denostación y exceso de editorialización contra las protestas de los simpatizantes de López Obrador.

Justamente, los polémicos sucesos de 2006 detonaron una crisis de credibilidad que no se había visto en la primera década de conducción de Azcárraga Jean.

La tarde del domingo 16 de julio, dos semanas después de los comicios, un personaje muy cercano al entorno familiar de Azcárraga Jean, su padrastro Delfín Sánchez Juárez, el segundo esposo de su madre Nadine Jean, fue testigo del repudio y la indignación de miles de seguidores de López Obrador contra Televisa.

Sánchez Juárez asistió en compañía de Francisco de Paula a una de las concentraciones encabezadas por la coalición Por el Bien de Todos en el Centro Histórico de la Ciudad de México. "¡Muera Televisa! ¡Muera Televisa!", gritaron miles de asistentes que rodearon el camión de transmisión de la televisora. La escena recordaba las consignas en contra del consorcio a raíz del fraude electoral de Chihuahua, en 1986, y en los comicios presidenciales de 1988.

Sánchez Juárez le transmitió a su hijastro sus impresiones más importantes: ante el conflicto postelectoral, Televisa perdió su carácter de empresa inobjetable y se volvió parte de la contienda. La "fábrica de sueños" se convirtió en "cómplice del fraude" para millones de televidentes. El padrastro le hizo llegar a Azcárraga Jean un análisis confidencial. En él sugirió que el principal activo de la empresa debía ser la imparcialidad y que era necesario sustituir "la política de la construcción de la ignorancia" en las audiencias por otra que le apostara a la inteligencia de los televidentes.

Muchos de los intelectuales y comentaristas que Televisa acercó al consorcio para romper con la leyenda de la empresa que actuaba como "soldado del PRI" marcaron su distancia. Le recordaron a Azcárraga Jean que la operación de los últimos diez años para recuperar la credibilidad de la empresa se ponía en riesgo ante el claro alineamiento frente a una "elección de Estado". Le reclamaron insistentemente la necesidad de que Televisa actuara de manera neutral.

Los análisis internos alertaron a Azcárraga Jean de la excesiva dependencia que el presidente y principal accionista de la empresa tenía ante su "operador político", Bernardo Gómez, y hacia personajes con poco crédito como el priista Emilio Gamboa Patrón, protagonista del audioescándalo con el empresario acusado de pederasta, Kamel Nacif, para negociar una ley que facilitara las apuestas. En paralelo, la Suprema Corte de Justicia inició desde agosto de ese año el análisis de la acción de anticonstitucionalidad contra la *Ley Televisa,* proceso que culminó en mayo y junio de 2007 con resultados adversos para el consorcio.

Paradójicamente, la crisis de credibilidad de Televisa se produjo cuando la empresa registró ingresos históricos por 9 mil 799 millones de pesos en el segundo semestre de 2006, un crecimiento de 21 por ciento en relación con el mismo periodo de 2005. Dos razones explicaban esta bonanza del grupo mediático: el supernegocio de la publicidad político-electoral vía *spots* (Televisa concentró el 81 por ciento de la publicidad que los partidos y el gobierno federal destinaron a la televisión) y la comercialización del Mundial de Futbol de Alemania, que coincidió con el año electoral.

El Instituto Brasileño para la Opinión Pública (IBOPE) levantó una encuesta en 28 ciudades entre el 6 y 7 de julio para medir la percepción de las audiencias en torno al manejo informativo de la televisora en relación con el proceso electoral. Las opiniones estuvieron divididas y no beneficiaron a Televisa. El 39 por ciento opinó que TV Azteca de Ricardo Salinas Pliego tuvo una mejor cobertura electoral, mientras que otro porcentaje igual apoyaba el enfoque de Televisa. Más del 20 por ciento criticaba a ambas empresas.

El 38 por ciento de los consultados opinó que la televisora del Ajusco fue "más imparcial" que Televisa, ya que presentó diversos puntos de vista, mientras que el mismo porcentaje opinó que la empresa de Azcárraga Jean tuvo un "claro sesgo" a favor de alguno de los candidatos punteros.

TV Azteca superó en cuatro puntos porcentuales a Televisa en cuanto a entrevistas e información oportuna y, según el mismo sondeo del IBOPE, el conductor Javier Alatorre fue considerado mejor entrevistador, con 42 por ciento, dejando atrás al veterano Joaquín López-Dóriga, que sólo obtuvo 33 por ciento.

Los índices de *rating* de los principales noticiarios y programas informativos de Televisa perdieron puntos de audiencia frente a lo que algunos consideraron un claro indicio de agotamiento de los mexicanos por el conflicto postelectoral, pero otros subrayaron que se trataba de una significativa pérdida de credibilidad de la empresa que prometió hace diez años una información imparcial.

Por ejemplo, el noticiero estelar de Canal 2, conducido por Joaquín López-Dóriga, registró en octubre de 2006 un descenso importante: en mayo obtuvo 19.5 puntos de *rating* en promedio, bajó a 17.7 puntos en agosto y llegó a tener 15.2 puntos en octubre de ese mismo año, de acuerdo con el reporte mensual de IBOPE.

Los programas de análisis y debate político también disminuyeron en nivel de audiencias. *Tercer Grado* pasó de 7.8 puntos en agosto a 6.4 en octubre. *Zona Abierta* bajó de 4.8 puntos en mayo a sólo 3 puntos en octubre. Esta emisión se sacó del aire en 2007.

Las telenovelas, concursos y los deportes siguen salvando a Televisa de la pérdida de *rating*. El caso más espectacular fue el de la telenovela *La fea más bella*, que mantuvo durante 2006 un *rating* superior a los 37 puntos y rompió el récord de audiencias en la final, en marzo de 2007, al rebasar los 41 puntos. El fenómeno de esta telenovela revela que Televisa no ha podido diversificar sus audiencias, en particular las especializadas. La hegemonía del melodrama, en especial este copiado de una producción colombiana exitosa por incorporar la parodia y romper con el refrito permanente de la historia *La Cenicienta*, para cambiarla por el arquetipo de *El Patito Feo*, le plantea otro desafío mayor a la Televisa de Azcárraga Jean: impulsar la creatividad de sus propios productores.

A casi 20 años de haber asumido el control de la empresa, el balance de la gestión de Azcárraga Jean es de claroscuros. Él y su equipo sacaron a Televisa de la crisis económica, pero han dejado saldos negativos que ya no tienen relación con la "pesada herencia" sino con las decisiones que han tomado y con las nuevas condiciones y presiones que impulsan a la competencia.

Algunos de estos elementos son los siguientes:

La resistencia a la competencia. Televisa y TV Azteca protagonizaron entre enero y febrero de 2007 una campaña de linchamiento en sus espacios informativos contra las empresas de Isaac Saba, empresario distribuidor de medicamentos que se convirtió en el socio mexicano de General Electric, el corporativo que controla Telemundo y que anunció su interés en adquirir un canal de televisión abierto y formar la tercera cadena.

Repitieron su "acción concertada" en mayo del mismo año, cuando la Suprema Corte de Justicia inició la deliberación sobre la constitucionalidad de la *Ley Televisa*. TV Azteca encabezó un linchamiento mucho más evidente contra los ex senadores Javier Corral y Manuel Bartlett, promotores junto con 45 legisladores de este recurso. Sin embargo, Televisa acabó por entrarle al maniqueísmo informativo, incluyendo la falta de cobertura sobre una deliberación tan importante para el futuro de los medios electrónicos y las telecomunicaciones.

En ambos casos se observa un rechazo frontal a la competencia de opciones televisivas y a la reiterada identidad monopólica que está en la naturaleza de Televisa. Sin embargo, lo que en 2006 fue fácil imponer debido al contexto de la campaña electoral y las negociaciones por los paquete s publicitarios, en el futuro se puede convertir en una dificultad creciente ante la diversificación de actores políticos y la complejización creciente de la sociedad mexicana (como se verá en la adenda, con el advenimiento de la tercera cadena).

El distanciamiento con los socios. Las dos principales figuras empresariales que fueron claves para que Azcárraga Jean sacara a Televisa de la crisis hoy están distanciados del heredero de *el Tigre.* La empresaria María Asunción Aramburuzabala culminó su participación accionaria en la compañía, al tiempo que Carlos Slim posee apenas el 1.5 por ciento de las acciones de la controladora de Televisa. Slim busca competir con Televisa en su propio terreno: la producción audiovisual, al tiempo que Azcárraga Jean ha dado pasos firmes para entrarle al terreno de la telefonía.

No sólo con ellos ha tenido problemas recientemente Emilio Azcárraga. Con el consorcio mediático español PRISA ha sostenido diferencias fundamentales, ya que ambos son ahora competencia en el mercado de la televisión digital en España.

Por otro lado, la incursión de Televisa en el negocio de las apuestas, de la telefonía y de la aviación ha colocado a Azcárraga Jean como competidor de anteriores socios y protectores, como son Alejandro Soberón, propietario de CIE, Carlos Slim, de Telmex, y Miguel Alemán, quien compite en el mercado de la aviación de bajo costo.

La empresa Apuestas Internacionales, poseedora de 130 permisos de salas de juego y centros de apuestas, planea convertirse en la cuarta fuente de ingresos del corporativo.

El "riesgo" Bernardo Gómez. "Todo lo que le hagan a Bernardo Gómez me lo hacen a mí", es una de las frases más famosas de Emilio Azcárraga Jean ante socios, clientes, empleados y contactos políticos.

El indiscutible poder alcanzado por su vicepresidente generó no sólo continuos escándalos sino que prendió los focos rojos en los circuitos bursátiles de Wall Street Journal.

El 60 por ciento de Televisa cotiza en la bolsa de valores de Estados Unidos y, por tanto, las reglas de vigilancia sobre posibles violaciones a la Ley Sarbaney Oaxley, que prohíbe el tráfico de influencias y el fraude a accionistas minoritarios, puso en la mira a Bernardo Gómez como accionista de empresas *brokers* como TV Promo y Crea TV.

Para acallar las críticas, el control de ambas subsidiarias dejó de estar en manos de Bernardo Gómez y fue trasladado a las del vicepresidente de Finanzas, Alfonso de Angoitia.

También es claro que los exabruptos de Bernardo se convirtieron en un elemento de descontento con los socios de Azcárraga Jean y que le han creado no pocos conflictos familiares.

Los desafíos para Azcárraga Jean en los próximos años en buena medida son similares, aunque más complejos, que los asumidos a lo largo de sus primeras dos décadas. En el ámbito mediático la competencia se acrecentará a partir de la posibilidad del *triple play* que permite ofrecer servicios convergentes de televisión, telefonía e internet; y, sobre todo, tendrá que colocarse a la altura del impulso democratizador en los medios electrónicos y demostrar, en los hechos, que Televisa no será un freno en este proceso.

ADENDA

Emilio Azcárraga ha tenido que sortear duras batallas en los últimos años para mantener a Televisa en la cresta de la ola del embate de las nuevas tecnologías, las presiones de apertura, la caída del mercado publicitario y la falta de credibilidad y la nueva competencia. Ha ganado algunas y perdido otras.

Reed Hastings, CEO y cofundador de Netflix, calificó a Televisa como "la televisión del pasado" en una entrevista que dio en marzo de 2016 al periodista de tecnología mexicano Octavio Castillo. La empresa mexicana tenía menos de un mes de haber lanzado blim.com, su plataforma *on demand* donde ofrece producciones exclusivas como telenovelas, teleseries y caricaturas.

"Siempre hemos querido darle a Netflix un sabor local en donde quiera que iniciamos operaciones, en su momento la alianza con Televisa nos permitió cumplir con ese objetivo. Al final, creo que ellos mismos se han dado cuenta que la televisión en vivo va de salida. En Brasil nos pasó lo mismo, [las televisoras] suben sus contenidos en plataformas similares a las nuestras porque piensan que con ello serán la televisión del futuro, pero ellos son la televisión del pasado, nosotros la del futuro", dijo en su momento Hastings.

Los números parecen apoyar la teoría del CEO de Netflix, pues en el cuarto trimestre de 2015 Televisa registró una pérdida de 37 por ciento de sus ganancias al sumar mil 571 millones de pesos, menos que los 2 mil 504 millones que obtuvieron en el mismo periodo de 2014, según el reporte que emitieron ante la Bolsa Mexicana de Valores (BMV).

"Es una tormenta perfecta que será superada con el aumento en los precios de las tarifas para anunciantes", aseguró José Bastón, director de contenidos de Televisa en entrevista para *The Wall Street Journal* en aquel momento.

En un comunicado, la empresa de Emilio Azcárraga Jean afirmó que esta caída se debió a un incremento en los gastos de administración de 14 por ciento, así como mayores gastos financieros, pero en febrero de 2016, el Instituto Federal de Telecomunicaciones (IFT) dio a conocer un estudio que reveló una caída del índice de audiencia que consume televisión abierta de 15.25 por ciento entre septiembre de 2013 y septiembre de 2015, lo cual también pudo haber afectado sus números.

Además, en el reporte a la BMV, la televisora mexicana expuso que las ventas por publicidad cayeron 11 por ciento, de 8 mil 633 millones, alcanzados en el cuarto trimestre de 2014, a 7 mil 687.3 millones en la misma etapa del 2015.

Aun así, durante el 2015 las ventas anuales de todo el Grupo Televisa registraron un incremento de 9.9 por ciento, a 88 mil 51 millones de pesos, con respecto a lo registrado en el 2014 de 80 mil 118 millones de pesos.

Este crecimiento del grupo se debe en gran medida a las ventas en la televisión de paga, las cuales en 2015 alcanzaron 19 mil 300 millones de pesos, con lo que supera los 17 mil 498.6 millones de pesos registrados en el 2014.

"La persistente adición de suscriptores a la televisión de paga no sólo en México, sino también en Latinoamérica, es reflejo del crecimiento tanto anual como trimestral de las ventas de canales", dijo el presidente de Televisa en el reporte dado a conocer por la Bolsa Mexicana de Valores.

La empresa ve a la televisión de paga y al *on demand* como su futuro y el Instituto Federal de Telecomunicaciones (IFT) les ha ayudado un poco, pues en octubre de 2015 Televisa fue declarado como agente no preponderante en la televisión restringida, con la justificación de que entre septiembre de 2013 y marzo de 2015 su competencia (Dish) aumentó su participación en el mercado.

Por otro lado, en marzo de 2014, Grupo Televisa fue declarado agente económico preponderante por el IFT por tener más del 50 por ciento del sector de la radiodifusión e impuso medidas regulatorias asimétricas para fomentar la competencia en la TV abierta que incluían compartir su infraestructura, obligarlos a entregar sus ofertas sobre paquetes publicitarios, la imposibilidad para adquirir en exclusiva derechos de transmisión de eventos como el Mundial de Futbol o los Juegos Olímpicos, entre otros. La empresa televisora interpuso varios amparos, pero la decisión fue ratificada en 2015 por El Segundo Tribunal Colegiado de Circuito en Materia Administrativa, Especializado en Competencia Económica, Radiodifusión y Telecomunicaciones.

Aunado a esto, en 2015 una de las peores pesadillas de Azcárraga Jean se hizo realidad: el Grupo Empresarial Ángeles, del empresario Olegario Vázquez Aldir, ganó la licitación para la tercera cadena de televisión digital abierta que inició transmisiones en 2016, por lo que ahora la división del pastel de publicidad televisiva es entre tres.

Debido a los altibajos de la empresa de Azcárraga y con el objetivo de aumentar la audiencia y renovarse, se instrumentaron varios cambios importantes como la modificación de formatos y conductores en sus noticiarios estelares. Ese es el caso de *Primero Noticias*, dirigido por Carlos Loret de Mola, el cual fue relanzado con un nuevo estilo enfocado a mesas de análisis; y el cambio de conductor del noticiario de la noche donde Joaquín López-Dóriga deja el espacio, luego de 16 años, a Denise Maerker.

Pero no todas han sido malas noticias para Televisa y la familia Azcárraga, en abril de 2011 llegó a un acuerdo con Paulina Cusi, viuda de Emilio Azcárraga Milmo, para dar por terminada una demanda civil que ella había interpuesto desde 2007 por considerar que le correspondía el 16 por ciento de la herencia del fundador de la televisora y no el 10 por ciento que le ofrecía Emilio.

Ahí también están las alegrías que le ha dado el Club de Futbol América, el equipo de sus amores y del cual es dueño, al ganar dos campeonatos de la liga mexicana de futbol (2013 y 2014) y una Copa de Campeones de la Concacaf (2014-2015). El ámbito empresarial también le ha traído dividendos ya que, según la página especializada futbolsapiens.com, Televisa firmó un contrato por 30 millones de dólares con Univisión para que la cadena latina pudiera transmitir del 2010 al 2020 los partidos americanistas en Estados Unidos.

Emilio y su esposa Sharon Fastlicht viven desde hace algunos años en Estados Unidos acompañados de sus tres hijos: Emilio Daniel (2005), Hannah (2007) y Mauricio (2009), quienes en varias ocasiones han sido fotografiados por las revistas del corazón paseando por las calles de Miami.

En el ámbito de las telecomunicaciones, en junio de 2012, la Comisión Federal de Competencia (CFC) autorizó a Grupo Televisa a comprar el 50 por ciento de las acciones de la empresa de telefonía celular Iusacell, filial de TV Azteca, competencia directa de la empresa de Azcárraga Jean. Un vínculo paradójico por ser las dos televisoras competencia directa. Pero la unión estaba motivada por un objetivo mayor: enfrentar juntos a un enemigo formidable: Carlos Slim y su América Móvil.

En ese entonces, Iusacell tenía el 4 por ciento de los usuarios en México, aun así, Azcárraga lo vio como una manera de expandir su negocio y pagó mil 600 millones de dólares por el 50 por ciento de la empresa, aunque no funcionó, ya que casi tres años más tarde Televisa vendió sus acciones nuevamente a Grupo Salinas en 717 millones de dólares para que este último lo revendiera a la empresa norteamericana AT&T.

¡Fuera Peña, fuera de Televisa!

El 1 de diciembre de 2012 miles de personas salieron a las calles de la Ciudad de México para manifestarse por la toma de protesta del presidente Enrique Peña Nieto, la principal consigna era: "¡Fuera Peña, fuera Televisa!"

En junio de 2012 el diario británico *The Guardian* presentó una serie de reportajes en los que señalaba a Televisa por promover la imagen de Peña Nieto en noticiarios y programas cuando estaba en campaña para ser gobernador del Estado de México y años posteriores. Estas notas periodísticas eran similares a las presentadas en el libro del periodista Jenaro Villamil: *Si fuera presidente: El reality show de Enrique Peña Nieto* (2009), en el que también daba cuenta de tratos comerciales por publicidad entre el grupo Televisa y el equipo del entonces gobernador para su promoción en radio, televisión y revistas del citado grupo empresarial.

Debido a estos hechos, el Partido de la Revolución Democrática (PRD) presentó el 12 de agosto de 2012 la queja EXP. SCG/PE/PRD/CG/226/PEF/303/2012 por propaganda encubierta ante el Instituto Federal Electoral (IFE), ahora denominado Instituto Nacional Electoral (INE), pero fue declarada infundada con ocho votos a favor y uno en contra. El PRD apeló la resolución ante el Tribunal Electoral del Poder Judicial de la Federación, que por decisión unánime confirmó la decisión del IFE.

A pesar de ello, para millones de personas en México, Televisa fue quien ayudó a Peña Nieto a llegar a la Presidencia en el 2012, con el consiguiente golpe de credibilidad, sobre todo entre los jóvenes.

Según Reed Hastings, Televisa representa a la televisión del pasado pero Emilio Azcárraga y su equipo están haciendo todo lo posible para posicionarse de nuevo, dar el salto y volverse la televisión del futuro; ya lo hizo en una ocasión y sacó a la empresa del ocaso, la cuestión es si podrá hacerlo de nuevo.

JENARO VILLAMIL *(Mérida, Yucatán, 1969). Periodista y analista de medios. Actualmente es reportero de la revista* Proceso. *Coautor de la columna "Por Mi Madre, Bohemios". Ha trabajado en diversos medios periodísticos como* La Jornada *y* El Financiero. *Autor de los libros:* Los desafíos de la transición *(Raya en el Agua, 1998);* El poder del rating *(Plaza y Janés, 2001),* La televisión que nos gobierna *(Grijalbo, 2005),* La guerra sucia del 2006 *(Grijalbo, 2007),* Si yo fuera presidente, el reality show de Peña Nieto *(Grijalbo, 2009),* El sexenio de Televisa *(Grijalbo, 2011),* Peña Nieto: el gran montaje *(Grijalbo, 2012),* La caída del telepresidente *(Grijalbo, 2015), y coautor con Julio Scherer Ibarra del libro* La guerra sucia del 2006, los medios y los jueces. *Participó como integrante de los organismos civiles en el anteproyecto de reforma de la Ley Federal de Radio y Televisión (2001-2002) y formó parte del grupo impulsor de la Ley Federal de Transparencia y Acceso a la Información Pública (2003).*

Ricardo B. Salinas Pliego

Un empresario Total Play

Por Gabriel Sosa Plata

Ricardo Benjamín Salinas Pliego es el cuarto hombre más rico de México, con una fortuna estimada en 8 mil 300 millones de dólares, según Bloomberg.

Su fama comenzó a crecer cuando en 1993 logró quedarse con Televisión Azteca y el paquete de medios de comunicación que vendió el gobierno de Carlos Salinas de Gortari. Con las dos redes nacionales de televisión abierta rompió el monopolio de Televisa en la televisión comercial, que parecía intocable, inamovible, por la estrecha relación de la familia Azcárraga con un sistema presidencialista y de partido único, también prácticamente inamovible.

Su incursión en la televisión no sólo dio pie a una nueva etapa en la historia de este medio de comunicación en México, sino también en la vida del mismo empresario. Tener acceso a millones de hogares en el país le dio poder y una enorme proyección que, independientemente de su visión para los negocios, supo aprovechar para expandir sus empresas.

Los resultados están a la vista: a principios de los 90 su negocio principal era la venta de muebles y electrodomésticos; para el nuevo siglo se habían diversificado en empresas de la banca, comercio especializado, medios electrónicos, telecomunicaciones, producción de contenidos, seguros y administración de fondos para el retiro, entre otras, a través del conglomerado Grupo Salinas, que da empleo a cerca de 75 mil personas en ocho países.

Grupo Salinas cuenta con tres grandes divisiones de negocio: Financiamiento al consumo y comercio especializado (Grupo Elektra, Banco Azteca, Advance America, Seguros Azteca, Afore Azteca, Punto Casa de Bolsa, Acertum Bank e Italika), Medios (TV Azteca, Azteca América, Azteca Internet y equipos de futbol) y Telecomunicaciones (Total Play y Enlace TP).

Empresario aguerrido, que no se detiene en la defensa de sus intereses, arrebató en poco tiempo audiencias y anunciantes a la poderosa Televisa; sacó de la quiebra a Salinas y Rocha y expandió nacional e internacionalmente a Grupo Elektra; incursionó en telecomunicaciones y se confrontó legal y públicamente con Carlos Slim, el hombre más rico de México; fundó Banco Azteca pese a la resistencia de los grandes bancos internacionales y alcanzó muchos de sus objetivos para colocarse en poco más de una década entre los hombres más poderosos e influyentes del país.

Entre sus críticos, tiene la imagen de un hombre duro, poco amable e irreverente, producto del "capitalismo de cuates", pero para sus amigos, familiares y quienes trabajan cerca de él es un líder, un emprendedor que ha roto monopolios, un hombre amable, culto y que nunca dice una mentira. Esta última faceta, dicen, es poco conocida porque algunos medios de comunicación se han dado a la tarea de divulgar principalmente sus posiciones y actuaciones más polémicas, sin reparar, por ejemplo, en la intensa labor social que ha desarrollado en la educación, la salud y el medio ambiente, a través de sus organizaciones, como Fundación Azteca.[1] A estos cuestionamientos, Salinas Pliego ha respondido: "A los pioneros nos distinguen por las flechas en la espalda".[2]

Para poder hablar con el también Doctor Honoris Causa por la Universidad Autónoma de Guadalajara (grado otorgado en 2015), fueron necesarias varias reuniones previas con sus colaboradores, en las que tuve acceso a diferentes opiniones y versiones, sobre lo que se ve desde las instalaciones de la segunda televisora más grande en el país. Coinciden con su jefe en varias premisas: "sólo nos defendemos", "actuamos como cualquier otra empresa del mundo y de manera siempre legal", "hemos roto paradigmas en varios negocios y eso genera siempre resistencias", entre otras expresiones.

Con Salinas Pliego pude conversar alrededor de una hora en su oficina, en TV Azteca. Fue un diálogo informal, *off the record*, en el que se tocaron varios temas: la privatización de la televisión, algunos episodios de la historia de los canales 8 y 13, el asesinato de Paco Stanley y lo que él personalmente vivió cuando lo citaron a declarar junto con sus colaboradores, la nueva cadena de televisión (la de Olegario Vázquez Raña), la llegada de internet y el reto de la televisión abierta, y sobre su familia.

Cuando me recibió tenía sus dudas sobre darme la entrevista formal para este perfil. "Casi todo se encuentra sobre mí en internet, aunque no siempre apegado a los hechos", me dijo. Le insistí que había episodios de su vida poco conocidos, así como su versión sobre algunos asuntos polémicos, que tampoco se encontraban en su sitio *web* ni en su blog.[3] Me pidió algunos ejemplos y se los di. Finalmente accedió a la entrevista, la cual se programaría en los días siguientes, pero previamente quería conocer algunas de las preguntas. Días después se las envié. Desafortunadamente ya no hubo nueva cita y contestó por escrito todo. Ni una sola pregunta dejó en blanco. "El cuestionario lo respondió Ricardo, de su puño y letra y nosotros simplemente transcribimos", me precisó uno de sus más cercanos colaboradores.

El Sol sale para todos

Esther Pliego de Salinas dio a luz a su hijo Ricardo Benjamín el 19 de octubre de 1955, en la Ciudad de México, en una familia que ya desde entonces había fincado un patrimonio a partir del negocio de la fabricación y venta de electrodomésticos. Justo cuando cumplió tres años, su padre, Hugo Salinas Price, nacido en 1932, asumió la dirección general de Elektra, fundada por su abuelo, Hugo Salinas Rocha, en 1950. Su padre dirigió la empresa hasta 1987, año en el que le dejó a su hijo la dirección general. Entonces Salinas Pliego contaba con 32 años.

Entrevistada por Antonio Jáquez y Fernando Ortega Pizarro, Irma Salinas Rocha, tía abuela del empresario, refiere algunos antecedentes familiares de Salinas Pliego. Dice que su hermano Hugo, abuelo de Ricardo, fue conocido por crear y desarrollar Elektra, pero que tuvo las empresas más disímbolas, como una vía de ferrocarril, en Santa Fe, Estados Unidos, porque debajo de las vías había minas de carbón; también participó en el mercado de valores.[4]

Benjamín Salinas Westrup, padre de Hugo Salinas Rocha, y su cuñado Joel Rocha fundaron la cadena Salinas y Rocha, a principios del siglo XX. “Empezaron vendiendo camas de metal, copiando un modelo que había traído de Laredo mi abuelo Francisco Rocha. Pusieron su fabriquita y les fue muy bien. Mi padre era un hombre muy trabajador y generoso, ayudaba a los empleados, incluso para que formaran su propio negocio. Decía que el sol sale para todos”, recordó Irma Salinas.

Vendían a crédito, a diferencia de lo que sucedía con empresas extranjeras, y esto impulsó las ventas y su expansión en ciudades como Torreón, Tampico, Mazatlán y en la Ciudad de México. En los años 30, Hugo Salinas Rocha, egresado de la Escuela de Negocios de Pensilvania, empezó a incorporarse a la empresa y con diversas estrategias comerciales, como el publicar los precios de las mercancías (algo que ahora parece cotidiano, pero no en esa época) o extender los horarios de atención a los clientes, amplió el crecimiento de las tiendas. “Muy audaz mi hermano, todo un cerebro para los negocios”, dijo Irma Salinas Rocha.

Salinas Westrup, abuelo de los hermanos y bisabuelo de nuestro personaje, muere en 1949. Antes de su muerte, por razones familiares (él tenía un solo hijo y su socio, Joel Rocha, siete), trató de separar la empresa. Rocha no aceptó y asumió la presidencia, mientras que Hugo Salinas Rocha, la dirección general. Las diferencias se agudizaron y Salinas Rocha sale de la empresa para crear su propia empresa: Elektra, que fabricó radios y televisores, y los comercializó junto con otros productos. "En honor a la verdad —dijo Irma Salinas—, mi hermano formó Elektra mientras era director de Salinas y Rocha. Y esto no se vale, un director no puede crear su propia compañía mientras es director de otra. Decía que era una cosa chiquita, pues no le hacía competencia a Salinas y Rocha. Claro que era lo mismo: iba a vender muebles".

Pese a ello, Hugo Salinas Rocha siguió como accionista de Salinas y Rocha, mientras continuó con la expansión de Elektra. En 1958, como se dijo, le deja la dirección de la empresa a su hijo Hugo Salinas Price. Ahí siguió por 29 años, hasta que en 1987 asume la dirección Ricardo Benjamín Salinas Pliego, "uno de los nietos más capaces e inteligentes de mi hermano Hugo", en opinión de Irma Salinas.

Una hora de TV

En contra de lo que se pudiese pensar, Salinas Pliego refiere que tuvo una infancia en la que no vivía con lujos. "Puedo decir que mi infancia fue la típica de un niño de clase media", pero "eso sí, mis padres procuraron darnos una buena educación y desde pequeños nos enseñaron la importancia de leer y aprender cosas nuevas".

"Paradójicamente, mis padres no nos dejaban ver televisión, sólo una hora por semana", recuerda.

—¿Fue entonces educado por sus padres con mano firme? —se le pregunta.

—Realmente no, yo siempre fui muy libre de hacer, de ir y de venir; mi padre me enseñó el valor de la austeridad, muchas veces en contra de mi parecer. De hecho en nuestra vida cotidiana fuimos muy frugales.

El tiempo que no veía la televisión lo dedicaba al estudio: "Asistí a colegios privados, pero el que aproveché más fue un colegio inglés que aún se ubica al sur de la ciudad (de México), el Edron".

El Edron es una escuela que opera bajo el sistema inglés. "Me gustó mucho y me fue muy bien académicamente". Después sus padres lo cambiaron al Colegio Simón Bolívar, pero no tuvo una grata experiencia. "[Su sistema] era rígido, autoritario y privilegia la memoria sobre el razonamiento", dice. Fue entonces que regresó al Edron, donde volvió a tener un buen desempeño académico.

Su más grato recuerdo de la infancia proviene de aquellos años: "Cuando era niño, mi tío Guillermo Pliego capturó un enjambre de abejas y lo llevamos al jardín de mi casa. Mi tío sabía de muchas cosas y de él aprendí la apicultura. La miel que cosechábamos la empecé a vender en la colonia y así inicié mi primer negocio. De esa aventura aprendí a producir, a buscar una clientela —de casa en casa—, a distribuir mi producto y la importancia de la atención al cliente. Fue una experiencia muy formativa que me enseñó lo difícil que es emprender, pero también lo dulces que pueden ser los frutos".

—¿Y su recuerdo más triste?

—Ya lo olvidé —contesta.

En su infancia y juventud no tuvo dinero de sobra para gastar. "Típicamente, mis amigos del colegio tenían más dinero que yo y me invitaban a salir. Varios veranos trabajé para ganar dinero; uno de ellos para un proveedor de Elektra, Camas Lamas, cargando camas de metal".

Salinas Pliego estudió contaduría en el ITESM, en la ciudad de Monterrey, y la maestría en Negocios en la Universidad de Tulane, en Nueva Orleans. Antes, intentó estudiar la carrera de economía, en el mismo Tec de Monterrey, pero su actitud crítica le generó problemas.

"Cuando estudiaba Economía siempre discutía con un profesor que, desafortunadamente para mí, también era el director de la carrera. Un buen día, después de un acalorado debate, decidió expulsarme del Tec. Afortunadamente, mi papá intervino y pude regresar a esa institución con la condición de que cambiara de carrera: decidí estudiar Contabilidad. Al pasar los años me di cuenta que fue lo mejor que me pudo ocurrir, puesto que la Contabilidad es el lenguaje de los negocios".

Pese a esta confrontación, asegura que fue un buen estudiante, aunque sigue convencido de que los estudios universitarios sólo son un complemento. "Un título universitario no representa gran cosa", afirma. "A veces se aprende más en la 'escuela de la vida' que en las aulas. Quien piense que al obtener un título universitario ya resolvió su vida, no llegará muy lejos".

—De aquellos años ¿tiene amigos o amigas de escuela con los que aún tenga comunicación o conserve la amistad?

—Muy pocos. La carrera del emprendedor requiere de muchos sacrificios importantes. Tristemente, uno de ellos es la amistad.

Antes de asumir la dirección general de Elektra, se desempeñó como gerente de Importaciones. La biografía oficial refiere que en aquellos años —en que gobernaba el país Miguel de la Madrid— aprendió todos los aspectos del negocio cuando la empresa se encontraba en una grave situación financiera derivada de la sucesión devaluatoria".

"Cuando trabajé para mi papá, recibí un sueldo bajo, que apenas me alcanzaba para mantener a mi familia", asegura en la entrevista. "Desde pequeño aprendí a hacer mucho con poco dinero: creo que esa filosofía nos ayuda hoy a tener negocios rentables".

Antes de tomar las riendas de la empresa familiar en 1987, Ricardo Salinas probó su suerte en otros negocios: abrió un restaurante en la ciudad de Monterrey, instaló antenas parabólicas por su cuenta e incluso vendió sistemas de comunicación multilínea a través de una empresa propia.

—¿Por qué no siguió adelante con el proyecto de su restaurante?

—Cuando me gradué, mi papá me regaló 5 mil dólares. Con ese dinero quise poner un negocio y dada mi poca experiencia no se me ocurrió otro. Pronto entendí que si no estás físicamente en el establecimiento, te robarán, habrá una gran merma, y el negocio quebrará. Gracias a esta experiencia entendí que no debía entrar a negocios que no fuesen de alguna manera escalables. Fue una gran lección en mi vida en los negocios.

Salinas Pliego tiene cuatro hermanos: Esther, Rebeca, Guillermo y Norah Emilia con quienes dice haber tenido una excelente relación, "especialmente con Norah, quien incluso trabajó conmigo en varios proyectos antes de fallecer".

—¿Cree en Dios?

—Creo en Dios, pero no necesariamente en las instituciones que lo representan aquí en la Tierra. También me queda claro que, a pesar de los errores de algunos, hay miles de religiosos, de todas las denominaciones, que son grandes ejemplos porque viven intensamente su vocación y predican con el ejemplo. Creo firmemente en la "regla de oro": hacer a los otros como quieres que te hagan a ti.

El tono duro en Elektra

La biografía oficial reconoce que los estilos del padre y el hijo fueron distintos. "Mientras que Don Hugo fue siempre diplomático, Ricardo tuvo un tono directo que algunos consideraron un tanto rudo". Por eso muchos se fueron de Elektra y otros continuaron. Al igual que los clientes porque el nuevo director canceló el programa de crédito al consumo y sólo vendió productos básicos: muebles, línea blanca y electrónica. Hubo también una reestructura administrativa, rentó locales pequeños para expandir las tiendas y mejoró los sistemas de información sobre ventas, inventarios y situación financiera, lo que le permitió crecer y expandirse. Para los años 90, se regresó al programa de crédito y adquirió Salinas y Rocha.

De ser una red de tiendas, Elektra se convirtió en un conglomerado de empresas con un crecimiento impresionante en pocos años, en México, Centro y Sudamérica: en 1991 comenzó a cotizar en la Bolsa Mexicana de Valores (BMV); entre 1998 y 1999, abrió tiendas y sucursales en Guatemala, El Salvador, Honduras, República Dominicana y Perú; en 2002 inició operaciones Banco Azteca; en 2003 se creó Afore Azteca y la tienda Elektricity y se adquirió Cigna Seguros para abrir Seguros Azteca; en 2005 nació la empresa de fabricación de motocicletas Italika y mantuvo la expansión en Argentina y Brasil; en 2010 se impulsó Prestaprenda, un negocio de préstamos con garantía prendaria de oro; en 2012 se adquirió Advance America, líder de préstamos no bancarios en Estados Unidos, y comienzó operaciones Punto Casa de Bolsa.

Otra de las operaciones novedosas fue la realizada en enero de 2014, cuando Elektra adquirió los activos en México de la afamada Blockbuster (cuyo negocio de renta y venta de videos sucumbió ante Netflix), por 408 millones de pesos. Con la operación asumió el control de 320 tiendas distribuidas en 108 ciudades del país y el uso de la marca durante dos años. "Con la compra, Grupo Elektra añade más de 300 puntos de venta a su red de distribución compuesta actualmente por 6 mil 400 localidades, y adiciona 110 mil metros cuadrados de superficie, lo que representa un incremento del 7 por ciento de su área de venta", informó la firma a la BMV.[5]

El crecimiento de Grupo Elektra no fue terso. En el camino se cerraron algunas operaciones en América Latina y también hubo conflictos bursátiles. Por ejemplo, en 2012 una nueva metodología sobre el mínimo de acciones flotantes en el mercado para las emisoras que forman parte del Índice de Precios y Cotizaciones llevó a que la empresa perdiera más de 100 mil millones de pesos en muy pocos días, lo que implicó una caída del 50 por ciento del valor de cada una de las acciones.[6] Este daño patrimonial llevó a Salinas Pliego a demandar a la BMV; el caso ocupó durante semanas la atención de la prensa especializada en los negocios y las finanzas. En julio de 2012 la jueza Josefina Rosey González suspendió la aplicación de la metodología y Elektra continuó en el índice bursátil. La BMV contraatacó y la Procuraduría General de la República (PGR) abrió una investigación contra la jueza por delitos contra la administración de la justicia, pero no hubo éxito en la estrategia.[7] En 2014, Elektra y la BMV dieron fin a los recursos legales, incluido el que se tenía en contra de Luis Téllez, quien presidía la bolsa.

En octubre de 2002, Salinas Pliego inició una nueva empresa: Banco Azteca, que recuperaba la experiencia en el otorgamiento de créditos por parte de Elektra. Fue la primera licencia bancaria otorgada en diez años. Los clientes objetivo eran aquellos que por su bajo ingreso no eran sujetos de crédito.

Con el nuevo proyecto, Moody's disminuyó la calificación crediticia de Grupo Elektra, según se describe en la historia oficial del grupo, pero en menos de dos años demostró la viabilidad de la iniciativa y su consecuente crecimiento en México, Brasil, Guatemala, El Salvador, Honduras, Panamá y Perú, hasta llegar a 6 mil 800 puntos de venta y casi 14 millones de cuentas y activos por más del equivalente a 5 mil 500 millones de dólares en 2015. Posteriormente obtuvo autorizaciones para abrir dos nuevos negocios en el ámbito financiero: Seguros Azteca (seguros de vida y daños) y Afore Azteca (fondos para el retiro).

El crecimiento en México fue significativo porque atendió a millones de mexicanos sin acceso a otras fuentes de créditos. A fines de 2015 había logrado 13.5 millones de cuentas, que en promedio mantenían unos 2 mil 600 pesos. Sin embargo, el modelo tuvo problemas porque aumentó la morosidad. En 2015 cerró 799 sucursales con el fin de maximizar la rentabilidad de los puntos de contacto. La tasa de morosidad disminuyó por nuevas políticas de otorgamiento de crédito.[8] Tampoco las cosas funcionaron bien en Brasil por la crisis económica de ese país y una disposición de su Banco Central que afectó las operaciones.[9]

Al 31 de diciembre de 2015, Grupo Elektra operaba 7 mil 963 puntos de contacto a través de sus tiendas Elektra, Salinas y Rocha, The B-Store (creada con las tiendas adquiridas a Blockbuster), Banco Azteca y sucursales de Advance America en Estados Unidos. De dicha cantidad, 5 mil 640 se encontraban en México, Guatemala, Honduras, Perú, Panamá y El Salvador, y 2 mil 323 en Estados Unidos mediante las sucursales de Advance America.

Del golf a los paisajes del Dr. Atl

Salinas Pliego tiene diversas aficiones: le gusta el golf, aunque "no me considero un jugador extraordinario", y la lectura de libros sobre ciencia, tecnología, economía, historia y negocios, de los cuales hace reseñas en su *blog* personal.

También aprecia el arte y cuenta con una colección propia. "Me fascinan los paisajes de José María Velasco y del Dr. Atl. También me gusta la fuerza de las marinas de Joaquín Clausell y la calidad de los trazos de Guillermo Gómez Mayorga".

Algunas de estas obras se pueden apreciar en las oficinas corporativas de la televisora, junto con las pinturas de maestros como Ángel Zárraga, Siqueiros, Rivera y Orozco y de los pintores viajeros como Lohr, Chapman, Fisher y Daniel Thomas Egerton, a los cuales también admira. De los artistas latinoamericanos, aprecia las obras de Wilfrido Lam, Roberto Matta, Figari y Benito Quinquinela.

Afirma que admira a otros personajes como Leonardo Da Vinci, Miguel Ángel, y a pensadores como Einstein, Darwin, Luca Paccioli, Richard Dawkins y Matt Ridley.

"Me asombra la visión, perseverancia y fortaleza de empresarios como Henry Ford, Edison, John D. Rockefeller, J.P. Morgan y Jean Paul Getty, quien, por cierto, construyó un gran imperio petrolero, basado en su gran fuerza de voluntad".

Otro personaje para él admirable es Hernán Cortés, "el padre despreciado de nuestra nación mexicana", afirma, "pero lo que pocas personas saben de él es que también fue un gran emprendedor, pues fue con dinero y esfuerzo propios que emprendió la conquista de México".

Además de jugar golf, en sus vacaciones también puede darse el placer de navegar en su propio yate, de 72 metros de eslora, adquirido en 2010 al empresario español Francisco Hernando, y que se considera como el mayor construido por el astillero CRN y uno de los mayores jamás construidos en Italia, según la revista francesa Onboard, especializada en yates, citada por *Proceso*.[10]

Salinas Pliego tiene seis hijos. Tres de su primer matrimonio con Ninfa Sada Garza: Ninfa, Benjamín y Hugo.

Los tres "han sido muy exitosos por sus propios méritos, tienen una buena educación y han sabido aprovecharla bien", dice el empresario. Benjamín es el nuevo director general de TV Azteca, Hugo está en el comercio con una red de más de 500 tiendas de consumo básico, llamadas Tiendas Neto, y Ninfa "tiene una gran vocación por el servicio público y una enorme pasión por la protección del medio ambiente". Ninfa, además, dirige Grupo Dragón, que es una empresa de generación de energías renovables y ha sido senadora y diputada por el Partido Verde Ecologista.

El 25 de octubre de 2001 contrajo nupcias con María Laura Medina, tapatía, exdirectora de Ventas Nacionales de TV Azteca. La revista *Quién* refiere que fue una boda secreta, realizada en Guadalajara, pero semanas después llevaron a cabo una ceremonia de acción de gracias en Cuernavaca, a la que asistieron Emilio Azcárraga, Carlos Slim Domit, Roberto Madrazo, Francisco Labastida Ochoa, entre otros personajes.[11]

El 18 de octubre de 2003 nació el primogénito de la pareja, Ricardo. Cuatro años después, vendría su segundo hijo, pero lo perdió. "Ha sido la experiencia más dura de mi vida. Sólo una mujer que haya perdido un hijo como yo lo perdí podrá entender cómo me sentía. Fue muy fuerte para toda la familia, pero creo que lo más difícil fue tener que explicárselo a mi hijo porque él estaba sumamente ilusionado con su hermanito", dijo María Laura en una entrevista.

En 2008 la pareja se fue de vacaciones a Europa por dos meses y en Italia supo que estaba embarazada. "Esta vez —relata *Quién*— se manejó con absoluta discreción antes de dar la noticia. Llamó a su médico en México para comentarle lo que sucedía. Este le pidió que se hiciera unos estudios más completos. Confirmó la noticia: estaba embarazada y el ultrasonido indicaba que no era un bebé el que venía en camino, sino dos. Ricardo y ella se desbordaron con la noticia".

En febrero de 2009 nacieron los mellizos Cristóbal Patricio y Mariano Mateo. De ellos y en general de la familia poco se sabe. Salinas Pliego ha procurado mantener discreción de los asuntos familiares. No obstante, las crónicas de sociales refieren que cuando se bautizó a los mellizos en la Hacienda de Jalmolonga, Malinalco, Estado de México, ocurrió un accidente.

Filippa Giordano terminaba su recital cuando María Laura, "en su vestido verde esmeralda se acercó al escenario cargando a ambos niños. Entonces sucedió. Cuando intentó acercarse para besar a la cantante, el niño en su brazo derecho, Mariano, se balanceó hacia atrás y cayó directamente sobre el escenario. Un grito seco enmudeció el ambiente un segundo, para ser seguido de una pequeña histeria colectiva…".[12]

"Los niños están bien, no pasó nada", poco después informaría a sus invitados Salinas Pliego. Fue entonces, dice la cronista, que todos se reincorporaron en sus lugares "y se apresuró a los músicos de la orquesta para salir. Luego entró Yahir para seguir amenizando".

Sobre ellos, Salinas Pliego dice que a Ricardo "ya le vemos una clara vocación emprendedora", mientras que los gemelos Cristóbal y Mariano "tienen un gran futuro por delante".

El ahora adolescente también apoya a su padre, quien durante muchos años se ha dedicado a impulsar el uso de moneda de plata y a señalar lo que considera erradas políticas económicas basadas en el papel moneda. Salinas Pliego, por ejemplo, encabezó la séptima edición del Premio Nacional de la Plata Hugo Salinas Price, premio creado en 2002, con la finalidad de impulsar arte en plata y el emprendimiento de los artesanos.[13]

—¿Es posible conciliar armónicamente el intenso trabajo que ha tenido la convivencia familiar?

—De hecho es muy complicado. El tiempo es un recurso sumamente escaso para el emprendedor. Tienes que hacer muchos sacrificios para ser exitoso: prácticamente por definición, tu vida está llena de dificultades inesperadas. Constantemente debes resolver problemas y desafortunadamente sacrificas la convivencia familiar, en menor o mayor medida. Afortunadamente tengo una esposa increíble, María Laura, quien está dedicada a la educación de mis tres hijos menores y además es una gran emprendedora. Actualmente procuro delegar más y reservar más tiempo para mi familia, ya sea los fines de semana o en vacaciones.

TV Azteca: "El primer sorprendido fui yo"

La ola neoliberal y de las privatizaciones impulsadas por el gobierno de Carlos Salinas de Gortari llegaron también a la televisión. La otrora televisión de Estado, que se caracterizó por estar al servicio fundamentalmente de los gobiernos en turno, quedó en manos de Salinas Pliego mediante un concurso en el que este empresario llevaba todas las de perder por su falta de experiencia en medios de comunicación, a diferencia del resto de los participantes.

Por el paquete, que incluía las redes nacionales de televisión 7 y 13, participaron a través de diferentes grupos y alianzas empresarios como Joaquín Vargas (MVS Televisión) y Clemente Serna (Radio Red), Javier Sánchez Campuzano (Grupo Siete), Javier Pérez de Anda (Radiorama) y Adrián Sada (Corporación Mexicana de Medios). También compitió Raymundo Gómez Flores en alianza con el banquero Carlos Cabal Peniche.[14]

Ricardo Salinas Pliego participaría con Francisco Aguirre Gómez, exdirector de Canal 13 y radiodifusor, a través de la empresa Radio Televisora del Centro, pero poco antes del registro se deshizo la alianza, supuestamente por la negativa de Aguirre a incrementar el capital de la empresa. Aguirre se integraría al Grupo Cosmovisión, que encabezaba Javier Sánchez Campuzano. Grave error… para Aguirre, quien perdía así la oportunidad de regresar a la televisión, luego de que él y su padre, Francisco Aguirre Jiménez, operaran el Canal 13 de 1968 a 1972.

El 18 de julio de 1993 fue el gran día. Ricardo Salinas ganó al ofrecer más dinero que el resto de sus competidores: 643 millones de dólares. Muy atrás quedaron Cosmovisión, Medcom y Geo Multimedia, las cuales ofrecieron 495, 454 y 416 millones de dólares, respectivamente.

—¿Cómo se sintió cuando se enteró que se quedó con el paquete de medios? —se le pregunta a 23 años de distancia de aquel hecho.

—Junto con las mismas autoridades, el primer sorprendido fui yo —responde—. Sentí una gran emoción, pero al mismo tiempo una enorme responsabilidad sobre mis espaldas al saber que tendría que pagar 643 millones de dólares. Actualizada por inflación, esta cantidad equivale a más de mil millones de dólares actuales y tuvimos que empeñar el negocio familiar que mi abuelo y mi padre habían creado para poder pagar. Prácticamente toda la fortuna familiar estuvo en riesgo. Para conseguir el dinero viajé alrededor del mundo y afortunadamente aquí mismo encontramos socios, como la familia Saba, que participaron con nosotros en esta privatización. Después tuvimos que competir con el monopolio, Televisa, pero esa es otra historia.

Parte del éxito fue atribuido también a la participación de un personaje influyente, pero muy cuestionado posteriormente: Raúl Salinas de Gortari, hermano del ex presidente mexicano, quien había prestado 29 millones de dólares al dueño de la televisora para la adquisición. El dato del préstamo fue revelado por el periodista Andrés Oppenheimer, en *The Miami Herald*, tres años después de la privatización. Fue un escándalo mediático y político, que incluso llevó a la Contaduría Mayor de Hacienda del Congreso de la Unión a realizar diferentes auditorías sobre el proceso de desincorporación, pero para el mismo año concluyó que la venta se realizó sin violar la ley. En aquel entonces, 1996, Raúl Salinas se encontraba en la cárcel, acusado de ser el autor intelectual del asesinato de su cuñado Francisco Ruiz Massieu y por haberse apropiado de 224 millones de pesos de la "partida secreta" de la Presidencia de la República cuando fue funcionario público y por enriquecimiento ilícito. En 2005 fue absuelto por el asesinato de Ruiz Massieu y en 2014 exonerado porque la PGR no pudo acreditar que su riqueza fuera producto de la corrupción.

—¿Hubo conflicto de interés al aceptar la participación de Raúl Salinas como inversionista?

—Nuestro grupo —responde— fue declarado ganador del paquete de medios por haber hecho la mayor oferta en la subasta, 30 por ciento por encima del segundo lugar. Eso por sí solo deja bien claro por qué ganamos. Y como comenté anteriormente, prácticamente tuvimos que empeñar el negocio familiar porque había que pagar 643 millones de dólares. Así que estaba buscando dinero cuando Raúl me propuso invertir y en ese entonces se veía con buenos ojos que el hermano del presidente quisiera invertir contigo, era una especie de aval. Finalmente, pudimos pagar la compra a través del sindicato de bancos que organizaron Jorge Rojas, Antonio del Valle y Carlos Slim. También hubo gente que creyó en nosotros, invirtió y compró acciones, como Marcelino Gómez, Divo Milán, Gonzalo Brockman, Joaquín Arrangoiz, la familia Saba y muchos más.

En la biografía sobre Emilio Azcárraga Milmo, *el Tigre*, Claudia Fernández y Andrew Paxman aseguran que el dueño de Televisa fue otro de los actores que supuestamente presionarían al gobierno en la venta del paquete de medios a Salinas Pliego. "El que sea, menos el grupo de Serna y Vargas", habría dicho Azcárraga a los funcionarios del gabinete de Salinas. "A Emilio le gustaba Salinas Pliego —anotan los periodistas—. Además de su nula experiencia en medios, el joven empresario había declarado, al ser nombrado ganador, que no iba a producir noticias. Esa era una de las condiciones que *el Tigre* había mantenido ante su competencia y en la mayoría de los casos lo había logrado imponer".[15] Por supuesto, Salinas Pliego no cumplió lo que dijo y, todavía más, no ha dejado de utilizar los noticiarios para colocar temas en la agenda nacional.

En 1997 los empresarios Alberto Saba y su hijo Moisés dejaron de ser socios de Salinas Pliego por desacuerdos en la operación de las acciones. El 21.5 por ciento del capital social de la empresa en poder de los Saba fue colocado en la bolsa, lo que permitió a Salinas Pliego aumentar de 48 a 66 por ciento su participación. Para ese año, la empresa valía mucho más de lo que costó: 2 mil 300 millones de dólares. La inversión valió la pena.

Durante la vida de la televisora, Salinas Pliego impulsó diversas alianzas, pero no fructificaron. En abril de 1994 se unió con la televisora estadounidense NBC para que esta le proveyera programación y asesoría técnica a cambio de un pago de 7 millones de dólares anuales y el derecho a compra del 10 por ciento de las acciones de TV Azteca. Esta demandó incumplimiento en las cláusulas del contrato y tres años después llegó a un acuerdo con la NBC, en el que la televisora mexicana pagó 46 millones de dólares para dar por terminado el conflicto.[16]

También se pretendió un acuerdo con Telemundo para competir a la alianza Televisa-Univisión, que tampoco tuvo resultados. "En este caso —precisa Salinas Pliego— Televisión Azteca le proveía contenido, sin embargo, decidimos constituir Azteca América para llegar de manera directa al mercado hispano de Estados Unidos".

Pese a no concretarse las alianzas, TV Azteca se expandió en América Latina al adquirir estaciones de televisión en El Salvador, Guatemala, Chile y otros países. Sin embargo, se deshizo de la mayoría de estas televisoras. ¿Por qué? Salinas Pliego responde:

—Buscábamos crecer en toda América Latina, pero después comprendimos que esta empresa no era nada sencilla y decidimos redimensionarnos.

Al término de 2015, mantenían presencia en Guatemala y Honduras. En Guatemala se asociaron con empresarios locales en la compañía Latitud, de marzo de 2008 a diciembre de 2011, generando formatos y contenidos especiales para ese mercado, sobre todo noticiarios. En 2011 se consolidó la operación como Televisión Azteca Guatemala, tras lo cual, desde 2012 se incrementó la participación de audiencia hasta un 14 por ciento con un 40 por ciento de producción local en la parrilla, dice Salinas Pliego. En ese país cuentan con dos señales: los canales 31 y 35, en las que se ofrecen noticiarios, programación deportiva, revistas, series, telenovelas, programas unitarios y *realities*. "Durante el proceso electoral del 2015 se consolidó la posición de TV Azteca Guatemala como un medio veraz y confiable", según nuestro entrevistado.

En cuanto a Honduras, las operaciones iniciaron en noviembre de 2013, durante la elección presidencial.[17] "Cubrimos a la selección hondureña en directo desde Brasil en el 2014 y conformamos el mejor equipo de analistas deportivos del país", afirma Salinas Pliego. "Nos hemos posicionado con el segundo mejor *rating* del noticiero de la tarde y generamos programas juveniles, por primera vez en Honduras, en el canal 44".

"¿Yo por qué?" y el chiquihuitazo"

En marzo de 2002 ocurrió un hecho insólito en la historia de la radiodifusión: un grupo de empleados de TV Azteca, alegando cumplimiento de un laudo, tomó las instalaciones de transmisión de CNI Canal 40, ubicadas en el Cerro del Chiquihuite, al norte del Distrito Federal, tras una demanda (Salinas Pliego contra Javier Moreno Valle) en la Corte Internacional de Arbitraje de la Cámara Internacional de Comercio. La señal del canal fue sustituida por otra generada por TV Azteca. El caso tuvo importantes repercusiones mediáticas y legales, que abonaron a la imagen de Salinas Pliego como un empresario "duro".

El episodio fue denominado como el "chiquihuitazo" y demostró el poder que había alcanzado el llamado "duopolio" de la televisión en México. El conflicto tuvo sus antecedentes en diciembre de 1998, cuando CNI, de Javier Moreno Valle, y TV Azteca firmaron una alianza que incluía programar el canal y una opción de compra de 51 por ciento de las acciones por parte de la empresa de Salinas Pliego. TV Azteca, además, comercializaría el tiempo de publicidad de Canal 40 y se dividirían el 50 por ciento de los ingresos.

"A cambio —explica Salinas Pliego— Moreno Valle recibió como anticipo 25 millones de dólares. Era una buena cantidad y una salida para una persona que, por desordenado y por pillo, había incumplido con todas sus obligaciones financieras. Los acuerdos fueron aprobados por la Secretaría de Comunicaciones y Transportes y declarados legalmente válidos y obligatorios de forma inapelable por el Poder Judicial".

En julio de 2000, Javier Moreno Valle decidió cancelar unilateralmente los contratos porque a su parecer la SCT no había aprobado dichos contratos y sacó del aire la programación de Azteca 40 para darle paso a CNI Canal 40 de nuevo con la totalidad de la programación.[18]

La televisora de Salinas Pliego inició un juicio por cumplimiento forzoso de contrato y pago de daños y perjuicios por 100 millones de dólares en contra de CNI. A su vez, personal que laboraba con Moreno Valle, con los periodistas Ciro Gómez Leyva y Denise Maerker a la cabeza, emprendieron una defensa del proyecto televisivo, a través de marchas y otro tipo de manifestaciones públicas.

Días después de la toma del transmisor, uno de los periodistas de CNI le pidió al entonces presidente Vicente Fox que hiciera algo ante lo ocurrido con el canal, pero se limitó a responder la ahora afamada frase: "¿Yo por qué?", frase que marcó al ex presidente, pero también a un sector de la sociedad que la usa como para deslindarse de cualquier decisión o acción, aunque tenga responsabilidad.

Pese a ser restituido el canal a Moreno Valle en 2003, los problemas económicos de la empresa continuaron y hubo varios emplazamientos de huelga por la falta de pago de salario a los trabajadores. En 2005 se fueron finalmente a huelga. Mientras esto ocurría, el accionista minoritario de Canal 40, Hernán Cabalceta, pidió dinero a TV Azteca para conjurar la huelga y pagar salarios. TV Azteca prestó los recursos y posteriormente se capitalizó e incrementó la participación accionaria en diciembre de 2015. Cabalceta fue reconocido por TV Azteca como administrador único y negoció con él la continuación del convenio.[19]

En febrero de 2006 inició transmisiones Proyecto 40 bajo el control de TV Azteca. Un año después, la concesión fue refrendada hasta el año 2021, lo que en la práctica fue un reconocimiento del gobierno federal a los nuevos accionistas del canal, aunque la disputa legal por el canal continuó.

Salinas Pliego asegura que siempre se actuó conforme a derecho: "El dictamen judicial nos resultó favorable. Con esa sentencia, TV Azteca tomó legalmente el control del canal. Recordemos que el 7 de febrero de 2007, de manera unánime, la Primera Sala de la Suprema Corte de Justicia resolvió en forma definitiva e inobjetable a favor de TV Azteca el amparo que el abogado de Moreno Valle, Javier Quijano, había interpuesto para invalidar nuestra operación de Proyecto 40".

No obstante la resolución de la Corte, el caso se reactivó cinco años después, en 2011. Javier Quijano informó en una carta dirigida al director del Registro Público de la Propiedad del Distrito Federal, José Guadalupe Medina (y que se publicó en diarios de circulación), que se había tomado una resolución judicial favorable al concesionario del Canal 40 que, de aplicarse, haría que el mencionado canal regresara al control de este.

De acuerdo con el documento, el 27 de septiembre de 2010 el Décimo Tribunal Colegiado en Materia Civil "resolvió en sentencia definitiva que TV Azteca no tiene legitimación para oponerse judicialmente a las resoluciones adoptadas por la asamblea ordinaria de accionistas celebrada el 12 de septiembre de 2005 ni para demandar su nulidad". Se infiere que al reconocer a Hernán Cabalceta en enero de 2006 como administrador único, TV Azteca habría violado esa disposición.

Según Quijano, desde el 26 de enero de 2011, esta resolución fue declarada "inimpugnable e inmodificable: cosa juzgada". Quijano denuncia que la resolución judicial fue enviada desde abril al director del Registro Público de la Propiedad para que declare la nulidad de las acciones mediante las que se designó a Cabalceta administrador único de TVM.

A la pregunta sobre si hay algún litigio pendiente en cuanto a la concesión del canal, la televisora aclara que únicamente hay un diferendo sobre el aumento de capital. Esto no ha sido obstáculo, dice Salinas Pliego, para que "desde que iniciamos transmisiones, el 22 de febrero de 2006, Proyecto 40 se haya consolidado como una alternativa de televisión libre, crítica, plural e inteligente". Sin embargo, tanto la resolución jurídica, como la calidad de la trasmisión, siguen siendo cuestionadas por periodistas, intelectuales y críticos de la televisora.

La guerra de las televisoras

Con TV Azteca en sus manos y posteriormente con Canal 40, Ricardo Salinas invirtió en la actualización tecnológica de las cadenas e innovó en paquetes muy agresivos en materia publicitaria, que rompieron con los abusos históricos de Televisa al negociar con las agencias de publicidad.

En materia de producción de contenidos hubo aciertos. Por ejemplo, se le dio continuidad y se reforzó la barra de programas de deportes y la transmisión de eventos deportivos, bajo la dirección de José Ramón Fernández, y el equipo de *Los Protagonistas*, quienes lograron impactar el periodismo deportivo a partir de los antecedentes de lo que fuera el Instituto Mexicano de Televisión (Imevisión).[20] En espectáculos también la disputa por el *rating* fue intensa y esto llevó a la contratación de artistas de la empresa de la competencia. Uno de los movimientos más mencionados por los medios, ocurrió en 1997, cuando TV Azteca contrató a diversos artistas antes exclusivos de Televisa, entre estos Humberto Zurita y Cristian Bach, mientras que Televisa respondió contratando a Juan José Origel y Carmen Armendariz, conductor y productora del exitoso programa *Ventaneando*, de la televisora del Ajusco. Pero fue en la producción de telenovelas donde los televidentes apreciaron mucho más las ventajas de contar, al menos, con dos ofertas de televisión. El periodista Jenaro Villamil describe así este momento:

"La 'guerra de las televisoras', detonada a partir de la irrupción de TV Azteca, tuvo como eje determinante la competencia por las telenovelas. Durante años, el monopolio de Televisa en este terreno fue casi absoluto. Si acaso, Canal 13, en manos del Estado, produjo algunas series más orientadas hacia la historia o compró derechos de series inglesas de enorme prestigio, pero castigadas en los horarios. No sucedió lo mismo con la empresa de Ricardo Salinas Pliego. Su primer gran éxito fue ganar audiencia a Televisa con telenovelas que rompían el molde melodramático predecible y chato. Las producciones de *Nada personal*, *Mirada de mujer*, *Demasiado corazón*, *Tentaciones*, *El amor de mi vida*, *Tres veces Sofía* y *La vida en el espejo* marcaron una evolución importante en el género. Por primera vez se plantearon temas vinculados a la realidad política, se ventiló el amor de una mujer madura por jóvenes, el sida, el climaterio, etc.".[21]

Para 2000 TV Azteca se habría convertido en el segundo productor de contenido en español más grande del mundo. Un año después se expandiría en Estados Unidos con la cadena Azteca América, en las ciudades de Los Ángeles, Houston, San Francisco y Sacramento. Hasta 2016 tenía presencia en más de 60 mercados de aquel país, cubriendo a más del 90 por ciento de la población hispana.[22]

Además de proyectos en otros países, continuó la inversión en producción y desarrollo de infraestructura. En 2012 inauguraron, por ejemplo, sus nuevos foros televisivos, ubicados en Calzada de Tlalpan, para la producción de series, telenovelas y cine. "Estos foros son un símbolo de que Azteca quiere seguir creciendo, cambiando y siendo mejor", dijo en esa ocasión Salinas Pliego.[23]

TV Azteca puede también ufanarse de haber innovado con las primeras experiencias de televisión interactiva a través de Telegana en 2005, las primeras transmisiones en alta definición en 2005, con el sistema de multiprogramación en la televisión digital en 2009 (HiTV, sobre el que se hablará más adelante), con transmisiones en 3D o tercera dimensión en el programa *La Academia* en 2011 y en resolución 4K o Ultra HD en 2016.

"El futbol no es negocio"

En su disputa por la audiencia, Salinas Pliego no podía obviar uno de los más atractivos contenidos de la televisión: el futbol. Si bien Imevisión contaba con los derechos de transmisión de algunos equipos, Televisa dominaba el mercado. Para romper este oligopolio (Azcárraga tenía al América, al Necaxa y al San Luis Potosí), en 1996 TV Azteca adquirió al equipo Atlético Morelia, hoy Monarcas Morelia, y adquirió voz y voto en la Federación Mexicana de Futbol, además de obtener los derechos de transmisión de diversos equipos.

En 2010 adquirió el 51 por ciento de las acciones de Jaguares de Chiapas, en alianza con el Grupo Interticket, al empresario Antonio Leonardo, de Farmacias del Ahorro. El 49 por ciento restante de las acciones las retuvo el gobierno de Chiapas y otra parte el mismo Antonio Leonardo, quien finalmente decidió vender su parte.[24] Sin embargo, tres años después, en 2013, Jaguares fue vendido a Grupo Delfines, cuyo accionista mayoritario es Amado Yáñez, por falta de patrocinios a nivel local y nacional, así como la baja asistencia de afición al estadio.[25] Ese mismo año, Salinas Pliego adquirió el Club Atlas, que se encontraba en problemas económicos y con muchas posibilidades de descender de la primera división.

El dominio del duopolio televisivo en el futbol se mantuvo durante los años siguientes. Sin embargo, bajo el fuego de la llamada guerra de las televisoras contra las telefónicas, Carlos Slim se convirtió en accionista de los equipos León y Pachuca. Como era previsible, mudó la transmisión de los partidos de ambos clubes a la televisión de paga, en este caso, a la cadena estadunidense Fox Sports. En 2012 los hizo con León y dos años después con el Pachuca.

Para el torneo Apertura 2016 ya las dos grandes televisoras habían dejado de transmitir los partidos de otros tres equipos: Guadalajara, Chiapas y Querétaro. El primero, propiedad de Jorge Vergara, decidió hacerlo por su cuenta, en internet, en su canal Chivas TV, mientras que Chiapas y Querétaro se fueron con Grupo Imagen, de Olegario Vázquez Raña, ganador de la licitación de una de las cadenas nacionales de televisión. Grupo Imagen adquirió el equipo queretano en mayo de 2014.

A mediados de 2016, TV Azteca conservaba los derechos de transmisión de sus equipos, Morelia y Atlas, así como de Santos, Tijuana, Puebla y Veracruz. Sin embargo, como informa *Forbes*, más de 65 por ciento de los partidos del futbol mexicano (Liga MX, Ascenso MX y Copa MX) eran aún transmitidos por los canales y filiales de la compañía de Emilio Azcárraga Jean, al tener contratos con nueve equipos, y si suman los de TV Azteca, esta cifra escala el 80 por ciento.[26] Entre las últimas decisiones que al respecto deberá enfrentar Salinas Pliego se encontraba la posibilidad de vender uno de sus clubes ante la prohibición de la FIFA de que una empresa sea propietaria de más de un equipo.

Pese a su estrecha relación con la televisión, Salinas Pliego asegura que "el futbol no es negocio", pero reconoce que "el mexicano ama el futbol".

"Hemos tenido buenos y años malos, pero, claro, los años malos pueden ser terribles", afirma.

—¿Qué opina de proyectos como Chivas TV?

—Es muy arriesgado y poco probable que tenga éxito, pero tampoco es imposible. Habrá que ver. Lo que hemos visto en los canales de "televisión" por internet es que son muy buenos para atraer a audiencias de nicho, pero nunca a audiencias masivas. No puedes comparar un video de 30 segundos que tiene 100 mil vistas con una final de futbol transmitida en televisión abierta, que puede generarte una audiencia de más de 10 millones de personas, durante casi dos horas de transmisión. Supongo que Chivas se convertirá en una marca de nicho, no sé si esa sea la apuesta.

La polémica multiprogramación

En 2009, Televisión Azteca lanzó HiTV, un servicio multicanal, de unas 20 señales diferentes, que se proporcionó a través de los canales digitales asignados a Televisión Azteca. Sin duda, un servicio novedoso porque de los tres canales de la televisora (7, 13 y 40) se desprendían alrededor de 20 señales distintas. Para tener acceso a estos contenidos, los interesados debían adquirir, por mil 999 pesos, un "equipo sintonizador" que se conectaba al televisor analógico o digital.

Para quienes contaban sólo con televisión abierta, esta multiplicación de contenidos era atractiva, aunque fuera el mismo proveedor. Sin embargo, luego de que se dio a conocer el servicio en los periódicos *El Universal* y *Reforma*, se desató una guerra más en el sector.

Televisa denunció ante la Comisión Federal de Telecomunicaciones (Cofetel) y la Secretaría de Comunicaciones y Transportes (SCT) que Televisión Azteca violaba la ley y su título de concesión porque en ese momento sólo se permitía usar la señal digital para transmitir la misma señal análoga.

La empresa reiteró en diferentes medios que no violaban la legislación y que su objetivo era romper el monopolio de la televisión de paga. El desplegado que publicó al respecto Televisión Azteca en contra de Televisa es histórico:

"Las empresas Televisa, Sky y Cablevisión, así como sus socias Cablemás y Televisión Internacional, y las empresas que forman parte de la Canitec, han hecho todo lo posible para impedir que se rompa el monopolio de TV de paga, para impedir que bajen los precios al consumidor; para impedir que haya una mayor oferta en esta industria... Hoy también quieren impedir que TV Azteca, a través de Hi-TV, termine sus prebendas y canonjías".

No obstante, el pleno de la Cofetel determinó iniciar "procedimientos administrativos para la posible imposición de sanciones" a Televisión Azteca (canales 7 y 13) y Televisora del Valle de México (Canal 40) por "presuntas violaciones a la Ley Federal de Radio y Televisión por prestar sin autorización servicios distintos a los autorizados en su título de concesión y en el Acuerdo para la Transición a la Televisión Digital Terrestre". También la Cofetel emitió opinión favorable a la SCT para el inicio del procedimiento de sanciones a ambas empresas por violaciones a la Ley Federal de Telecomunicaciones.

La empresa se amparó y Salinas Pliego volvió a ganar. En mayo de 2012 la Segunda Sala de la Suprema Corte de Justicia anuló la sanción económica de 4.4 millones de pesos que impuso la SCT a Televisora del Valle de México, concesionaria del Canal 40, por la comercialización de HiTV. La Corte concluyó que la dependencia no estaba facultada para imponer dicha sanción y que sólo lo podría hacer la Cofetel.[27] La Cofetel, para entonces, ya había modificado su posición al asegurar que la multiprogramación sí era legal.

Sobre ese episodio, Salinas Pliego dice que HiTV sólo tenía la intención de hacer un uso más eficiente del espectro. "Ya se tenía la concesión (digital) y todo estaba listo para las transmisiones. Al final las autoridades no nos otorgaron el permiso para continuar".

¿Antigobiernista?

En 1993 Irma Salinas Rocha declaró sobre los compradores de TV Azteca: "No creo que vayan a ser antigobiernistas. No se puede trabajar cuando se es enemigo del gobierno. Como se sabe, el gobierno tiene manera de hacerle la vida pesada a cualquier empresa que no le parezca".[28]

Y vaya que sí, aunque Salinas Pliego en ocasiones ha sostenido, en lo personal, un discurso crítico hacia el gobierno, con expresiones como "El obstáculo número uno para cualquier empresario es darle vuelta al gobierno" o "las políticas del gobierno decidieron sofocar la creación de empleos",[29] lo cierto es que en las pantallas ha prevalecido un trato en general complaciente y respetuoso con los funcionarios públicos de alto nivel, en particular con el presidente de la República en turno.

Esto no significa que siempre haya sido así, en particular cuando se abordan agendas que afectan los intereses de la empresa. Basta recordar la confrontación abierta, en el año 2010, con el extitular de la Secretaría de Comunicaciones y Transportes (SCT), Juan Molinar Horcasitas (en el gobierno de Felipe Calderón), quien se empeñó en sacar adelante la llamada "licitación 21" que trajo beneficios directos a Televisa para su expansión en el mercado de las telecomunicaciones, o bien con la licitación de dos hilos de fibra de la Comisión Federal de Electricidad (CFE), que también terminó en manos de Televisa junto con Megacable y Telefónica.

Asimismo, cómo no dar cuenta de la confrontación con el gobierno de Cuauhtémoc Cárdenas en la Ciudad de México en 1997, luego de que fuera asesinado a plena luz del día el conductor de la televisión Paco Stanley, a quien posteriormente se le vincularía con el narcotráfico.

Particularmente este caso fue simbólico en la historia de la televisión por la ausencia de autorregulación y de principios éticos en los medios de comunicación. La académica Fátima Fernández en su libro *La responsabilidad de los medios de comunicación*, recuperó minuto a minuto la cobertura de TV Azteca el día del asesinato de Stanley y analizó su tratamiento editorial, a la luz de las reflexiones teóricas en torno del concepto de "responsabilidad". También analizó lo que se dijo en la prensa escrita:

"Durante una semana este tema se convirtió en una constante en las páginas de muy distintos órganos periodísticos. Entre los articulistas hubo una percepción generalizada de que la televisión no actuó con responsabilidad ni respondió adecuadamente a las circunstancias".

Aquel 7 de junio de 1997, dice Fátima Fernández, "Televisión Azteca incorporó una práctica nunca antes vista en la televisión mexicana: increpar a los gobernantes, en vivo y en proyección nacional", que culminó con un mensaje de Salinas Pliego en el noticiario nocturno y cuya parte final se reproduce aquí:

"Yo quisiera compartir con ustedes, hoy, una reflexión: hoy le tocó a Paco, mañana le puede tocar a usted o a mí o a cualquiera. La impunidad nos aplasta, y ¿dónde está la autoridad? Pregunto yo, preguntamos todos: ¿dónde está la autoridad? ¿para qué pagamos impuestos? ¿para qué tenemos elecciones? ¿para qué tenemos tres poderes? ¿para qué tanto gobierno cuando no hay autoridad? En esta ciudad, como en muchas otras ciudades de México, la impunidad, la ineptitud de la autoridad y también la indiferencia de los ciudadanos ya llegó al final. Hoy lloramos por Paco, ¿y mañana? ¿por quién lloraremos? Está claro que las autoridades han fallado, pero también los mexicanos estamos fallando. No debemos permitir que nuestros valores se nos vayan de las manos. Debemos volver a apreciar el valor del esfuerzo y el gozo de los frutos obtenidos mediante el trabajo. Debemos tener el valor civil de exigir nuestros derechos frente a la autoridad inepta y también de defendernos frente a los cobardes criminales, pero también requerimos el valor de cumplir con nuestras responsabilidades, como son denunciar y atestiguar en los casos criminales como estos. Señores, señoras: sí se puede. Hagamos todos juntos un esfuerzo extra para salir de este temor y volver al México pacífico y de progreso para todos. Muchas gracias".[30]

"¿Qué indujo al presidente de TV Azteca a salir a cuadro la noche del 7 de junio?", se preguntó la académica. Más de 19 años después, Salinas Pliego responde sin ningún tipo de arrepentimiento:

—La actitud que asumimos fue coherente al expresar sin ambigüedad lo que pensábamos en ese momento. Lo que dijimos con firmeza coincidió con el sentir de muchos mexicanos. La reacción emotiva, frente a la pérdida de uno de los nuestros, hizo eco en la indignación popular, que reaccionó ante un temor provocado por la inseguridad que prevalecía en esta ciudad en ese entonces y en muchas partes de México, hasta la fecha. Nuestro mensaje simplemente expresó un desencanto generalizado frente a la autoridad. Yo simplemente advertí sobre el vacío de autoridad que en ese momento sentíamos todos los habitantes de esta capital: la violencia, la impunidad de los criminales, la ineficacia del sistema de justicia. De todo eso estamos hartos los mexicanos y por eso denunciamos la corrupción. En ese entonces, las autoridades se sintieron ofendidas por nuestra firme postura de reclamo ante el incumplimiento de sus obligaciones. Intentaron ocultar su ineptitud bajo el pretexto de que detrás de nuestras coberturas noticiosas existía una motivación política y nos quisieron incriminar.

Otras versiones cuestionarían la ferocidad del ataque de TV Azteca a las autoridades del Distrito Federal y la obstinación de la empresa para rehusarse a admitir toda posibilidad de que la víctima y el delito estuviesen vinculados a un tema de drogas.

En el caso de los partidos políticos, Salinas Pliego ha procurado mantener una relación cordial, incluso con algunos de sus líderes más controvertidos. Por ejemplo, en pleno proceso electoral de 2012, invitó al candidato del Movimiento Progresista, Andrés Manuel López Obrador, a presentar su propuesta de gobierno ante alrededor de 2 mil empleados de Grupo Elektra, congregados en un hotel en Cancún.

Crítico de las televisoras, ese día López Obrador matizó su discurso, pero fue sensato al criticar las privatizaciones del gobierno y manifestar sus diferencias con su anfitrión: "[Quiero] agradecer a Ricardo Salinas; quiero decirles que no coincidimos en muchas cosas, no coincidimos. Pero tenemos comunicación y siempre nos ha respetado. No como otros que han querido destruirnos políticamente, y por eso estoy aquí y les agradezco de todo corazón".

Al terminar su discurso, Salinas Pliego subió al escenario para felicitar a López Obrador. "Tú hablabas de las privatizaciones y de que se prometió un mejor futuro y no se cumplió. En el caso de TV Azteca te digo que sí cumplió, porque agarramos una ruina de compañía que le costaba muchísimo dinero al gobierno y ahora, si perdemos, es cosa nuestra, no del gobierno... En Televisión Azteca —que yo compré porque no me la regalaron— había una bola de rateros, todos eran burócratas. Entonces, hay que tener mucho cuidado con las empresas públicas que se manejan con fines privados... En Televisión Azteca se dice la verdad y hay chanza para todos y tú lo sabes. No me pongas en el grupo de los manipuladores".[31]

Ese mismo año 2012, en pleno proceso electoral, Salinas Pliego se negó a transmitir en cadena nacional el debate entre los candidatos a la Presidencia porque la fecha coincidía con la transmisión de un partido de futbol entre Tigres y el Morelia a través de una de sus cadenas nacionales de televisión, por lo cual se le acusó de no permitir libertad de elección a la audiencia. "Si quieren debate, véanlo por Televisa, si no, vean el futbol por Azteca. Yo les paso los *ratings* al día siguiente", escribió en su cuenta de Twitter. Esto le generó una lluvia de críticas. El Instituto Federal Electoral (IFE) hizo un llamado a Salinas Pliego para que se concientizara de la relevancia del debate y no transmitiera ese día el partido o bien cambiarlo de horario para evitar la distracción sobre un asunto importante para el país. A su vez, el grupo de hackers *Anonymous* atacó la página de Grupo Salinas y saboteó la biografía de Salinas Pliego en la página de Wikipedia. Con frases como "Cierra tus cuentas en Banco Azteca, no compres Elektra, no veas #Tv Azteca Deja de mantener a @ricardobsalinas #BoicotTVAzteca", la organización presionó al empresario.[32] "¡Este sí es un debate!", respondió Salinas Pliego en su cuenta de Twitter. "Entre un grupito de twitteros autoritarios y los ciudadanos libres de votar por lo que quieren ver". Sin embargo, al final del día, la empresa reconsideró su posición y transmitió el debate por Proyecto 40.[33]

Otro episodio controvertido sucedió en el periodo electoral 2015. En esa ocasión artistas y conductores vinculados con las televisoras, así como futbolistas de la Selección Nacional y su entrenador, Miguel Herrera, escribieron en Twitter mensajes de apoyo al PVEM, en veda electoral. Paralelamente, en las tiendas Elektra se difundieron videos promocionales del mismo partido en las pantallas colocadas en dichos establecimientos. La oposición presentó quejas ante el Instituto Nacional Electoral (INE), cuyo pleno determinó que las personalidades públicas suspendieran sus mensajes a favor del Partido Verde.

"Ahora resulta que el @INEMexico define 'quien' y 'como' se puede expresar. ¿Cómo llegamos a estar tan jodidos", dijo el empresario a través de su cuenta en Twitter. "Es la mentalidad tercermundista la que pretende controlar lo que oímos, pensamos y expresamos. No debemos perder la libertad de expresión", agregó.

El respaldo de TV Azteca al PVEM se evidenció no sólo a través de notas informativas en sus noticiarios, que repercutieron en quejas del PRD ante el INE sin consecuencia alguna, sino también a través de su participación directa en dicho partido político y en su aliado el PRI. La hija de Salinas Pliego, Ninfa Salinas Sada, era a la sazón senadora plurinominal por el Partido Verde y antes había sido diputada federal, también de representación proporcional por el mismo partido. Varios de sus colaboradores más estrechos, como Jorge Mendoza y Tristán Canales, vicepresidentes de TV Azteca, y Luis Armando Melgar, director de Proyecto 40, han ocupado curules en el Congreso. Estos legisladores junto con los diputados y senadores promovidos por Televisa, la Cámara Nacional de la Industria de Radio y Televisión (CIRT) y algunos grupos radiofónicos, integran un grupo al que se le ha denominado "telebancada".[34]

—¿Simpatiza con algún partido político? —se le cuestiona a Salinas Pliego.

—La 'partidocracia' que azota a México es un mal mayor —responde—. Se ha enquistado y elimina toda posibilidad de participación ciudadana. Así que no simpatizo con partido político alguno. Sin embargo, como lo explica claramente Fernando Savater: "La política es demasiado importante para dejársela a los políticos". Creo firmemente que todos debemos involucrarnos en la "cosa pública" y eso implica trabajar con los partidos políticos que tengan una agenda seria. Nosotros tenemos una clara convicción liberal que seguiremos impulsando firmemente a través de iniciativas como "Caminos de la libertad", que dirige Sergio Sarmiento, y "Kybernus", que lleva Fernando Espinosa.

—¿Por qué entonces ha apoyado la participación en la política de sus colaboradores más cercanos e incluso la de su hija?

—Una vez más, creo que todos debemos involucrarnos en los asuntos de la República, es nuestra responsabilidad como ciudadanos. Por otro lado, Ninfa tiene una gran vocación de servicio público y es una gran apasionada por las cuestiones ambientales. Me queda claro que esa pasión se ha reflejado en su exitosa carrera como legisladora.

A pesar de lo descrito, puede decirse, sin embargo, que al menos en términos cuantitativos durante la cobertura informativa de las campañas presidenciales, TV Azteca ha procurado cubrir las formas, aun cuando los contenidos disten de ser equitativos. Al respecto, el doctor Raúl Trejo Delarbre afirma que en 1988, cuando tuvo lugar la última elección del viejo presidencialismo, los dos noticiarios más importantes de televisión mexicana (el del Canal 13, todavía en manos del gobierno, y del Canal 2 de Televisa), le daban al partido del gobierno y su candidato 92 por ciento de toda la información electoral.

"La situación fue cualitativa y cuantitativamente distinta en 1994, cuando el PRI tuvo 32 por ciento de la información, en promedio, en los noticieros emblemáticos de las dos televisoras. Dicho partido, aún en el gobierno, recibió en 2000 menos espacio que el candidato del PAN, que resultaría vencedor en aquellas elecciones. En 2006, por primera vez, la cobertura de esos dos noticiarios no favoreció, al menos porcentualmente, al candidato que ganaría las elecciones. Calderón recibió espacios por casi cuatro puntos menos en comparación con el interés de los editores —o en quienes les dan instrucciones— suscitó la información acerca de la campaña de López Obrador".[35]

En el 2012, ambos noticiarios fueron también muy cuidadosos en dedicar casi el mismo tiempo a cada uno de los candidatos a la Presidencia. Sin embargo, como afirma el investigador Jesús Cantú, sí hubo una diferencia en el tono de las informaciones:

"Vázquez Mota, que fue la que menos tiempo de cobertura total recibió, se vio favorecida porque fue a la que se le dedicó menos tiempo negativo. Peña Nieto fue quien más tiempo total y positivo tuvo. En cambio, López Obrador fue el que más tiempo negativo acaparó: casi dos y media veces más que la candidata del blanquiazul y casi 40 por ciento más que el tricolor".[36]

Un fenómeno similar ocurrió antes de las precampañas, cuando estos personajes se perfilaban como candidatos.

"Al revisar el número de notas y la cantidad de tiempo que los noticieros de televisión dedicaron a quienes posteriormente resultaron los candidatos de las tres principales fuerzas políticas nacionales se percibe con toda claridad la disparidad en la cobertura. La diferencia es de 3.5 notas contra una entre Enrique Peña Nieto, quien después fue el candidato de la Coalición Compromiso por México, y Andrés Manuel López Obrador, candidato del Movimiento Progresista, y de siete a una entre el primero y la candidata del PAN, Josefina Vázquez Mota…".[37]

Televisa: amiga, como industria

Nadie duda sobre la competencia entre las televisoras, "pero como actores políticos son incondicionales aliados", escribió el periodista

Omar Raúl Martínez en 2009.[38] Similar premisa comparten los directivos de Grupo Salinas: "Televisa y nosotros somos rivales, pero en la defensa de nuestros intereses, como industria vamos juntos". En diversas ocasiones esta alianza ha sido muy evidente.

Por ejemplo, en 2006, cuando GE asociado con Grupo Saba pretendió entrar al mercado de la televisión abierta en México, tanto Televisa como TV Azteca montaron una campaña informativa de desprestigio contra Grupo Saba, a quien señalaron justo en ese momento de ejercer un monopolio en la venta y distribución de medicinas. El periódico *Reforma* reveló que estos ataques eran para impedir la entrada de estos grupos empresariales a la televisión mexicana, lo que llevó a TV Azteca a presentar durante una semana una serie de reportajes en contra de Alejandro Junco, dueño del diario, sobre el distanciamiento entre los fundadores de la empresa regiomontana Editora El Sol, que publica *El Norte* y *Reforma*, con su hijo Rodolfo Junco de la Vega.[39]

También ambas empresas defendieron en sus pantallas y a través de un intenso cabildeo la denominada "ley Televisa" de 2006, que a través de la modificación de diversos artículos de la Ley Federal de Radio y Televisión y de la Ley Federal de Telecomunicaciones tuvo el objetivo de mantener diversos privilegios para los concesionarios de la televisión comercial en materia de refrendos y en la posibilidad de ofrecer servicios adicionales de telecomunicaciones en bandas atribuidas a la radiodifusión. Durante el análisis y posterior resolución de la Suprema Corte de Justicia sobre la inconstitucionalidad de algunos artículos de la reforma, ambas televisoras presentaron notas que cuestionaban la rectitud de algunos de los promotores de la acción de inconstitucionalidad, en particular de los senadores Javier Corral, del PAN, y Manuel Bartlett, del PRI.

Actitud similar mostraron durante la reforma político electoral de 2007, que prohibió a candidatos, partidos políticos y ciudadanos adquirir tiempo en estaciones de radio y televisión para hacer proselitismo electoral. La reforma fue no sólo litigada en los tribunales, sino también cuestionaron en sus pantallas la *espotización* de los procesos electorales, sin recibir un peso a cambio por el tiempo aire otorgado, y la manera en cómo se dañaba la libertad de expresión al impedir que los particulares pudiesen manifestar sus preferencias políticas a través de la adquisición de espacios en las estaciones de radio y televisión.

De aquel episodio, se recuerda otro hecho inédito en la histórica relación entre poder político y medios de comunicación: en una sesión de comisiones unidas realizada el 11 de septiembre de 2007 en el Senado para dictaminar la reforma electoral, empresarios y representantes de los principales grupos radiofónicos y de la televisión, así como la mayoría de sus conductores, como Joaquín López-Dóriga, de Televisa, y Javier Alatorre, de TV Azteca, y comentaristas de sus noticiarios de ambas televisoras, manifestaron abiertamente su oposición al cambio regulatorio. Fueron escuchados, pero la presión del poder mediático a través de sus comunicadores más conocidos, fue insuficiente para impedir la implantación de un nuevo modelo de comunicación política y que desde entonces no han dejado de atacar legalmente y de cuestionar en sus noticiarios.[40]

Sobre este manejo editorial, Salinas Pliego tiene su versión: "Somos críticos y no nos gusta quedarnos callados frente a los temas que incluso habían sido cuestionados por distintos sectores sociales y líderes de opinión en su momento". Y justifica: "La televisión, como cualquier otro medio, cumple con un papel fundamental al informar sobre acontecimientos que por su relevancia, ya sea nacional o internacional, sean de interés para la sociedad. En ese sentido, el espíritu de los programas noticiosos en nuestra televisora es hacer del conocimiento general todos aquellos acontecimientos que sean de interés público y que a veces involucran a determinadas personalidades o funcionarios".

Tampoco gusta a Salinas Pliego que los identifiquen como duopolio: "Si [los usuarios] tienen televisión de paga, tienen acceso a por lo menos 100 canales diferentes. ¿De qué duopolio estamos hablando? Y si me hablan de televisión abierta, es un sistema de distribución que data de 1930 y hoy con internet, el cable y el satélite ya va de salida. Los contenidos son los que hacen la diferencia. Si tenemos buenos contenidos, la gente nos va a ver", dijo durante una conferencia impartida en la Universidad de Monterrey en 2012.[41]

Reforma constitucional y guerra fría

Varios años después, nuevamente Televisa y TV Azteca hicieron mancuerna y apoyaron al nuevo gobierno de Enrique Peña Nieto y sus reformas estructurales, entre estas la de telecomunicaciones. Pese a dañar los intereses de Televisa y de alguna manera de TV Azteca, particularmente en la obligación de retransmitir gratuitamente sus canales abiertos en los sistemas de televisión de paga (*must carry*, *must offer*), ambas televisoras dieron su aval, al menos público, a la reforma constitucional de 2013 y a la Ley Federal de Telecomunicaciones y Radiodifusión de 2014.

Sin embargo, la luna de miel con la reforma y con Televisa duró poco. Una vez aprobada la reforma constitucional, el IFT publicó un acuerdo en el que se establecieron los criterios para el *must carry* y *must offer*. TV Azteca se amparó en cuanto a su obligación de ceder sus señales por violación a los derechos de autor y en el caso de Dish porque que esta empresa de MVS no debería tener derecho a retransmitir sus canales, ya que a su parecer está vinculada directamente con América Móvil, declarada como preponderante en el sector de las telecomunicaciones y por lo mismo impedida legalmente de ser beneficiaria de la gratuidad de la regla de la retransmisión de contenidos.

También TV Azteca se amparó en contra de los artículos 266 y 45 transitorio de la Ley Federal de Telecomunicaciones y Radiodifusión, que impiden a la televisora acceder al uso de la infraestructura pasiva de Televisa, como agente económico preponderante en el sector de la radiodifusión. Para la empresa esta norma viola derechos constitucionales de no discriminación, acceso a la información y libre concurrencia y competencia económicas, ya que se estableció que este acceso no se otorgaría a los concesionarios que ya cuentan con 12 MHz o más del espectro radioeléctrico en la localidad de que se trate. Es decir, sólo aplica a los entrantes al mercado, como Cadena 3.[42]

Otro recurso legal presentado por TV Azteca y Total Play fue por la polémica resolución del IFT del 2015 en el sentido de que Televisa no tiene poder sustancial en el mercado de la televisión de paga, pese a controlar más del 60 por ciento de clientes y facturación en este subsector.[43] Años atrás, en 2009, TV Azteca denunció públicamente este oligopolio cuando estaba por lanzar su servicio de HiTV, pero en esta ocasión no hubo desplegados ni notas periodísticas en contra de Televisa. ¿Por qué?, se le preguntó a Salinas Pliego, pero sólo respondió: "Tenemos la esperanza de que el IFT tome acciones definitivas para impulsar la competencia".

En cuanto a las obligaciones de preponderancia a América Móvil, Grupo Salinas las consideró como insuficientes. "Me parece que el IFT se quedó corto en las medidas de preponderancia, sobre todo en interconexión".[44] Y Salinas Pliego sigue convencido que Slim no debe entrar en la televisión:

"Cuando se privatizó Telmex, en su título de concesión le dieron el monopolio de todas las comunicaciones en México y la única excepción fueron los servicios de video. En ese contexto, nuestro reclamo a las autoridades siempre ha sido el respeto a la ley y a las reglas del juego. Por ello, desde nuestro punto de vista, la existencia de diferentes contratos entre Dish y Telmex, que le garantizaban desde 2008 a Telmex la conducción del negocio, la cobranza y la posibilidad de operar video, fue una violación al marco jurídico y una práctica claramente anticompetitiva. Finalmente privó la razón y el IFT fijó en 2015 una multa a Dish por una supuesta concentración con Telmex, que en efecto es un agente económico preponderante".

El "padrino" de la alianza

El 23 de enero de 2011 el periodista Miguel Ángel Granados Chapa reveló en su columna que Salinas Pliego haría una alianza con Emilio Azcárraga: Televisa compraría Iusacell, que pertenecía a Salinas Pliego, para fortalecer su presencia en las telecomunicaciones y en radiodifusión. Fue una noticia bomba porque entonces Iusacell tenía una guerra jurídica en contra de Televisa por la licitación 21, que habría favorecido a Nextel, empresa de telefonía móvil cuyo 30 por ciento fue adquirido por Azcárraga en 2010. Asimismo, Salinas Pliego había impugnado la licitación de los dos hilos de fibra oscura de la CFE, que ganó Televisa en conjunto con Megacable y la española Telefónica, también en el año 2010.

En el contexto de la guerra de las televisoras, la versión de Granados Chapa parecía inverosímil y por lo mismo fue cuestionado duramente por Televisa y TV Azteca, cuyos representantes lo acusaron de "mentiroso y calumniador". Televisa remitió una carta en la que calificó como "desafortunado artículo que no cuenta con el más mínimo rigor periodístico". Por su parte, TV Azteca emitió un comunicado en el que reiteró que Iusacell tenía como accionista mayoritario a Grupo Salinas. "El espectro de Iusacell no está ni estará en venta y no ha pasado ni pasará a manos de ninguna otra compañía".

"Esa operación jurídica y política, de la que se da cuenta en esta columna antes que en ningún otro lugar, permitirá a Televisa además de desembarazarse de su principal adversario en tribunales, contar de golpe y porrazo con 53 megahercios del espectro radioeléctrico, los que posee Iusacell", dijo Granados Chapa.[45]

Tres meses después, lo dicho por Granados Chapa se hizo realidad. Televisa rompió su alianza con Nextel y unió sus fuerzas con Grupo Salinas. En abril de 2011, Televisa informó que adquirió 50 por ciento de Iusacell por mil 600 millones de dólares y que dicha inversión se realizaría en los dos años siguientes.

"Gracias a Granados Chapa, quien terminó siendo el ideólogo y padrino de la alianza entre Iusacell y Televisa", ironizó Salinas Pliego, en su cuenta de Twitter el 7 de abril de 2011. Ese mismo día, en el Caffé Di Fiora, ubicado en el quinto piso de la Plaza CAD de Polanco, Salinas Pliego brindó con Emilio Azcárraga y unos 80 invitados especiales, el acuerdo alcanzado. Una pantalla con el logotipo de Iusacell y pantallas pequeñas con los logotipos de Televisa y Televisión Azteca enmarcaron el acto.[46]

La fiesta de la alianza tuvo, sin embargo, un trago amargo. En febrero de 2012, la CFC impidió esta concentración, bajo el argumento que podría dañar la competencia en televisión abierta y restringida. Asimismo advirtió que una menor competencia en televisión abierta encarecería la publicidad, lo que incrementaría el costo de los bienes de consumo que la utilizan. A raíz de diversas declaraciones que hizo antes de la votación el entonces presidente de la CFC, Eduardo Pérez Motta, sobre esta concentración, Grupo Salinas dijo que presentarían tres denuncias contra el funcionario: ante la PGR, la Función Pública y la misma CFC para pedir que no participara el funcionario en la votación en la que se resolvería la concentración. "EPM queremos un diálogo abierto y con razones. He cancelado las acciones legales que te preocupan. ¡Ojalá nos escuches!", señaló Salinas Pliego en su cuenta de Twitter.[47]

Una vez recibidas los recursos de las televisoras, la CFC cambió de opinión y en junio del mismo año autorizó la operación, pero sujeto a diversas condiciones, como el no llevar a cabo prácticas discriminatorias en ventas de publicidad para empresas de televisión, la supresión de ventas atadas para la televisión de paga, entre otras. De poco sirvieron los amparos que presentaron organizaciones como la Asociación Mexicana de Derecho a la Información (Amedi) ante las consecuencias de una concentración que tendría efectos negativos para las audiencias de la televisión.

Con esta alianza, se buscaba romper el monopolio de Carlos Slim en el mercado de la telefonía móvil y la telefonía fija. Tanto Salinas como Azcárraga, al igual que otros analistas y expertos, coincidían que sólo una alianza como estas podría hacer frente al dominio de América Móvil en el sector de las telecomunicaciones y desarrollar mucho más la convergencia tecnológica en el país.

Este diferendo también se reflejó en las pantallas. Las altas tarifas de la empresa de Slim fueron noticia frecuente. Al igual que las tarifas de interconexión.

Estas diferencias subieron de nivel cuando las televisoras rompieron con América Móvil y Grupo Carso (Telcel, Banco Inbursa, Sears y Sanborns) en materia de publicidad. El 18 de febrero de 2011, Grupo Carso anunció que se retiraba de los canales de Televisa. La empresa de Slim explicó que su decisión se fundaba en el hecho de que Televisa pretendió un incremento de 20 por ciento en su tarifas. Días después, el 23 de febrero, anunció que también se retiraba de TV Azteca, bajo el argumento de que Grupo Salinas quería un canje: mejores tarifas de publicidad a cambio de mejores tarifas de interconexión para Iusacell, lo que no aceptó Slim. En la guerra de declaraciones, Luis Niño de Rivera, de Grupo Salinas, dijo que los temas de interconexión y contratación de la publicidad están separados.

Asimismo, Salinas Pliego encabezó un movimiento llamado Todos Unidos contra Telcel, que reclamaba tarifas de interconexión justas y terminar con los abusos de las telefónicas de Slim. "Grupo Salinas anuncia que convocará a todos... para abrir de inmediato un debate público y un frente común para revisar y solucionar a fondo el asunto de la interconexión que hoy claramente afecta a todos los usuarios mexicanos de servicios de telefonía celular, que suman más de 88 millones de personas", dijo en un comunicado.[48]

Paralelamente, a través de TV Azteca, presentó en 2012 diversas demandas judiciales contra Telmex para que revocaran su título de concesión por la transmisión de canales de televisión a través de internet (Uno TV, Uno Noticias y Ora TV).[49] Como se mencionó, el título de concesión de Telmex le impide ofrecer servicios de televisión. En junio de 2016, perdió la batalla: el IFT resolvió que la plataforma de contenidos Uno TV no viola la condición 1.9 de dicho título porque no es un servicio de televisión, sino video.[50]

La nueva luna de miel entre las televisoras, al menos en la telefonía celular, duró sin embargo poco tiempo. En septiembre de 2013 Televisa vendió el 50 por ciento de las acciones que tenía en Iusacell, por 717 millones de dólares. Y en noviembre de 2014, Salinas Pliego vendería Iusacell a la estadounidense AT&T por 2 mil 500 millones de dólares, una vez concretada la reforma estructural de las telecomunicaciones en México. Meses antes, en mayo, AT&T compró DirecTV por 48 mil millones de dólares. Para ello, AT&T vendió su participación en América Móvil para no tener problemas con los reguladores, ya que la empresa de Slim es competidor de DirecTV en mercados de América Latina.

"Nada le gustaría más [a Salinas Pliego] que continuar con la empresa, pero él está consciente que para competir con fuerza y llevar a Iusacell a donde debe estar, requiere de una compañía como AT&T", dijo Luis Niño de Rivera, vocero de Grupo Salinas.[51]

De esta manera terminaría una etapa en el desarrollo de negocios emprendidos por Salinas Pliego en materia de telecomunicaciones móviles, que inició desde los años 80 con la puesta en marcha de empresas como Radiocel, que dio servicios de comunicación troncal inalámbrica, y Bíper, para servicios de paging o mensajes electrónicos, que luego se convertiría en Movil@ccess.

También en manos de AT&T quedaron las concesiones ganadas y la infraestructura desarrollada por el empresario para la conformación de Unefon, que entró al mercado en 1998 con la novedosa tarifa de un peso por minuto, y Iusacell, de la que adquirió el control a Verizon y Vodafone, en 2003, en 7.4 millones de dólares, y una deuda de cerca de mil millones de dólares. Esta última operación fue considerada como la "compra del año" por la revista *Expansión* y se convirtió en punta de lanza de otros proyectos, por ejemplo, la creación de Total Play, el servicio de *triple play* (internet, televisión y telefonía) que utilizó por primera vez en México la fibra óptica directamente hasta el hogar y que hasta el cierre de este texto permanecía en manos de Salinas Pliego.

También atrás quedó la polémica historia del enfrentamiento de Salinas Pliego ni más ni menos que con la Comisión de Valores de Estados Unidos (SEC) por un diferendo relacionado con Unefón, y que se resume de la siguiente manera: en 2005, la Comisión Nacional Bancaria y de Valores (CNBV) impuso una multa por 305 mil 550 pesos a Unefon por no informar a los accionistas de TV Azteca sobre la operación de compra de deuda de la telefónica en 2003 y por la que se obtuvieron ganancias por 220 millones de dólares (caso Codisco-Unefón). Esta operación provocó una demanda de la SEC y una sanción de parte de las autoridades estadounidenses. En México, siete años después, se canceló en definitiva la multa impuesta por la BMV porque la investigación fue realizada por una autoridad que no existía legalmente (Dirección General de Supervisión de Mercados).[52]

Padrino, "de nada"

Se le pregunta a Salinas Pliego:

—La SEC lo acusó de no informar debidamente sobre una presunta triangulación con una deuda de Unefon. En su momento, usted negó las acusaciones, pero aun así pagó una multa de 7.5 millones de dólares impuesta por la misma comisión. ¿Qué ocurrió?

—No pagué una multa —responde—, fue un convenio al que llegamos después de un largo litigio que inició como una persecución, "por un supuesto fraude" de 110 millones de dólares. Desafortunadamente, como parte del acuerdo con la SEC, no puedo comentar sobre este caso. Pero con el tiempo hemos visto que muchas cosas de otras empresas y personas que sí eran malas prácticas, o prácticas abiertamente fraudulentas o delictivas, estaban ocurriendo bajo el radar de la autoridad. Creo que no necesito extenderme más en esto.

—Sobre la alianza con Televisa-Iusacell, ¿fue realmente el periodista Miguel Ángel Granados Chapa el padrino de dicho acuerdo, como comentó vía Twitter?

—Me parece que en algún momento Granados Chapa sugirió esa posibilidad en alguno de sus artículos. Tal vez de esa idea surgió el acercamiento entre Televisa y nosotros para fortalecer Iusacell o a lo mejor fue sólo una coincidencia, no lo recuerdo. ¡Pero "padrino", no, ni de boda, ni de bautizo, ni de nada!

—¿Por qué decidió aliarse con su competidor (Televisa) para emprender un nuevo negocio en telecomunicaciones?

—América Móvil/Telcel gozaba de un poder dominante en la industria de las telecomunicaciones en México. Así lo había considerado en forma consistente la Comisión Federal de Competencia. Sólo una alianza de esa envergadura podía hacerle frente a estas empresas. Con la reforma en telecomunicaciones, las cosas han cambiado, pero aún se requieren inversiones gigantescas para competir exitosamente en este mercado. Al final quien sale ganando de esta competencia es el consumidor.

—¿Por qué no funcionó la alianza con Iusacell?

—Televisa quería asociarse con Telefónica y yo no —revela Salinas Pliego—, así es que ellos detonaron el mecanismo de "divorcio" y vendieron su participación porque así convino a sus intereses. Sin embargo, los objetivos se lograron: Iusacell se vendió exitosamente a un competidor global y hoy es más fuerte, para beneficio del consumidor".

Los deseos de Salinas Pliego para regresar a la telefonía siguen vigentes. En marzo de 2015, vueltas que dan los negocios, Telcel dio a conocer que firmó un convenio con Grupo Elektra (Telecomunicaciones 360) para la comercialización y reventa de servicios, lo que permitirá a Salinas Pliego ofrecer servicios de telefonía móvil como operador móvil virtual (OMV).[53] Meses después, el servicio se lanzó bajo la marca Oui, "donde podremos aplicar todo lo que hemos aprendido en 30 años", dice el empresario, pero asegura que lo que más le llama la atención es Total Play y su sistema de fibra óptica directa al hogar.

Hacia la convergencia

En la vida de Salinas Pliego no todo le ha salido bien en sus negocios, más allá de la polémica generada en algunos casos. Por ejemplo, a principios del nuevo siglo, lanzó la empresa Todito Card, que se convirtió en la tarjeta líder en internet prepagado en México y la segunda empresa más grande de servicio de internet, después de Prodigy, de Telmex. En 2004 todito.com obtuvo ventas de 12.2 millones de dólares, pero unos años después cerró.

—¿Por qué cerró? —pregunté al empresario.

—Fue una iniciativa de mi hermano Guillermo —responde— donde nosotros participamos porque nos pareció una buena idea. Todo parecía indicar que sería un negocio sumamente exitoso. Desafortunadamente, llegó el colapso de las famosas "dot-coms" y eventualmente tuvimos que fusionar esta empresa con las actividades de TV Azteca, en lo que hoy se conoce como Azteca Internet, donde por cierto nos va muy bien.

En 2004 creó Italika, empresa dedicada a la fabricación y comercialización de motocicletas, que tuvo un crecimiento importante en poco tiempo y que hasta el 2015 mantenía una cuota del 70 por ciento del mercado mexicano. Ante el éxito alcanzado, en 2007 lanzó GS Motors, una empresa que fabricaría vehículos en México, en conjunto con FAW, considerado el líder en la fabricación de automóviles en China, pero al poco tiempo el proyecto fracasó.

"En cuanto a los autos FAW —explica Salinas Pliego— tuvimos un mal 'timing'. Llegó la gran recesión de 2008 y lo último que necesitaba el mundo en ese entonces era otra fábrica de automóviles. La idea no era mala, porque estaba basada en el gran éxito que hemos logrado con las motocicletas Italika. A final de cuentas la gente en la 'base de la pirámide' necesita opciones de transporte accesibles y eso no va a cambiar; por el contrario".

En materia de contenidos, además de innovar con HiTV, Telegana y otros servicios, en 2012 lanzó la plataforma Total Movie, como "el primer servicio mundial de televisión en vivo por internet. "Quién sabe si después de tantos cambios no resulta que añorábamos los viejos días de la TV abierta y gratis, pero ahora la televisión está disponible en todas partes y los contenidos también; ahora hay que pagar por ellos", dijo Salinas Pliego, el día en el que dio a conocer su nueva empresa.[54] Desafortunadamente, esta empresa tampoco sobrevivió.

"A fin de cuentas —explica Salinas Pliego—, creo que nos queda claro que no existe un emprendedor infalible. Lo importante es aprender de nuestros errores, quitarnos el polvo y volvernos a subir al caballo, por eso somos emprendedores, porque asumimos riesgos no asegurables. La derrota no existe mientras sigas luchando".

En mayo de 2011, con Televisa como socia, lanzó Total Play, servicio de cuádruple play (internet, televisión y telefonía fija y móvil), que dependía de Iusacell, utilizando la fibra óptica directamente al hogar o la empresa. En aquella ocasión, Salinas Pliego comentó que este negocio era un sueño hecho realidad y largamente acariciado por más de diez años, pero que por la situación compleja de las telecomunicaciones en nuestro país no había sido posible realizar.[55] El servicio comenzó a operar en la Ciudad de México y se extendió a otras ciudades. Aunque formaba parte de Iusacell, la empresa quedó en manos de Grupo Salinas al concretarse la venta de la telefónica a AT&T en 2014, y prevalece como una de las pocas empresas que compiten con Televisa en servicios convergentes.

La sucesión que viene

En octubre de 2015 Salinas Pliego nombró a su hijo, Benjamín Salinas, de 32 años, como director general de TV Azteca, quien "trae consigo experiencia en producción de contenido innovador, atractivo para audiencias jóvenes... con profundo conocimiento de la industria de medios y del mercado de la televisión abierta", informó la empresa en un comunicado.

La sucesión se da en un contexto complicado para la televisión abierta en México frente al crecimiento de los servicios OTT, la televisión de paga, el consumo de internet y más. Asimismo en el segundo semestre del 2016 estaba por entrar al aire la nueva cadena nacional de televisión abierta de Cadena 3, propiedad de Olegario Vázquez Raña y su hijo Vázquez Aldir. Tanto las audiencias, como el valor de las acciones de la televisora han disminuido. En 2015, Fitch Ratings recortó la calificación de los bonos de la compañía ante la caída de 49 por ciento a tasa anual en las ganancias del tercer trimestre de la empresa.[56]

—A más de 20 años de la privatización ¿considera que se cumplieron los objetivos que se propuso en televisión?

—Tras 23 años el país ha cambiado, México es otro. Nosotros hemos evolucionado junto con el país y hoy podemos decir que TV Azteca ha demostrado que la privatización fue totalmente positiva para la sociedad. TV Azteca es una empresa que compite en los mercados internacionales. Posee más de 300 estaciones de televisión en todo el país, organizadas en tres redes, Canal 13, Canal 7 y Proyecto 40. Además tiene cobertura en Estados Unidos, Guatemala y Honduras. A nivel mundial, nuestra televisora es el segundo productor de contenido en español y exporta programación a más de 100 países. Todos los años innovamos y lo seguiremos haciendo.

—¿Cuál ha sido su mayor satisfacción como empresario? —fue otra de las preguntas. Y enlista los diferentes logros alcanzados, pero es enfático en uno: romper monopolios y estructuras oligopólicas.

—¿Y su mayor decepción?

—Que el día no tenga más de 24 horas para poder hacer todo lo que queremos hacer.

—Olegario Vázquez Raña/Aldir fortalece la competencia en la TV abierta en México. ¿Usted lo cree así o reitera su posición que no hay mercado para más jugadores en este mercado?

—Mi posición nunca ha sido que, "no hay mercado". He dicho que los tiempos son distintos a cuando llegamos nosotros y que no será nada sencillo competir como un nuevo jugador. Pero no creo que sea imposible, sólo difícil.

—¿Cree en el "poder" de las redes sociales como Twitter o Facebook? ¿Usted revisa personalmente sus notificaciones? ¿Le interesan las opiniones, comentarios, críticas o sugerencias que le hacen sus seguidores?

—Las redes sociales me queda claro que llegaron para quedarse y debemos entenderlas e involucrarnos activamente en ellas, tanto en los negocios, como en lo personal. Procuro revisar personalmente mis notificaciones y considero la crítica, cuando es constructiva, lo que lamentablemente, casi nunca ocurre. Hoy tenemos a la mano herramientas muy sofisticadas para entender lo que representa para una marca la actividad de la gente en redes sociales, aunque también es fundamental aprender a distinguir entre "ruido y señal".

—¿Qué país le gustaría que vieran sus hijos pequeños en unos diez o 20 años?

—Por supuesto que no me imagino a mis hijos ni a mis nietos viviendo en ningún otro país. Aquí tenemos nuestros negocios, nuestras inversiones y nuestros proyectos sociales y espero que la familia Salinas permanezca en México por muchas generaciones más. Me gustaría que mis hijos vieran un México pujante, desarrollado. Un México con oportunidades para todos; un México sin pobreza. Un país generoso, que sea respetado internacionalmente y que no destaque por el grado de impunidad o por la violencia. Un sistema de justicia que realmente otorgue certeza y seguridad. Me gustaría que vieran un país con una democracia funcional, con transparencia, y rendición de cuentas por parte de los funcionarios públicos: desde el Presidente hasta el presidente municipal del pueblo más remoto. Un sistema político con pesos y contrapesos. Un país donde se haya erradicado totalmente la corrupción y que promueva la inversión y los empleos bien remunerados.

—¿Qué le falta por hacer en su vida como empresario, padre de familia y esposo?

—Me siento con mucha energía y me quedan muchos años más como emprendedor. También sé que el reto será institucionalizar todas nuestras empresas para que no dependan de la visión y del cuidado diario de Ricardo Salinas. Estoy trabajando en ello, para que Grupo Salinas logre por lo menos otros cien años de éxitos.

"Afortunadamente hoy puedo dedicarme un poco más a mis hijos pequeños y a mi esposa, María Laura, y eso me da una enorme satisfacción. Ver a mis hijos chicos crecer y a los grandes consolidar su éxito en todas las actividades que realizan, me llena de orgullo".

Ricardo Salinas Pliego luce, en efecto, satisfecho de sí mismo. Desde su perspectiva, tiene motivos. En 20 años ha logrado convertirse en uno de los cinco hombres más ricos de México y construido un imperio mediático y financiero. Aunque ciertamente ilustra como pocos el viejo adagio de que nadie se hace millonario diciendo gracias u ofreciendo disculpas. Su gestión empresarial se ha caracterizado por la propensión a la polémica y el uso del litigio en tribunales como una de sus estrategias de negocios.

Sus críticos atribuyen a TV Azteca una calidad de contenidos que se encuentra igual o por debajo de los ofrecidos por Televisa, y en ese sentido argumentan que el duopolio no propició una competencia real que favoreciera al consumidor. El tema está sujeto a debate. Algo que en el fondo, y su tendencia a difundir tuits polémicos lo demuestra, parecería disfrutar.

Lo cierto es que Salinas Pliego ha sido un empresario en la extensión más amplia de la palabra y no sólo un barón de la comunicación. Muebles, motocicletas, bancos, escuelas, televisores, telefonía y lo que traiga el futuro. Un empresario Total Play.

GABRIEL SOSA PLATA *es profesor e investigador de tiempo completo en la Universidad Autónoma Metropolitana (UAM), Unidad Xochimilco. Licenciado y maestro en Ciencias de la Comunicación de la UNAM, titulado en ambos grados con mención honorífica. Coautor de más de 20 libros colectivos. Autor de los libros* Innovaciones tecnológicas de la radio en México *y* Las mil y una radios. *Ganador de dos premios nacionales de investigación, otorgados por el Consejo Nacional para la Enseñanza y la Investigación en Ciencias de la Comunicación (CONEICC). Fue mediador del Instituto Mexicano de la Radio y ombudsman de Noticias MVS. Columnista de* Sin Embargo, *comentarista de Radio Educación y Proyecto 40. Integrante de los consejos consultivos de la organización Artículo 19, de la Asociación Mexicana de Derecho a la Información (AMEDI) y de Observatel.*

Alberto Baillères

Simplemente Palacio

Por Blanche Petrich Moreno

Al mediar el primer año de la presidencia de Felipe Calderón, desde Los Pinos se divulgó una fotografía que pasó casi desapercibida, pero que tenía un significado especial. Codo con codo, el mandatario mexicano y el magnate Alberto Baillères González cuchicheaban muy sonrientes durante un acto protocolario: la inauguración de la Cuarta Semana Nacional de Transparencia 2007. La imagen no tendría nada de extraordinario salvo por el hecho de que, hasta hacía muy poco, este multimillonario de entonces 75 años habría declinado ser orador en un evento político.

Dueño de un ecléctico consorcio de empresas que abarcan posiciones de liderazgo en la minería y la metalmecánica (Peñoles), almacenes departamentales (Palacio de Hierro), seguros (GNP) y pensiones y distribución privada del agua en grandes ciudades, Baillères siempre ha preferido mantenerse lo más lejos posible del ojo público; no lejos del poder, ciertamente.

Como presidente del Grupo Bal y miembro del reducido núcleo de "los más ricos" del país desde que era un treintañero, ha tenido relaciones cercanas con presidentes y ministros de México desde muy joven, a la sombra de su influyente padre, Raúl Baillères. Pero a su manera. Nunca fue aficionado a subir a los escenarios de la política; dosificó al máximo su presencia frente a los micrófonos, excepto en ceremonias que estuvieran relacionadas con la historia de sus negocios. Siempre tuvo un trato de "amigo" con el habitante en turno de la casa presidencial y nunca faltó —que todos los demás de la exclusiva élite— al "pase de charola", al besamanos, a las cenas y recepciones o a cualquier otro ritual del poder.

Pero para Baillères, Felipe Calderón resultaba un jefe de Estado particularmente cercano. No sólo porque el michoacano de 45 años es un *itamita:* un político formado en el molde de la universidad que es de su propiedad, el Instituto Tecnológico Autónomo de México (ITAM), sino porque el segundo presidente emanado de las filas del PAN demostró haber asimilado a fondo la ideología de su *alma mater*, al grado de que detrás de su estrategia de desarrollo transexenal, el llamado "Proyecto 20-30", se refleja nítidamente lo que, un año antes, Baillères elaboró como un "guión de debate " junto con el rector del ITAM, Arturo Fernández, y que tituló *Visión de país, de la pobreza a la prosperidad para todos.*[1]

De modo que, a la vera de quien podría ser considerado su discípulo, Alberto Baillères empezó a dar unos cautelosos pasos hacia la vitrina mediática.

Es un rol que llevaba preparando desde hacía algún tiempo. En los debates que a puertas cerradas llevan a cabo tradicionalmente los líderes empresariales, se menciona que Baillères —el segundo o tercero hombre más rico de México, si hemos de creerle a los índices de la revista *Forbes*— impulsa decididamente la idea de que los dueños del gran capital tienen que desempeñar un papel más decisivo en la conducción del país. Se ha quejado: "La contribución social de la actividad emprendedora y empresarial de nuestro país no tiene el reconocimiento que se merece por su rol crítico en el desarrollo y la prosperidad de la nación", escribe en *Visión de país*, especie de ideario. En consecuencia, ha tomado el curso de acción para promover ese "mayor reconocimiento".

Hay quienes incluso consideran que, a la luz de este activismo, Alberto Baillères busca ser el nuevo ideólogo de la clase empresarial; que el legendario *Míster B* —su apodo en el mundo de los negocios— puede llegar a ocupar el lugar del desaparecido Juan Sánchez Navarro como el gurú de los dueños del dinero. Si esa fuera su idea, la está llevando a cabo muy a su estilo, desde la mayor discreción, con una estrategia de bajo perfil.

Lo que sí se sabe es que el presidente del multifacético Corporativo Bal ha asumido un creciente liderazgo, en el terreno de las ideas, dentro del Consejo Mexicano de Hombres de Negocios. Intramuros, "la cúpula de cúpulas", como le llaman a este consejo, inició entre 2004 y 2005 un novedoso debate en el que se planteaba la necesidad de encontrar un conjunto mínimo de coincidencias para hacer una propuesta de nación; un nuevo pacto social que permitiera al país alcanzar, en un plazo razonable, la vía para el desarrollo y la erradicación de la pobreza extrema.

Ante los escollos para avanzar en el debate y alcanzar acuerdos mínimos, Baillères recibió de sus pares la encomienda de "escribir algo" y poner, negro sobre blanco, ideas para relanzar una discusión de los temas estancados. Así empezó a redactarse *Visión de país*, que Baillères decidió escribir al alimón con Arturo M. Fernández, rector del ITAM, la principal rama cultural de su imperio.

Pero antes de que el documento saliera a la luz pública, un pacto promovido por otro empresario opacó ese esfuerzo discreto, casi secreto.

El 29 de septiembre del 2005, con un cálculo perfecto en la fecha de lanzamiento, cuando las campañas electorales para el 2006 empezaban a calentar, se anunció con gran pompa y circunstancia un documento que, se dijo, pretendía impulsar al país en la senda del desarrollo nacional, la inversión, el empleo y la redistribución de los ingresos.

La ceremonia fue en el Alcázar del Castillo de Chapultepec. Testigos de honor fueron alrededor de 300 figuras destacadas de la empresa, la intelectualidad, la comunicación social y la farándula. El rico entre los ricos, Carlos Slim Helú, dueño del Grupo Carso, fue el anfitrión y convocante. Por ello, el "Acuerdo Nacional para la Unidad, el Estado de Derecho, el Desarrollo, la Inversión y el Empleo" se ganó el mote de *la enchilada Sanborns* en la columna "Dinero", del irreverente periodista Enrique Galván Ochoa.

"Estaban ahí, sobre todo, los grandes hombres del dinero —reporta en su crónica de *La Jornada* la reportera Rosa Elvira Vargas—, aquellos cuyas empresas colaboran con buena parte del producto interno bruto de México. Y convocados por el más poderoso de todos, Carlos Slim, buscaron ser plurales y no excluyentes, y confraternizaron con algunos líderes sociales, sindicales, intelectuales y comunicadores, para lanzar un documento cuasi fundacional con la mira de convertirlo en programa del próximo gobierno de la República. Entre otros empresarios se presentaron: Emilio Azcárraga, Roberto González, María Asunción Aramburuzabala, Gastón Azcárraga, Eugenio Garza, Carlos Hank Rhon, Juan Diego Gutiérrez Cortina, Gilberto Borja Navarrete, Claudio X. González, Manuel Medina Mora, Ricardo Salinas Pliego, Héctor Rangel Domene, Lorenzo Servitje, Carlos Peralta, Marcos Rodríguez Gavica, Olegario Vázquez Raña, Juan Francisco Ealy Ortiz, Alejandro Junco de la Vega, Alfredo Harp". La ausencia del apellido Baillères en esta lista de ilustres pasó desapercibida.

Durante meses el famoso "Pacto del Castillo de Chapultepec" gozó de una cobertura privilegiada en los medios de comunicación y fue suscrito por todos los contendientes a la Presidencia, a excepción del candidato de la coalición Por el Bien de Todos, Andrés Manuel López Obrador. No fue sino hasta junio del 2006 cuando algunas columnas políticas empezaron a mencionar, aisladamente, la aparición de un libro breve, 58 páginas apenas, *Visión de país.* En su columna "Plaza Pública", en el diario *Reforma,* Miguel Ángel Granados Chapa lo describe como "una propuesta de políticas públicas [...] un documento propositivo".

El coautor, Arturo Fernández, explica que la diferencia entre Visión y el Acuerdo que propuso Slim en Chapultepec es que el primero es "un guión" para ser debatido por todos los sectores de la sociedad civil, dirigido a todo el abanico ideológico y que ha empezado a ser "trabajado" incluso en ambientes donde no hay un clima favorable para la opinión de un capitán de empresa como lo es Baillères. "En la Universidad Nacional Autónoma de México, por ejemplo. Ahí el rector Juan Ramón de la Fuente lo ha llevado para su análisis en varias áreas. Otro ejemplo es la izquierda. Don Alberto se ha reunido con la gobernadora de Zacatecas (tierra estratégica para la minera Peñoles) Amalia García para discutirlo. Lo mismo con la presidenta del PRI Beatriz Paredes, con ministros de la Suprema Corte, para tomar en cuenta sus comentarios jurídicos, con obispos, senadores…".

—¿Y? ¿Con qué resultado?

—Nosotros no pretendemos tener la verdad, pero estamos dispuestos a discutir nuestra visión con otras visiones y ver si podemos llegar a un común denominador, buscando que haya un proceso de maduración política. Tampoco estamos inventando el hilo negro. Más que buscar que al final resulte la firma de un pacto, como hizo Slim, es abrir la propuesta a la participación, porque de alguna manera el Acta de Chapultepec reprodujo un mecanismo autoritario. Con "Visión" la idea es lograr consensos, por ejemplo, en algo tan controvertido como la preservación de la libertad en el mercado, pero reconociendo la necesidad de la presencia del Estado. Sabemos que una economía de mercado no funciona cuando es dominada por unos cuantos con privilegios económicos. Decimos cosas que no a todos les gustan, como que el Estado tiene que ser tan fuerte para poder imponer la ley y frenar a los poderes fácticos. De algún modo es abrir el debate y volver a lo básico.

Al margen del impacto que pudiera haber alcanzado esta propuesta, lo cierto es que reflejaba un sutil y *sui generis* modo de entrar al ruedo político, el modo Baillères.

El librito de pastas color vino careció de la exaltación mediática que tuvo en su momento de gloria *la enchilada Sanborns*, pero inspiró varios pasajes del discurso calderonista.

En un estudio académico realizado por Carlos Alba Vega, de El Colegio de México, titulado *Los empresarios y la democracia en México*, se sostiene que algunos líderes del sector empresarial "empiezan a desplegar nuevos tipos de liderazgo e influencia política".[2] El texto de Baillères parecería ser una búsqueda en ese sentido.

Al analizar cómo las transformaciones ocurridas en el sistema político mexicano en años recientes están alterando el modo de relación de los empresarios con el poder, Alba Vega señala que estos "durante muchas décadas y a falta de equilibrio de poderes y de participación directa en el partido en el gobierno, privilegiaron su acción con el Ejecutivo, especialmente con el Presidente y sus secretarios. Hoy les resulta insuficiente. Después del triunfo del PAN, empezaron por sorprenderse ante un Poder Ejecutivo que si bien tuvo un origen empresarial, desde su perspectiva no era sensible a ciertas peticiones específicas que los afectaban como sector. Acabaron por descubrir que las mediaciones sociales pasan ahora por otros ámbitos. Hoy se dan cuenta que necesitan establecer alianzas y coaliciones más amplias y complejas para influir en las políticas públicas".

De ahí el cabildeo cada vez más directo de empresarios con sectores del Poder Legislativo sobre las reformas; de ahí, también, el forcejeo y el aparente choque de las cúpulas de la iniciativa privada contra los proyectos fiscales que les resultan adversos. O bien la franca participación a favor o en contra de candidatos de los partidos políticos a puestos públicos, a merced de una envidiable estructura organizativa del sector privado, que les permite ejercer presión de manera muy eficaz.

Y también, por lo que se vio en el lanzamiento de sus respectivos documentos, la incursion en el terreno de las ideas y de la influencia ideológica. Así podría explicarse el papel que han jugado Slim, con su Acuerdo de Chapultepec, y Baillères con su *Visión de país*.

A Baillères, en suma, no le desagrada el espacio político. Juega y opera con el poder, como lo hizo su padre. Con Alberto Baillères nunca ha faltado un presidente —desde Gustavo Díaz Ordaz hasta Enrique Peña Nieto— a una invitación suya: un aniversario del ITAM, la inauguración de un nuevo almacén, algún evento social de Peñoles o alguna celebración familiar.

Cuando el PRI pasaba la charola para sus candidatos, la contribución de Baillères llegó puntual, lo mismo en las campañas priistas que con las turbias colectas de los Amigos de Fox. En la campaña electoral del 2006, el Grupo Bal no fue la excepción. Las contribuciones de una de sus empresas, Grupo Nacional Provincial, con cheques firmados por su presidente, Alejandro Baillères, figuraron entre los "grandes donantes" que financiaron las múltiples estrategias para cerrarle el paso al candidato de Por el Bien de Todos, Andrés Manuel López Obrador, y favorecer la candidatura del panista Felipe Calderón.

Su esposa Teresa Gual de Baillères participó, como lo hicieron "todos los apellidos importantes de México", en las excesivas "invitaciones" de Marta Sahagún de Fox a ejercer la filantropía clientelar en Vamos México. Cuando los candidatos a gobernar se someten a la más dura pasarela de todas las campañas políticas, la del Consejo de Hombres de Negocios, donde los dueños del país ponen a los políticos en su muy particular balanza, Baillères no falta. Y su opinión pesa.

Una opinión que, por cierto, puede ser crítica y poner en entredicho el factor "confianza del sector privado en el Presidente en turno". En un prólogo escrito por Alberto Baillères para el libro *El futuro de la alta dirección*, de Helmut Maucher y Javier Chávez-Ruiz, el empresario expresa: "¿Cuántos años, o tal vez décadas, tendrán que pasar para que podamos confiar en que la estabilidad macroeconómica alcanzada durante los últimos seis años llegó para quedarse? En el caso de México, hay todavía nubarrones en el horizonte que deben esclarecerse para que el componente estructural de las finanzas públicas no sea una amenaza potencial para la estabilidad alcanzada".[3]

"Pero lo que hace diferente a Baillères del empresario tradicional en sus relaciones con el poder, es que este busca al Presidente, lo emplaza. Baillères no. A él lo buscan, él extiende el cheque si se lo piden pero no promueve el pase de charola", asegura una persona afín al primer círculo de influe ncia en el Grupo Bal.

Con "B" de Baillères

Una "B" mayúscula, bellamente estilizada, luce en lo alto el edificio que aloja el corporativo del Grupo Bal, en la Plaza Moliere de Polanco. La misma letra que exhibe el logotipo de los demás edificios del consorcio, las nuevas y lujosas tiendas de plata ubicadas en los más exclusivos centros comerciales, la papelería oficial de su despacho, sus residencias y hasta el bordado de sus finas camisas y pañuelos. La "B" del hierro marcado en la grupa de sus caballos pura sangre, su ganado y sus afamados toros de lidia.

El rector del ITAM, Arturo Fernández, describe, a manera de anécdota, que en el escritorio de la elegante oficina del empresario Alberto Baillères González este conserva dos pequeñas réplicas, una de Napoleón Bonaparte y otra de Mickey Mouse. Su explicación para tan ecléctica decoración es, según Arturo Fernández: "El Napoleón es para que nunca se me olvide que debo tener mi ego controlado, porque lo que destruye a los hombres es la soberbia".

¿Y Mickey Mouse? La explicación es aún más asombrosa: "Para que, cuando vaya a Disneylandia, me crea completamente que Mickey es mi amigo. Pero cuando salga de ahí, no se me olvide que esa fue una fantasía y que no debo vivir de ilusiones".

La socióloga Luz María Silva, autora de las muy disfrutables *Memorias del Club de Banqueros a través de sus socios (1941-1999)*, se refiere así a Alberto Baillères: "Lo formal lo heredó de su padre don Raúl, y lo bohemio de su madre, doña Celia".[4]

No faltan los analistas del mundo empresarial que consideran a Alberto Baillères como un simple "administrador de la abundancia" que heredó de su padre. Para otros, como es el caso de Bárbara Anderson, editora de la revista *Expansión*, es el arquitecto de un modelo gerencial singular, "a prueba de crisis y devaluaciones" y capaz de hacer de cada una de las empresas de su consorcio un líder en su ramo; un hombre considerado como un mito en medios empresariales y a quien algunas consultoras llaman, de plano, *the king* (el rey).

Para el rector del ITAM, quien además es uno de los hombres de su primer círculo de confianza, miembro del consejo de administración de sus principales empresas, don Alberto —así le dice— es una especie única en el reducido círculo de los magnates mexicanos: un "liberal clásico", nacionalista y consciente de la "sana distancia" que debe existir entre el poder económico y el poder político. "Es opinión de don Alberto que creer en el país también es buen negocio", dice.

Ese nacionalismo, según lo expresa el propio Baillères, dista de ser una postura política o idealista. Es, simplemente, una visión pragmática. "Soy bastante escéptico respecto a las estrategias de asociación entre una empresa nacional y una multinacional. Generalmente, estas asociaciones tienden a ser muy complejas porque el interés último de la empresa grande es el control absoluto y la asociación es sólo una escala en dicho proceso", explica el dueño del Grupo Bal en el prólogo de la obra citada de Maucher y Chávez-Ruiz.

Gente de su entorno lo describe como un sibarita, con un "sobrio sentido de la estética"; extrovertido en las relaciones en corto y muy tímido en lo privado, lector incansable, con un ego controlado y un hombre con pasiones muy diversas: arquitectura, diseño, música mexicana, cacería y la publicidad. Cuentan que él personalmente se involucra en las campañas publicitarias de sus productos y le endilgan la paternidad del popular *jingle* de los años 70, "la rubia que todos quieren es Cerveza Superior"; del concepto de la publicidad "aspiracional" de El Palacio de Hierro, "totalmente Palacio" y del lema del ITAM: "Los mejores profesores para los mejores alumnos".

La decoración es otra de sus pasiones y suele pasar largas sesiones con los arquitectos y decoradores de sitios que considera emblemáticos de su emporio, como los lujosos almacenes de El Palacio de Hierro de Plaza Moliere o Monterrey o la extraordinaria biblioteca del ITAM, seleccionando las maderas, los tapices, colores, texturas e iluminación de los distintos ambientes interiores.

Además de su obvia habilidad para los negocios, dicen sus cercanos, tiene una "visión de radar" y un temple de explorador, que lo ha hecho impulsar, sobre todo en su principal empresa, Industrias Peñoles, un área de investigación y experimentación de nuevas tecnologías, entre ellas la nanotología para la ciencia médica.

En un texto para la revista de la Academia Militar de Culver, donde todos los varones del clan Baillères han cursado su preparatoria, con motivo del reconocimiento como "Hombre del Año" que le hizo esta institución en 2001, la editora Rossana Fuentes Berain lo describe como "un hombre de negocios romántico con voluntad de hierro". Otras opiniones, que piden el anonimato, ofrecen la otra cara de la moneda, donde asoman algunos de sus defectos: distante, un tanto tacaño, misógino, sin una formación cultural sólida.

Las tres generaciones del clan

Los Baillères eran, a principios del siglo XX, una familia acomodada, dueña de una hacienda en Silao, Guanajuato, en el Bajío, "el mero corazón de México", como suele decir Alberto Baillères. En sentido estricto, no puede decirse que la actual fortuna se haya construido a partir de la nada. El abuelo Alberto era un hombre adinerado, comerciante de granos. Raúl, su segundo hijo, nace en 1895. Desde joven se involucra en el negocio familiar, la abarrotería. De su padre aprende los principios de la actividad mercantil. La oleada revolucionaria, que habría de sacudir el universo de los hacendados que se fortalecieron bajo el régimen de Porfirio Díaz en el Bajío, coincide con el momento en el que el joven Raúl abandona el nido familiar para probar fortuna en la capital.

A sus 20 años, sin mayor bagaje académico que el ejemplo paterno para hacer dinero, Raúl Baillères emigra a la Ciudad de México. No lleva en el equipaje mucho más que un apellido de origen francés, probablemente heredado de los inmigrantes del Segundo Imperio, y un par de contactos que serían decisivos en su futuro.

Su primer empleo en el Distrito Federal en la Casa Lacaud, que comerciaba oro, plata y cobre, no sólo le permite iniciarse en los secretos del negocio de la minería y los metales, sino que le da la oportunidad de relacionarse con los hombres clave de la época en ese rubro, como el propio Julio Lacaud, otro hombre de negocios franco-mexicano. Su segundo empleo, en el Chase Manhattan Bank, lo introduce al mundo de los banqueros.

Con estos dos antecedentes, la conexión para el éxito que habrá de venir con los años está hecha: minas, créditos y, desde luego, una buena cartera de clientela internacional y las amistades precisas con el poder.

Para entonces, el fundador del emporio que en el futuro se convertiría en el corporativo Grupo Bal está en condiciones de emprender su primer negocio propio, Crédito Minero y Mercantil, en momentos en los que la minería entra en crisis. Con esa banca se vuelve indispensable para los dueños del sector y teje alianzas con los banqueros. De esa época es el Grupo BUDA (las iniciales de los cuatro socios: Baillères, Ugarte, Domínguez y Amezcua), que aglutina a seis bancas de crédito que, o bien le pertenecen ya, o irá adquiriendo en los próximos años.

Jorge Antonio Orozco Zuarth, autor de una tesis universitaria sobre Raúl Baillères y su emporio económico, señala que "a los pocos años esta casa de exportación operaba con todas las compañías mineras de México llegando a intervenir en el manejo de la totalidad de la plata producida en el país". Orozco Zuarth, sociólogo, reseña también en su tesis que entre las preocupaciones del incipiente millonario estaba la de "impulsar el desarrollo autónomo y que permitiera liberar a ese México naciente del yugo del capital transnacional".[5] Es de notar que esta preocupación de tinte nacionalista era común entre la clase política posrevolucionaria, pero no fue, en modo alguno, una prioridad para la siempre influyente iniciativa privada.

En esos años Baillères llegó a controlar la totalidad de la distribución y la exportación de metales preciosos, pero la extracción minera aún estaba en manos de empresas extranjeras. En la década siguiente su premisa es la diversificación. México entra a escena en la Segunda Guerra Mundial como proveedor de materias primas y manufacturas de las potencias en pugna.

Al inicio de los años 60, Raúl Baillères figura en el pequeño círculo de los apellidos "de mayor peso" del país, hecho que refrenda la presencia del presidente en turno, Adolfo López Mateos, en la inauguración del Edificio Cremi en 1960, que albergaba a las diez empresas que entonces ya formaban parte de su patrimonio.

Para entonces, el empresario se ha casado con Celia González de Baillères, quien pronto habría de asumir un importante rol como dama de la alta sociedad. Se le recuerda ampliamente como cantadora, alegre y hermosa. Pero más que nada se recuerdan las grandes partidas de juegos de naipes en su casa de descanso en Cuernavaca, donde compartían la tarde Eva Sámano de López Mateos y Guadalupe Borja de Díaz Ordaz.

En esos años la familia ha dejado su preciosa mansión en Reforma 347 esquina con Lerma, con vista hacia la columna de la Independencia, para mudarse a una residencia rodeada de extensos jardines, Sierra Vertientes 1025, en la zona preferida de los grandes millonarios de la época, Lomas de Chapultepec. Los Baillères tienen cuatro hijos: Cecilia, la mayor; Raúl, el primogénito y en quien ya se piensa como heredero principal; Alberto —que nace en agosto de 1931 y quien a la postre será el verdadero sucesor— y Susana.

A Raúl, el mayor de los varones, le decían cariñosamente Ruqui en su casa. Su padre lo había preparado con dedicación para ser su sucesor. Formó parte de la primera generación de egresados de la carrera de Economía en la universidad fundada por su progenitor. En 1952 don Raúl lo nombra tesorero y poco tiempo después lo asciende como gerente general de la Cervecería Moctezuma.

En mayo de 1957 el joven Raúl muere en un accidente en la carretera a Cuernavaca. Tenía 29 años. La tragedia devasta a la familia y cambia el rumbo de la vida de su hermano menor, Alberto. El segundo varón de la familia había concluido la carrera —Economía en el ITAM, naturalmente— y estaba a punto de embarcarse a Londres para realizar un posgrado en la London School of Economics. Su padre le pidió: "Ahora tú tienes que ayudarme". Alberto canceló su proyecto académico para ponerse en los zapatos de su hermano mayor.

Diez años más tarde, el 4 de enero de 1967, el periódico *Excélsior* informaba: "Muere el financiero Baillères". La nota refería que la víspera el empresario había caído de la escalera de mármol del vestíbulo de su casa, sufriendo una triple fractura de cráneo. Tenía 77 años. En su sepelio, Gustavo Díaz Ordaz expresó en público el grado de intimidad que había entre ellos: "El último domingo de noviembre fui a comer con él a su casa en Cuernavaca [...] Lo vi tan lleno de vida".

Se cerraba un capítulo de un hombre que había construido, durante 40 años, un imperio económico y que había contado con la discreta e incondicional amistad de los últimos cinco presidentes de México.

Muchos años después, en 2004, en una inusual y extensa entrevista, el empresario relató a Bárbara Anderson, editora de la revista *Expansión,* que pocos días después de enterrar a su padre, el joven Baillères fue citado a Los Pinos a altas horas de la noche. Díaz Ordaz quería platicar con él. "El presidente quería saber qué haría con el grupo heredado y sus 75 mil empleados. Lo bombardeó con preguntas y finalmente le dio el respaldo de la entonces todopoderosa Presidencia de la República. 'Tienes dos problemas —escuchó Baillères—, primero, que eres muy joven, y segundo, que vas a tener éxito. Y éxito con la juventud nadie lo perdona; pero la ventaja es que la juventud se cura sola y tú vales mucho' ".[6]

Alberto Baillères heredaba, pues, un conglomerado de 15 empresas como propiedad y acciones en otras 11. Su fortuna se calculaba en 3 mil millones de pesos. Era dueño de Cervecería Moctezuma, Industrias Peñoles, El Palacio de Hierro, Central de Malta, Crédito Minero y Mercantil, Nacional de Seguros, Seguros La Provincial, Artes Gráficas Unidas, Crédito Afianzador, Banco General de Capitalización, Crédito Hipotecario, Bluar, Manantiales Peñafiel, Fraccionamientos Urbanos y Campestres e Inmobiliaria Cremi, según la lista elaborada por Orozco Zuarth. Además tenía presencia en dos bancos más: Bancomer y Financiera Comermex.

Ese mismo año, ya en sus 30, ingresó al Consejo Mexicano de Hombres de Negocios, "el partido político más poderoso de México", con sólo 36 miembros y que concentra el 40 por ciento del producto interno bruto.

Así recuerda él esa época: "A los 32 años quedé de pronto abandonado a mis propias fuerzas. El destino me puso ante una encrucijada al tener que asumir las más altas responsabilidades en varias empresas de muy distintos sectores que incluían la minería, la banca, los almacenes y la cervecería. Dos años de gobiernos populistas y otros 12 con políticas correctivas habían crispado el ambiente para los negocios: altas tasas de inflación, enormes devaluaciones de la moneda, confiscaciones y una economía estancada. Nuestras compañías tuvieron que sobrevivir en un entorno inhóspito, sacudido por fuertes vendavales y un largo periodo de sequía.

"El verano de mi vida lo pasé luchando contra la adversidad. Algunos reveses fueron inevitables en ese cuarto de siglo. Nuestra cervecería fue comprada por otra empresa del ramo aunque todavía mantenemos una gran porción de acciones y posiciones en el Consejo de Directores. Nuestro banco —Bancomer— fue confiscado por el gobierno y nunca pudimos recuperarlo".[7]

El acervo de la acogedora biblioteca "Raúl Baillères" del ITAM incluye abundante material sobre las empresas del Grupo Bal, su historia, su evolución, su entorno. Uno también puede encontrar, en la hemeroteca, una carpeta sobre la vida personal de Alberto Baillères. Es una carpeta escueta en extremo, al menos hasta hace poco. Contiene, si acaso, media docena de recortes: la entrevista concedida a la revista *Expansión,* algunas notas en las secciones de sociales reseñando ceremonias de la universidad o algún evento académico y no mucho más; una carpeta que refleja el carácter reservado del empresario que ha conseguido mantener su vida privada y familiar muy lejos del ojo público. También se puede intentar rastrear en los archivos fotográficos de las agencias de prensa alguna imagen de Baillères. Tarea inútil, a menos que algún lente indiscreto lo haya captado en los palcos de alguna plaza de toros.

"No es que no haga vida social. Es que hace muy poco. Entre una reunión social y una buena película en su casa, prefiere quedarse en casa. Y los fines de semana, al rancho", aporta uno de sus conocidos.

A lo largo de la última década, la lista anual de la revista *Forbes* ubica a Baillères como el segundo o tercero hombre más rico de México, después del gigante de las telecomunicaciones, Carlos Slim y, en ocasiones, de Germán Larrea, su rival en el industria minera.

Mundo de hombres

En la familia Baillères, en pleno siglo XXI, el modelo es patriarcal. Al morir su padre Raúl Baillères en 1967, las riendas de su emporio pasaron sin discusión a manos del hijo varón. Sus hermanas Celia y Susana, la mayor y la menor, respectivamente, recibieron grandes herencias y figuran, casi a modo ornamental, en los consejos de administración de algunas empresas, pero no tienen voz en las decisiones del hermano. Celia se casó con Álvaro Lebrija y Susana con Fabián Arnaud. Una amiga cercana las describió hace tiempo como dos simpáticas septuagenarias, divorciadas ambas, "muy viajadas, muy taurinas, muy, pero muy independientes. Eso sí, cero estudios, cero actividad intelectual y cero injerencia en el Grupo Bal".

En la tercera generación del clan Baillères se aplica la misma verticalidad patriarcal. La única hija de Alberto es la menor después de seis varones, María Teresa, "la joya de la corona", como dice el propio magnate. Estudió en el Colegio Miraflores, de la congregación Esclavas de la Santísima Eucaristía y de la Madre de Dios, un colegio que, dicen sus ex alumnas, forma sobre todo a excelentes amas de casa. María Teresa está casada con Gonzalo Hevia. Pese a los mimos y consideraciones, Tere está fuera de los cálculos de sucesión de su padre. El mismo criterio rige para nueras y yernos.

En presencia del jefe del clan, Alberto Baillères, la sucesión dentro del Grupo Bal es tabú. Pero los analistas y columnistas de negocios vuelven una y otra vez sobre el tema. El propio magnate ha escrito sobre el tema en los siguientes términos, en el prólogo que escribió para el libro *El futuro de la alta dirección*, autoría de Maucher y Chávez Ruiz:

"Un aspecto relacionado con los recursos humanos tiene que ver con la conducción de la sucesión en las empresas dominadas por grupos familiares de accionistas. Muchas empresas exitosas se han perdido y muchos patrimonios se han dilapidado por una sucesión equivocada. Se pueden heredar patrimonios, pero no necesariamente las habilidades profesionales que requiere un hombre de negocios. La supervivencia de una empresa requiere de una fría objetividad para decidir un caso de sucesión, que no siempre resulta fácil, agradable o comprensible".

Baillères parece estar hablando de su propia familia y de los cálculos delicados y visionarios que ha tenido que hacer, aun a costa de sus propios afectos. El ciclo del clan entra a la fase de la sucesión en tercera generación, una fase que la especialista en modelos económicos emergentes del Instituto de Economías en Desarrollo de Japón, Taeko Hoshino, señala como de riesgo; una transición en la que muchos emporios han perdido el paso y han iniciado su declive.[8]

De su hijo favorito, Alberto *junior*, se dice que se ha distanciado de la familia; una dolorosa ruptura dentro de la tribu. Raúl, el primogénito, Juan Pablo, Mauricio y Javier, el menor, tienen asignados roles de bajo perfil en las compañías del ramo agropecuario dentro del consorcio del padre. Bohemios e incluso parranderos, sus años escolares fueron truculentos. Sólo Juan Pablo, de 50 años y director general de la División

Agro Industria, tiene un grado de maestría en administración de empresas. Los demás carecen de estudios superiores. A Raúl, su padre lo hizo propietario de los ranchos El Mimbre, en Coahuila, y Begoña, en Guanajuato. Es miembro de la Asociación Mexicana de Criadores de Ganado Beefmaster, de cierta importancia en el mercado de carne de exportación. A Javier, por su parte, lo puso al frente de la ganadería Santa Teresa y participa en la Asociación Nacional de Toros de Lidia.

En contraste con estos roles en empresas de menor peso en el gran árbol del Grupo Bal, en junio de 2006 se concretó una noticia que había sido rumor insistente en años anteriores. Clemente Cabello, director de la Aseguradora GNP durante 22 años, se retiraba a los 65 para dar paso a Alejandro Baillères Gual, el cuarto de los hijos, quien ya era director adjunto de la empresa. "Es un paso adicional en el tema de sucesión de ese consorcio", comentó ese día en su edición *Carpeta Prospectiva*, que edita en internet el Centro de Investigación y Análisis Prospectivo.

Alejandro está casado con Sofía Aspe, hija del ex secretario de Hacienda de la administración de Salinas (1988-1994), Pedro Aspe Armella. Tiene un posgrado —*executive program*— en la Universidad de Stanford. Él, a diferencia de su padre, es citado y retrata do con frecuencia en las páginas de sociales.

Hoshino, directora del área de estudios del IDE japonés, especializada en el sector privado mexicano, presenta en el trabajo citado anteriormente el retrato hablado de un sucesor viable para los grandes emporios de México: varón, con un posgrado en alguna universidad extranjera de prestigio, dominio absoluto de al menos dos idiomas y un largo periodo de preparación en la administración y conducción de las empresas que va a heredar. Alejandro es, por otra parte, el único de los jóvenes Baillères que reúne el perfil.

Más que nada, lo que verdaderamente mueve las emociones de Alberto Baillères es la fiesta brava. Sus mejores días son aquellos que puede pasar en sus ranchos, supervisando personalmente los apareamientos y las tientas en los corrales, apuntando en su registro personal el código genético de sus mejores bureles. Cuando le preguntan de dónde le viene su taurofilia, se remonta a sus años mozos, cuando, a la muerte de su hermano Raúl, su padre lo mete de lleno al mundo de sus empresas para entrenarlo. "Don Raúl era un padre a la antigüita. Sus hijos no fueron júniores, como se acostumbra entre los herederos. A Raúl y a Alberto los hizo trabajar y ascender desde el último peldaño de sus empresas, para forjarlos", cuenta Arturo Fernández.

Así que en 1957 el joven Alberto entró al área de ventas en la Cervecería Moctezuma, luego de pasar por cargos de bajo escalafón en Bancomer y CREMI. No era inusual verlo muy de mañana hacer las rutas con los camiones repartidores. Y empezó a organizar corridas de toros para promocionar sus cervezas. Ese fue el comienzo de su afición taurina.

Cuando su padre murió, en 1967, Alberto Baillères llevaba siete años escalando por toda la carpintería del imperio que iba a heredar. Era director general de la cervecería, presidente del consejo ejecutivo de El Palacio de Hierro, CREMI y Crédito Hipotecario y consejero en todas las demás empresas. Y estaba al frente de la Compañía Minera de Peñoles y la Compañía Metalúrgica de Peñoles, recién fusionadas.

Hoy en día, a pocos pasos de entregar la estafeta a sus sucesores, estas son sus ocupaciones empresariales: presidente del consejo de administración de las empresas de Grupo Bal: Industrias Peñoles S.A. de C.V., Grupo Palacio de Hierro S.A. de C.V., Grupo Nacional Provincial, S.A.B., Profuturo GNP, S.A. de C.V., AFORE, Profuturo GNP Pensiones, S.A. de C.V., Crédito Afianzador Compañía Mexicana de Garantías S.A. de C.V., Médica Integral GNP, S.A. de C.V., Albacor, S.A. de C.V., Bal Holdings Inc., Met Mex Peñoles, S.A. de C.V., Minera Tizapa, S.A. de C.V., Minera Penm ont, S.A. de C.V., Tecnología y Servicios de Agua S.A. (TECSA) y Aguas, Servicios e Inversiones de México (ASIM). Presidente de la junta de gobierno del Instituto Tecnológico Autónomo Mexicano, A.C. (ITAM). Otras empresas donde está colaborando como consejero son: Valores Mexicanos Casa de Bolsa, S.A. de C.V., BBVA-Bancomer, Fomento Económico Mexicano S.A. (FEMSA) y Grupo Desc.

La cervecería

En 1941 Raúl Baillères compró la Cervecería Moctezuma al empresario estadounidense Guillermo Hasse, que fabricaba las populares XX,

Superior, Sol, Sidra Champagne, Bock Beer, XXX, Juárez y otras marcas pintorescas que han desaparecido del mapa. Su planta estaba asentada al pie del Pico de Orizaba. Como la industria cervecera consume grandes cantidades de agua, Baillères construyó la hidroeléctrica de Metlac, una termoeléctrica propia, su central de malta y sus correspondientes sembradíos de cebada para no depender de la importación del grano, fábricas de vidrio para los envases y de cartón para los empaques.

Y al mismo tiempo teje las indispensables relaciones políticas con el poder, origen de ciertos privilegios, como, en el caso concreto de la Cervecería Moctezuma, la exención de impuestos otorgada por el entonces secretario de Industria y Comercio, Raúl Salinas Lozano, padre del futuro presidente Carlos Salinas. En esos años Baillères padre comienza a presidir, y hasta 1966, el Club de Banqueros, exquisita vitrina para la emergente *socialité* mexicana y arena para la consolidación de la inseparable mancuer na entre el poder económico y el político.

En 1961, la nueva Ley de Mexicanización de la Minería crea condiciones favorables para que inversionistas mexicanos adquieran la mayoría de acciones en la estratégica industria de la minería, controlada casi en su totalidad por capitales extranjeros. Los créditos blandos, las exenciones fiscales y los subsidios permitieron a Baillères y otros inversionistas mexicanos iniciar el gradual control de la Compañía Minera Peñoles, el complejo minero metalúrgico más antiguo de México, asentado desde 1887 en la localidad de Peñoles, Durango, y que para ese entonces era propiedad de un consorcio alemán.

El nuevo grupo de accionistas, encabezados por Raúl Baillères, fusiona la Compañía Minera y la Metalúrgica de Peñoles, compra minas en Zacatecas, Coahuila, Chihuahua e Hidalgo y va haciéndose del dominio de este futuro gigante gradualmente.

Tres años después adquiere la mayoría de las acciones de las ricas minas plateras de Fresnillo —aun hoy en día la más importantes del mundo, con una ley promedio de 524 gramos por tonelada—, Zacatecas, Naica, Chihuahua, y Zimapán, Hidalgo. Así, se cierra el círculo; el joven que llegó de Silao había conseguido, entre muchas otras vetas muy redituables, el control total sobre la industria minera del país.

Minas y metales: Peñoles

En 2002 la minería, que es la industria más antigua de México, "parecía tan fuera de moda como los pantalones acampanados", escribió el analista Ronald Buchanan en *Economic Intelligence Unit*, suplemento del periódico *La Jornada*. "Los precios de los metales estaban deprimidos y por todos lados se hablaba de tragedias en esta actividad. En consecuencia, Industrias Peñoles, que en los 70 llegó a ser la empresa mexicana que más exportaba, después de Pemex, tuvo que 'apretarse el cinturón'... y lanzarse a una guerra de desgaste para abatir los costos".

Pero en dos años su suerte cambió, gracias al alza generalizada en los precios de los metales, 180 por ciento respecto a 2002. En 2005, según los reportes de ese año de la Bolsa Mexicana de Valores, las utilidades netas de las empresas mineras crecieron diez veces en términos anuales. Un incremento del 23 por ciento más que el año anterior, según el informe anual de la propia empresa. En Peñoles todos los productos de sus minas registraron incrementos récord: 13 por ciento la plata refinada; 49 por ciento el oro refinado y 14 por ciento el plomo. Y en 2006 el panorama lucía aún mejor. El mercado de metales base y metales preciosos se mantuvo fuerte y potencias emergentes como la India y China, en pleno proceso de electrificación de su inmenso territorio, dispararon su demanda en casi todas las materias primas minerales, principalmente aluminio, cobre y acero.

En el informe 2006 de Alberto Baillères al consejo de administración se reportó que al cierre del ejercicio de ese año se presentaron "los mejores resultados en la historia" de esta centenaria compañía. Según el reporte *Situación de la minería mexicana en 2005*, de la Cámara Minera de México, los precios internacionales de los metales alcanzaron sus máximos históricos y las perspectivas para esta industria eran óptimas en este periodo. El presidente de la Cámara Minera, Xavier García de Quevedo, anunció triunfante que estaba en puerta la "nueva época dorada de la minería mexicana", el mayor auge en los últimos 100 años.[9]

Esto ha sido determinante para que en la lista de *CNN Expansión* sobre los 100 empresarios más importantes de México, los dos gigantes del ramo se mantuvieran en el cuarto y quinto lugares. La preeminencia de Germán Larrea, del Grupo Industrial Minera México (la compañía minera más grande del país) por encima del titular del Grupo Bal, se debió a la gran alza de los precios del cobre.

En 2006 hubo otra buena noticia para la compañía Peñoles y en general para los industriales de la minería: la aprobación de reformas a la ley reglamentaria del artículo 27 constitucional, que les permitiría aprovechar en beneficio propio las emisiones de gas metano —gas grisú— producidas en las minas de su propiedad.

Peñoles es un conglomerado que posee —luego de adquirir en 2005 la mayor mina de oro del país, La Herradura, en Sonora— nueve de las minas más productivas de la república; la planta de Met Mex en Torreón, el cuarto complejo metalúrgico del mundo (en volumen de ventas); las plantas Química del Rey y Fertirrey, ambas en Coahuila; además de su propia termoeléctrica, su terminal marítima Terminar en Tampico y su línea ferroviaria Coahuila-Durango.

Su principal competidora, Industrial Minera México, la subsidiaria del Grupo México, propietaria de la tristemente célebre mina Pasta de Conchos, tiene bajo su control 19 empresas, entre ellas las más grandes productoras de cobre.

En el consejo de administración de Peñoles figuran Luis Téllez Kuenzler, miembro de los gabinetes de los presidentes Ernesto Zedillo y Felipe Calderón; Valentín Diez Morodo, presidente del Grupo Modelo y del Consejo Mexicano de Comercio Exterior; Claudio X. González, asesor en materia de inversión extranjera durante la administración del presidente Carlos Salinas de Gortari; Antonio Madero Bracho, ex presidente del Consejo Mexicano de Hombres de Negocios; Rómulo O'Farrill hijo; Juan Gallardo Thurlow, representante del sector privado en las negociaciones del Trata do de Libre Comercio y empresario del sector azucarero.

En varios rubros, Peñoles es el número uno: su mina de plata en Fresnillo es la más rica del mundo, su planta Química del Rey en La Laguna es la que produce más sulfato de sodio a nivel global, sus minas La Herradura, en Sonora, y La Ciénega, en Durango, son las mayores a cielo abierto y las que más oro producen en México, respectivamente.

La mina Francisco I. Madero en Zacatecas es la mayor productora de zinc en México y tiene una particularidad más: es la primera en contratar a mineras, mujeres que laboran a 2 mil metros bajo tierra.

En su línea globalizadora, ha establecido alianzas estratégicas con compañías extranjeras. De hecho, el 95 por ciento de las ventas de Peñoles están denominadas en dólares.

Desde 1999 Peñoles incursiona en el negocio de la distribución de agua municipal en la Ciudad de México al comprar el 51 por ciento de la empresa Tecnología y Servicios de Agua (Tecsa), dedicada a la distribución de agua municipal en la zona suroeste, que abarca al 25 por ciento de la población, asociada con la francesa Suez Lyonnaise des Eaux. En 2002 ambas empresas invierten en Bal-Ondeo, una concesión por 20 años para la administración de agua potable en Cancún e Isla Mujeres y la Ciudad de México. El gobierno del Distrito Federal, que encabezó Andrés Manuel López Obrador, les otorgó una concesión de cinco años para servicios comerciales de catastro, medidores e infraestructura hidráulica en el 50 por ciento de las delegaciones capitalinas.

En 2001 inauguró una planta en Monterrey para el desarrollo de tecnologías "amigables" con el medio ambiente para el tratamiento de cobre en asociación con la canadiense Bachtech. Se asoció con Corporación Nacional de Cobre de Chile para la exploración de cobre en Sonora y a principios de 2007 firmó un memorando con la canadiense Anaconda Gold para desarrollar el yacimiento de Carmen, en la región de Atacama, en el norte de Chile.

El grueso de sus ventas de plata se destina a Estados Unidos a través de sus comercializadoras Bal Internacional y Peñoles Metals & Chemicals y a Japón —principalmente para la industria de la fotografía— a través de Sumitomo Corporation. Las ventas a Sudamérica se canalizan a través de Quirey do Brasil e Industrias Peñoles de Venezuela.

El desarrollo más reciente, novedoso y sin duda el más *chic* de Peñoles es su incursión en la platería y la orfebrería, "en un esfuerzo —se dice— para darle un valor agregado al metal que se produce en México".

A pesar de ser el primer productor de plata en el mundo y de ser un país de orfebres y artesanos, México participa apenas con un mínimo porcentaje en el mercado global de joyería de oro y plata, que suma cerca de 10 mil millones de dólares. De modo que desde 2002 Peñoles se propuso desarrollar los usos tradicionales de los metales preciosos, principalmente la joyería, la numismática y la fabricación de monedas de curso. Las monedas de 100 pesos, alusivas a los 32 estados de la república, son hechura de esta compañía. Se creó una nueva rama del Corporativo Bal, el Centro de Información de Moda para Joyería, que convoca y capacita a orfebres y diseñadores, otorga premios y organiza concursos, exposiciones y subastas de beneficencia muy, pero muy glamorosas, según las crónicas de sociales. Para vender estos productos de lujo el grupo cuenta con su propia y gigantesca vitrina: los departamentos de joyería de las tiendas El Palacio de Hierro.

Met Mex; niños envenenados

Hasta ahí el rostro del éxito de Peñoles, que también tiene su lado oscuro.

A finales de los años 90 surgió en Torreón una organización popular con el impactante nombre de Madres de los Niños Envenenados por Peñoles. Era la manifestación más dramática de la catástrofe ecológica que había provocado en la ciudad lagunera la fundidora Met Mex Peñoles, que con sus emisiones había provocado una contaminación masiva de plomo, arsénico y cadmio en el aire y el agua de al menos 40 colonias urbanas situadas en un radio de seis kilómetros alrededor de la planta industrial.

En 1999, después de una investigación, el Centro de Control de Enfermedades de Atlanta, Georgia, estimaba que cerca del 10 por ciento de los torreonenses registraba niveles de plomo en la sangre por arriba del mínimo permisible. Más de 10 mil casas estaban contaminadas. Según las cifras de Madres de los Niños Envenenados, cerca de 11 mil menores estaban afectados por diversas enfermedades directamente relacionadas con esa contaminación. La revista *Imagen Médica* advierte que el cadmio en el cuerpo humano puede provocar osteoporosis, enfisema pulmonar, diversos cánceres y cardiopatías. El plomo provoca trastornos de aprendizaje en los niños. El arsénico daña el sistema neurológico, cardiovascular y causa cáncer en la piel.

El problema no era nuevo. La *Revista de Salud Pública de México* registra el primer caso reportado de un adulto muerto por arsenicismo en Torreón en 1964, a tres años de la entrada en operaciones de Met Mex. En 1986 el médico Víctor Calderón hizo los primeros diagnósticos sobre el efecto contaminante y los estragos de la planta de Peñoles en la salud de la población.

Pero fue en mayo de 1999 cuando el escándalo por la contaminación provocada por Peñoles estalló con fuerza en los medios de comunicación nacionales y, sobre todo, extranjeros. Juan Noé Fernández, quien entonces era corresponsal del periódico *El Financiero* en la comarca lagunera y que había publicado un extenso reportaje sobre el tema, recuerda haber recibido, esos días, una llamada del director del diario, Rogelio Cárdenas. Su jefe quería corroborar algunos datos, tener certeza de la solidez del reportaje publicado. "Lo que pasó fue que Alberto Baillères le había llamado personalmente al señor Cárdenas, con quien tenía buena relación. "Me amolaste", le dijo el magnate al director del periódico. Efectivamente, el impacto del escándalo había provocado que las acciones de Peñoles se desplomaran en la bolsa de valores. Como correspondía, *El Financiero* estaba abierto a una réplica de Baillères, pero este optó por no entrar al debate, asimilar el golpe periodístico y pasar a la contraofensiva en su propia cancha.

Ni las movilizaciones y demandas penales de los afectados, ni las denuncias de la población ante la Procuraduría Federal de Protección al Ambiente (Profepa) y las secretarías de Salud y Medio Ambiente, ni las acciones del Congreso de Coahuila en contra de la fundidora de los Baillères prosperaban. Se ocultaba información, se manipulaban los resultados de las investigaciones y se silenciaban las denuncias.

La poderosa empresa del Grupo Bal estaba jurídicamente blindada contra las demandas populares gracias a las artes litigantes de su abogado, el panista Diego Fernández de Cevallos. Políticamente, también tenía comprada su impunidad. "¿Sabes cuánta *chance* tiene un periodista en Torreón de publicar alguna crítica contra el Grupo Bal en La Laguna? Ninguna; absolutamente ninguna. Aquí ellos son los patrones", confiesa Juan Noé Fernández. Confrontar a Peñoles, que generaba 3 mil empleos directos y otros tantos en las proveedoras locales en la ciudad, era "un asunto muy delicado". Eso fue lo que respondió en una ocasión el ex gobernador Rogelio Montemayor a los reporteros, al ser interpelado sobre este caso.

Ante el reconocimiento de una contingencia ambiental severa, las protestas populares y el desprestigio, Peñoles se propuso a partir de 1997 controlar el daño, sobre todo de su imagen. Invirtió 18 millones de pesos para la prevención de riesgos sanitarios en el Fideicomiso del Programa de Metales, otros 60 millones en un programa de "educación higiénicodietética". En 1999, acatando las recomendaciones de la Profepa, redujo sus operaciones en un 50 por ciento en una primera etapa y adoptó una serie de medidas ordenadas por la procuraduría ambiental. Compró y adaptó equipo anticontaminante para sus plantas.

Met Mex Peñoles tuvo que comprar casas y terrenos del polígono habitacional más afectado en la colonia popular Luis Echeverría, aledaña a la planta metalúrgica. En 2004, la empresa logró que el gobierno de Coahuila y la Procuraduría del Medio Ambiente certificaran nuevos estudios que determinaban que el plomo en la sangre de los niños de la ciudad había "descendido por debajo de lo que la norma en materia establece", aunque todavía en 2001 las organizaciones civiles denunciaban que esas mediciones las hacía la propia empresa sin permitir un monitoreo independiente. Esto, pese a que ese mismo año 54 amas de casa volvieron a demandar a Met Mex ante la PGR.

Irónicamente, Peñoles detenta el certificado de Industria Limpia conforme a la norma ISO 14001. Pero los niños enfermos y sus familias nunca pudieron ganar un juicio contra el gigante ante los tribunales.

Paralelamente, Peñoles gastó millones en remozar su deteriorado rostro. Patrocina buen parte de los proyectos culturales de la comarca lagunera. Es el principal benefactor del Museo Arocena —un espléndido espacio con un equipamiento propio del primer mundo y dueño de la colección de obras de arte de los descendientes del vasco Rafael Arocena, tan valiosa como la de Franz Meyer— y financió la restauración del Teatro Nazas, joyas que evocan la apagada grandeza de la región en tiempos de los campos algodoneros, el oro blanco.

En algún momento ha sido copatrocinador del equipo de futbol Santos Laguna, así como de muchas otras actividades deportivas y de entretenimiento en la zona. Aporta mobiliario a escuelas de la ciudad y financia guarderías, centros de capacitación para mujeres, para jóvenes drogadictos y universitarios. No hay proyecto de teatro, danza o periodismo que se realice sin las generosas erogaciones con la firma del Corporativo Bal.

Dentro de su estructura, Peñoles también incorporó un área que bautizó con el nombre de Medio Ambiente, Seguridad y Salud (MASS), un Centro de Servicios Compartidos y una gerencia de Planeación y Desarrollo Ambiental. Además, firmó el Pacto Global de las Naciones Unidas y permitió, por primera vez, que una de las cinco principales firmas de consultoría auditara su reporte de sustentabilidad.

En el informe de 2006 al consejo de administración, la empresa informa a sus accionistas que ese año Peñoles, que ya cuenta con un área que denomina Sistema de Administración Ambiental, fue nuevamente verificado por la empresa PriceWaterHouseCoppers, que obtuvo el certificado de Industria Limpia que emite la Profepa por la aplicación de la norma ISO 14000 y que recibió un reconocimiento por su participación voluntaria en el programa "Inventario de Gases de Efecto Invernadero".

Pero en 2007 surgieron, debajo del millonario barniz ecológico que Peñoles tendió para silenciar el problema, nuevas evidencias de que el envenenamiento por plomo seguía afectando a los niños de Torreón. Desconfiadas de los diagnósticos emitidos por la empresa y la Secretaría de Salud, un grupo de madres acudió con sus hijos al Hospital del Niño en Saltillo, en 2004, en busca de una opinión médica independiente. Los resultados volvieron a encender los focos rojos: el diagnóstico determinó que 35 niños seguían intoxicados con índices altos de plomo en la sangre. La denuncia, como un corcho en el agua, vuelve siempre a la superficie.

En mayo de 2007, el Instituto Federal de Acceso a la Información (IFAI) ordenó a la Profepa abrir el expediente de ese episodio de Met Mex en Torreón. Y ante la exposición pública de nuevos casos de bebés recién nacidos afectados por la polución industrial, la delegación de la Secretaría de Salud en Coahuila resolvió elaborar un nuevo censo de niños afectados, independizando el control de estos monitoreos que los gobiernos de Ernesto Zedillo y Vicente Fox habían dejado exclusivamente en manos de los propios industriales de Peñoles. Ante esto, Peñoles lanzó una nueva campaña. Su entonces director general, Jaime Lomelí, declaró que las emisiones de plomo que afectan a una nueva generación de menores proviene "de las vías del tren", no de la planta Met Mex.

Agua: el negociazo

Si resulta cierta la hipótesis de que ante el agotamiento de las reservas petroleras del mundo en un futuro ya no tan lejano, las posibilidades de acumular grandes fortunas radicará en el control del agua, entonces puede decirse que el Grupo Bal ya está situado junto a los competidores de las grandes ligas en las "guerras por el oro azul" que están por venir.

En la práctica, el debate de si el agua es un recurso natural (y por tanto un bien social y público), o por el contrario un "recurso económico y escaso" que no puede ser administrado por "burocracias incompetentes", ha sido saldado sin mayor trámite a favor de las empresas y sus ideólogos. Mientras se discute si los gobiernos son capaces o no de gestionar la administración del agua, la inversión de unas cuantas empresas globales ha privatizado en los hechos grandes redes, mucho antes de que las legislaciones locales en los países en vías de desarrollo se planteen siquiera el tema de los derechos (¿públicos, privados?) relativos al agua.

Así, el Banco Mundial trabaja estrechamente con compañías como las transnacionales francesas Suez Lyonnaise des Eaux y Vivendi, beneficiadas directas de los préstamos en México para infraestructura hidráulica bajo el criterio de "recuperación del costo total". Según la organización de observación no gubernamental Public Citizen, este eufemismo no significa otra cosa que cobrarle al ciudadano cada día tarifas más altas para disponer de su cuota indispensable de agua.

Industrias Peñoles y Suez Environnment se asociaron en 1993 y crearon la empresa Bal-Ondeo, especializada en el manejo del agua. En la actualidad, esta empresa es considerada el mayor operador privado de sistemas municipales de agua potable, alcantarillado y saneamiento en México, y atiende a millones de habitantes en la Ciudad de México, Cancún, Torreón y Matamoros, a través de sus filiales operativas.

Todo esto dentro de la estructura organizativa de Industrias Peñoles, que además de las ramas de exploración, minas, metales y químicos, cuenta con el rubro de infraestructura, junto con proyectos como la Termoeléctrica de Tamuin, San Luis Potosí, que abastece de electricidad a todo el complejo industrial de la compañía a costos más bajos que la Comisión Federal de Electricidad, y la línea ferroviaria Durango-Coahuila.

Bal-Ondeo opera en sociedad con Suez Environnment, quien es propietario del 51 por ciento de las acciones. Es una subsidiaria del complejo franco-belga Suez, el gigante del gas y el agua. Villano favorito de las organizaciones medioambientalistas y del movimiento alterglobal, Suez está presente en 28 países con distintas marcas registradas. En México aparece bajo la rúbrica de Suez-Eaux Lyonnaises o Lyonnaise American Holding.

En América Latina Suez perdió en la última década sus concesiones en Argentina y Bolivia, a partir de movimientos de resistencia contra las empresas particulares. Ambos son casos paradigmáticos en los argumentos de rechazo a la gradual privatización del agua. En Argentina, Suez se estableció desde 1993 en 15 de las ciudades más importantes del país. En una década, las tarifas aumentaron en un 88 por ciento sin que la transnacional cumpliera a cabalidad su parte en el contrato. En Bolivia fue el rechazo del movimiento indígena a un incremento de 400 por ciento de las tarifas de su servicio, en uno de los países más pobres del continente, lo que detonó la histórica movilización india que llevó al aymara Evo Morales a la presidencia del país.

En la región latinoamericana, Suez ya sólo tiene presencia en México y Brasil, aunque son otras grandes transnacionales las que explotan y venden el agua en varios países del subhemisferio.

Hubo un primer intento de la Comisión Nacional del Agua (Conagua) de abrir la puerta a la participación de empresas privadas en la prestación de servicios del agua desde la década de los 80 con diversas modalidades: concesiones, contratos para prestación de servicios, participación privada en la administración. Pero al cumplirse la primera década después de los primeros contratos —con la constructora ICA y la empresa franco-española Vivendi— los resultados fueron escasos.

Fue necesario, muy al estilo mexicano, "rescatar por causa de utilidad pública" a los concesionarios particulares, cargando la factura al erario.

Peñoles y Suez entran al negocio en un segundo intento de hacer viable la privatización en Cancún en 1993, donde un contrato celebrado tres años antes entre la local Comisión de Agua Potable y Alcantarillado de Quintana Roo (CAPA) y la empresa Desarrollos Hidráulicos de Cancún para la compraventa de agua entra en crisis por incumplimiento de la compañía. Un año antes Peñoles había comprado Azurik, antigua propiedad de la estadounidense Enron. DHC crea para el nuevo contrato la empresa Aguakán, que se asocia con Bal-Ondeo para contratar los servicios de agua potable, alcantarillado y saneamiento en los municipios de Benito Juárez e Isla Mujeres. Muy pronto daba servicio —cobraba— a cerca de medio millón de habitantes y, significativamente, a cerca de 250 hoteles que reciben 3 millones de turistas al año. La concesión se dio sin proceso de licitación. Se firmó un contrato a 30 años a partir de 1994.

Documentos oficiales de Conagua dan cuenta de que la dupla Bal-Ondeo no siempre cumplió sus obligaciones de cobertura, mantenimiento y sanidad. De entonces a la fecha se han tenido que hacer varios ajustes para resolver los problemas de la corporación.

El contrato de servicios hidráulicos concesionado a particulares de mayor envergadura está en el Distrito Federal. La apertura a la iniciativa privada en la capital inició en 1992, con la creación de la Comisión de Aguas del Distrito Federal (CADF), que ese año convocó a una licitación pública para servicios de distribución, medición, facturación y cobranza. Peñoles creó Tecnologías y Servicios del Agua (Tecsa), asociada con Suez Lyonnaise American Holding, para operar en Iztapalapa, Milpa Alta, Tláhuac y Xochimilco. En el resto de las delegaciones ganaron el concurso público ICA, aliada con la Compagnie General des Eaux (Proactiva), Industria del Agua con la empresa inglesa Severn Trent, y Gutsa con United Utilities, también inglesa. Obtuvieron un permiso de diez años.

En este caso también hubo rezagos, limitaciones y fallos en la operación de las empresas. Tan sólo en materia de tratamiento de aguas residuales, apenas el 7 por ciento son procesadas. Esto a pesar de que parte de las obligaciones de Tecsa e IACMex es rehabilitar las redes de agua y saneamiento.

El periódico *Excélsior* publicó en 2006 que "después de tres meses y con más de 644 mil litros de agua desperdiciados por una fuga en la colonia Sector Popular, la delegación Iztapalapa reparó una avería ante la presión de los vecinos y su difusión en medios de comunicación. 'La fuga no es como todas. Esta se debe a un trabajo inconcluso de Tecsa, encargada de sustituir la red hidráulica por el Sistema de Aguas de la Ciudad de México, que dejó abierta una conexión y el agua potable se estaba yendo directamente al drenaje', explicó Alfonso Hernández López, director de Servicios Urbanos de Iztapalapa".

Incidentes como este no impidieron que en 2004 el gobierno del Distrito Federal, con Andrés Manuel López Obrador, suscribiera con Bal-Ondeo un nuevo contrato que expandió su área de operaciones hasta cubrir el 50 por ciento de la Ciudad de México.

En el sexenio de Vicente Fox el llamado Programa para la Modernización de los Prestadores de Servicios de Agua y Alcantarillado (Promagua) "apoyó al sector", como se dice, condonando constantemente adeudos y haciendo campaña para facilitar el incremento de las tarifas de agua potable, una medida a todas luces políticamente incorrecta y en algunos casos explosiva.

A principios de 2005, al calor de los fuertes debates en torno al futuro del agua en el mundo, previos al Foro Mundial del Agua, una especialista, Sara Gruski, coordinadora de la campaña "Agua para Todos" de la organización no gubernamental Public Citizen, advertía en una entrevista con Roberto González Amador, del periódico *La Jornada*: "Existe una clara vinculación entre personajes importantes del gobierno mexicano con empresas transnacionales interesadas en el control del agua". En efecto, mientras el sector público deja de invertir y se declara rebasado por las crecientes necesidades de servicios en los núcleos urbanos, el Banco Mundial impulsa una estrategia de asociación de empresas privadas y gobiernos municipales para "mejorar la eficiencia financiera de los sistema de agua".

El Corporativo Bal, por su parte, se ha preocupado por mover piezas al interior del ajedrez político para estar cerca del centro de toma de decisiones sobre esta industria que dentro de poco será determinante y vital. Así, Alberto Baillères González se aseguró de ocupar un asiento en el consejo consultivo de la Comisión Nacional del Agua, un órgano creado a principios del foxismo como auxiliar de la Comisión Nacional del Agua, al lado de otras figuras de las cúpulas empresariales como Carlos Slim, Gastón Luken Aguilar, Manuel Arango, Gilberto Borja Navarrete, Alfonso Romo y Marinela Servitje de Lerdo de Tejada. Y ya con miras a obtener buenos contratos en los años de Felipe Calderón, el director de proyectos de Bal-Ondeo, Hugo Contreras, hombre de confianza de Baillères, participó como asesor en la definición de la agenda de desarrollo sustentable dentro del primer círculo de Felipe Calderón como presidente electo.

Estrategia aspiracional: El Palacio de Hierro

A principios de los años 60 del siglo XX, en un México cada día más cosmopolita, las clases altas y medias solían reflejar en sus estilos de vida el último grito de la moda de Nueva York o París. Las tiendas departamentales El Palacio de Hierro y Liverpool dictaban ya los nuevos hábitos de consumo.

Raúl Baillères, al frente de un grupo financiero, estaba en franca expansión. Había comprado Manantiales Peñafiel —que luego vendería sin consultar a sus socios—, Peñoles y la Compañía Fresnillo. En ese mismo impulso, él y sus socios compraron la mayoría de las acciones de El Palacio de Hierro a sus dueños originales, José Tron y Compañía; una compra forzada, que en el léxico de los negocios llaman "compra hostil". Con este almacén en pleno crecimiento abriría una rama muy diversa a sus crecientes negocios, las tiendas departamentales.

Liverpool y El Palacio de Hierro habían sido fundados a finales del siglo XIX por empresarios franceses de aquella próspera oleada de inmigrantes procedentes de la región alpina de Barcelonette, atraídos por el Tratado de Amistad, Comercio y Navegación que había firmado el gobierno de Porfirio Díaz con Francia; un "TLC" precursor entre dos economías asimétricas que preveía libre flujo de mercancías y personas, sin impuestos ni restricciones para comprar y vender, poseer inmuebles y medios de producción, transportar bienes y ejercer industria y comercio. Lógicamente, esto se tradujo en un despliegue descomunal de los negocios galos en México y el nacimiento de las grandes fortunas de los Ebrard, los Olivier, los Lambert y Reynaud, Signoret, Gassier y Suberville.

En una tesis de maestría en historia del arte de la Facultad de Filosofía y Letras de la UNAM sobre El Palacio de Hierro, Berta Patricia Martínez describe profusamente el surgimiento de esta tienda, reflejo de la revolución industrial en el terreno del comercio. La primera tienda departamental, *Le Bon Marché,* con un modelo totalmente novedoso, había devastado al pequeño comercio abastecido por proveedores artesanales, tal y como lo ilustra Emile Zola en su genial novela *La dicha de las damas*. En Nueva York el Bloomingdale's, el Macy, Lord & Taylor llevaban ya años imponiendo el paso al negocio de tiendas departamentales.[10] Con esa visión en mente, Tron (comerciante de tabaco, textiles e inmuebles) compró en 1888 un terreno en las calles San Bernardo (hoy Venustiano Carranza) y Callejuela (hoy la ancha arteria 20 de Noviembre) y encargó a la primera generación de arquitectos modernos de México su propia versión del Palacio de Cristal parisino. Las reseñas y críticas arquitectónicas publicadas en diarios y revistas de la época lo registran como el edificio más alto de su momento —¡cinco pisos!— y el primero en contar, como último grito de la tecnología en construcción, con una estructura de hierro. De ahí su nombre, El Palacio de Hierro.

Vale la pena detenerse en el hito que significó este edificio en la historia de la fisonomía de la Ciudad de México para entender la magnitud del enojo que, décadas después, causarían al viejo José Tron las adecuaciones modernistas que ordenarían los nuevos socios y que, a la postre, provocarían la venta del resto de sus acciones a Raúl Baillères. Primero fue la remodelación del céntrico Palacio de Hierro en un intento de "ponerse a la vanguardia". Describe la autora: "Se demolieron las escaleras, se reubicaron los elevadores, se forraron los barandales de hierro con yeso y las columnas se cubrieron de espejos para hacerlas desaparecer".

En 1954 comenzó a convertirse en cadena. La compañía había adquirido en la colonia Condesa una gran manzana donde se levantó, ya bajo el concepto estadounidense del *mall,* la segunda sucursal. Las demás sucursales surgirían después: Perisur en 1980; Plaza Coyoacán en 1989; Santa Fe en 1993; Plaza Moliere en 1997 y Plaza Satélite en 1998, más los almacenes de Puebla, Monterrey y Guadalajara. El *mall* o centro comercial resultó ser "un diseño que ha comprobado ser efectivo para el sistema de ventas que sigue vigente hasta hoy", sostiene la especialista.

Estético quizá no, pero efectivo como negocio sí ha sido, a juzgar por el crecimiento incesante de la empresa y la apertura constante de nuevas sucursales.

Una de las más destacadas, la de Monterrey, enclavada en la Plaza de San Pedro Garza, el municipio más rico del país, también significó un escalón más en el concepto "aspiracional", con el espacio "El mundo del lujo" que, en palabras de sus ejecutivos, "contribuyó al fortalecimiento de la estrategia de diferenciación y de exclusividad".

La plaza de Monterrey aparece en las reseñas sociales del momento como "algo de otro mundo" y "entre las más lujosas del mundo", obra del arquitecto Javier Sordo Magdalena en 2005. El Grupo también materializó su expansión por la vía de la diversificación de comercios más pequeños. Se abrieron 16 *boutiques* de Mango, Women'secrets y Spriengfield en el área metropolitana de la Ciudad de México, Monterrey y Acapulco, dos restaurantes fuera de las tiendas y una exclusiva tienda de diseño y decoración en el Centro Antara, en Polanco. Ello, sumado a las estrategias que en años recientes permitieron al Palacio de Hierro incursionar en el comercio de productos *gourmet,* en un muy especializado negocio de vinos que gira en torno al Club Selección Cava Palacio y agencias de viajes.

En el aspecto de logística e infraestructura, el Grupo Palacio se prepara para su futuro crecimiento. Está en proceso de construcción la sucursal de Querétaro, se abrió un establecimiento tipo *outlet* en el Centro Comercial Premium Outlets en la carretera a Querétaro y un centro de distribución en San Martín Obispo, Estado de México. Su principal competidora, El Puerto de Liverpool, sin embargo, excede con creces las utilidades y el ritmo de expansión de El Palacio de Hierro, gracias a que cuenta con un número superior de establecimientos. Con apenas 15 establecimientos en el país, Baillères ha preferido calidad que cantidad.

En 1996 El Palacio de Hierro arrancó su famosa campaña basada en la frase "Soy totalmente Palacio", lanzada por la Agencia Terán TBWA. Frases como "Porque un psicoanalista nunca entendería el poder curativo de un vestido nuevo" o "Porque nadie ha logrado envasar el olor a nuevo" apuntaban a la originalidad. El impacto fue inmediato. La campaña fue tema de debate entre feministas y técnicos en *marketing*. El escritor Carlos Monsiváis la bautizó como "los aforismas de El Palacio de Hierro", gracias a los cuales la creativa de la agencia, Patricia Olabuenaga, acaparó una treintena de premios nacionales e internacionales.

A la fecha son docenas las tesis y los ensayos que se han ocupado del debate que derivó de esta campaña que marcó el fin de los años 90. Destaca entre otras la tesis profesional de Jéssica Samperio y María del Pilar Vázquez sobre la representación de la mujer en los medios impresos de El Palacio de Hierro. Ideas como "Hay dos cosas que una mujer no puede evitar: llorar y comprar", llevaron a la directora de mercadotecnia del Grupo Palacio, Teresa Vargas, a declarar que "la campaña habla de una nueva mujer... que está en la lucha por reivindicarse como ser humano integrado".[11] La respuesta de analistas que vieron las cosas desde otro ángulo y percibieron un reforzamiento del machismo y la misoginia no se hizo esperar.

La artista plástica Lorena Wolffer lanzó una "contracampaña" con diez carteles de respuesta con frases como: "El problema es que pienses que mi cuerpo me pertenece" o "Ninguna campaña es capaz de silenciar mi voz".

Reforzada con fantásticos y sofisticados *spots* en televisión y radio, la campaña de El Palacio de Hierro continuó con más supuestos aforismos personificados por bellas modelos blancas y rubias, lo que provocó otra lectura de la feminista Mayra Ortiz. Ella ofreció tres interpretaciones a esa campaña: que refleja una belleza racialmente estereotipada; que no merece participar en asuntos importantes como la política o cuestiones sociales; y que las mujeres sólo están interesadas en consumir y únicamente los hombres son proveedores.

Al margen de las opiniones que surgieron en torno a este debate —uno de los más interesantes que se han visto en los últimos años en el mundo de la publicidad—, fue cierto que, en términos de posicionamiento del negocio y de ventas, dirigir una campaña a la mujer como principal consumidora fue "sin duda, una buena decisión estratégica", como concluyó el director de la agencia Terán.

Seguros y pensiones: GNP

Las empresas del sector de seguros han padecido malas rachas a lo largo de los últimos lustros, aunque en ocasiones compensados por coyunturas favorables, como la privatización de los fondos de retiro y las reformas a la seguridad social, y una estrategia de expansión hacia otros negocios, como pensiones y servicios médicos.

Las malas rachas suelen acentuarse por la secuela de otras rachas, como aquellas de muchos kilómetros por hora, producto del huracán *Wilma* que en octubre de 2005 asoló la costa oriental de la península de Yucatán. Solamente por la devastación en la zona hotelera de Cancún, esa catástrofe marcó un hito en la historia de los seguros en México. Más de 10 mil asegurados demandaron indemnizaciones por daños generales y las compañías de seguros tuvieron que pagar más de 18 mil 800 millones de pesos a sus clientes.

Grupo Nacional Provincial (GNP), del Corporativo Bal, la aseguradora preferida de los grandes hoteleros, fue la más afectada. Solamente uno de sus asegurados, José Chapur, dueño del Grupo Palace, cobró 40 millones de pesos de pólizas. Ese trago amargo provocó que en 2007 GNP anunciara que dejaría de cubrir los llamados "riesgos de huracán en los frentes de playa", perdiendo así, a favor de la competencia, cientos de buenos clientes.

Pero si el huracán *Wilma* golpeó las arcas de las aseguradoras, la llegada de Felipe Calderón al gobierno las recompensó; por lo menos, a algunas de ellas. Toda la infraestructura administrada por el gobierno federal fue asegurada cada año contra casi todo, desde terremotos e inundaciones, incendios y explosiones hasta motines, disturbios callejeros y atentados terroristas. Se trata de erogaciones multimillonarias. Ya en el sexenio de Fox las pólizas de las instalaciones petroleras y las centrales eléctricas, las carreteras y las presas, los aeropuertos, oficinas públicas, zonas militares e inmuebles civiles y todo tipo de medios de transporte ascendieron, según informes de la Secretaría de la Función Pública, a 25 mil millones de pesos. La aparición de amenazas de ataques terroristas —reales o supuestas— catapultaron el precio de los seguros. Por lo demás, las nuevas pólizas reflejaron alzas en sus precios debido a la inclusión del "terrorismo" entre los distintos riesgos contemplados.

Grupo Nacional Provincial es uno de los gigantes de las compañías de seguros de México, heredera directa de la centenaria empresa La Nacional, fundada en 1901 por los estadounidenses William y Arturo Woodrow, padre e hijo. Es pionera en varios renglones: fue la primera aseguradora del país; fue la primera en pagar una póliza; sobreviviente de la Revolución de 1910 y del *crack* de 1929 y dueña del primer rascacielos de la capital en lo que hoy es Juárez 4, frente al Palacio de Bellas Artes. En 1932 se "mexicanizó" con la creación de su asociada, La Provincial.

A lo largo del siglo pasado la empresa vivió diversas fusiones, hasta que en 1969 Alberto Baillères dio los primeros pasos para la unificación de La Nacional Compañía de Seguros sobre la Vida y Seguros La Provincial. En 1972, ya con el nombre de GNP, las empresas se incorporaron al Grupo Bal en su división de servicios financieros.

GNP se desarrolla en el ramo de los seguros de vida y médicos con sus filiales Porvenir, Médica Integral y Médica Móvil; en el de las pensiones, con Profuturo Afore y Pensiones, y en bolsa de valores y afianzadoras con Valmex y Crédito Afianzador.

Las reformas privatizadoras en materia de pensiones y salud dieron pie para que los grandes grupos económicos mexicanos y extranjeros ganaran terreno en esos espacios. GNP, que optó por innovar su tecnología y ampliar su red de productos antes que establecer alianzas con empresas extranjeras, logró sacar ventaja de la entrada de decenas de nuevas y potentes empresas a la competencia y mantener su participación en el mercado de los seguros y las pensiones controlando por arriba del 20 por ciento del mercado, en un sector altamente estratificado. De las 91 empresas aseguradoras reconocidas por la Comisión Nacional para la Protección y Defensa de los Usuarios de Servicios Financieros (Condusef), solamente tres de ellas dominan el 50 por ciento de las pólizas contratadas. GNP —"100 por ciento mexicana", según reza su publicidad— marcha en primer lugar con un 15 por ciento, la estadounidense MetLife con un 14 por ciento y un 12 por ciento para la compañía originaria de los Países Bajos, ING.

En materia de calidad de su servicio de cara a los asegurados y en transparencia, GNP ocupa uno de los últimos lugares. Así lo registran, por ejemplo, las encuestas de calidad que Condusef aplica anualmente entre los clientes de las aseguradoras y usuarios de las Afores.

A juzgar por las demandas de los asegurados que se han sentido defraudados por este tipo de empresas, GNP no goza precisamente de buena fama. Abundan en las secciones de cartas del lector en los diarios mexicanos quejas de clientes que se han sentido timados, sobre todo en la división de seguros para gastos médicos mayores.

El investigador de la UNAM, Octavio Rodríguez Araujo, por cierto una de las víctimas de GNP, describió así el "servicio" de esta empresa en una carta al Correo Ilustrado de *La Jornada* el 4 de julio de 2002: "Se pagan cantidades multimillonarias a las aseguradoras para proteger a los trabajadores en casos de accidentes o enfermedades (de las que por cierto están excluidas muchas) y cuando un asegurado o sus beneficiarios necesitan atención médica, un supuesto especialista de GNP, con absoluta impunidad y presuntamente apoyado por su empresa, dictamina que la enfermedad es preexistente, lo que quiere decir que no se paga ni se reembolsa nada; así, nada más y punto. No hay apelación posible".

Tal vez la fórmula para la obtención de sus enormes ganancias es la misma que históricamente han utilizado los alquimistas de las finanzas en cualquier parte del mundo: poner en letra pequeña condiciones que, a la hora de pagar pólizas indeseables, abren rendijas que permiten a la aseguradora evadir la cobertura debida.

ITAM, semillero de cuadros para las empresas

Junto con el Tecnológico de Monterrey, que compite palmo a palmo cada año por obtener los mejores lugares en el *ranking* de las instituciones privadas de educación superior, el ITAM es considerado como el semillero de los gestores y cuadros administrativos, teóricos y contables del mundo empresarial mexicano; un formador de tecnócratas. En el fondo, es más que eso.

Para decirlo en palabras del propio Baillères, pronunciadas en 2001 en un discurso en ocasión de recibir el reconocimiento como "El Hombre del Año" de las Academias Culver, Indiana, este instituto educativo es "el invernadero que nutre y cultiva las semillas para la transformación de México"; es, en la práctica, el plantel de donde han egresado economistas y administradores que han controlado la conducción de la política económica del país desde la década de los 80. Su influencia en el poder político va en ascenso.

A finales de 2006, Baillères describió el concepto de esta obra como una cofradía donde, como caballeros del Santo Grial, maestros y estudiantes libran "una cruzada intelectual de formación y aprendizaje".[12]

Desde el sexenio de Miguel de la Madrid, que marca la ruptura de los gobiernos estatistas e inicia el viraje hacia un modelo neoliberal, hasta las dos administraciones panistas del nuevo siglo, los estrategas de la economía son ilustres egresados del ITAM. En la pasada administración hicieron estudios en el ITAM el propio presidente Felipe Calderón (maestría en Economía) y cuatro miembros del gabinete económico: Agustín Carstens, secretario de Hacienda y Crédito Público; Luis Téllez, de Comunicaciones y Transportes; Georgina Kessel Martínez, de Energía, quien además fue profesora de Calderón en la maestría; y José Antonio Meade, quien pasó por Energía y Hacienda. Con Enrique Peña Nieto las cosas no han sido diferentes.

En los últimos sexenios anteriores, los seis secretarios de Hacienda sucesivos y dos directores del Banco de México compartieron *alma mater*: Gustavo Petricciolli, del periodo de Miguel de la Madrid (y quien además fue rector en 1967); Pedro Aspe y Miguel Mancera, de Carlos Salinas de Gortari; Francisco Gil Díaz, de Vicente Fox; Agustín Carstens y José Antonio Meade de Felipe Calderón, y Luis Videgaray de Enrique Peña Nieto. Citar la lista de *itamitas* incorporados a los gobiernos neoliberales desde el sexenio de Carlos Salinas resulta interminable y tedioso: son más de 90 egresados de esa universidad que han ocupado la mayor parte de los puestos directivos en los sucesivos equipos del gabinete económico.

A propósito del paso de Felipe Calderón por el ITAM, vaya esta anécdota, en boca del rector Arturo Fernández: "¿Sabe cómo lo conocí? Yo era entonces director de la Escuela de Economía y un día vino a verme un muchachito regordete, que era de Morelia. Me dijo que había estudiado en la Libre de Derecho pero que quería hacer una maestría en Economía. En la UNAM no lo habían aceptado. Para probarlo, le pregunté qué tanto sabía de álgebra, cálculo diferencial integral y estadística. Reconoció que no sabía nada, pero insistió: quiero entrar. Le recomendé que tomara cursos a nivel licenciatura de las materias que desconocía y que después viniera a verme. Sinceramente pensé: este cuate ya no vuelve. Al año regresó con sus materias que le faltaban. Me impresionó. Hizo la maestría y no fue fácil, porque venía de una disciplina muy diferente. Fue muy tesonero, sencillo, humilde. Luego fue diputado, dirigente del PAN, secretario de Estado. Vino a consultarme un día. Me dijo que su relación con el presidente Vicente Fox era mala. Le aconsejé que se fuera a estudiar a Estados Unidos una maestría en Políticas Públicas, pero no sabía inglés. Trabajó aquí medio año mientras aprendía inglés y luego se fue a la Universidad de Harvard. Así es de empeñoso Felipe".

Ciertamente esa vieja relación maestro-alumno ha fructificado. El actual rector del ITAM fue invitado por Calderón a incorporarse a la coordinación de uno de los cinco ejes del plan transexenal del presidente, el Proyecto 20-30, el de "economía competitiva y generadora de empleos".

El rector del ITAM explica así el origen de esta universidad privada: "A fines de los años 30, inicios de los 40, lo que después sería la Facultad de Economía de la Universidad Nacional Autónoma de México (UNAM) se radicalizó; sus egresados se formaban dentro de la teoría marxista-leninista. Y eso le preocupaba a don Raúl Baillères quien consideraba que la clase empresarial mexicana necesitaba cuadros con una formación técnica muy sólida, economistas que supieran de finanzas". Fue por esto, asegura, que Baillères fundó, el 29 de marzo de 1946, el Instituto Tecnológico de México (ITM). El nominativo "Autónoma" lo incorporó hasta 1969, cuando el secretario de Educación, Jaime Torres Bodet, le concedió el carácter de escuela superior autónoma.

En realidad, lo que Baillères percibía como el "peligro" del marxismo aún no llegaba a las aulas de la UNAM en esa época. El estudio del materialismo dialéctico y *El capital* de Carlos Marx se incorporaron como materias obligatorias hasta mediados de los 70. La Escuela Nacional de Economía de los años 40, fundada una década antes por Daniel Cossío Villegas, estaba lejos de ser un reducto de discípulos de Marx y Lenin. Cuando surge el ITAM, con la idea de formar tecnócratas para la pujante burguesía mexicana, quien encabezaba la especialidad en Ciudad Universitaria era Jesús Silva Herzog, gran intelectual nacionalista, autor de la clásica e indispensable *Breve historia de la Revolución mexicana.*

En palabras del propio Alberto Baillères, lo que pretendía su padre en aquel 1946 era, efectivamente, "diseñar una alternativa de universidad que respondiera a las necesidades de la incipiente industrialización de México". Aprovechando la reforma educativa del presidente Ávila Camacho, que autorizó que particulares pudieran impartir educación superior, se fundaron, primero, el Tecnológico de Monterrey, laico y de origen empresarial, y la Universidad Iberoamericana, de la Compañía de Jesús. Al año siguiente abría sus puertas el ITM con el propósito expreso de ser una institución no confesional.

Respaldado por la Asociación Mexicana de Cultura que reunía a un destacado grupo de banqueros, industriales y comerciantes, Baillères padre instaló, en un antiguo edificio de la calle de Palma, en el Centro, una escuela superior que contó inicialmente con 52 estudiantes. Se proponía formar profesionistas "capaces de impulsar y generar, en los ámbitos económico, técnico y administrativo, un nuevo modelo de desarrollo para México". Y "el motor para lograrlo" sería, según ese proyecto, su Escuela de Economía.

A principios de los años 50, con una matrícula de 500 alumnos, se sumó una carrera más, Contaduría. Se rentó un nuevo local, en Serapio Rendón, en la colonia San Rafael. Todavía habrían de mudarse a otro edificio más, en Marina Nacional, colonia Anáhuac, antes de ocupar, desde los años 70, su sede actual, en Tizapán de San Ángel, en el sur colonial de la ciudad.

Desde los años 70 el alumnado ha ido creciendo de manera sistemática. La huelga de 11 meses de la UNAM en 1999-2000 provocó que centenares de estudiantes migraran de la universidad pública a las privadas y para el ITAM significó un flujo importante de inscripciones nuevas. El rector Arturo Fernández insiste en que la institución no es elitista. Sus colegiaturas son 25 por ciento menos caras que las del Tec de Monterrey, la Anáhuac y la Universidad Panamericana (del Opus Dei). Actualmente cuenta con casi 5 mil alumnos, imparte 14 licenciaturas e ingenierías, 15 maestrías y un doctorado. El 39 por ciento de sus estudiantes son becados y tiene una planta de 239 profesores que, según el rector, reciben los salarios más altos en la academia. "Yo creo que el éxito de nuestra universidad —concluye el rector— es que aquí los alumnos no son clientes y los maestros no son asalariados".

Ranchos, toros y cosos: el hobby

En materia de toros existe en nuestro país lo que los columnistas especializados llaman el "duopolio" de la fiesta brava: Rafael Herrerías, propietario de la Monumental Plaza México, en el Distrito Federal, y Alberto Baillères, dueño de las plazas de los estados. La empresa Espectáculos Taurinos de México (ETMSA) es el "otro" negocio del magnate, el más cercano —dicen quienes lo conocen— a su corazón.

Baillères posee dos plazas en Aguascalientes, sede de la famosa feria de San Marcos, las de las metrópolis Guadalajara y Monterrey, las fronterizas de Tijuana y Ciudad Juárez, la de Texcoco, la de Acapulco y las del Bajío (Querétaro, León e Irapuato). Lo sorprendente y paradójico es que este hombre, taurófilo hasta los huesos y hábil como pocos de su clase para convertir en oro todos los negocios que toca, opera con pérdidas sus monumentales cosos. Por ejemplo, la plaza de San Marcos, en el merito Aguascalientes, está subutilizada y en los últimos años no logra ver más que el mínimo indispensable de corridas. La plaza El Toreo de Tijuana fue demolida, sin más.

Leonardo Páez, crítico taurino y autor de la columna "¿La fiesta en paz?", que se publica en *La Jornada*, y Xavier González Fischer, escritor especializado en el arte del capote, han sostenido en diversos artículos que las plazas de Baillères operan con pérdidas, con una pésima administración, con entradas muy por debajo de su capacidad y con carteles que gradualmente han degradado la fiesta brava. ¿Con qué fin? Páez cita a González Fischer en una entrevista publicada en *La Jornada* hace algunos años: "Existe en México una figura denominada Consolidación Fiscal, por medio de la cual un consorcio junta las utilidades de una de sus empresas con las pérdidas de otras, suma todo y paga impuestos sobre la diferencia. Siento que lo que mueve a empresarios como Alberto Baillères a mantener sus plazas cerradas y operando con pérdidas es precisamente el incentivo que le representa la consolidación fiscal, ya que a través de estas pérdidas puede dividir las utilidades que le dejan otros negocios más florecientes y mejor administrados".

Aunque la legislación fiscal ha cambiado desde entonces, el panorama ha variado muy poco. Páez asegura que la hipótesis del autor del libro de ensayos *Tocados por los duendes* sigue vigente. "Desaprovechamiento de inmuebles y del mercado, escasa planeación, ninguna coordinación con otras empresas, nula política de búsqueda y seguimiento de nuevos valores, importación sistemática de diestros, carteles antojadizos, cero mercadotecnia, poca proporción entre productos ofrecidos y precios de entrada y una pobre publicidad, trae como consecuencia la cada vez más desangelada oferta de espectáculo de ETMSA en todas sus plazas". Por cierto que ETMSA no figura dentro del organigrama del Grupo Bal, que tiene su División Agropecuaria, aunque la cría de los toros de lidia con su divisa verde y amarillo se da en los ranchos Begoña y San Miguel Mimiahuapam, ubicados en el municipio de doctor Mora, en Guanajuato.

Los Baillères compraron estos ranchos, afamados por la calidad de los astados que los representaban en las plazas de toros, en 1972. El rancho Begoña, a 35 minutos de la ciudad de Querétaro en auto, es administrado por Raúl Baillères Gual. Bajo su conducción —esta sí en el marco del corporativo— su hato se ha colocado como uno de los primeros productores de lácteos, con producción de ganado de engorda que cada año envía reses en pie a Estados Unidos, además de la producción de forrajes con altos niveles de tecnificación.

Además de toros y vacas, Begoña se distingue por la crianza de caballos finos. Son criadores de ganado equino de la raza Cuarto de Milla en sus diferentes variedades: paseo, charrería, *reining*, carreras y conformación. En su portal de internet, la empresa asegura haber logrado criar, en 30 años de rigurosa selección genética y mejoramiento de líneas de sangre, los mejores ejemplares de su tipo en el país. De testigo están los numerosos premios que obtienen sus corceles en las carreras del Hipódromo de las Américas.

La afición de Baillères a los ranchos y la vida de campo le viene de muy joven, cuando por encargo de su padre don Raúl fue enviado a hacerse cargo del rancho familiar de Atzingo, en Cuernavaca, donde tenían un criadero de codornices que surtía de aves finas al comedor del Club de Banqueros.

Pero su verdadero sueño como ranchero muy adinerado está lejos de Guanajuato y Morelos. Está en Texas. Alberto Baillères compró en 1994 el rancho Chaparrosa, cerca de San Antonio, en la tierra de Sam Houston. La espectacular propiedad asombra a los propios magnates tejanos, que no se caracterizan por su austeridad: 20 millones de dólares en 26 mil hectáreas.

Es un sitio histórico, donde, según rezan las crónicas de la época, las tropas de Antonio López de Santa Anna descansaron antes de la fatídica batalla de El Álamo en 1836. Es el segundo en extensión en el estado, después de King Ranch, y cuna del afamado ganado purasangre Gertrudis. El rancho ofrece a los millonarios tejanos, casi todos *bushianos,* cotos de caza deportiva de venado, codorniz y pavo salvaje.

Sus reses, campeonas en el mercado de la carne en Estados Unidos, llevan en la grupa la insignia con la "B" del Grupo Bal.

ADENDA

"Siempre he sostenido que la riqueza material es un medio, no un fin y cuando esta riqueza se invierte en el país, se transforma en un instrumento social que beneficia a todos", dijo Alberto Baillères en noviembre de 2015 al recibir la medalla Belisario Domínguez, máxima condecoración que otorga el Senado de México a los ciudadano eminentes.

Impecablemente vestido, traje gris, corbata del mismo color, camisa blanca y pañuelo en la solapa, aceptó el reconocimiento a nombre de todos los empresarios que trabajan por un mejor país: "Aprecio mucho esta condecoración aunque admito que mi único logro para recibirla es mi gran amor por México que es lo que me mueve y me ha movido siempre".

El empresario culminaba así un largo proceso de construcción de imagen y de liderazgo entre varias generaciones de políticos y empresarios.

Según el Índice de Multimillonarios de Bloomberg, desde el 2012 su fortuna ha disminuido 8 mil 700 millones de dólares, afectación que expertos como Mario Maldonado, periodista especializado en finanzas, atribuyen a la caída de los precios internacionales de minerales como oro, plata y zinc.

A pesar de "las vacas flacas", en marzo de 2016 Peñoles anunció en voz de su director de Energía y Tecnología, Arturo Vaca Durán, que estos "embates" eran cíclicos y que no habría recortes.[13]

Baillères nunca le ha temido al trabajo y es posiblemente esa la razón por la cual ha acrecentado la herencia que le habría dejado su padre al diversificar el Grupo Bal: "el trabajo es la más positiva y provechosa de las distracciones... Quien no trabaja, no puede ser feliz", declaró.

En 2015, echando mano de la Reforma energética y sus leyes secundarias, el dueño de dos de las compañías mineras más importantes de México, Peñoles y Fresnillo, buscó aumentar su cartera de negocios, invirtió en la expropiación y exploración de hidrocarburos y creó Petrobal, compañía para la que reclutó a Carlos Gil Morales, ex director de Pemex Exploración y Producción. Su contratación arrojó los primeros dividendos en octubre de ese mismo año, pues en alianza con la estadounidense Fieldwood Energy, obtuvieron su primer contrato al adjudicarse la cuarta área de la segunda fase de la Ronda Uno, la cual comprende los campos Ichalki y Pokoch.[14]

También en agosto, el Grupo anunció un plan de inversión de 2 mil 500 millones de dólares en sociedad con la empresa estadounidense AES Corp en el sector energético, principalmente en la generación de energía solar y eólica.[15]

Y en 2016, el Instituto Tecnológico Autónomo de México (ITAM) cumplió 70 años el 29 de marzo. El acontecimiento fue celebrado por gran parte de la clase política del país, buena parte de la cual ha pasado por sus aulas, particularmente en lo que respecta al área economica: asistieron, entre otros, el secretario de Hacienda, Luis Videgaray; el gobernador del Banco de México, Agustín Carstens; Jaime González Aguadé, presidente de la Comisión Nacional Bancaria y de Valores (CNBV); el economista y embajador Jesús Reyes-Heroles González.

En la lista de la revista *Forbes* "Los Multimillonarios de México 2016" Baillères bajó un escalón, dejó de ser el segundo más rico para establecerse en el tercer puesto con una fortuna de 6 mil 900 millones de dólares, únicamente atrás de Carlos Slim y Germán Larrea, y en el listado internacional de la misma revista está ubicado en el lugar 170, pero quienes lo conocen aseguran que este tipo de listados no le preocupan.

Aquel noviembre de 2015, en su discurso dijo que siempre ha trabajado hombro con hombro con el gobierno para "impulsar el desarrollo del país" y fue justamente el entonces presidente Enrique Peña Nieto quien puso en su cuello la Belisario Domínguez, ese día. En primera fila estaban Luis Videgaray, secretario de Hacienda; Miguel Ángel Osorio Chong, secretario de Gobernación; Miguel Ángel Mancera, jefe de Gobierno de la Ciudad de México, y Manuel Velasco, gobernador de Chiapas.

Tras saludarlos habló sobre la trayectoria de Belisario Domínguez y mencionó las "carencias e injusticias lacerantes que aquejan a la nación, como la pobreza, la violencia, la corrupción y la debilidad del estado de derecho" y los exhortó a "seguir luchando con vehemencia", "con amor a la patria y con verdadero compromiso" para defender la "democracia, la justicia y la libertad", lo cual arrancó varios aplausos.

También en su gran pasión, la fiesta brava las empresas Baillères han tomado nuevos rumbos, junto con los empresarios españoles José

Cutiño y Simón Casas, creó la plataforma Fusión Internacional por la Tauromaquia (FIT), para gestionar plazas de toros en México, Francia y España. Además, el empresario mexicano ya había comprado la ganadería de Zalduendo a Fernando Domecq y tiene la exclusiva mundial de los contratos del famoso torero español, Morante de la Puebla.

La fiesta brava no es el único de sus ocios. El *Maya Queen IV* fue construido en 2008 en el astillero de Bloch Voss en Hamburgo, Alemania y está valuado en más de 160 millones de euros según las Revista *Quién*. Cuenta con 93 metros de largo y 22 metros de ancho y su interior fue realizado por el diseñador Disdale Terence. El empresario y su familia suelen navegar los veranos por España, Croacia, Londres, Italia y Francia.

Uno de sus negocios más visibles, la cadena de tiendas departamentales Palacio de Hierro, remodeló su principal sucursal en la zona de Polanco en la Ciudad de México con un costo de 300 millones de dólares con el objetivo de convertirla en uno de los espacios de moda y estilo con más lujo en América Latina.

"México es un país que merece seguir teniendo los mejores 'Palacios'. Con este formato de negocio, estamos planeando una estrategia a nivel internacional para captar a clientes de todo el mundo y ofrecerles la mejor experiencia de compra que una departamental orgullosamente mexicana, les puede brindar", expuso don Alberto en el discurso de inauguración.

A ella asistieron los modelos españoles Andrés Velencoso y Jon Kortajarena; la modelo estadounidense Carmen Dell'Orefice; la diseñadora Carolina Herrera; el embajador de España en México, Luis Fernández Cid; el artista Fernando y su esposa María Inés Botero; el empresario Manuel Arango y su esposa Marie Thérèse; Adolfo Autrey; el jefe de gobierno de la Ciudad de México, Miguel Ángel Mancera, y el coleccionista y empresario Bruno Newman.

El lunes 13 de enero de 2014 fue uno de los días más tristes para la familia Baillères Gual por el fallecimiento de Mauricio, debido a un infarto al corazón, uno de los siete hijos de la dinastía. Adicionalmente, sobrelleva desde hace años el distanciamiento con su hijo Alberto, al grado que en 2013 este tuvo problemas legales en Estados Unidos y abrió un sitio en internet para recaudar fondos y pagar a sus abogados (http://promoti823.wix.com/save-alberto). "Hay un distanciamiento importante entre mi padre y yo... ha tomado posturas desfavorables que son la razón por la que en esta oportunidad de apoyarme en este linchamiento me ha cerrado la puerta", declaró en esa ocasión al periódico *El Universal*.

En efecto, el dueño de Palacio de Hierro tiene fama de ser muy exigente con sus hijos; todos han tenido que trabajar para ganarse lo propio y únicamente tres de ellos laboran en las empresas familiares: Juan Pablo, quien maneja las ganaderías; Raúl, gerente de Información Estratégica de Grupo Bal; y Alejandro, director corporativo del Grupo Bal. Este último es considerado por los cercanos como el futuro heredero del emporio Baillères, pues además de posicionar al Grupo Nacional Provincial (GNP) como una de las principales y más redituables aseguradoras de México, desde abril de 2015 su padre le dio la confianza de que fuera director de todo el conglomerado empresarial.

Aun así, el empresario sigue su camino con el impetú del que no desea detenerse. Continúa levantándose a trabajar todos los días, haciendo crecer su imperio, fortaleciendo sus relaciones políticas y empresariales y reiterando su "compromiso más vehemente con México". En el proceso ha logrado mantenerse en la selecta lista de los tres hombres más ricos del país y el único de ellos que ha sido homenajeado por el Congreso poco menos que como prócer de la patria.

BLANCHE PETRICH MORENO *es reportera de asuntos especiales en* La Jornada *y conductora del programa* De este lado *en Telesur. Ha sido conductora y comentarista de radio en diversos programas y trabajó como editora y reportera en los periódicos* La Opinión *de Los Ángeles,* Unomásuno *y* El Día. *Fue corresponsal de Televisión Española y ha colaborado con diversas revistas de Europa y América Latina. Obtuvo un posgrado en periodismo internacional en la Universidad del Sur de California. Es coautora de varios libros.*

Olegario Vázquez Raña

El amigo de todos los presidentes

Por MARCO LARA KLAHR

EL DE LOS VÁZQUEZ RAÑA cabe en ese puñado de clanes empresariales mexicanos a los que, al menos de acuerdo con su imagen pública, no puede dejar de mirárseles sino adosados al poder político. "Más que dueños [...] son representantes de intereses", propone el académico Roberto Garduño.[1] Ahora mismo, uno de su estirpe ha puesto al aire lo que parecía imposible, la tercera opción televisiva comercial del país, Cadena Tres. Por la pujanza y envergadura de sus negocios, su figura controversial y su pragmatismo al contemporizar con políticos y burócratas del más alto nivel, *Don* Olegario es quien ostenta hoy el liderazgo de aquella familia, originalmente fundada por esforzados inmigrantes gallegos que aprendieron de negocios ejerciendo en México de aboneros, tenderos y administradores de un hotel de paso, desde la tercera década del siglo XX.

A despecho de sus más de 80 años de vida, este ex camionero y ex mueblero nacido el 10 de diciembre de 1935 en la colonia Guerrero, va y viene por los aires, literalmente, gobernando su vasto conglomerado, con su pinta afable, estatura media, toscas manos de labriego gallego y unos anteojos de levísimas monturas de oro que, armonizando con el peinado, confieren a su rostro ancho un toque juvenil: "Viajo el 90 por ciento en helicóptero. Tengo helicóptero, tengo avión. Soy una persona [...] que le gusta usar las cosas. Nunca he sido esclavo del dinero, el dinero me sirve para darme los gustos que yo quiera, pero no para presumirlo. Me gusta darme buena vida. Tengo tantos negocios, que no puedo estar dos o tres horas en el Periférico; tengo el helicóptero porque es muy obligatorio para mi trabajo".[2]

Durante décadas parecía condenado a vivir a la sombra de su hermano tres años mayor, Mario, magnate priista de grandes gafas, hacía evocar a los personajes de Abel Quezada, alguien que gustaba de figurar en las portadas de su cadena de diarios, "los Soles", y ser llamado "licenciado", y poseía la reputación de haberse enriquecido mediante las redes de intereses. Pero desde mediados de los años 80, Olegario Vázquez Raña empezó a forjar su propio camino de manera plena y notoria, con la adquisición del financieramente maltrecho Hospital Humana.

Olegario, nombre germánico, significa "El que domina por la fuerza de su lanza". Y en efecto, este ex campeón de tiro deportivo, capitanea su *holding* armado de una peculiar fuerza intuitiva y una sonrisa espontánea que le han permitido adquirir y hacer prosperar todo tipo de empresas, sea cual sea su salud contable, o echarse en el bolsillo lo mismo al general Hermenegildo Cuenca Díaz, secretario de la Defensa Nacional en el echeverriato, que a la *media naranja* ex presidencial, Marta Sahagún de Fox.

Oficialmente, sus brazos corporativos discurren, entre otros, en los ámbitos hospitalario, turístico, financiero, mediático, restaurantero y filantrópico, con Hospitales Ángeles, Hoteles Camino Real, Grupo Financiero Multiva, Grupo Imagen, el elegante restaurante Le Cirque y la Operadora Coffee Station como buques insignia de Grupo Empresarial Ángeles, GEA —denominado así en honor a María de los Ángeles Aldir, su esposa desde más de 50 años.

Un giro del que, sin embargo, jamás se habla abiertamente en sus decenas de empresas es el de los centros de apuestas, a través de Eventos Festivos de México S.A. de C.V., que posee autorización oficial para 20 "salas de sorteos de números". Aparte, existe un tema de conversación que lo perturba: el de sus supuestos negocios con la Secretaría de la Defensa Nacional (Sedena). Niega con vehemencia aquello que, según un par de fuentes, daría cuenta del auténtico origen de su fortuna: "¡Nunca en mi vida he vendido un cartucho! ¡Nunca en mi vida he vendido un gramo de pólvora! ¡Nunca en mi vida le he vendido a Sedena!"[3]

Queda, en todo caso, registro documental de su posible interés por adquirir una fábrica de municiones. En una tarjeta informativa de la Dirección Federal de Seguridad se asienta que él, Olegario, realizó "gestiones para la compra de las acciones" de Cartuchos Deportivos de México, S.A., por cuenta de su hermano Mario Vázquez Raña y el general Hermenegildo Cuenca Díaz, a mediados de los años 70.[4] Luego desaparece todo rastro de aquella posible operación para hacerse de una empresa establecida por Remington hace casi medio siglo y que en la actualidad, bajo la denominación Industrias Tecnos, S.A. de C.V. (de manera formal, propiedad de Breco Holdings, Inc.), provee cartuchos Águila al ejército mexicano.[5]

En su camino siempre hacia arriba, este "rubí del empresariado nacional" —como lo proclaman periodistas zalameros en *Líderes mexicanos*—[6] ha padecido también un intento de secuestro y el asesinato de sus guardaespaldas, además de un ostensible distanciamiento de Mario —su hermano protector y maestro—; sus modos de pachá cuando visita Avión, la tierra de sus padres (provincia de Orense, Galicia); el control de unos cuantos periodistas mediante sueldos desproporcionados, y las quejas persistentes sobre la calidad del servicio en sus hospitales (de las 2 mil quejas contra servicios médicos privados captadas por la Comisión Nacional de Arbitraje Médico entre enero de 2002 y febrero de 2007, el 6 por ciento correspondió a Grupo Ángeles Servicios de Salud),[7] e imputaciones sobre tráfico de influencias.

En el principio, María y Venancio

Situado en la sierra orensana de Galicia, Avión tal vez no sería más que un pueblecito fantasmal; quizá tampoco tendría sus actuales tres mil y pico de habitantes siquiera, ni se contaría entre el único par de municipios gallegos con índices de riqueza superiores al promedio español, de no ser por familias venidas a más, como la de los Vázquez Raña, que hoy aprovechan cada vez que pueden la Semana Santa o el verano para volar desde México en tropel (trayendo consigo descendencia, amigos, colaboradores, servidumbre y mascotas) a pasarla en sus extraordinarias fincas, claudicando a rústicos goces, platillos ancestrales y toda suerte de usos y costumbres, inmersos en la envidiable parsimonia rural.

Al cabo, aquella nunca dejará de ser su querencia, aunque hubo tiempos a lo largo de la primera mitad del siglo XX cuando la pobreza expulsó a los padres, desafiándolos a buscar al otro extremo del Atlántico distinta suerte.

En 1928, rematando sus nombres con unos rancios apellidos orensanos, el joven matrimonio de María Raña y Venancio Vázquez se sumó a la diáspora gallega hacia América, como otros miles de trabajadores anhelantes. Engrosaban una de las olas emigratorias históricas de grandes proporciones, que acabó determinando los vínculos culturales y económicos gallego-mexicanos tal como se encuentran ahora e incluyeron el cuasimonopolio en el ejercicio de algunos rubros comerciales y de servicios en la Ciudad de México y otras poblaciones de nuestro país.

María Xosé Rodríguez Galdó y Abel Losada Álvarez han revisado la dinámica migratoria de los gallegos hacia nuestro país e identifican "la primera etapa" entre 1878 y 1936 —del porfiriato al cardenismo—. Al final de dicha etapa, afirman, "[...] se observa una progresiva especialización en el comercio, de manera singular entre aquellos asentados en los nuevos barrios de la capital, como Santa María la Redonda y la Rivera de San Cosme. En este ramo de actividad el protagonismo indiscutible corresponde a los llamados "aboneros" [...] El trabajo de los "aboneros" pasa a identificarse con el "trabajo por antonomasia" desempeñado por los gallegos [...] El funcionamiento del sistema de abonos, que no se reducía tan sólo a los textiles sino que se extendía a zapatos, muebles, joyas, etc. en un momento y en otro fue prácticamente el mismo que había descrito García Acosta [...] para la ciudad de Puebla con las siguientes palabras: "[...] Los gallegos en Puebla se iniciaron como aboneros, es decir, vendiendo ropa en cuotas de casa en casa. Para ello muchos antiguos residentes comerciantes en ropa, gallegos o no, los ayudaban fiándoles ropa o conectándolos con los proveedores ya conocidos por ellos, así los gallegos podían ir pagando su mercancía poco a poco, conforme les pagaban sus clientes. Más tarde estos gallegos se fueron estableciendo e instalando básicamente comercios de muebles".[8]

En efecto, muchos de los que consiguieron capitalizarse, añaden estos autores, fueron luego incursionando, consolidándose o expandiéndose en otro tipo de establecimientos, como panaderías, consultorios médicos, abarrotes y tiendas de ropa, restaurantes y cabaretes, mueblerías, fábricas de colchones y textiles, hoteles y baños públicos.

María Raña y Venancio Vázquez fueron actores centrales, aunque anónimos, de tal historia dramática, que si bien hoy es romantizada por sus descendientes, les significó no pocos contratiempos. Su primer destino americano fue Venezuela, desde donde ese mismo año (1928) llegaron a México. Al nacer Olegario, el quinto de sus seis hijos (1935), la adversidad obligó a la familia a separarse. María Raña y sus pequeños volvieron intempestivamente a Avión, donde aguardaron hasta que Venancio Vázquez pudo revertir la crisis, ascendiendo de abonero de a pie, a propietario de Almacenes Vázquez (1945), en Zarco 118, colonia Guerrero, que vendía lo mismo muebles y otros enseres domésticos, que herramientas agrícolas de bajo precio —es el antecedente de Compañía Hermanos Vázquez (fundada en 1964, en la zona de Buenavista) y la verdadera escuela de los magnates Olegario y Mario Vázquez Raña.

En abono del previsible relato del hombre que se construye a sí mismo, un panegírico en *Líderes mexicanos* consigna que los Vázquez Raña vivían arriba del local del negocio donde sus seis retoños comenzaron a trabajar: Aurelio y Sara (muertos tempranamente), Apolinar,

Mario, Olegario y Abel. En no pocas ocasiones la pasaron duro, incluso sin la oportunidad de ir a la escuela, pues el dinero no alcanzaba:

"Olegario Vázquez Raña tenía nueve años cuando empezó a entender el valor del trabajo al lado de su padre y desde entonces ya se relacionaba con los clientes de la mueblería y mejor aún, avisaba a los vecinos cuando tenían llamada en el teléfono público que funcionaba en el mismo negocio. Así se ganaba sus propinas. Pasó el tiempo y él intercalaba el trabajo y la escuela. Llegó hasta la preparatoria, incluyendo un paso por la nocturna".[9]

En tono semejante, una versión ampliada que publicó *El Universal* donde se le describe como un individuo "de mente ágil, poseedor de una gran sencillez y calidad humana que contagia la alegría de vivir", revela que entre 1953 y 1954, "antes de los 20 años el joven Olegario, junto con sus hermanos [...] inician un programa de radio, con lo que innovan en el terreno de la publicidad de su negocio". A continuación, el reportaje cita al empresario, quien señala que al morir Jorge Negrete (1953) "teníamos un amigo en la estación XRH, del hermano de Emilio Tuero y pusimos un programa de radio de 11:45 a 12:00 horas y transmitían únicamente canciones del 'charro cantor' y nosotros lo patrocinábamos. No vendemos en abonos, pero vendemos a precio especial decía nuestro anuncio". En 1956, "el esfuerzo los impulsó a construir en Zarco y Moctezuma su primera tienda propia, que anunciaban, 'ven con los locos hermanos Vázquez de Zarco y Moctezuma' ".[10]

En el piso 6A de su suntuoso hotel de la colonia Anzures (Ciudad de México), corazón y cerebro de su cuartel general en Grupo Empresarial Ángeles, metido en un traje oscuro a rayas, a Olegario Vázquez Raña le resplandecen los ojos al rememorar aquellos capítulos epopéyicos. Para ello se apoltrona, presionando con las rodillas uno de los brazos del sillón: "Me siento muy orgulloso de mis padres, que para mí fueron una guía impresionante, porque, efectivamente, nuestra situación de niños fue muy difícil [...] Me siento muy orgulloso porque mucha gente niega el trabajo de abonero. Me siento muy orgulloso porque cobré los abonos donde vendía mi papá, yo tenía nueve años e iba a cobrar el abono. Mucha gente me ha dicho que por nuestro origen, el de mis padres aboneros, debemos sentirnos mal, que debemos borrarlo. Pero no, me siento orgulloso [...] Mi papá me enseñó que en la vida había que ser honrado, honesto y leal [...] son tres cosas que tengo yo muy presentes".[11]

Uno de esos episodios que, en cambio, ni por asomo incluirían las abundantes biografías periodísticas laudatorias de los Vázquez Raña es la que tiene que ver con la incursión empresarial de sus padres en la hotelería, digamos, de mala muerte. El testimonio de Rogelio Diz Rubianes, gallego radicado en Puebla, articulista de *xornal.com* (diario electrónico de Galicia donde ha escrito sobre la conformación de la colonia gallega en México), amigo y compadre de miembros de aquella familia, habla de doña María y don Venancio en tiempos en los que, aparte de su tienda Almacenes Vázquez, regenteaban el hotel Dos Naciones (Mina 13), también en la colonia Guerrero. Este habría sido el principio de una cadena familiar de hoteles de baja categoría entre los que se cuentan varios de la Calzada de Tlalpan, cuyo universo predominante de *habitués* son hombres y mujeres prostitutos del brazo de sus efímeras parejas.

"Era gente muy astuta", dice Diz Rubianes, "que venía de un país lleno de miseria. [...] un día arrendaron un hotel que estaba cerca de la tienda, el Dos Naciones, que después compraron los hijos. Era de baja categoría y quien realmente lo administraba era la madre, doña María, que por las noches *basculeaba* a los borrachitos. Don Venancio todas las mañanas se levantaba a las cuatro de la mañana para ir a cobrar los abonos de los muebles y llegaba a las nueve de la mañana a abrir la tienda. Los domingos, el señor agarró el truco de vestirse de tamarindo [agente de tránsito] e irse a la carretera vieja a Toluca, a *morder* a todo el que se dejara; así sacaba muy buenos dineros".[12]

Diz Rubianes sostiene que lo escuchó por boca de los viejos María y Venancio, que lo narraban con picardía gallega en hilarantes reuniones familiares "en la casa de los Vázquez, allá en [la colonia] Lindavista".

El campeón olímpico: "A mí todo el mundo me trataba como rey"

Es notable la sacrificada perseverancia de esta familia, y la de Olegario Vázquez Raña en particular, quien en menos de medio siglo (desde los 60) consiguió conseguido edificar su propio imperio corporativo. Lo son asimismo su capacidad de trabajo y su aptitud de negociante. Pero su proximidad con el poder gubernamental en plena era priista —como, más tarde, durante el foxismo y el calderonismo— obró también lo suyo. La herencia cultural de ese diminuto pueblo orensano de origen incierto, del que un día María y Venancio partieron acosados por la pobreza, da razón de la afortunada circunstancia que acercó a Mario y Olegario a personajes cruciales para su boyante futuro.

La sinuosa orografía sobre la que se levanta Avión pertenece a las sierras del Suído y del Faro de Avión. Ello explica que sea parte de una región cultural de pastores y cazadores por generaciones. En la actualidad, los torneos de caza constituyen acontecimientos sociales y económicos que convocan a deportistas de todo Galicia en unas estruendosas y sangrientas jornadas montunas —deslucidas sólo a causa de los incendios forestales y las protestas de grupos "animalistas".

Era previsible, pues, que el actual dueño de Grupo Empresarial Ángeles resultara buen tirador. Y el que en su juventud lo fuera, lo puso en un escenario donde acabaría atrayendo la mirada de otros apasionados de las armas, los militares; en particular, de algunos tan encumbrados como el general de división Hermenegildo Cuenca Díaz, priista caciquil y aficionado al tiro al blanco y la caza. Como tirador deportivo, entre 1964 y 1979 Olegario Vázquez Raña representó a México en cuatro olimpiadas (Tokio, México, Munich y Montreal) y en la mayoría de los World Championships realizados en ese lapso. En sus 25 años como deportista profesional destacó en juegos centroamericanos y panamericanos, y estableció marcas nacionales y mundiales.

Tal fue el contexto donde "ellos [se refiere no sólo a Olegario, sino a Mario y Abel Vázquez Raña, quien compitió en los Juegos Olímpicos de Tokio, en 1964] empezaron a ir con bastante asiduidad a lugares donde podían conseguir los tiros y competir con militares; así fue como comenzaron a enfrentarse, por ejemplo, a gente que manejaba el Campo Marte, a competir incluso con gente de la Defensa y el Estado Mayor [Presidencial]", explica Rogelio Diz Rubianes.[13]

El magnate refiere, a su vez, que su contacto con militares surgió y fue estrechándose al tramitar permisos para el transporte de sus armas y conforme sobrevinieron sus éxitos deportivos, aparte de que "el polígono de tiro que se construyó para los Juegos Olímpicos de 1968 está dentro del Campo Militar Número 1 y por eso todos los tiradores teníamos relación con los militares". Es como fue trabando amistad "con todos los secretarios de la Defensa Nacional", de modo que "a mí cuando llegaba a practicar todo el mundo me trataba como rey".[14]

Aunque conserva una colección de armas, hace más de medio siglo que Olegario Vázquez Raña no tira. El asunto es tan emotivo para él, que "he llorado muchas veces [...] el tiro lo tenía metido en la sangre, en el alma, en el corazón, en el cerebro". Sucede que a los 44 años optó por ser presidente —sigue siéndolo— de la Federación Internacional de Tiro Deportivo. "Vino la Olimpiada de Moscú [1980] y, puesto que fui ya como directivo, sufrí lo que ningún deportista: no competí porque no podía ser la máxima autoridad del deporte y competir. Una noche mi esposa me preguntó por qué lloraba. 'Es que soñaba que estaba en el tiro', le respondí. Otra vez me dijo, 'Mañana te levantas y vas a tirar, ahí están tus armas, tu rifle'. Agarré mis cosas, las metí al coche, salí de mi casa del Pedregal, me vine todo el Periférico. Llegando a la puerta del campo de tiro, pensé, 'No puedo subir a tirar, soy el presidente de la Federación Internacional, y si hoy tiro, soy capaz de renunciar'. Me di la vuelta y decidí, 'No vuelvo a tirar' ".

Entre lo que más le enorgullece de su historial deportivo, como es evidente, son esos lazos con los militares: "Me he llevado tanto con ellos porque fui un gran triunfador en el deporte, como he triunfado en todo. Pero hay gente que no sabe de qué acusarme y por eso dice que hago negocio con los militares, lo cual es falso, ¡jamás de los jamases!; ¡entrevístese con cualquier ex secretario, revise los archivos! Hay cosas que no pueden ocultarse y si le he vendido algo a la Defensa Nacional, ¡ahí están los archivos! ¡Nunca he hecho ni una mitad de milésima de centavo con un militar!, porque mi amistad con ellos es primero que cualquier negocio".

Aunque se reserva sus fuentes, Miguel Ángel Granados Chapa no pensaba igual. En una columna "Plaza Pública" dedicada al empresario, habló de "sus negocios como proveedor del Ejército", lo cual es, dijo, una "actividad discreta pero voluminosa donde se encuentra el origen de su fortuna, más allá del original negocio familiar". Consultado más tarde acerca de esta afirmación, el periodista responde que "esto es cabalmente cierto" y que, en particular, "en los años del general Félix Galván López [Olegario Vázquez Raña] era proveedor de pólvora del Ejército".[15]

Como secretario de la Defensa Nacional, Galván López fue sucesor de Hermenegildo Cuenca Díaz, designado a su vez por el presidente Luis Echeverría Álvarez (1970-1976). Al escuchar el nombre de este último general, Olegario Vázquez Raña acepta que fue no sólo su amigo, sino "mi compadre", al tiempo que "yo para él fui como un hijo". No exagera: Cuenca Díaz lo designó nada menos que como albacea testamentario, lo cual para aquel no significa que hubiera entre ellos intereses de negocios: "Es cierto, me deja de albacea y luego yo le entrego todo a su hija. Nunca, jamás de los jamases, hubo un negocio, ni una milésima de centavo [hice] con Cuenca. Y después viene el siguiente secretario [Galván López], y tampoco. Nunca jamás de los jamases hubo un negocio, porque era mi convicción la misma de los militares; yo soy muy similar a un militar en la disciplina".[16]

Igual que Granados Chapa, Rogelio Diz Rubianes sostiene que el más poderoso de este clan de origen gallego tiene negocios con la Secretaría de la Defensa Nacional, específicamente abasteciéndola de cierta materia prima importada para la producción de pólvora.

Son patrañas, da a entender otra vez Olegario Vázquez Raña y, con aparente convicción, vuelve a negar haberse favorecido de sus tratos con la élite castrense. "Me han acusado de que fui dueño de Remington, pero nunca he tenido nada que ver con esa empresa ni le he vendido a la Defensa Nacional. ¡Vaya a los archivos!"

Justo una tarjeta informativa dirigida por el agente Félix Lozano Rangel al "C. Director Federal de Seguridad" el 14 de marzo de 1977 (esto es, a menos de tres meses de que Cuenca Díaz dejara de ser titular de la Sedena y casi dos meses antes de que falleciera intempestivamente en Tijuana, siendo candidato a gobernador de Baja California (17 de mayo de 1977), mostraría, al menos, que los dos estrategas de la familia (Mario y Olegario) y aquel general de división tenían en la mira hacerse de una fábrica de municiones fundada por Remington.[17]

El documento —parte del acervo de la Dirección Federal de Seguridad depositado en el Archivo General de la Nación— asienta: "Con relación a la investigación sobre quién o quiénes eran las personas que mostraban interés en la compra de la empresa 'Cartuchos Deportivos de México, S.A.', ubicada en Cuernavaca, Mor., se pudo saber que la persona que está haciendo las gestiones para la compra de las acciones de dicha empresa, es el Sr. Olegario Vázquez Raña, quien representa en esta compra a su hermano Mario Vázquez Raña y al Gral. de Div. D.E.M. Hermenegildo Cuenca Díaz".

Información disponible en el Registro Público de la Propiedad y del Comercio de Morelos asienta que Cartuchos Deportivos de México, S.A., se constituyó el 29 de agosto de 1961, con Cahe de México, S.A. y Remington Arms Company Inc. como socios accionarios principales, y este objeto social: "Fabricar, ensamblar, producir, comprar, vender, distribuir, importar, exportar y en general, comerciar cualquier título con cartuchos deportivos y armas de fuego deportivas de todas clases, tipos y calibres...".[18]

Un año después de aquella tarjeta de la Dirección Federal de Seguridad, el 28 de abril de 1978, la empresa cambió su denominación a Industrias Tecnos, S.A. de C.V., y también de accionistas, en apariencia.[19] Formalmente, hoy pertenece a Breco Holdings Inc. (de la familia Brener). Sin embargo, la escritura depositada en el Registro Público de la Propiedad y del Comercio de Morelos no menciona a los accionistas por su nombre o razón social, de modo que es imposible, por ahora, precisar si fructificaron las gestiones de Olegario Vázquez Raña para adquirir todo o parte del paquete accionario de la proveedora de la Sedena.

Guerrilleros, fugas, tiroteos, cadáveres y periódicos

Para el Grupo Nacionalista Octopus y la Liga Comunista 23 de Septiembre, considerados "grupos guerrilleros urbanos" por los cuerpos mexicanos de seguridad del Estado, atentar contra un Vázquez Raña habría sido un objetivo perseguido durante parte de la década de los 70. O eso reportaba el capitán Luis de la Barreda Moreno, director federal de Seguridad, en informes que con certeza acababan sobre los escritorios del subsecretario de Gobernación, Fernando Gutiérrez Barrios, y el presidente Luis Echeverría Álvarez.

Hasta finales de los años 60 esta familia no era más que una referencia por sus populares mueblerías Compañía Hermanos Vázquez, los logros del as del tiro deportivo Olegario Vázquez Raña y el naciente protagonismo de su hermano Mario en la alta burocracia del deporte federado. En la década posterior, una mirada atenta como la de los grupos guerrilleros, ávidos de hacerse de fondos y atraer la atención pública mediante la *acción directa*, captaría sin dificultad el significado de atentar contra los Vázquez Raña: un gancho al hígado contra una élite empresarial en estado larvario gracias a sus relaciones políticas y su laxitud en los negocios.

La víspera de la Nochebuena de 1971, el capitán De la Barreda Moreno informa a sus superiores que la Policía Judicial del Distrito Federal había capturado "como sospechosos, a Jesús García Ríos, Bernardo Agustín Santiago García, Javier González Muñoz y José de Jesús Pérez Magaña". Este último, anota, llevaba consigo "4 cartas en las que se manifestaban por su redacción un posible secuestro". Al ser interrogados, añade, confesaron pertenecer a la "Organización Octopus", que "hasta el momento ha cometido 5 asaltos a mano armada, robándose 4 motocicletas y un auto móvil de alquiler [...] ya que tenían planeado para el día de mañana [24 de diciembre de 1971] secuestrar al señor Olegario Vázquez, uno de los dueños de la casa 'Hermanos Vázquez' y obtener por su rescate la cantidad de 5 millones de pesos", de los cuales "se repartirían entre los actuantes [...] cierta cantidad de dinero, mientras que con el resto establecerían una escuela para entrenarse en actividades de guerrilleros urbanos". El documento transcribe también la supuesta carta a la familia de su víctima que enviarían los secuestradores, la mayoría de ellos estudiantes, exigiendo el rescate.[20]

A más de tres decenios, Olegario Vázquez Raña trae a la memoria un atentado en el cual sus fallidos atacantes utilizaron al menos un automóvil habilitado como taxi y una motocicleta. No necesariamente serían las mismas personas interrogadas por la Federal de Seguridad en el reporte anterior (que es de 1971, mientras lo que enseguida narra la víctima lo sitúa alrededor de 1973); pero si lo fueron, en su informe el capitán De la Barreda Moreno convirtió un hallazgo accidental en una proeza atribuible a la sagacidad policial.

Dubitativo, el empresario cree recordar que fue en 1973 "o algo así" y que lo salvó un retraso inusual, de sólo minutos. Pasadas las nueve de la mañana, salió de su casa en Lindavista, al norte del Distrito Federal, hacia su oficina en la céntrica colonia Guerrero. La prisa le hizo reemplazar al chofer, "yo manejaba más rápido". En una esquina, un taxi "con cuatro personas adentro" le cerró el paso. Supuso que el conductor estaba ebrio, consiguió eludirlo. "Tuve el chance de dar un volantazo, me subí a la acera, avancé y salí de ahí". Sus atacantes, observa, no pudieron reencender el motor del taxi, aunque un hombre en motocicleta lo persiguió, hasta que "al subir el puente de Nonoalco, chocó con un auto. Es a quien detiene la policía y le encuentra cartas donde dice todo lo de mi secuestro y que me iban a tener en Azcapotzalco, en una bodega".[21]

Al Grupo Nacionalista Octopus se le escapó por un pelo quien para entonces era amigo íntimo del secretario de la Defensa Nacional, Hermenegildo Cuenca Díaz, figura olímpica y hermano predilecto de Mario Vázquez Raña. Este último antes de concluir el régimen del presidente Echeverría Álvarez se haría de la Cadena García Valseca; primer paso de un derrotero que dos décadas más tarde los pondría a ambos —Mario y Olegario— a la cabeza de sus propios emporios, si bien personalmente distanciados.

El 6 de mayo de 1976 la Liga Comunista 23 de Septiembre, según otro informe del propio director federal de Seguridad, emprendió un nuevo ataque que afectó a esta familia ya en pleno ascenso económico. Esta vez, el desenlace fue sangriento: "A las 8:30 horas de hoy, en el Comedor 'Lindavista' [...] de esta Ciudad, cuando se encontraban tomando alimentos los hermanos Gustavo Guillermo Palacios Mena y Jesús de los mismos apellidos, en compañía del Policía Bancario Roque Martínez Tavera, estos miembros de la escolta particular de la Familia Váquez Raña, y el Subtte. de la D.G. P.T. Ernesto Carrillo Servín, Instructor de Educación Vial de la Escuela 'Guadalupe Tepeyac', donde momentos antes habían dejado a las hijas de Olegario y Apolinar Vázquez, fueron sorprendidos por un sujeto [...] otro individuo y una mujer, quienes pistola en mano los acribillaron, matándolos".[22] Murieron también tres personas que estaban en mesas contiguas y una mesera fue hospitalizada.

Además de los siete cadáveres, en la escena del crimen la policía encontró "un volante con el texto: 'Operación 11 de febrero, Comandos: 15 de Junio y Arturo Gamiz', fechado en Mayo de 1976 ". Los atacantes se apoderaron de las armas de sus víctimas, en la huída hirieron a dos agentes fiscales, desarmándolos, y se esfumaron en un vehículo que había sido robado a mano armada la noche anterior. No se menciona que estuviera ahí alguno de los hermanos, ni ellos lo han clarificado públicamente; pero si el ataque, sin duda virulento, fue en su contra, bien pudo el informe de inteligencia haber omitido este dato (la presencia de alguno de los hermanos y hacia quién se dirigía en realidad el ataque), para evitar en lo posible la mención de esta familia. "En 1973, las cosas comenzaron a cambiar. Don Olegario sufrió un secuestro, y ese drama puso sobre la mesa familiar la idea de la flexibilidad: abrirse un poco más a otros negocios", escribe en *Expansión* Javier Martínez Staines.[23] Esta versión ambigua no precisa fuente específica, que podría ser el mismo Olegario Vázquez Raña, entrevistado para esa especie de perfil periodístico sobre la familia. Pero abre nuevas incógnitas acerca de si alguna vez los grupos guerrilleros se salieron con la suya y el hecho fue ocultado de la mirada pública. ¿O acaso el periodista se refería no a "un secuestro", sino a un "intento de secuestro"?

Para esa época, el apellido Vázquez Raña había ganado notoriedad. Mario, el líder del clan, aparecía a la cabeza de la naciente Organización Editorial Mexicana (1975), nueva denominación de la mayor cadena de periódicos del país, que el gobierno echeverrista había intervenido a finales del sexenio y expropiado al coronel José García Valseca arguyendo una deuda.

El periodista que mejor ha documentado los entretelones de parte de aquella operación de Estado es Jorge Fernández Menéndez, quien por cierto figura entre las firmas estelares de Imagen, grupo multimediático de Olegario Vázquez Raña, y es amigo y consejero en asuntos políticos de Olegario Vázquez Aldir.

En su libro *Nadie supo nada. La verdadera historia del asesinato de Eugenio Garza Sada*, Fernández Menéndez relaciona el sonado caso del jerarca de Grupo Monterrey —asesinado el 17 de septiembre de 1973, oficialmente durante un intento de secuestro cometido por la Liga Comunista 23 de Septiembre— y el destino de la Cadena García Valseca. Su versión es que el 5 de septiembre de ese año el carismático empresario regiomontano firmó un pagaré de 175 millones de pesos para respaldar la compra de dicha cadena periodística, que sería entregado a García Valseca para que, a su vez, liquidara los adeudos que habían propiciado oficialmente la intervención del gobierno. La operación quedó inconclusa al ser asesinado Garza Sada, 12 días más tarde.

Además de las dificultades financieras, había antipatías, dice Fernández Menéndez citando a Salvador Borrego, periodista y colaborador del coronel García Valseca: "Para Salvador Borrego [...] esa animadversión [de miembros del gabinete díazordacista nucleados por Luis Echeverría Álvarez, secretario de Gobernación y candidato presidencial priista] hacia García Valseca se debía a que en esos círculos de poder había gente "radical de izquierda", que tildaban al coronel de ser un hombre de "derecha" y que incluso trabajaba en sus periódicos gente que pertenecía al MURO".[24]

El 16 de octubre siguiente (1973) fue asesinado en Guadalajara el empresario Fernando Aranguren, quien "Borrego menciona [...] también había sido invitado por Garza Sada para participar en el rescate de los periódicos de García Valseca. Asimismo, se supo que por esos días había habido una llamada telefónica al periódico *El Occidental*, de Guadalajara, anunciando que García Valseca sería el muerto número tres". Presionado, este vendió sus periódicos al gobierno federal. "A pesar de que el gobierno de Echeverría notificó públicamente que esos periódicos serían del Estado y que no se venderían a ningún particular, poco después, en abril de 1976, los 37 diarios que habían sido de García Valseca fueron vendidos a un grupo de cinco personas. Como comprador aparecía la Organización Editorial Mexicana, constituida con un capital de 160 millones de pesos. Lo que se conoció poco tiempo después fue que el principal accionista de esa empresa era Mario Vázquez Raña, un empresario muy cercano al presidente Echeverría".[25]

Fernández Menéndez concluye en su investigación que el gobierno echeverrista habría permitido que la Liga Comunista 23 de Septiembre ejecutara su plan de secuestro en parte quizá para impedir que Garza Sada se hiciera de la cadena periodística más influyente de entonces y que, como se sabe, terminó en manos de Mario Vázquez Raña, "un hombre cercanísimo a Luis Echeverría. Recordemos que unos años después, en 1976, otro intento periodístico autónomo, el del *Excélsior* de Julio Scherer García y Manuel Becerra Acosta, también fue derruido por Luis Echeverría. Esa administración, evidentemente, no aceptaba, ni a derecha ni a izquierda, medios de autonomía real, y cuando percibía esa posibilidad no dudaba en abortarlos".[26]

A lo largo del segundo lustro de los 70, mientras se sucedían estos episodios con pinceladas de *thriller*, Olegario Vázquez Raña fue convirtiéndose en una pieza esencial de las operaciones de su hermano Mario: socio en nuevos negocios; sucesor al mando de las mueblerías; representante personal en la apertura de nuevos diarios de la Organización Editorial Mexicana; *broker* en transacciones del tipo de la registrada por la Dirección Federal de Seguridad para mercar Cartuchos Deportivos de México, S.A. (marzo de 1977), y aun sustituyéndolo como presidente de la Federación Mexicana de Tiro, a partir de julio de 1975 —sin contar su propia agenda, atendiendo las justas olímpicas de tiro deportivo y ensanchando sus relaciones con presidentes de la república y secretarios de la Defensa Nacional.

En particular, respecto de la controvertida Organización Editorial Mexicana (OEM) —cuyo sitio *web* dice poseer 70 diarios y 20 radiodifusoras—, no hay duda del activismo empresarial de Olegario Vázquez Raña, como lo ilustra una ficha de la Dirección General de Investigaciones Políticas y Sociales de la Secretaría de Gobernación, al parecer transcrita por teléfono de un agente en Michoacán, el 8 de agosto de 1978, a las 23:00 horas: "A las 13:00 horas de mañana serán inauguradas las oficinas del nuevo Diario Periodístico *El Sol de Morelia* [...] Este órgano periodístico será manejado por la Cadena 'Organización Editorial Mexicana', y en los mismos medios periodísticos se dice que la inauguración la llevará a cabo el Lic. Mario Moya Palencia [que había sido secretario de Gobernación en el sexenio del ex presidente Luis Echeverría

Álvarez y en ese momento fungía como director general de la OEM], quien vendrá acompañado por Olegario Vázquez Raña".[27] Se verá más adelante cómo 20 años después de que Mario tomó el timón de "los soles", su hermano tres años menor, antiguo aprendiz y socio, acabó aceptando públicamente, en una entrevista radiofónica con Carmen Aristegui (2005), que Echeverría, en verdad, había metido la mano.

"¡Salí enamorado del presidente!, de veras"

Es como oprimir un botón. Basta aludir a sus relaciones con poderosos del gobierno para que el rey Midas de Grupo Empresarial Ángeles deje traslucir que aquel es uno de sus mayores motivos de jactancia. Niega que esto le haya permitido una fortuna que de otra forma tal vez nunca habría amasado, pero desde Adolfo López Mateos (1958-1964) hasta la era del dúo Marta Sahagún-Vicente Fox Quesada (2000-2006) —y sus respectivos secretarios de la Defensa Nacional— él tiene alguna experiencia más o menos entrañable que contar, y no repara en prodigalidad.

"Para doña María y don Venancio, sus hijos alcanzaron un nivel que nunca habían soñado", evoca su viejo paisano Rogelio Diz Rubianes, dando cuenta de esa deferencia familiar hacia los políticos: "Cuando se inauguró, aquí en Puebla, la mueblería de mi compadre Florindo Raña Vázquez, don Venancio se sentó junto a mi padre, que se llamaba igual que yo [...] y le decía, 'Mira, Rogelio, es que tú no sabes lo que es venir de allá del pueblo y que ahora el presidente de la República venga a tu mesa con tus hijos y ellos te presenten como su padre; que el presidente venga y te dé la mano y te abrace. Para nosotros, que venimos de allá, del monte, es increíble' ".[28]

Olegario Vázquez Raña recapitula.[29] A López Mateos "tuve la oportunidad de conocerlo en el deporte [...] un día fue a saludarnos al polígono de tiro que había por Cerro Gordo". A Gustavo Díaz Ordaz (1964-1970), "por medio de un cuñado suyo, le hice tres o cuatro visitas, para saludarlo, porque siempre he sido alguien que respeta muchísimo la investidura presidencial". Cuando "vino Echeverría pude saludarlo en varias ocasiones, aunque nunca tuvimos una relación de amistad". Con

José López Portillo (1976-1982) [...] "tuve buena relación, lo conocía desde antes. Siendo presidente electo, por medio de sus hermanas, amigas mías, me preguntó, 'Señor Olegario, si lo invito a trabajar, ¿vendría?'. Le respondí, 'Señor presidente, me ha hecho el hombre más feliz del mundo, pero tengo muchos negocios y soy una persona que goza sus negocios y a la que lo único que le gustaría es abrir más empresas, dar más fuentes de empleo y ayudarlo a usted en esa forma'. Soltó una carcajada, 'Eres el primero que le dice al presidente que no se viene a trabajar con él' ". Hacia el final de su régimen, acudió con su gabinete económico "a inaugurarme la tienda [Hermanos Vázquez] de [avenida] Universidad" como "un favor personal".

A Miguel de la Madrid (1982-1988) lo menciona apenas y de Carlos Salinas de Gortari (1988-1994) recuerda que fue amigo hasta antes de que fuera presidente: "jugábamos tenis Salinas [entonces secretario de Programación y Presupuesto], Emilio Gamboa Patrón [secretario privado del presidente Miguel de la Madrid], el regente Ramón Aguirre, y yo; después nos quedábamos a cenar o a tomar una copa". Al llegar a la Presidencia "marcó su distancia y no lo vi, salvo una vez, faltándole tres meses para salir, que me invitó a comer a Los Pinos".

En compensación, "fui y soy buen amigo de Ernesto Zedillo" (1994-2000). No sólo lo visitó varias veces, sino que, tras la derrota electoral del priista Francisco Labastida (2000), él lo llamó: "Esa vez le jugué una broma. Entro a su despacho, que estaba solo [...] como a los 30 segundos, cuando llega, le digo, 'Qué suerte tiene usted, señor presidente'. '¿Por qué?'. 'Porque me iba a sentar en la silla y de ahí ya nadie me levanta'. Echó una carcajada, se rompió el hielo [...] 'Te quiero dar una explicación' [sobre la derrota de Labastida], me dijo él entonces. Me levanté y le respondí, 'El presidente a mí no me da ninguna explicación, porque yo no soy nadie [...] Me voy'. Con una palabra fuerte ordenó, '¡Siéntate !' [...] Desde la mañana hasta las cinco de la tarde duró nuestra plática, ¡nunca en mi vida había tenido una plática tan amable, tan bonita! ¡Fue encantador! ¡Salí enamorado del Presidente, porque, de veras, es un gran hombre! Al despedirnos, le dije, 'Le agradezco todo lo que me informó, pero no tenía por qué'. Me respondió, 'Es el tiempo de la democracia, es el tiempo de Fox' ".

Un cliché de negocios en los pasillos de Grupo Empresarial Ángeles sostiene que, en realidad, "el pez rápido se come al lento". Honrándolo, su dueño quiso ver en aquellas últimas palabras presidenciales, a su modo, una profecía.

Presidente Fox: "Invítame a comer"

Aun como símbolo, el destino de su hermano Mario Vázquez Raña, está atado al priismo. Los periódicos y las estaciones radiofónicas de su Organización Editorial Mexicana, igual que los ruinosos edificios del Partido Revolucionario Institucional, tienen un inocultable tufo decadente. No es que dejaran de ser negocio, pero se hallan desfasados tecnológica, organizativa y arquitectónicamente, tanto como unidos, casi de manera fatal, a los caciques políticos regionales del antiguo partido. Hasta el final de sus días, Mario Vázque Raña insistió en posar para sus medios periodísticos con gobernantes de México y el mundo —"líderes", les llama—, como si fuera un cándido reportero movido por su originario espíritu serrano.

Su hermano Olegario se cuece aparte. Hay que ver el lujo de sus hoteles, hospitales, restaurantes y oficinas corporativas; sus modernos centros de apuestas y su permanente acaparamiento de medios electrónicos, incluida la naciente televisora con potencial para terciar ante el duopolio Televisa-TV Azteca. Pocos pueden contar que trabaron relación por primera vez con un presidente al topársele en los pasillos de su propio negocio: "No conocía a [Vicente] Fox ni a doña Marta [Sahagún]. Un día llegamos aquí al hotel [en la colonia Anzures], ya siendo él presidente electo, y una señora me llama, 'Le quiero presentar al presidente Fox'. Le dije, 'No, el señor presidente no necesita presentación, el que la necesita soy yo'. [...] Nos saludamos en las escaleras. Me pone la mano en la espalda, 'Invítame a comer' [...] Pasamos al restaurante.[30]

"Aunque al final rechazó la invitación: [...] le expuse, 'No, señor presidente, no me puedo sentar, porque antes tendría que tener una plática muy a fondo, muy amplia. Señor presidente, no me puedo sentar, porque soy amigo de Francisco Labastida. Quiero, en primer lugar, decirle que lo felicito y reconozco que es el presidente de todos los mexicanos y para mí es un orgullo que entre la democracia a nuestro país. Pero apoyé en todo a Francisco Labastida, que es mi amigo desde niño y nunca pensé que usted fuera a ganar. Claro, usted ganó y para mí es un honor estar aquí' ".

Fox insistió en que tomara asiento, pero el magnate quería ir más allá de un encuentro casual: "Le sugerí, 'Señor presidente, por qué no mejor me da una cita para poder platicar. No me pida que me siente a comer con usted hoy, porque no me parece correcto'. Fox me preguntó, '¿Te puedo pasar la factura en este momento?'. 'Pues si me pasa la factura, señor presidente, viviré feliz'. Todo parecía en plan de broma, hasta que me dijo, 'Quiero en León un hospital como los de México, no de pueblo, y te lo voy a inaugurar'. Mi respuesta fue, 'Voy a trabajar día y noche, le prometo que haré un hospital como los de México, igualito' ".

The war of the... Vázquez

Este último episodio narrado por Olegario Vázquez Raña sobre cómo, por casualidad, trabó relación con el entonces presidente electo Vicente Fox Quesada, es el principio feliz de un caso de la vida real donde el advenimiento del foxismo-sahagunismo le permitió dar el *sprint* que lo situaría empresarial y profesionalmente por encima de su hermano Mario, además de distanciarlos tajantemente.

Lo esencial es que la disputa filial ha ido abriendo resquicios a través de los cuales puede constatarse que las ventajas que han obtenido los Vázquez Raña de su relación con el poder son algo más que especulaciones maliciosas.

En el último cuarto del siglo pasado, Olegario Vázquez Raña fue desmarcándose empresarial y personalmente de Mario. Quién sabe; es probable que la ruptura estuviera gestándose lenta y subrepticia, pero inexorablemente, desde que este quedó al mando de la Organización Editorial Mexicana, en 1975.

Como haya sido, 30 años después, en 2005, el magnate de los hospitales y los hoteles publicitó a gran escala su franca rebeldía respecto de Mario. En febrero, periodistas de *Proceso* recogieron declaraciones estruendosas suyas, que un editor ofreció al lector con el litigioso encabezado cacofónico "Olegario enjuicia a Mario",[31] en el contexto de la disputa entre los hermanos por el control del Comité Olímpico Mexicano (COM), del cual ambos son miembros permanentes.

Quitando la paja, en esa entrevista fueron dos las acusaciones esgrimidas por Olegario Vázquez Raña contra "esa persona" (que es como alude a Mario): 1. "interferir en el deporte nacional" como presidente del COM durante 26 años, sirviéndose de su relación con los presidentes, desde Echeverría hasta Zedillo, e imponiendo dirigentes hasta la fecha, sin haber conseguido nunca "nada bueno" para el país y su deporte; y 2. enfurecerse al saber que su hermano tres años menor y antiguo pupilo adquirió Grupo Imagen (julio, 2003). Cuando tras la operación de compra "le dije: 'Mario, el Grupo Imagen está a tus órdenes', él me respondió: '¡Eso lo veremos! [Veremos] qué vamos a hacer de aquí para adelante' [...] Y hasta la fecha: no hemos cruzado palabra".

Al mes siguiente (marzo, 2005), Olegario Vázquez Raña fue más allá, durante una entrevista radiofónica con Carmen Aristegui.[32] Repitió que no hizo negocios aprovechando su relación con el presidente Echeverría Álvarez, rebelando, en cambio, que este "nos costaba dinero fuerte, por todo lo que pedían", "pedían cosas, pedían a Hermanos Vázquez y, bueno, iban de regalo en regalo". Al preguntarle la conductora a qué clase de obsequios se refería, añadió: "[...] ya no me quiero meter más hondo, si no, voy a buscar problemas muy serios [...] porque nosotros, cuando se compró la [Organización] Editorial Mexicana, en realidad creo que ahí se recibió una cierta... no me estoy contradiciendo... pero creo que ahí recibimos una cierta ayuda del gobierno del Presidente [Echeverría]... pero al año don Mario Vázquez Raña dijo 'el poder no se comparte y ustedes van pa'fuera', y nos liquidó nuestras participaciones como quiso, cuando quiso; [...] los tres hermanos [Olegario, Apolinar y Abel] fuimos para afuera y él se quedó adentro. Entonces, si alguien recibió una ayuda, pues nosotros no fuimos, desde luego, queda clarísimo, ¿o no?"

Es este eventual tráfico de beneficios a la vera del poder del Estado lo que mueve a Roberto Garduño, estudioso de las élites militar y empresarial en la Universidad Autónoma Metropolitana-Iztapalapa, a sostener que "más que dueños, los Vázquez Raña, y en particular Olegario, son representantes de intereses, gente que convoca capitales, los administra y, obviamente, ofrece dividendos". Es por eso, añade, que "cada sexenio ajustan cuentas y emprenden nuevos negocios, incorporando otros intereses".[33]

Existe un recuerdo pertinaz en la memoria del viejo periodista de origen gallego Rogelio Diz Rubianes[34] que en cierta forma coincide con la confesión del empresario ante Aristegui: "Fue Olegario Vázquez Raña precisamente el que juntó un apoyo de 12 millones de pesos que les pidió Echeverría para su campaña presidencial. Supe que les costó mucho trabajo a los hermanos [Vázquez Raña] conseguir todo ese dinero".

Sucede que "trabajo desde los nueve años"

Algo de realidad, algo de mito. Pero es frecuente que este hijo de María y Venancio aparezca donde se están tomando decisiones que tendrán repercusión nacional. Por caso, en *La mafia nos robó la Presidencia,* Andrés Manuel López Obrador lo sitúa del lado, digamos, de esos pocos ricos a los que el entonces presidente Fox convocó para conspirar contra la candidatura del perredista y a favor de su adversario panista: "Llegó a tal punto esta actitud inmoral de Fox, que el día 22 de junio, diez días antes de la elección [de 2006], cuando se reunió en el Club de Industriales de la capital del país con el Grupo por México —integrado, entre otros, por Carlos Slim, el cardenal Norberto Rivera, Olegario Vázquez Raña y Juan Francisco Ealy Ortiz—, les pidió de manera abierta que ayudaran a Calderón".[35] Ealy Ortiz habría mencionado, según versión de López Obrador, que a más de uno llegó a ofrecer la posibilidad de abrir un banco a cambio de su apoyo. A juzgar por los resultados, algunos habrían aceptado, otros no.

Ni su ostensible cercanía con la burocracia de altura ni sus supuestos negocios con la Secretaría de la Defensa Nacional que se le han atribuido explican sus éxitos millonarios, insiste Olegario Vázquez Raña desde su hospitalario despacho de la colonia Anzures. Todo tiene su origen, dice, en que "trabajo desde los nueve años"[36] y en que es alguien tan apto como afortunado.

La historia con la que gusta ilustrar la manera en que comenzó a volverse millonario es la de "mi compadre Julio Galíndez", a resultas de la que "gané muchísimos millones de dólares", hace justo tres décadas. Aquel era un hombre austero, que "tenía su taller en la calle de Moctezuma. Yo creía que era mecánico de Ómnibus de México. Los sábados iba a comprar [a crédito] a nuestra tienda, en Zarco y Moctezuma, con su chamarra de cuero y las manos manchadas de aceite". Solían ir a tomar cerveza y comer tacos en la Guerrero.

En 1967, Olegario Vázquez Raña lo invitó a ser padrino de bautizo de María de los Ángeles, su hija mayor. Cuando la fiesta terminó, su nuevo compadre, en realidad cooperativista de una línea de autobuses, lo invitó a salir para darle un regalo. "Había un camión que decía 'Ómnibus de México', nuevecito, con 44 asientos y baño. 'Échale tu bendición, porque no lo vuelves a ver', me pidió. 'Aquí están los documentos a tu nombre, enrolado en Ómnibus de México; a partir de hoy, tú eres cooperativista' ". Un chofer se lo llevó y a los 45 días "recibo un cheque. Pensé, 'Puta madre, 33 mil pesos libres sin trabajarlo yo' ". Puesto que "se pagaban solos", reinvertía las utilidades y nueve años más tarde poseía 500 autobuses (de los 800 que formaban esa línea), los cuales acabó vendiendo a la propia cooperativa en 1976.

"Mucha gente se pregunta, '¿Por qué Olegario crece tanto?'. Lo que se gana en los hoteles, va para los hoteles; lo que se gana en los hospitales, va para los hospitales; de ningún negocio saco un centavo para vivir".

"Vengo a comprar el hospital"

La cobertura de los medios periodísticos sobre temas de negocios suele limitarse a reproducir aquello que les reportan las empresas y sus gerentes, adocenando las cifras referentes a activos, pasivos, ingresos y utilidades con encendidas descripciones sobre su decidido aporte al empleo y al bienestar del país. Esa manera empresarial de comunicar idealizando pasado y presente corresponde a una estrategia que permite disimular la opacidad corporativa con información escasa, conservadora y fragmentaria. Olegario Vázquez Raña suele aparecer en las listas de los 100 hombres más ricos del país, pero no en los 20 más encumabrados.

Javier Martínez Staines, periodista de *Expansión*, ha escrito que la dificultad para cuantificar la dimensión de capitales como el que representa este grupo reside en que "existen algunos casos de hombres de negocios que prefieren hacer de la discreción una norma inquebrantable". Sugiere, en consecuencia, no perder el tiempo buscando el lugar que ocupan en el listado de los 100 empresarios más importantes del país nombres como el de Olegario Vázquez Raña, porque si bien se cuenta "dentro de los 100, la información de capital de sus empresas está bien resguardada con sus contadores".[37] El mismo empresario bromea con esto cuando se entera de una investigación periodística sobre 12 de los más poderosos capitalistas mexicanos: "Entonces, si son 12, ¿por qué vienen conmigo? ¡Yo estoy como en el lugar 60!"[38]

Es el caso que, 80 años después de la dramática partida de Venancio y María del empobrecido pueblo de Avión, "Don Olegario", como lo nombran allá adentro para diferenciarlo de "el hijo", posee un conglomerado que pone a funcionar cada día más de 22 mil personas —o 35 mil, según *Expansión*—,[39] comandadas por un estado mayor cuyo mariscal de campo es el aún joven Olegario Vázquez Aldir. Los abuelos, que murieron a principios de los 80 (en 1980 y 1983), tuvieron vida para mirar cómo comenzó todo, aunque quizá no previeran hasta dónde conseguiría expandirse lo que hoy se denomina Grupo Empresarial Ángeles.

Érase una vez —refiere la leyenda genésica aparecida en dicha publicación de negocios— que en un no muy lejano día de 1986, Olegario Vázquez Raña entró de manera intempestiva a la oficina del director del Hospital Humana, dejándolo perplejo con la siguiente proposición estilo Rico MacPato: "Vengo a comprar el hospital". Al día siguiente era suyo —mediante una transacción por 15 mil millones con la estadounidense Humana Corporation—. Y el mundo se hizo.

En 1999, aprovechó las oportunidades de negocios que significó la privatización aeroportuaria zedillista y fundó, aliado con otros capitales mexicanos y de tres empresas españolas, Grupo Aeroportuario del Pacífico. Fue presidente del consejo de administración de esta empresa que controlaba 13 terminales aéreas, hasta que en 2001 optó por deshacerse de su paquete accionario (15 por ciento), vendiéndoselo a Holdimex por 40 millones de dólares —en 2006 versiones periodísticas lo mostraban como uno de los posibles compradores de Aeroméxico, hasta que a principios del año siguiente hizo pública su decisión de no pujar más por esta aerolínea nacional.

Antes de un año, en marzo de 2000, ganó con 252 millones de dólares la subasta del primer paquete de Real Turismo, tenedora accionaria de los hoteles Camino Real —que después de quebrados habían pasado al control del Instituto para la Protección al Ahorro Bancario.

A partir del 1 de diciembre posterior, cuando Vicente Fox Quesada tomó el poder presidencial, Olegario cultivaría la relación hasta convertirla en una amistad. Martha Sahagún, quien luego, siendo ya "nosotros muy amigos", visitaría decenas de veces a Olegario Vázquez Raña en su oficina como presidente de la Cruz Roja Mexicana, al mismo tiempo que le daría paso franco a las "cabañas" de Los Pinos.

"Sí, soy muy amigo de Marta Sahagún", responde Vázquez Raña cuando se le hace notar que en su profuso relato sobre sus relaciones personales con los presidentes y otros poderosos, no ha mencionado a una parte de la "pareja presidencial" en la era foxista: "Con estas relaciones que tuvimos, cuando yo iba a Los Pinos siempre me recibían en la cabaña. Antes de que llegara el señor presidente, yo platicaba con doña Martha. Hice una gran amistad con ella, a quien admiro mucho porque es una mujer muy inteligente. Muchas gentes que no la han tratado de cerca dicen que es ambiciosa. Yo nunca le he encontrado ninguna cosa de ambición, siempre la he notado muy sensata, alguien que entiende los problemas de México, los problemas de la gente. En verdad, tuve una gran relación con ella ya estando en Cruz Roja Mexicana; cuando hacía algo, siempre me acompañaba. El señor presidente fue a Cruz Roja Mexicana como en tres ocasiones, pero doña Martha como 20, tal vez, en los cinco años que estuve ahí".[40]

Por cierto, su gestión como presidente nacional de Cruz Roja Mexicana (2001-2006) es uno de los pasajes de vida que refiere con más entusiasmo. Llegó ahí por invitación del presidente Fox y contó con el activismo personal de su esposa, María de los Ángeles Aldir, para duplicar los donativos de 140 millones a 300 millones de pesos anuales. Puede sonar increíble, pero de forma alterna a que construía nuevos hoteles y hospitales, se hacía de medios de comunicación, gestionaba permisos para incursionar en la industria de los casinos, pujaba por Aeroméxico y, en fin, robustecía su Grupo Empresarial Ángeles, se daba tiempo para gobernar ese gigantesco, complejo y siempre necesitado organismo que es la Cruz Roja Mexicana.

Todo comienza con una pregunta: "¿Qué piensa, qué siente usted cuando ve a Bill Gates regalando su dinero?". "¡Pues depende para qué lo regala",[41] responde. "Yo, por ejemplo, como presidente de la Cruz Roja Mexicana cinco años, no le puedo decir la cantidad, pero gasté muchísimo de mi dinero, lo invertí en eso. El Grupo Ángeles hizo un hospital idéntico a los privados que tenemos [...] es impresionante, costó mucho dinero, y es como la sala de urgencias de Cruz Roja, por ejemplo, hoy está como cualquier hospital nuestro. El propio director general de Grupo Ángeles fue el que estuvo trabajando en el hospital de la Cruz Roja para que quedara exactamente igual".

Dice que tuvo la idea durante un recorrido espontáneo por las instalaciones de la Cruz Roja, una mañana, poco después de ser designado su presidente. Con un ayudante, se aventuró por esos pasillos desolados, y sólo encontró hacinamiento, falta de equipo y mobiliario, instalaciones insuficientes y desaseadas, y síntomas de corrupción. Ante ese paisaje ruinoso, se dirigió a quienes hacían fila para acceder al único sanitario para anunciarles, según evoca: " 'Soy el presidente de Cruz Roja Mexicana y es mi responsabilidad darles un buen servicio'. Unas gentes aplaudieron. 'Les pido una disculpa, a nombre de Cruz Roja Mexicana, pero les prometo que en seis, siete meses, aquí habrá dos baños; el de hombres y el de mujeres' ". Así surgió el impulso de construir el moderno hospital de beneficencia y acrecentar el monto anual de las colectas.

La expansión corporativa de GEA

El empresario no está de acuerdo, en particular, con que se diga que Manuel Bribiesca Sahagún, hijo mayor del primer matrimonio de

Marta Sahagún, aprovechando el tránsito de sus padres por Los Pinos, hiciera negocios de grandes proporciones con Grupo Empresarial Ángeles. Por ejemplo, afirma, es falso que "este muchacho" poseyera una cadena de tiendas de flores y regalos dentro de sus hospitales (Ángeles, Flores y Regalos, S.A. de C.V., según investigaciones periodísticas como la de Anabel Hernández),[42] sino del simple arrendamiento, por "mil y pico de pesos mensuales", de "un pedazo de seis metros por ocho", donde "el muchacho" y su esposa y supuesta socia Mónica Jurado Maycotte, establecieron un changarro de flores y medicamentos. Todo empezó porque "cuando construimos el hospital de León, precisamente el muchacho se casó... yo estuve en la boda... y se fue a vivir a León. Me habló un día y me dijo, 'Oiga, mi esposa se aburre porque no tiene trabajo' ".[43] Y a sugerencia de Vázquez Raña, establecieron ese negocio —ahora liquidado.

Para él, un buen ejemplo de su sabiduría para conducirse ante los políticos es la forma en que se dio la contratación de Ana Cristina Fox de la Concha, la hija mayor del entonces mandatario mexicano, como directora de relaciones públicas de los hoteles Camino Real (renunció el 15 de abril de 2007): "Cuando el señor presidente me dijo que Ana Cristina iba a hacer una solicitud para venir a trabajar conmigo, le respondí, 'Nada más que, señor presidente, en nuestras empresas somos muy estrictos y no admitimos recomendados. Voy a tomarle la solicitud y la voy a mandar a Personal'. Luego mandé una nota que decía, 'Tengo interés en esta persona, pero debe cumplir todos los requisitos', y los cumplió todos, entró con un salario normal y ha trabajado creo que tres años con nosotros; increíble, no ha tenido faltas, es muy cumplida, una persona seria, responsable; nunca hemos tenido una queja de ella".

Las fotos de las secciones de sociales hablan, sí, de la cercanía personal de esta rama de los Vázquez Raña con los Fox-Sahagún; son imágenes de bodas de los hijos de la "pareja presidencial" donde posan tomados de la mano Olegario Vázquez Raña y María de los Ángeles Aldir, con su abundante cabellera rubia, acompañados de otros personajes. Pero también traicionan el desapego con el que el presidente del consejo de administración de Grupo Empresarial Ángeles se refiere ahora a aquellos "muchachos" —quienes, además, en tales ocasiones recibieron, documenta Anabel Hernández,[44] joyas y otros costosos obsequios de este potentado amigo de la familia.

Él sugiere que a la gente del poder político es de querérsele y no de usársele con fines lucrativos. El periodo entre la llega da y la partida del foxismo-sahagunismo coincide con un repunte jamás experimentado por el actual negocio del ex modesto hotelero y ex abonero, mueblero, tirador deportivo y camionero. Y el columnista Alberto Barranco malicia, trayendo a cuento un episodio que hace recordar las maniobras del echeverrismo para despojar al coronel José García Valseca de sus diarios, en provecho aparente de Mario Vázquez Raña, a mediados de los 70: "¿Se acuerda usted que en este espacio sostuvimos una y otra vez que tras la suspensión de los vuelos de Aerocalifornia ordenada por la Secretaría de Comunicaciones y Transportes existía la intención de doblarle la mano a su propietario, Raúl Aréchiga, para deshacerse de la concesión para operar el canal 28 de la televisión abierta? Bien, pues ayer se cerró la operación. [...] El nuevo dueño de la licencia, lo adivinó usted, es el empresario favorito del sexenio, es decir Olegario Vázquez Raña [...] El precio pactado fue de 80 millones de dólares. [...] La semana pasada se le comunicó oficialmente a Aréchiga que podía volver a operar".[45]

Entre sus riquezas, "una fábrica de contenidos muy valiosos"

Vaya a www.grupoempresarialangeles.com y podrá constatar que el quinto vástago de María y Venancio para nada se duerme en sus laureles. Amenizado con música *new age*, este sitio virtual de Grupo Empresarial Ángeles (GEA), desplegará ante sus ojos lo que Olegario Vázquez Raña y su sucesor de 44 años, Olegario Vázquez Aldir (el menor y único varón de sus tres hijos), quieren que la gente sepa.

Veintiún años después de la adquisición del Hospital Humana (1986), Grupo Ángeles Servicios de Salud —una de las divisiones de GEA— posee diez hospitales Ángeles en el Distrito Federal, incluido el

Centro de Neuro-rehabilitación y otros 14 repartidos en las principales ciudades del país. Cuenta además con una gama de negocios complementarios y que proveen servicios a estos centros hospitalarios: Ángeles Care Servicios Individualizados de Enfermería, Escuela de Profesionales de Salud, Ángeles en Línea (portal de salud), Canal Ángeles (de televisión interno), Centro de Diagnóstico Ángeles, Laboratorios Biomédicos, Farmacias Ángeles, y Flores y Regalos Ángeles.

A poco mas de 15 años de la compra de los Camino Real (2000), Real Turismo es ya una cadena de hoteles establecidos en las más importantes capitales económicas y turísticas de México —además de uno en El Paso, Texas. Cuenta con 18 establecimientos de Camino Real, 14 de Real Inn y diez de Quinta Real.

En 2006, "los Olegarios" entraron plenamente al sector financiero al añadir a su conglomerado dos adquisiciones: Grupo Financiero Multivalores, por el que pagaron 250 millones de dólares y convirtieron en Grupo Financiero Multiva (conformado ahora por un banco cuyas primeras sucursales se abrieron en los hospitales y hoteles del propio grupo; una casa de bolsa, una arrendadora, una sociedad de inversión y una aseguradora), así como La Peninsular Seguros, S.A., que pertenecía al yucateco Enrique Molina.

Otros ámbitos donde tienen o han tenido intereses —aunque estos no se reportan en su portal de internet— son el restaurantero (Le Cirque, China Grill, Centro Castellano, Bice, La Huerta) y de cafeterías (franquicias Coffe Station), servicios educativos (Colegio Miraflores de Cuernavaca), construcción (Promotora y Desarrolladora Mexicana), estacionamientos (Best Parking), tratamiento de desechos (Desechos Biológicos), transporte aéreo (Corporación Aéro-Ángeles), seguridad privada (Protección Privada Ángeles) y apuestas (Eventos Festivos de Mexico, S.A. de C.V., que tiene 20 permisos para centros de apuestas concedidos cuando Santiago Creel Miranda era secretario de Gobernación). Han poseído asimismo acciones del gallego Banco Caixa Geral, S.A. y el 10 por ciento de *Milenio Diario*, perteneciente a Grupo Multimedios, con sede en Monterrey.[46]

Otro de los propósitos de su consorcio es "construir una fábrica de contenidos muy valiosos". Lo dijo Olegario Vázquez Aldir en una charla con *BusinesStyle* que reproduce el portal de GEA. Y lo que sea que eso signifique, explica el origen de Grupo Imagen, cuya relevancia financiera dentro de GEA aún es limitada, pero tiene un potencial económico y político invaluable.

El momento en el que Olegario Vázquez Raña se convirtió en competidor formal de su hermano Mario dentro del mercado mediático llegó un día de julio de 2003 (un cuarto de siglo después de que el apellido familiar quedara vinculado a esta industria, con la controvertida apropiación de la antigua Cadena García Valseca), al hacerse socio mayoritario (79 por ciento) del radiofónico Grupo Imagen, adquiriendo por 50 millones de dólares las acciones propiedad de la familia Fernández y de Monterrey Capital Partners —de Alfonso Romo.

Actualmente Grupo Imagen es ya un conglomerado multimediatizado cuyas "cuatro plataformas informativas y de entretenimiento" son las radiodifusoras de FM Imagen 90.5 y Reporte 98.5 (además de unas 70 estaciones radiofónicas enlazadas en el interior del país y Estados Unidos), el diario *Excélsior* y Cadena Tres, la cual transmite a través de Canal 28 de televisión abierta, Canal 128 de Cablevisión y los sistemas locales de cable por todo México. La naturaleza *sui generis* de tales negocios y el contexto en el que han pasado a manos de esta familia los vuelve tema sensible.

En 2000 y 2003 hizo dos intentos fallidos de comprar *Excélsior*. En el primero, su mensajero de negocios fue el cardenal Norberto Rivera Carrera, arzobispo primado de México, quien llamó al entonces director general de ese diario, Regino Díaz Redondo —cuenta este— para invitarlo "a tomar café a mi casa y le presento a una persona [Olegario Vázquez Raña] que está interesada en esa inversión".[47]

En enero de 2006, el presidente de GEA se hizo por fin de este rotativo de 90 años, pagando a la Sociedad Cooperativa Excélsior, S.C. de R.L., 586 millones de pesos (a la fecha, el Servicio de Administración Tributaria niega información acerca de si, en tanto pasivo, la deuda fiscal de 3 mil millones de pesos fue transferida al comprador y, eventualmente, condonada).[48]

La mañana del 16 de noviembre del mismo año fue hallado muerto en la sala de su departamento de Varsovia 3-201, en la céntrica colonia Juárez, el periodista José Manuel Nava (cuyo asesinato no ha sido resuelto). El último director del diario antes de que pasara al control de Grupo Empresarial Ángeles fue apuñalado nueve días después de la presentación pública de su libro *Excélsior. El asalto final.*

En esa obra Nava pretende justificar su activismo dentro de la cooperativa para que la decisión de venta favoreciera a Vázquez Raña, pero también denunciar una transacción "en condiciones de extrema irregularidad", como parte de una "estocada" gubernamental y empresarial contra ese medio. Recoge, asimismo, testimonios de otros periodistas y asume que terminó siendo instrumento de un escandaloso despojo contra sus compañeros, el cual desembocó, dice, en el asalto a mano armada del edificio de Paseo de la Reforma, cometido por guardias privados.

Con atribulada solemnidad, en su patético *mea culpa* confiesa: "[...] fui uno de tantos usados para ese fin. Me declaro culpable de haber inocentemente creído en las palabras de Olegario Vázquez Raña cuando me aseguró que su única motivación al entrar el rescate de *Excélsior* era su gran admiración por sus trabajadores y por los grandes sacrificios que habían hecho a lo largo de cinco años para mantenerlo vivo en contra de todas las posibilidades y de todos los pronósticos. Confieso que, como un niño escuchando a su papá, creí en sus palabras cuando me dijo que sin una remuneración justa para todos y la recontratación de prácticamente todo el personal, simplemente no entraría a la operación. Creí sin cuestionamiento alguno cuando me aseguró que 'no tengo a nadie para esta operación... yo de esto no sé nada'.

"[...] Confieso que trabajé activamente —sin remuneración alguna a pesar de las seguridades al contrario que me dio repetidamente el señor Vázquez Raña—, en cabildear a favor de la venta; que cumplí con todos los encargos que me pidió el Sr. Vázquez Raña porque inocentemente creía en que tenía un proyecto limpio y, de nuevo, en que sus palabras eran sinceras.

"[...] Jamás me imaginé siquiera que el verdadero proyecto era la aniquilación premeditada, sistemática y total del *Excélsior* que nació en 1917; nunca me cruzó por la mente que el "nuevo producto" sería un remedo barato y mal hecho de otros diarios nacionales; inimaginable era que tanto aspaviento resultara en un producto de tan baja calidad periodística y de tan escasa imaginación ante la competencia a la que se remedó. Muchísimo menos imaginé que el "nuevo producto" incluía, también de manera premeditada y alevosa, la "limpieza étnica" de todos los trabajadores de *Excélsior* de todos los departamentos excluyendo, por supuesto, a los traidores que ayudaron a despojar a sus compañeros de prácticamente toda una vida de trabajo".[49]

El logro más reciente de "los Olegarios" en la industria mediática tuvo enorme resonancia. A las 21:00 horas del 28 de mayo de 2007, Cadena Tres inició transmisiones en televisión abierta. "Estamos haciendo historia", dijo en el estudio Vázquez Aldir a sus colaboradores reunidos previamente. Enseguida, en la primera transmisión Pedro Ferriz de Con apareció a cuadro atizándole a la audiencia: "Señoras y señores, muy buenas noches, nace Cadena Tres. Frente a los cambios que se imponen en México y en el escenario internacional[,] se escribe a partir de hoy la crónica de la televisión del siglo XXI, bajo la batuta de Olegario Vázquez Raña, quien como empresario reitera su compromiso con México y su futuro".[50] Casi 15 años más tarde, en 2016, lo convertirían en la tercera cadena nacional de televisión, luego de hacerse de la competida licitación.

Cada vez, el regreso a la tierra prometida

Siendo niño, "igual que todos las tenemos", dice haber tenido "una ilusión": "Ganar mil pesos diarios". Lo logró y "de ahí, para adelante".[51] Sorteando los desafíos propios de capitanear un corporativo de las dimensiones de Grupo Empresarial Ángeles y de sus relaciones con políticos, heredará para sus nueve nietos una fortuna quizás incuantificable.

Pero eso a veces no es importante. Mucho menos cuando al viento seductor del verano, Galicia se dispone para las fiestas de San Roque. La vida en la finca de Olegario Vázquez Raña en Avión se reanima y él, como jeque, en su propia aeronave suele guiar a la familia en el viejo rito donde escenifica cada vez su vuelta a la tierra prometida.

ADENDA

Bien decía Olegario Vázquez Raña que él prefería disfrutar de su dinero en lugar de únicamente acumularlo. Desde 2006, su hijo, Olegario Vázquez Aldir es quien realmente se ha hecho cargo del negocio familiar, y el titular de la Federación Internacional de Tiro Deportivo se ha dedicado a la dirección de este deporte, a viajar y a pasar más tiempo en su casa de Galicia.

Hay varias fotos de él y su esposa Ángeles en las revistas de sociales que lo documentan. En 2008 asistieron a la boda de Sylvana Beltrones y Pablo Escudero; dos años más tarde fueron fotografiados al entrar a la boda de Carlos Slim Domit y María Elena Torruco; en 2013, periodistas lo sorprendieron jugando dominó en Galicia acompañado de Carlos Slim Helú y no se ha perdido uno de los famosos cumpleaños del arzobispo Antonio Chedraoui donde las clases política, eclesiástica y social se mezclan para formar una sola.

Aun así, Vázquez Raña no ha hecho público su retiro y sigue teniendo la última mano en todas las grandes decisiones de su empresa pero es un hecho que Vázquez Aldir acaparó los reflectores. El único heredero hombre ha trabajado codo a codo con su padre desde que tenía 16 años y le ha aprendido todo.

En 2003, fue él quien convenció al magnate de que vendiera a unos familiares el negocio fundado por su abuelo, los almacenes Hermanos Vázquez, según dijo en una entrevista para *Forbes* en abril de 2016: "fue un poco en contra de su voluntad… pero accedió para poner parte de esos recursos en nuevos sectores donde iba a generar más valor".[52]

Ahora, la que fuese oficina central de la mueblería Hermanos Vázquez en Avenida Universidad en la Ciudad de México, es la sede de la tercera cadena de televisión abierta por la que la familia Vázquez pagó en marzo de 2016, mil 808 millones de pesos, lo que los convirtió en concesionarios de 123 estaciones de televisión abierta digital en todo el país.

En dicha entrevista, Olegario hijo reconoció que este proyecto les demandará una gran inversión pero consideró que los medios de comunicación son un buen negocio si se conoce el mercado: "Grupo

Imagen es un grupo que no tiene hoy deuda bancaria, entonces, ¿cómo vamos a financiar la expansión del proyecto?, con 10 mil millones de pesos, torres, transmisores, antenas, equipo, pero tenemos un lapso de tres años para pagar. No tenemos que hacer un cheque mañana de 5 mil millones de pesos. Insisto, podemos recurrir a reinversiones del propio Grupo Imagen... Otra forma de financiar serán los ingresos por publicidad y por la venta de contenidos".

Aseguró que con el proyecto habrán creado mil 500 empleos adicionales ya que tienen planes para "tener una cobertura del 65 por ciento del total de la población" y necesitan quién opere las estaciones en todo el país.

Como parte de este proceso, a finales de 2015 y principio del 2016 hubo un despido masivo en el Grupo Imagen Multimedia, en virtud del cual salieron de la empresa 350 personas, aproximadamente el 80 por ciento de los empleados en la redacción, con la idea de rehacer la plantilla y mejorar los contenidos. Contrataron como Director Ejecutivo de Producción y Ficción al productor colombiano Aurelio Valcárcel Carroll, quien fuera vicepresidente ejecutivo de producción de la cadena Telemundo y ahora encargado de producir series y telenovelas.

Además, en marzo de 2016 anunciaron que el noticiero nocturno sería conducido por el periodista Ciro Gómez Leyva para competir por el prime time con Televisa y TV Azteca.

Gómez Leyva tiene uno de los noticiarios de radio más escuchados en México, pero con esta contratación, según el analista de medios de comunicación, Gabriel Sosa Plata, la empresa no le está apostando a atraer a nuevas generaciones "sino al mismo público cautivo que permanece atento de los contenidos de la televisión abierta, a las personas de 45 años o más".[53]

Sobre los otros negocios, Olegario hijo comentó que son el grupo prestador de servicios médicos más grande en América Latina con 29 hospitales en operación y uno de los hoteleros más grandes, con 41 hoteles en operación; además de 52 bancos del sistema financiero mexicano con el Grupo Financiero Multiva.

Su periódico, *El Excélsior*, parte del Grupo Imagen Multimedia, cumple su primer centenario el 18 de marzo de 2017. Desde un año antes la familia Vázquez inició la campaña: "Rumbo a los 100 años, la historia comienza". Su director editorial, Pascal Beltrán del Río publicó: "El número romano C de hoy consigna que comienza a transcurrir el año 100 de publicación... simboliza el compromiso que este periódico adquirió desde el primer día con los mexicanos de registrar los hechos que cambian al mundo y de proveerle la información para su toma de decisiones. Ser el puente en constante construcción para conectarlo con su realidad".

Y a pesar de que *El Excélsior* no es de los diarios más vendidos en el país, sí es uno de los principales medios que recibe publicidad oficial, razón por la cual omiten abordar temas que afecten al gobierno, según Justine Dupuy, investigadora de Fundar, Centro de Análisis e Investigación.[54]

Con Vázquez Aldir las decisiones de negocios siempre han girado en torno a las oportunidades; es Licenciado en Administración de Empresas por la Universidad Iberoamericana y tiene una maestría en Organización y Administración de la Salud por la Universidad de Boston. En su cuenta de Twitter (@OlegarioVazquez) se describe como: CEO de Grupo Empresarial Ángeles y Gallo blanco de corazón. Esto último porque en marzo de 2014 Grupo Ángeles compró el equipo de futbol Gallos Blancos del Querétaro.

El equipo estuvo intervenido por los Servicios de Administración y Enajenación de Bienes (SAE) debido a que su antiguo dueño, Amado Yáñez, estaba sujeto a un proceso penal por la empresa Oceanografía. Un año después de la adquisición de los Gallos Blancos, la conductora de televisión Inés Sainz Gallo y su esposo Héctor Pérez denunciaron por presunto fraude al Grupo Ángeles (GEA) pues decía que ellos habían hecho la propuesta de compra por 120 millones de pesos en conjunto con el GEA y luego fueron expulsados del trato. Sobre el tema, Olegario hijo declaró que era falso y ellos eran los únicos propietarios.

En septiembre de 2014, el presidente Querétaro, Olegario Vázquez Aldir, anunció en su cuenta de Twitter el fichaje del jugador brasileño, Ronaldinho: "Me complace compartirles que a partir de hoy, el astro @10ronaldinho es gallo. Fortalece a un gran equipo, lo merece la afición @SoyGallo". Según un comunicado de la agencia MXsports, la derrama económica por esta transacción ascendería a 115 millones de pesos por concepto de venta de playeras y entradas a las estadios, de la cual, los de Querétaro se llevarían 40 millones, con lo cual superaría por mucho los 2 millones de dólares invertidos por el salario del ex jugador del FC Barcelona.

El 8 de febrero de 2015, falleció de una insuficiencia aguda de origen cancerígeno, Mario Vázquez Raña, y con quien desde el 2006 Olegario se había distanciado. Al velorio asistieron el presidente Enrique Peña Nieto; el secretario de Gobernación, Miguel Ángel Osorio Chong; el secretario de Hacienda, Luis Videgaray, y el secretario de Educación Pública, Aurelio Nuño, pero la foto más esperada por los medios fue la de Olegario y su esposa Ángeles entrando al funeral tomados de la mano.

Amigos cercanos aseguran que para los Vázquez Raña la familia siempre es primero y en esos momentos era esencial que Olegario dejara de lado a sus rencillas y estuviera en el último adiós a Mario.

MARCO LARA KLAHR *es licenciado en Ciencias de la Comunicación por la UNAM. Recibió el Premio Nacional de Periodismo 2000 en el género de reportaje. Ha reporteado e impartido charlas y talleres en 27 países. Reportajes y capítulos de libros suyos han sido traducidos al inglés, portugués, francés, italiano y alemán. Es director del Programa de Medios y Justicia del Instituto de Justicia Procesal Penal; Defensor de la Audiencia de Ibero 90.9 FM; profesor de Periodismo en la Facultad de Ciencias Políticas y Sociales de la UNAM; director de otromexico, sc, y editor de presunciondeinocencia.org.mx.*

Pertenece al equipo latinoamericano que realiza el Worlds of Journalism Study (Universidad de Münich); es miembro de La Voladora Radio 97.3 FM y fellow de Ashoka, *y publica el blog* Edad Medi@tica.

Ha participado como autor o coautor en una docena de libros. Entre ellos Hoy te toca la muerte. El imperio de las Maras visto desde dentro *(Planeta, 2006) y, el más reciente,* Guía de periodismo para la transformación de conflictos y la prevención social de la violencia, *USAID/Programa para la Convivencia Ciudadana, México, 2015.*

María Asunción Aramburuzabala Larregui

La heredera que rompió moldes

Por Rita Varela Mayorga

"Mariasun se ve estupenda junto a Tony", decían hace diez años los amigos cercanos a la mujer de negocios más importante de México y América Latina. Se encontraba a punto de contraer matrimonio con el entonces embajador de Estados Unidos en México Tony Garza.

La vida de María Asunción Aramburuzabala Larregui ha cambiado mucho en los últimos años. Sobre todo a partir de 1995, cuando por circunstancias familiares —la muerte de su padre, Pablo Aramburuzabala Ocaranza— y por su temperamento y firmeza de no ceder ni un ápice de la participación de su familia en Grupo Modelo, se puso al frente de la vicepresidencia en lo que fue una incursión histórica para ese consejo de administración, comandado hasta entonces sólo por varones.

Pero su circunstancia se ha modificó todavía más después del 23 de abril de 2005 cuando, "completamente enamorada" —según comentarios de su madre, doña Lucrecia Larregui González—, se casó con Antonio Óscar Garza Quintana, quien fungió como representante de Estados Unidos en México desde el 22 de noviembre de 2002 hasta el 20 de enero de 2009.

Un ejemplo de esto, cuentan sus allegados, se dio el martes 13 de marzo de 2007. El sol maya de Uxmal fue testigo de esa transformación que mencionan sus amigos y familiares y que refleja su rostro. La mujer más rica de Latinoamérica, la "Reina de la cerveza", como la nombra la revista *Forbes*, tenía una sonrisa pronta. La antes llamada "Dama de hierro" (en alusión a la ex primera ministra británica Margaret That cher), la que difícilmente aparecía en público o en los medios, y si lo hacía era sólo para hablar de sus negocios, caminó con su esposo por esas ruinas mayas repartiendo saludos, estrechando manos e incluso haciendo cariños a su marido, con quien todo el tiempo intercambió miradas cómplices, sin importar incluso el protocolo por la cercanía de sus amigos los presidentes George W. Bush y Felipe Calderón Hinojosa, durante la última visita del exmandatario estadounidense a tierras de Yucatán.

Las crónicas coinciden en que se le veía estupenda, cierto. Y aquí la mayoría de los mexicanos podríamos preguntar al unísono: ¿Y cómo no estarlo, si posee una fortuna valuada en ese momento en 2 mil millones de dólares, por la revista *Forbes?* (En la siguiente década la multiplicaría casi por tres).

Pero no, ella no es una simple heredera de papá. Es una mujer respetada, admirada y querida en muchos círculos, aunque en otros ha sido objeto de fuertes críticas. Incluso se le han hecho señalamientos de ser, supuestamente, una empresaria que apoya con su fortuna intereses nada claros.

Sus relaciones con la ex pareja presidencial —Vicente Fox y Marta Sahagún—, incluyendo donaciones a la Fundación Vamos México; su apoyo económico a la campaña presidencial de Felipe Calderón; su relación con la firma que protagonizó la aparición del padrón del Instituto Federal Electoral (IFE) en el sitio del Partido Acción Nacional (PAN) e, incluso, su matrimonio con Tony Garza, quien se dijo que mientras fue embajador mantuvo contactos de negocios en Austin, Texas que beneficiaron los intereses de la empresaria, así como la carrera política del embajador. Acusaciones que ella siempre ha negado.

Sin embargo, impasible, discreta y sin acometer los dimes y diretes de la prensa política y de negocios, la ex esposa del embajador estadounidense, que muy pronto aprendió de negocios con los viejos empresarios de Modelo, también mostró que la diplomacia también era un terreno que podía dominar.

La ex "Dama de hierro" ni siquiera se inmuta. Armada de su "avasalladora personalidad", reparte sonrisas, hace caridad entre instituciones privadas, promueve exposiciones de arte, reúne a mujeres mexicanas de todos los signos e identidades políticas para mostrar su poder de convocatoria.

Todo esto para dejar claro lo que sólo una vez comentó a *The Wall Street Journal*: "Es importante no sentirme una mujer inútil que heredó dinero y se sienta en un sillón a comer palomitas y ver películas".

Y es que, en los últimos 20 años, María Asunción Aramburuzabala Larregui se ha encargado de forjar su propia herencia millonaria, una que muestra su fortaleza para romper barreras y tradiciones, lo que, en el mundo de los negocios mexicanos —tratándose, además, de una mujer—, no ha sido sencillo.

Así como rompió el molde en Grupo Modelo, instalándose en el consejo de administración presidido por los viejos empresarios cerveceros, así también lo hizo el 28 de abril de 2003 cuando, por primera vez en más de 100 años de la historia de la Bolsa Mexicana de Valores (BMV), se permitió a una mujer ocupar un lugar como consejera.

Esa escena se ha repetido en otros consorcios empresariales. María Asunción superó el reto de defender y mantener la fortuna forjada por su padre y, más aún, se ha encargado de multiplicarla y ponerle su propio sello. Por eso, ella es ya un caso de estudio por parte de las escuelas de negocios y de instituciones tan disímbolas como el World Economic Forum o el Instituto Nacional de las Mujeres.

Los abuelos Modelo

Siete décadas después de que don Braulio Iriarte Goyeneche fundara la Cervecería Modelo S.A. (el 8 de marzo de 1922), María Asunción se convirtió, de forma activa, en la tercera generación de empresarios de origen navarro en dirigir esa empresa.

Primero, su abuelo, don Félix Aramburuzabala Lazcano-Iturburu, destacaría como fundador y estratega de la firma y luego, su padre, don Pablo Aramburuzabala Ocaranza, de carácter recio y experto contable, le pasaron la estafeta.

La historia comenzó a escribirse mucho antes de que el ahora Grupo Modelo se convirtiera en la cervecera líder en México, en el productor de Corona, la marca mexicana más vendida en el mundo.

Todo comenzó hace casi 150 años en una comunidad campesina de España. Fue en la casa Martindea del barrio Txojoto de Elizondo, en el Valle de Baztan, Navarra, donde Braulio Iriarte nació en 1860.

Según el historiador Alberto Alday Garay, un experto en la historia de los navarros de la comunidad baztanesa en México, don Braulio era un hijo de campesinos, sin formación académica, oficio, ni capital alguno. A los 17 años viajó a México, que era un destino minoritario de la emigración navarra durante el siglo XIX.

En 1877 inició como empleado en una panadería, pero ya al comenzar el siglo XX había llegado a ser un gran empresario panadero, propietario de 80 panaderías, y posteriormente harinero. Regenteaba el molino Euskaro en la Ciudad de México, y el Beti-Ona de la Compañía Molinera Veracruzana, en el puerto de Veracruz, junto con sus sobrinos Agustín Jáuregui Iriarte (nacido en Elizondo en 1890) y José Larregui Iriarte (nacido en Elbete en 1899).

En 1913, durante la Revolución mexicana, Iriarte Goyeneche decidió entrar, en sociedad con un grupo de empresarios panaderos navarros, en un tercer negocio relacionado con la panificación fundando la sociedad Levadura Comprimida Leviatán, S.A., que fue la primera empresa en México dedicada a la fabricación de levadura para pan, producto que era importado de Estados Unidos hasta la Revolución.

Con este capital acumulado y durante décadas de actividad industrial en México, el 8 de marzo de 1922 fundó la Cervecería Modelo, S.A., empresa que comenzaría en 1925 a fabricar las cervezas Modelo, Corona y Negra Modelo.

Para la constitución de la sociedad, Iriarte buscó el apoyo financiero de algunos de los empresarios más prominentes de la colonia española en México.

Él aportó a la sociedad la fábrica de cervezas y el terreno llamado "de Anzures", sobre el que se había construido la fábrica, ubicado en la colonia de Santa Julia, en la antigua Hacienda de la Ascensión del Señor, municipalidad de Tacuba del Distrito Federal. Este terreno lo había comprado don Braulio en 1920. Hoy, casi un siglo después, la fábrica de cerveza aún se encuentra en ese mismo lugar.

Sobre ese acto fundacional, el diario español *El Sol* publicó: "La inauguración de esta hermosa fábrica tuvo efecto el día 25 de octubre de 1925, a la que concurrió el presidente de la República Mexicana, señor don Plutarco Elías Calles, acompañado de todo su gabinete; asimismo asistió el excelentísimo marqués de Berna, ministro de España en México, y casi todo el cuerpo diplomático, además de todas las personalidades en los negocios, finanzas e industria, e innumerable cantidad de público". Esto pone de relieve la trascendencia social y económica de la instalación de la cervecería en la Ciudad de México.

Pese a que las convulsiones políticas y sociales que se vivían en México en esa época no generaban el escenario ideal para hacer negocios, don Braulio Iriarte logró consolidar el producto internamente y, luego, aprovechó dos momentos clave para expandirse al mercado estadounidense y triunfar en aquel país: el primero fue el final de la Ley Seca (21 de marzo de 1932), momento en el que Iriarte envió en tren más de un millón de litros; el segundo llegaría en la década de los 40, con la auto pista panamericana y los trailers, pues ahí inicia una etapa de expansión tanto en la República Mexicana como en la frontera norte del país.

Iriarte Goyeneche, quien fue presidente del consejo de administración entre 1922 y 1932, no estaba solo en todos estos esfuerzos: tenía a su lado un amplio equipo navarro que reforzó cuando los socios españoles dejaron esta aventura ante la primera crisis de 1923.

Alday Garay comenta que para sustituir a los socios salientes, Iriarte acudió a sus paisanos euskaldunes de la montaña navarra, pequeños y medianos empresarios panaderos, como Francisco Cilveti Ilarregui (Aritzu, Valle de Anue, 1877), quien fue vicepresidente de la compañía; Martín Oyamburu Arce (Lizaso, Valle de Ultzama, 1881); Andrés Barberena Urrutia (Garralda, Valle de Aezkoa, 1880); Marcelino Zugarramurdi Etxenike (Arizkun, Valle de Baztan, 1882); Fermín Buadés Neol (Elizondo, Baztan, 1882); Pedro Magirena Saldías (Bera, 1877) y Victoriano Loperena Ilarregui (Arizkun, Baztan, 1883).[1]

Estos navarros integraron el segundo consejo de administración de Cervecería Modelo. Asimismo fueron comisarios los también navarros Segundo Minondo Rota (Nagore, Valle de Arce, 1888) —quien fue además el primer gerente de la sociedad—, José Olave y Pedro Etxenike Inda (Gartzain, Baztan, 1893), dando inicio a la etapa de control navarro de la compañía. El accionista de Modelo Miguel Burgaizea Urrutia (Elizondo, Baztan, 1871) era al mismo tiempo el administrador de Levadura Leviatán. A la muerte de Braulio Iriarte, ocurrida el 25 de junio de 1932, le sucedió en la presidencia el entonces vicepresidente Pablo Díez Fernández, nacido en Vegaquemada, León, en 1884.

Pablo Díez había entrado en el accionariado y administración de la sociedad en noviembre de 1922. Era uno de los hombres de confianza de Braulio Iriarte y también procedía del sector del pan y las levaduras (socio, consejero y gerente de Levadura Leviatán).

Paralelamente, los socios navarros fueron abandonando la sociedad. Zugarramurdi había renunciado a su cargo de consejero en 1929 y Loperena lo hizo en 1933. Con la desaparición de Oyamburu y Buadés concluyó el dominio navarro de esta empresa y empezó el leonés.

A este tránsito, Alday lo denomina "De la Corona Navarra a la Corona Leonesa". Pero su éxito no decreció. Uno de sus mayores aciertos fue desarrollar en los años 40 la etiqueta de cristal que presumía: "no ensucia, ni se despega ni se pierde", y asociar la cerveza a una imagen de palmeras y relajamiento. Su impacto en el turismo americano fue contundente y se convirtió en la mejor embajadora mexicana.

La persona clave de esta etapa es el leonés Pablo Díez, presidente del consejo de administración desde 1932 hasta 1971.

Y es precisamente en esta época cuando aparece como protagonista don Félix Aramburuzabala Lazcano-Iturburu (Eskoriatza, 1886-México, 1972), quien fue el hombre de confianza de Díez, y quien, además, retomó la saga vasca del emporio cervecero.

La periodista Alicia Ortiz Rivera, autora de una biografía sobre Juan Sánchez Navarro,[2] comenta que el llamado "ideólogo empresarial de México", quien también es parte fundamental de la historia de Grupo Modelo y en sus últimos años tuteló a Mariasun en asuntos de negocios, consideraba que los mejores empresarios que había conocido en México eran Carlos Slim, presidente de Telmex; Pablo Díez y Félix Aramburuzabala, fundadores del Grupo Modelo, además de Lorenzo Servitje, presidente del Grupo Bimbo.

Y es que don Félix, como tantos otros empresarios vascos exitosos en México, llegó al país siendo muy joven y además en la pobreza.

Su historia de trabajo se centró, desde la década de 1920, en la empresa Levadura Leviatán y en la Cervecería Modelo. Ya en los años 30, por su trabajo y cercanía con Pablo Díez, el segundo presidente de la compañía Cervecería Modelo y sucesor del fundador Braulio Iriarte, Aramburuzabala entró a formar parte del consejo de administración de la empresa en la que permanecería hasta su muerte, ostentando el cargo de vicepresidente y convirtiéndose en uno de los artífices de la gran expansión de la compañía. En 1971, al morir Pablo Díez, Aramburuzabala fue uno de los herederos de la empresa y transmitió, a su muerte en 1972, su parte del negocio y su cargo en la dirección a su hijo Pablo Aramburuzabala Ocaranza.

Don Pablo fue, además, un activo participante en otro consorcio empresarial que hoy hace época: Grupo Carso. Los socios mexicanos fundadores de este grupo encabezado por Carlos Slim Helú fueron: Manuel Espinoza Yglesias, Moisés y Antonio Cosío, Ángel Lozada, Bernardo Quintana, Rómulo O'Farrill Jr., Beatriz y Jorge Alemán, Antonio del Valle, Jorge Estévez, Luis Berrond o, José Miguel Nader, Carlos Abedrop Dávila, Antonio Chedraui, Ángel Demerutis, Claudio X. González, y el propio don Pablo Aramburuzabala.

El legado Modelo se transmitiría 23 años después a Maria Asunción, quien entró al negocio cervecero sin haber pasado una vida en las fábricas, como hicieron su padre y abuelo, pero con la decisión y la visión de quien no iba a dejar que esa herencia de "conocimiento y trabajo", así como una millonaria fortuna se perdiera en la historia de los negocios en México.

Camino a la victoria

La leyenda creada en torno a la "Reina de la cerveza", y que repiten todavía algunos de los socios de Grupo Modelo, dice que un día, poco antes de que su padre muriera víctima de cáncer en 1995, Mariasun dejó a sus hijos Pablo y Santiago en la escuela y, decidida a todo, se dirigió al edificio corporativo de la Cervecería Modelo, donde se reunía el consejo de administración de la firma. Se presentó ante los consejeros, todos varones, todos ya en canas, y anunció: "Aquí estoy", hecho que, se afirma, don Pablo festejó ruidosamente.

Antes de su incursión en esa junta, Mariasun había trabajado ya en la Casa de Bolsa Invermexico, como asistente del director de Mercado de Capitales, y también asistía a su padre en las plantas de levadura, pero sus responsabilidades no eran aún mayores.

El grupo financiero al que pertenecía esa casa de bolsa era entonces dirigido por Carlos Gómez y Gómez, quien fuera a su vez director general y presidente del consejo de la Compañía Harinera de México, y quien fue líder en 1992 de la compra de Banco Mexicano Somex al gobierno, por 600 millones de dólares.

Desde aquella mañana, pues, el mundo empresarial supo quién era María Asunción Aramburuzabala Larregui que, según versiones de sus amigos, considera tan largo su apellido vasco que comúnmente firma "A14", por las 14 letras de su apellido paterno.

Don Pablo es recordado por su esposa doña Lucrecia —pintora, promotora de arte y dedicada al altruismo— como un hombre abierto y nada machista, quien educó a sus hijas Maria Asunción y Lucrecia para defenderse en la vida, y no como a niñas ricas.

Férreo de carácter, pero sensible a los problemas de su familia y de sus empleados, se caracterizó por ser un pragmático de la administración. Era un contable de excelencia, recuerda su yerno Carlos Fernández González, casado con Lucrecia y quien se convertiría en director general de Grupo Modelo, hasta que la empresa dejó de pertenecer a la familia. Fernández González, quien también vivió desde la infancia entre las plantas y los obreros cerveceros de la Modelo, recuerda que recibió invaluables conocimientos de parte de esos viejos empresarios, especialistas cada uno en su tema: "si tenía que ver con ventas me acercaba a Nemesio Díez; si era algo de relaciones públicas, de instituciones gubernamentales o empresariales, pues con Juan Sánchez Navarro; lo jurídico fue con Manuel Álvarez Loyo, y el tema de administración contable con Pablo Aramburuzabala".

De ahí que la propia María Asunción, quien nació el 2 de mayo de 1963 en la Ciudad de México, y se formó desde la primaria hasta la preparatoria bajo la disciplina del Colegio Alemán Alexander von Humboldt en la capital del país, decidiera estudiar —inspirada por su padre— la carrera de Contaduría Pública y Estrategia Financiera en el Instituto Autónomo de México (ITAM). Pertenece a la generación 1983-1987.

Es decir, tenía 32 años cuando comenzó a trabajar oficialmente en el consorcio cervecero y, aunque sólo tenía como experiencia laboral su paso por la casa de bolsa, había de enfrentar su primer gran reto en un entorno turbulento para los negocios en el país, pues se vivía la resaca de la gran crisis financiera provocada por la devaluación de 1994, originada en el "error de diciembre".

En esa época todavía estaba casada con Paulo Patricio Zapata Navarro, ocho años mayor que ella, directivo de Tapas y Tapones de Zacatecas (empresa que fabrica envases y tapas, y que tiene entre sus clientes más importantes precisamente al Grupo Modelo), y también socio de la cervecera.

Ya para 1996, y luego de 15 años de matrimonio, se divorció de Zapata Navarro, con quien se había casado a los 18 años de edad. La separación no fue solamente por la parte legal o civil, sino que, según una investigación de María Scherer Ibarra, la empresaria procedió también a anular ante las más altas instancias de la Iglesia católica su enlace religioso.[3]

En este contexto, en 1995, cuando decidió apoyar a su padre y prepararse para sucederlo, María Asunción era una ama de casa consagrada casi totalmente a sus dos hijos pequeños y a sus incipientes estudios universitarios en el ITAM. Pero con la muerte de don Pablo se topó de frente con la responsabilidad de asumir la herencia que su progenitor repartió entre su madre, su hermana y ella misma. Desconcertada por los retos profesionales que ya para entonces se le imponían en el grupo, también trató de mantener vivo su matrimonio, cosa que, según sus allegados, con las exigencias de su vicepresidencia y la incomprensión de su ex marido, se volvió imposible.

En la única entrevista en la que ha hablado de su situación de entonces, y que le concedió a *The Wall Street Journal*, expuso: "La gente vio a tres mujeres indefensas con participaciones en grandes compañías, e intentaron aprovecharse; querían que yo fuera una buena niña y que me sentara debajo de un árbol a beber limonada, esperando a recibir mi cheque anual de dividendos mientras ellos tomaban el control de lo que había construido mi familia".[4]

Por eso, en 1996, cuando los miembros del consejo de la empresa pensaban cerrar la filial Levadura Azteca (fundada en 1927), debido a sus números rojos y también por su menor tamaño comparada con las fábricas del Grupo Modelo, Mariasun pidió la oportunidad.

En una entrevista con *Expansión*, realizada en diciembre de 2000, recordó que se opuso a que la cerraran porque Levadura y otros negocios involucrados en ese primer reto, como Leviatán y Flor, son el origen del grupo. Así que les dijo: "Déjenme tratar de reestructurarlas y si en un año no logro darles la vuelta y no están ganando dinero, perfecto, las cerramos o las vendemos".[5]

Se arremangó y, con disciplina y trabajo, codo a codo con los trabajadores, rescató el negocio: "Tuvimos días largos y tuve que ensuciarme las manos, inclusive agacharme debajo de las calderas [de levadura] a las siete de la mañana para revisar que no hubiera grietas", confesó.

Como consecuencia de este esfuerzo, Levadura Azteca cambió de rostro. Se ejecutó una reestructura total de la empresa que incluyó desde la fusión de las tres plantas de producción, el cambio de cepas, el rediseño de la logística de distribución a nivel nacional y una nueva estrategia de ventas y mercadotecnia, hasta la implantación de agresivos programas de aseguramiento de la calidad y capacitación del personal. El resultado fue un incremento de utilidad neta de hasta 1000 por ciento en sólo un año. De hecho, esa compañía es actualmente la líder en la fabricación de levadura y productos para panificación en México, Centro y Sudamérica.

En esta que fue su primera demostración como estratega empresarial reforzó aquello de que su amor por los negocios es un asunto genético. Años atrás, don Pablo había dejado constancia práctica de cómo llevar al éxito a un negocio como ese en el análisis *Organización contable de una fábrica de levadura para panificación*, documento que ahora se encuentra en el catálogo de consulta de la Universidad Autónoma de Hidalgo, con el número de referencia 6486.

Para ella, esa experiencia fue su mayor aprendizaje: "fue una maestría en administración, en finanzas, en recursos humanos, en ventas, en una bola de cosas que no sabía. La verdad, me la jugué. Todos me veían así como que 'esta niña no se da cuenta de lo que hace'. Y si bien esto no es lo más grande que he hecho (creo que es lo más chico en cuanto a lana), puedo decir que es mi mayor satisfacción, pasé por todo lo que puede pasar un empresario en su vida. A mí siempre las cosas me pasan apreta das, nunca me las puedo tomar con calma, me llueve tupido".

Ahora, ya con un corporativo propio, Tresalia Capital, confiesa que uno de sus secretos es que sigue al pie de la letra la visión de negocio de su padre y de su abuelo, que se basa en una fuerte reinversión de utilidades, el uso mínimo del crédito, un gasto controlado y un sentimiento de responsabilidad hacia el empleo de las personas. Sin embargo, los que la han visto negociar saben que su máxima cualidad es que estudia a detalle todas sus operaciones. Se prepara e indaga, organiza y decide la estrategia, para que, como ella misma admite, se pueda obtener un precio significativamente menor, incluso a la mitad del precio inicial.

Pero su gran victoria, y la que le daría la dimensión de financiera de cinco estrellas dentro del sector cervecero a nivel mundial, fue encabezar las negociaciones por medio de las cuales el gigante cervecero Anheuser-Busch (AB) compró acciones de Modelo por mil 600 millones de dólares, para completar 50.2 por ciento de participación en el consorcio mexicano.

Desde 1993, ambas compañías mantenían una alianza estratégica. Sin embargo, la formalización de este acuerdo inyectó capital al grupo cervecero mexicano, sin que eso representara que los accionistas mexicanos perdieran el control de la administración y operación de las empresas de Modelo, en virtud de que la participación directa de AB es minoritaria en Grupo Modelo, S.A. de C.V. y en Diblo, S.A. de C.V., que es la principal subsidiaria de la compañía.

Modelo se convirtió entonces en el importador exclusivo de las marcas de Anheuser-Busch en México, entre las que destacan Budweiser y Bud Light. Dos años después del acuerdo, la marca Corona Extra se posicionó como la cerveza mexicana de mayor venta en el mundo y la número uno en Estados Unidos en el segmento de bebidas importadas, por encima de marcas como Heineken, Labatt Blue, la mexicana Tecate (fabricada por FEMSA Cerveza), Guinness y Amstel Light.

Luego de esto, ya en 2000, el rostro y el nombre de María Asunción Aramburuzabala Larregui se volverían habituales en periódicos y revistas de negocios.

Discreta, férrea, trabajadora y disciplinada, como la definen sus colaboradores y amigos cercanos, aún sin siquiera pensar que cinco años después su imagen de la "Dama de hierro" se convertiría en la sonriente y enamorada protagonista de las revistas del corazón, se propuso construir sus propios triunfos en el mundo de los negocios.

Fue en ese año, el 2000, cuando ya como inversionista con sus propios fondos y proyectos, a los 37 años de edad, la revita *Forbes* la consideró la mujer más rica de México y América Latina. Orgullosa y consciente del esfuerzo de su hija para, primero, defender el patrimonio familiar y, segundo, convertirse en un punto de referencia en el mundo empresarial, doña Lucrecia Larregui recuerda la sensación que le produjeron aquellas primeras victorias de Mariasun: "Esto no sólo reivindicó a la familia, sino a las mujeres en general en una sociedad extremadamente machista".

Inversión con estrella

Con la llegada del nuevo siglo, María Asunción afinó no sólo su genético olfato para los negocios, sino que ganó el crédito como la mujer más importante del mundo empresarial en América Latina y, más aún, su liderazgo —según *The Wall Street Journal*—[6] entre las 50 mujeres más influyentes del mundo, de la mano de personajes como la entonces senadora Hillary Clinton, la banquera Ana Patricia Botín, la reina Rania de Jordania, la primera dama de Estados Unidos, Laura Bush, la subgobernadora del Banco Central de China, Wu Xialing, y la canciller de Alemania, Angela Merkel.

En 2000 dio uno de los pasos más importantes hacia la diversificación de su cartera de inversiones, al tiempo que realizó un negocio que, a la postre, le significó millonarias utilidades.

Ese año entró en vigor el plan "Televisa 2000 ", comandado por un joven Emilio Azcárraga Jean que, como ella, también heredó fortuna y empresa en 1997, a la muerte de su padre Emilio Azcárraga Milmo, *el Tigre*, apenas dos años después de que falleciera don Pablo Aramburuzabala Ocaranza. Cuando el joven Emilio tomó las riendas del consorcio, a los 29 años, tampoco había estado inmerso en el manejo corporativo de una empresa con semejantes dimensiones. Mismas circunstancias que vivió María Asunción.

La televisora más importante de habla hispana tenía entonces enormes adeudos y un gran déficit, lo que obligó al equipo de Azcárraga Jean a embarcarse en una costosa reestructuración financiera que concluyó, de manera exitosa, hasta 2004. En este contexto, operadores bursátiles del Grupo Financiero Inbursa comentan que fue precisamente Carlos Slim Helú quien la convenció de entrar al negocio y ser parte fundamental en el proceso de reestructuración financiera de la televisora.

Slim, quien compró Teléfonos de México en 1990 y ya en 2007 se ubicó como el segundo hombre más rico del planeta, apenas unos cuantos millones atrás de Bill Gates, ha sido otro de los consejeros importantes de Aramburuzabala tanto en el mundo de los negocios como a nivel personal, en respuesta quizá a la cercana amistad que mantuvo con don Pablo, quien, en su momento, también dio consejos al entonces joven creador de Grupo Carso.

La cercanía de Mariasun con Slim quedó incluso mostrada cuando ella le pidió fungiera como uno de sus dos testigos de honor de su enlace civil con el embajador Tony Garza, ceremonia realizada en abril de 2005. El otro fue su amigo y socio, el director de Inversiones de Tresalia Capital, Juan Pablo Andrade Frich.

Convencida entonces de la conveniencia de apoyar a Azcárraga Jean —y a muy buen precio—, la vicepresidenta del Grupo Modelo, junto con su hermana Lucrecia, además de la familia Fernández, representada por su cuñado Carlos y por Nieves, la hermana de este último, entraron junto con Carlos Slim (quien lo hizo a través de Promotora Inbursa) en un plan de compra de acciones de la controladora Televicentro —hasta entonces en poder de Alejandro Burrillo—, para consolidar el control en manos de Emilio Azcárraga Jean.

De esta forma, el fideicomiso encabezado por María Asunción Aramburuzabala se quedó con alrededor de 20 por ciento de las acciones de control. Otro 25 por ciento quedó en poder de Promotora Inbursa y el restante 55 por ciento en manos del heredero Azcárraga Jean.

El ingreso de los nuevos socios dio a "Emilito" el respaldo que necesitaba ante la comunidad financiera, pues el monto de la operación que implicó la participación de Slim y Aramburuzabala representó mil 200 millones de dólares. La operación incluyó el compromiso de permanencia hasta julio de 2005, pues de ahí en adelante la decisión de permanecer en el grupo de televisión sería voluntaria.

Los expertos financieros consideran que la apuesta a Televisa fue un rotundo éxito para Mariasun, pues los socios recibieron jugosos dividendos a partir de una sensible mejoría en el posicionamiento y en el perfil financiero de la televisora.

Por ejemplo, ya para mayo de 2005 se acordó un pago de dividendos por 4 mil 250 millones de pesos, además de que la política de dividendos estableció una distribución de 100 millones de dólares anuales para los siguientes años que, según los valuadores de mercado, no generaban daño al desempeño operativo ni a la inversión futura de la empresa.

De nuevo, la apuesta de Aramburuzabala había sido fuerte y había redituado. Y aún faltaba cobrar su ganancia central. El viernes 13 de enero de 2006 anunció la venta de la mitad de las acciones que poseía en Grupo Televisa, en una operación por la que su fideicomiso obtuvo unos 240 millones de dólares. Dicho fideicomiso había vendido 60 millones de acciones CPO de la televisora. Antes, en diciembre de 2005, Mariasun había vendido ya una parte de sus acciones de la televisora por unos 80 millones de dólares.

En suma, estas ventas significaron para la empresaria recursos frescos por 320 millones de dólares y la reducción de la mitad de su participación original que equivalía a 4 por ciento del capital de la empresa de medios. Los analistas estimaban entonces que, hasta antes de diciembre de 2005, las acciones de Aramburuzabala valían más de 600 millones de dólares.

En el comunicado oficial enviado por la televisora a la Bolsa Mexicana de Valores (BMV) se incluyó una declaración formal de la vicepresidenta del Grupo Modelo: "Estoy muy satisfecha con mi inversión en Televisa y con los logros de la compañía bajo el liderazgo de Emilio Azcárraga Jean. Mi decisión de vender una porción de mi inversión en la compañía es parte de una estrategia de largo plazo de diversificación de activos y liquidez. Tengo la intención de continuar como accionista y permanecer involucrada en Televisa como miembro del Consejo de Administración".

Sin embargo, la historia de esta inversión no terminó ahí y, de hecho, otra operación de la familia Aramburuzabala fue causa de un enfrentamiento más entre Azcárraga y Slim, cuya relación está ahora seriamente deteriorada.

El 21 de diciembre de 2006, en Nueva York, por medio de la operadora Acciones y Valores, Roberto Hernández —enemigo de Slim desde la época de la venta de Telmex— adquirió por 110 millones de dólares unos 18 millones 100 mil CPOs de Televisa, que pertenecían a la madre y hermana de la vicepresidenta de Modelo.

Y es que el dueño de Carso, quien llegó a ser propietario de 7 por ciento de Televisa, terminó por retirarse del todo a medida que aumentaron sus diferencias con Emilio Azcárraga. Mientras, Hernández y su grupo aumentaron su participación a 5 por ciento y estrecharon su relación con Azcárraga.

María Asunción es amiga de los tres involucrados en este choque de gigantes. Un capítulo que, además, involucró en un cruce accionario a cuatro de las diez fortunas más importantes del país.

Roberto Hernández es un viejo amigo de Aramburuzabala, desde antes de 2000, época en la que ella inició un largo noviazgo con Manuel Medina Mora, ex director del Grupo Citigroup Banamex, el único hombre con quien se le relacionó sentimentalmente tras su divorcio de Zapata Navarro y con quien rompió a mediados de 2004. La millonaria mexicana es también consejera propietaria de Grupo Financiero Banamex, banco en el que Hernández llegó a ser el mandamás en los años 90.

Mariasun leyó muy bien el enfrentamiento que se avecinaba entre los dos imperios empresariales, ante la inminente entrada de Telmex a televisión y de Televisa a telefonía-internet. Fuera de este combate, que tiene sesgos personales entre los involucrados, y que algunos también perciben como un alejamiento de Carlos Slim, ella ha movido parte de esas ganancias en Televisa y en Grupo Modelo a otros rubros, lo que le ha dado un nuevo impulso a su carrera empresarial.

La corona tiene más gemas

Un poco antes de su incursión en Grupo Televisa, en 2000, María Asunción comprendió las virtudes de diversificar, teniendo como herramienta central el *cash flow*, o los flujos de caja o de fondos, para aprovechar nuevas oportunidades, tal y como ha hecho Carlos Slim Helú.

Motivada por su triunfo financiero en Grupo Modelo, tras la negociación con la cervecera Anheuser-Busch, llamó a quien es hoy uno de sus mejores amigos, y mano derecha en los negocios, Juan Pablo Andrade Frich, a quien conoció en su breve estancia en la Casa de Bolsa Invermézico.

Con él fundó Tresalia Capital, un fondo de inversiones que tiene como misión satisfacer las necesidades financieras de sus clientes por medio de una planeación estratégica adecuada, así como la evaluación de inversiones, la realización de inversiones de portafolio a través de los mercados financieros y administración, seguimiento y reporteo de los activos.

Tresalia se ha consolidado en 2007 particularmente en los sectores de finanzas, telecomunicaciones, infraestructura de tecnología, medios de comunicación, distribuidoras de contenido de última milla, aplicaciones de tecnología e inmuebles.

Ella misma reconoce que su participación en Grupo Televisa le abrió el camino para asomarse al mundo de las telecomunicaciones, de la tecnología y de los medios de comunicación, que son temas que le apasionan. Por ejemplo, durante su activa estancia en la televisora se interesó particularmente por el modelo de negocio del sitio esmas.com e incluso por esa época invirtió en una firma llamada Portal Blocks.

Tanto así que no dudó en crear en mayo de 2002, a través de la plataforma de Tresalia, la empresa Kio Networks, el primer centro en México de datos de última generación con servicios de alojamiento y administración.

De hecho, esta última surgió de la empresa de desarrollo tecnológico NCUBO (una incubadora de negocios, donde también Aramburuzabala se comprometió para apoyar a empresarios noveles en el inicio de diversas compañías), con una inversión inicial de 25 millones de dólares.

En esta empresa María Asunción estuvo acompañada, originalmente, del capital de BCBA Impulse, presidida por el ingeniero Javier Barrios y el contador Antonio Cué Sánchez Navarro (grupo del que es socia desde 1999 y propietaria desde mayo de 2006); Grupo IGSA, del ingeniero Santiago Paredes, y Brainstorm Ventures International.

Para los analistas del sector tecnológico, Kio Networks refleja el alto nivel de autoexigencia que ella pone en cada una de sus empresas y sus operaciones financieras. De este Data Center, ubicado en Santa Fe, en la Ciudad de México, se dice que es el edificio de más alta seguridad que hay en el país y, a pesar de que empresas como IBM, EDS, Telmex,

Avantel e ITT, entre otras, brindan servicios similares, es la primera compañía con capital 100 por ciento mexicano que incursiona en ese negocio.

Sólo la construcción de su primera fase requirió de 14 millones de dólares y tiene una capacidad de 2 mil 800 metros cuadrados de piso falso, lo que permite una instalación más eficiente de redes y cables. Según Sergio Rosengaus, director general de Kio Networks, "se trata de un centro de datos que tiene una infraestructura tecnológica tan buena como la que existe en el Silicon Valley".

Para no variar, esta empresa ha generado grandes frutos en sus primeros cinco años de operación: acumula cientos de clientes entre corporativos de los sectores financiero, manufacturero, de logística y medios de comunicación, y se ha convertido en uno de los proveedores de servicios de Tecnologías de la Información (TI) más importantes para el gobierno mexicano. Treinta por ciento de la facturación de la empresa procede del sector público.

El 21 de junio de 2007, con una inversión superior a los 60 millones de dólares, Kio Networks arrancó las operaciones de su nuevo campus tecnológico, que se ubica en el estado de Querétaro, donde se encuentran localizados ahora los centros de datos.

"La apertura de las nuevas instalaciones de Kio Networks en el Bajío, es un reflejo de la rápida y creciente demanda del mercado para infraestructura de estas características. La expansión de la compañía es un indicador muy claro de estas necesidades", afirmó Rosengaus.

El complejo alberga cinco centros de datos de mil 100 metros cuadrados cada uno, con capacidad escalable, características estructurales, resistencia, estándares de diseño y construcción Milicon (*Military Construction*), y disponibilidad de Tier 4.

En esta misma dinámica de exploración de nuevas oportunidades, al iniciar mayo de 2006, Mariasun adquirió el control de la BCBA Impulse (Barrios, Cué, Belausteguigoitia, Aramburuzabala), con 55 por ciento de los títulos de la empresa inmobiliaria en la que ya participaba como accionista desde 1999.

Actualmente esta es una de las compañías inmobiliarias y de bienes raíces privadas más importantes de México; construye, comercializa y opera inmuebles comerciales, de oficinas y residenciales en diversas zonas del país.

De entrada nombró como director general a Ricardo Zúñiga Massieu, un joven ejecutivo, con experiencia financiera, con la misión de hacer de BCBA Impulse una empresa lider en la construcción integral. Diez años más tarde, lo había conseguido.

Amor de exportación

En diciembre de 2004 la revista *Quién* publicó que, tras largos años de relación, María Asunción Aramburuzabala había finalizado su noviazgo con el banquero Manuel Medina Mora y que, en semanas previas, se le había visto acompañada en varias ocasiones por el embajador de Estados Unidos en México, Tony Garza.

De inmediato, casi como por arte de magia, su rostro comenzó a multiplicarse en las revistas de sociedad y se convirtió en protagonista de la prensa del corazón.

Según María Scherer Ibarra, la empresaria y el embajador se conocieron en 2002, en una cena en la embajada estadounidense celebrada en honor de Kevin Rollins, presidente de Dell. Como le ha sucedido frecuentemente en su vida profesional, la empresaria mexicana era la única mujer presente entre los hombres de negocios y funcionarios que ahí se dieron cita.

Según cuentan amigos cercanos de la empresaria, fue en septiembre de 2004 cuando Garza se enteró de que Mariasun había terminado con Medina Mora y le pidió a su amigo, Daniel Hajj, que le presentara a la empresaria. Daniel y su cuñado Tony Slim se comprometieron entonces a organizar una cena para ello. Se convirtieron así en los cupidos de la pareja.

Pero no fue sino hasta noviembre de 2004 cuando la relación se hizo pública y el primero en detectarla fue el fallecido cronista de sociales Nicolás Sánchez Osorio, quien narró para el diario *Reforma* la presencia de la pareja en la presentación de la campaña de Televisa "Celebremos México", que se realizó en el Palacio de Bellas Artes.

Antes, Mariasun ya había viajado a Brownsville, Texas, para acudir a la boda de una sobrina del embajador y ahí conoció al padre de su prometido, Antonio Garza —fallecido a los 83 años en 2005 —, y quien fuera franquiciatario de una estación de gasolina de Texaco en esa ciudad que hace frontera con Matamoros, Tamaulipas. También fue presentada con Nicky, su hermano. DeAnna, la hermana ocho años mayor que Tony, murió en 2004, mientras que su madre falleció por cáncer cuando él tenía 13 años de edad.

Hacia finales de enero de 2005 se anunció el compromiso matrimonial con Garza, hasta entonces considerado un soltero de 44 años y quien, según la investigación de Scherer Ibarra, hasta ese momento había disfrutado de su tiempo libre sólo entre el amor que tiene por el arte y sus perros, así como por su afición por la buena comida, el golf y el *jazz*.[7]

El texano, cuyos gustos refinados le permitieron insertarse rápidamente entre el *jet set* mexicano, tiene en su poder una colección de pintura, denominada "Formaciones", en la que ha reunido obras de artistas como Rufino Tamayo, Francisco Castro Leñero, Alberto Gironella, Roy Lichtenstein y Robert Rauschenberg, entre otros.

De hecho, la galería en que convirtió a la sede de la embajada fue uno de los pretextos que el embajador usó para acercarse a Mariasun. La pareja tenía sólo cuatro meses de novios cuando en febrero de 2005 se confesaron ante Kevin Sullivan, corresponsal en México de *The Washington Post*. El periodista —ganador del Premio Pulitzer— hizo referencia a los apapachos que se prodigaban y de cómo, emocionados, le relataron en tres horas todos los detalles de lo rápido que se enamoraron. Incluso le hablaron de su primer beso, dado y recibido en octubre de 2004, cuando luego de una comida regresaron a la embajada de Estados Unidos para que Tony enseñara a Mariasun los detalles de sus piezas de arte.

"Entonces él la invitó al piso superior, explicándole que allá se encontraban algunas de las obras más importantes que posee. Ella se mostró un tanto escéptica. 'Cuando vi que efectivamente había cuadros arriba, recuperé el aliento', platica.

"Ella partía hacia Nueva York al día siguiente por cuestiones de trabajo. Él se volvió hacia ella: 'Esta es siempre la parte más difícil', dijo

Tony. '¿Cuál?', respondió Mariasun. 'Nunca sabes si despedirte con un beso', dijo él. Ella sonrió y se besaron rápida y dulcemente.

"Ella pensó que su torpeza de colegial había sido enternecedora. Él estaba atrapado". Desde entonces, se llamaron todas las noches y se hicieron prácticamente inseparables.[8]

Sin embargo, el anuncio de la boda, según planteó Scherer, despertó intrigas, pues no pocos vieron en este un matrimonio por conveniencia, que tenía como eje al estado de Texas, donde están situados algunos de los intereses económicos de la mujer más rica de América Latina, así como las aspiraciones políticas futuras del embajador.

Antonio Óscar Garza Quintana nació el 7 de julio de 1961, en Brownsville. Con la herencia de las tradiciones mexicanas, que le fomentaron sus abuelos matern os y paternos, los cuatro también llegados de México, cursó los estudios básicos en el Sacred Heart School junto con niños mexicanos y estadounidenses.

Según datos extraídos de la página de la embajada de Estados Unidos en México y de un perfil de *Líderes mexicanos*, estudió Administración de Empresas en la Universidad de Austin y Leyes en la Universidad Metodista del Sur. Su primer trabajo fue voluntario, como abogado del Centro de Salud del Condado de Brownsville. También fue entrenador del equipo de futbol soccer de la comunidad. Su primer trabajo pagado y de elección popular fue como juez de condado, cargo en el que hizo reformas importantes para regular los impuestos a trabajadores, abastecer de agua potable y de riego a muchas comunidades que carecían del servicio.[9]

Se le conoce como un militante atípico del Partido Republicano, a pesar de que cree en todos los valores republicanos (un ejército fuerte, raíces familiares claras y estables, políticas conservadoras). Sin embargo, en su carrera ha tomado decisiones que no siempre coinciden con los principios básicos de los de ese partido.

El periodista Carlos Benavides, autor del reportaje "Tony Garza, la 'promesa' de Bush en México", detalla que a los 28 años de edad y con su título profesional recién obtenido, el abogado decidió convertirse en el primer miembro del Partido Republicano en ganar un puesto de elección para servir en una oficina de condado en el sur de

Texas, que se ha caracterizado por ser un bastión tradicional del Partido Demócrata.[10]

Luego, comenzó a llamar por teléfono a los líderes del Partido Republicano y, aunque muy pocos contestaron, hubo uno que se entusiasmó con el empuje de Tony: ese hombre fue el ahora ex presidente de Estados Unidos, George W. Bush.

Garza había conocido a Bush cuatro años antes, cuando este acompañaba a su padre, quien entonces hacía campaña para la vicepresidencia del país en la fórmula republicana que postulaba a Ronald Reagan para ocupar la Casa Blanca por un segundo periodo de cuatro años.

Bush no se equivocó. Garza no sólo ganó el puesto de juez y se convirtió en el primer republicano elegido para servir en una oficina de condado, sino que años más tarde fue reelegido con casi 60 por ciento de los votos y continuó trabajando en la comunidad como juez del condado de Cameron. Pero, según Benavides, Garza ganó más que esa elección, pues obtuvo la amistad de Bush y de su esposa Laura, misma que le ha ayudado a escalar importantes puestos en el servicio público. Por ejemplo, cuando George W. Bush ganó las elecciones para gobernador de Texas en 1994, su primer nombramiento oficial fue el de Tony Garza como secretario de Estado.

Posteriormente, después de servir en ese puesto por cinco años, en 1999, y con el apoyo del gobernador Bush, Garza fue el primer hispano en la historia de Texas en ganar una elección estatal como miembro del Partido Republicano, al conquistar el cargo de presidente de la Comisión de Ferrocarriles de Texas, la instancia estatal encargada de supervisar el sector energético local.

La relación era sumamente estrecha para entonces. Y se dice que el gobernador Bush aún no mencionaba si buscaría o no la candidatura republicana a la presidencia de Estados Unidos. De hecho, era un tema que le molestaba. Pero, durante una visita a México en la que George W. Bush se entrevistó con el entonces presidente Ernesto Zedillo en Los Pinos, el gobernador texano le hizo a Tony Garza una promesa que años más tarde marcaría su destino.

Benavides expuso: "Ya instalado en el Hotel Four Seasons, en Paseo de la Reforma, Bush se acercó a Garza. El gobernador le preguntó a Tony en qué puesto le gustaría estar dentro de su gobierno en caso de que él decidiera competir por la presidencia de Estados Unidos y lograra ganar. La respuesta de Garza fue casi inmediata: me gustaría ser embajador en México. Después de un corto silencio, Bush le respondió: si yo juego por la Presidencia y gano, tendrás la oportunidad de servir como embajador aquí".

Y así fue. En el verano de 2002 el presidente Bush nombró a su amigo Tony Garza como embajador en México y el 22 de noviembre de ese mismo año presentó sus cartas credenciales al entonces presidente Vicente Fox. Para muchos analistas políticos, esa cercanía con Bush le permitió a Garza ser considerado uno de los embajadores estadounidenses más poderosos.

Sin embargo, en México se le consideró como un embajador polémico, incluso antes de su enlace con la "Reina de la cerveza". En repetidas ocasiones escribió cartas al gobierno mexicano, que también circularon entre los medios de comunicación, en las que criticaba abiertamente la falta de seguridad y el avance del poder del narcotráfico en el norte de México. El gobierno mexicano llegó a incomodarse con él y lo llamó a ofrecer explicaciones por sus palabras. No obstante, su cercanía con el número uno en la Casa Blanca lo envolvió en una coraza y lo convirtió en aspirante a la guberantura de Texas.

También se le recordará, sin duda, como el hombre que pudo llevar por segunda vez al altar a la mexicana más rica del país y de Latinoamérica, una de las 50 mujeres más influyentes del mundo.

Boda y poder

La relación amorosa con el embajador Garza permitió a los mexicanos saber más del personaje María Asunción Aramburuzabala. Antes, la imagen de mujer de mano fuerte, disciplinada y concentrada en el estudio de sus negocios había impedido entrar en su intimidad. De pronto, apenas unas semanas después de su boda, mostraba sin rubor sus preferencias personales, como que es aficionada a la comida japonesa —que ella misma cocina—, que le atraen los deportes acuáticos y las largas caminatas, la cacería de paloma y que le encanta el baile. La revista *Quién* mostró incluso los detalles de la redecoración de la casona de las Lomas de Chapultepec, residencia del embajador, a la que llegó para instalarse con sus dos hijos. Hasta entones había residido en el exclusivo complejo habitacional Club de Golf Bosques, en la barranca de Hueyatlaco, al poniente de la Ciudad de México.

Se casaron en la Parroquia de Nuestra Señora de los Ángeles, en la colonia Ávila Camacho (muy cerca del Hipódromo de las Américas), en Naucalpan, cuando la Iglesia católica les entregó el permiso para contraer nupcias.

Jim Deckmeyer, vocero de la embajada de Estados Unidos en México, confesó haberse sentido el hombre más buscado durante todo ese mes, pues representantes de la prensa mexicana y estadounidense lo buscaban todo el tiempo. La ceremonia religiosa se realizó por fin el 26 de febrero a las 13:30 horas; sólo asistieron unos 40 amigos de la pareja.

Un mes más tarde tuvo lugar el enlace civil y a ella convocaron a 800 invitados. La ceremoni se llevó a cabo alrededor de las nueve de la noche del sábado 23 de abril, en el Rancho Izar. El exclusivo Club Iza, que alberga la casa de Mariasun, está ubicado en un estrecho paraje de la presa de Valle de Bravo, desde donde se contempla La Peña (una gran roca muy conocida del lugar) y la zona de San Gaspar.

La jueza local, Elizabeth Pedraza, ofició la ceremonia. En el documento del Registro Civil de ese municipio del Estado de México quedaron asentadas firmas que, por sí mismas, revelan el poder de la pareja: los testigos de honor de la novia fueron sus amigos cercanos Carlos Slim Helú y Juan Pablo Andrade Frich. Los del novio, ni más ni menos que la primera dama de Estados Unidos, Laura Bush, y la sobrina de Tony Garza, Ana Ortiz.

Otros testigos de la empresaria fueron Carlos Navarro Martínez, Alfonso de Angoitia Noriega, César Decanini Terán, María Amalia González de Arango, Antonio Cué Sánchez Navarro, Antonio Rallo Verdugo, Sergio Rosengaus Leizgold, Patricia Flores Fournier y María Francisca Setién Mijares.

Por el texano firmaron el gobernador de Texas, Rick Perry; el juez federal de McAllen, Ricardo Hinojosa; George Bayoud, de Dallas; Ricardo Dueñas; Antonio Nacif; Miguel Ortiz (cuñado de Tony); Leonard Gloor y Billy Bradford, de Brownsville, y Robert Miller, de Houston.

Ante la dimensión del evento y las personalidades ahí reunidas, como los empresarios Carlos Peralta, Ricardo Salinas Pliego, Emilio Azcárraga Jean, Jaime Chico Pardo, Jorge Vergara, así como legisladores y empresarios de Texas, la seguridad pública municipal, estatal e incluso la federal —aunque el entonces procurador general de la República, Rafael Macedo de la Concha, acudió a la celebración— fue relegada por los organizadores del matrimonio, quienes prefirieron contar con el auxilio de seguridad privada mexicana y la del FBI.

Por supuesto, también estuvieron presentes algunos de los amigos más cercanos de Mariasun, como Cristina Beed, Ana Laura Bernal, Isaac Saba, Larry Rubin, Pablo Fontanet padre, Pablo hijo y Gabriela Fontanet.

La celebración del fin de semana, que duró tres días, culminó después del mediodía del domingo con una parrillada estilo tejano en el hotel Rodavento. Por supuesto, Modelo elaboró una cerveza especial para el acontecimiento, que en vez de etiqueta llevaba impreso el sello con una cabeza de toro que se utilizó como contraseña de la tornaboda. Los alimentos y bebidas para los tres días de festejos fueron preparados por Banquetes Mayita, mientras que la decoración estuvo a cargo de Guillermo González con arreglos florales de Romi Meyer.

Las imágenes del enlace fueron publicadas en la revista *Caras*, propiedad del Grupo Televisa, único medio de comunicación autorizado por la pareja para cubrir el evento. Sin embargo, aún antes de la publicación, el vocero Deckmeyer comentó que no había razón para no exhibirlas a quien quisiera verlas y decidió subirlas a la página de internet de la embajada.[11] En esos días, la portada de ese sitio oficial presumió un recuadro con el título: "Felicitamos a nuestro Embajador en su boda".

Acusaciones y sospechas

Unos días antes del festejo nupcial en Valle de Bravo, la empresaria y el embajador enfrentaron las críticas de aquellos que señalaban que su enlace respondía sólo a conveniencias políticas y económicas.

En la entrevista concedida a Kevin Sullivan, Mariasun dejó claro que su vida y la de su familia no era tan diferente a la de Tony. Recordó entonces que su abuelo trabajó la tierra con un arado a tiro de buey y luego se hizo cargo de una panadería en su aldea del país vasco.

En esa ocasión, según el corresponsal de *The Washington Post*, ella se mostró tranquila e incluso hizo gala de mucho humor al comentar que su enorme fortuna no fue el cebo que atrajo al embajador:

"Creo que lo mejor que mi familia me dio, más que el dinero, son los valores y el sentido de responsabilidad. Podría haber hecho lo mismo que Paris Hilton, claro, después de una liposucción: irme de compras a París y dedicarme a ser una *socialité*, una *jetsetter*. Pero me levanto a las cinco de la mañana y a las siete ya estoy en la oficina. Tengo muchas cosas qué hacer con mis hijos. Dedicarme a salir por las noches hubiera sido mucho más fácil, pero tengo la responsabilidad de lo que poseo, de hacerlo crecer, de emplearlo para el bien común y de mantener la tradición empresarial que heredé de mi familia".

Por su parte, él se refirió al tema con simpleza: "Llega un momento en tu vida en el que ya tienes una idea muy aproximada acerca de quién eres y en el que tienes los pies firmemente plantados sobre la tierra. Me enamoré de una mujer, no de un negocio, me despertaré todos los días de mi vida junto a ella y gracias a eso seré una mejor persona. Es bastante elemental".

Sin embargo, aceptó que, para despejar dudas, estaba dispuesto a firmar un acuerdo prenupcial: "Yo le dije que firmaría cualquier cosa que me ponga enfrente. Mi vida nunca ha estado motivada por el dinero, de otra manera no tendría ya 16 o 18 años en el servicio público. Mariasun y yo compartimos un sistema básico de valores que incluyen al trabajo, a la familia y a los dos como pareja. Hay ocasiones en las que te dejas llevar por el brillo y la superficialidad de las cosas. Pero más tarde te das cuenta de lo que es importante y de lo que no. Y en ese punto estamos".

En esa ocasión ella reveló sin tapujos su condición de enamorada: "Siempre dije que sólo volvería a casarme si me enamorara tanto que me sintiera como cerdo en lodo; ¡y así estoy!"[12]

Sin embargo, desde ese momento, y tras la boda, se fueron acumulando señalamientos: si él debió renunciar a su puesto diplomático por el conflicto de intereses que podría derivar estar casado con una mujer que hace negocios no sólo en México, sino también en Estados Unidos; o si, ahora que son esposos, obtendrán ventaja de la doble ciudadanía; o si, en dado caso de que Tony aspirara al gobierno de Texas, qué tanto apoyo —económico, sobre todo— podría recibir de su millonaria esposa.

Pero las dudas más puntillosas iban dirigidas a ella, por primera vez en 12 años de ser figura pública. En los dos últimos años del sexenio de Vicente Fox uno de los principales cuestionamientos giró en torno a su relación con Marta Sahagún y, en particular, a su participación como miembro del Directorio de Asociados de la desprestigiada —a nivel internacional, incluso— Fundación Vamos México.

Aunque en la lista de donativos realizados hasta 2004 no aparece su nombre como persona física, Grupo Televisa donó a esa institución hasta 37 millones de pesos, entre 2003 y 2004, cuando ella aún era parte decisiva del consejo de Administración del consorcio televisivo.

El hecho de que Televisa fuera uno los mayores aportadores de fondos al organismo presidido por la ex "primera dama" levantó amplios cuestionamientos. A través del Canal 2 de esa televisora se difundió el programa *Guía de Padres*, alentado lo mismo por Marta Sahagún que por la líder del Sindicato Nacional de Trabajadores de la Educación, la profesora Elba Esther Gordillo, sin que hasta el momento se sepan los costos que significaron esas transmisiones tanto para Vamos México como para Televisa.

Entre los empresarios más importantes de México que ofrecieron su apoyo total a Vamos México destacan Manuel Arango Arias, Emilio Azcárraga, Roberto Hernández, Lorenzo Zambrano, Fernando Senderos Mestre, Alberto Baillères, Francisco Ibarra López, Ricardo Salinas Pliego y la propia Aramburuzabala.

Otra de las críticas que se ciernen sobre la millonaria protagonista de *Forbes* deriva de su supuesta participación en pro de Felipe Calderón Hinojosa y del Partido Acción Nacional (PAN) durante la campaña electoral de 2006.

Primero, porque según reportes al Instituto Federal Electoral (IFE) Mariasun aportó, el 4 de noviembre de 2005 y según el registro RSEF-PAN-CEN-00219, un total de 960 mil pesos solamente para la precampaña de Calderón.[13] Supuestamente, esta información interna surgió (según una nota del 20 de marzo de 2006, publicada por el diario *El Economista* en su primera plana) "por un descuido en la entrega de documentos contables al IFE", y fue desde ahí donde se filtró una lista con los nombres y apellidos de los simpatizantes.

Y el segundo, el mayor escándalo en el que se le ha relacionado —que, por cierto, fue acallado rápidamente y pocos periodistas siguieron el tema—, se originó el 26 de junio de 2006, cuando la periodista Carmen Aristegui dio a conocer, en su programa *Hoy por Hoy*, que la intranet del PAN tenía no sólo el padrón electoral completito, sino que habían identificado a los simpatizantes panistas y perredistas.

Según Aristegui, un empleado del IFE le hizo llegar la dirección de la página de campaña de Felipe Calderón a través de un correo electrónico. Este contenía una dirección, sin dominio aparentemente, nada más el IP, el *user* y la contraseña de acceso. El IP era http://200.77.234.173/intranet/ y el *user:* ildebrando117; el *password* no fue revelado al aire por la periodista.

Durante parte de su programa, Aristegui navegó en el sitio y describió el cruce de información denominada "georreferencial"; es decir, datos de cada una de las personas registradas en el padrón electoral, incluyendo sus preferencias partidistas.

Se argumentó entonces que es completamente legal que cada partido político tenga acceso al padrón electoral, pero es ilegal usar dicho padrón electoral para usos electorales. Más grave aún era que la información —que, por cierto, desapareció antes de que la emisión del programa de Aristegui concluyera— estaba contenida en una base de datos personalizada de Felipe Calderón.

Pero, ¿qué tiene que ver esto con la protagonista de este texto? Bueno, que el nombre de usuario que dio Aristegui no era el único con el nombre de Hildebrando. Según datos proporcionados por simpatizantes de Andrés Manuel López Obrador, y que aparecieron en la página de apoyo del candidato perredista a la Presidencia, en el registro de la dirección de IP de la intranet del PAN se ubicó el registro WHOIS, en dos servidores: uno primario, con ubicación física en Austin, Texas, y otro más que pertenecía a Kio Networks, la empresa de María Asunción Aramburuzabala, ubicado en la sede de esa empresa, en el Distrito Federal.

Los datos que se ofrecieron fueron los siguientes:

Dominio: www.redespormexico.org.mx Fecha de creación: 24 de marzo, 2006.
Fecha última de modificación: 23 de junio, 2006.
Organización: Six Sigma Networks México S.A. de C.V. [sixsi2]. Domicilio: México, D.F., México.
Contacto administrativo: Kio Networks Technical Contact [kione]. Domicilio: México, D.F., México.
Contacto técnico: Kio Networks Technical Contact [kione]. Domicilio: México, D.F., México.
Contacto de pago: Kio Networks Technical Contact [kione]. Domicilio: México, D.F., México.
Servidor primario: ns1.tralix.com
Servidor secundario: ns1.kionetworks.com

Esto quiere decir que la dirección de IP que divulgó Carmen Aristegui correspondía al dominio de redespormexico.org.mx, uno de los membretes de la campaña del panista, y la empresa que se encargó de hacer este sitio fue Hildebrand o, relacionada con el "cuñado incómodo" de Calderón.

La perredista Claudia Sheinbaum planteó otro registro: LACNIC, que correspondió a los responsables del servidor que generó esta dirección de IP:

Inetnum: 200.77.224/20 Status: reallocated.
Owner: Sixsigma Networks México Ownerid: MX-SNME-LACNIC
Responsable: Carlos Eduardo Maqueda Fernández.
Domicilio: Paseo de la Reforma, 5287, Cuajimalpa, 05000 -México-DF. Teléfono: + 52 55 85032601

Owner-c: CEF Tech-c: CEF
Creado: 20020222 20020222
Inetnum-up: 200.76/15 Nic-hdl: CEF
Person: Carlos Eduardo Maqueda Fernández. E-mail: cmaqueda@KIONETWORKS.COM Address: Prolongación de Reforma, 5287.
Address: 05000 -México-DF.
Country: MX
Phone: + 52 55 85032627
Created: 20021226 Modified: 20050608

Por supuesto, el hecho de que uno de los servidores usados para soportar la intranet del PAN se ubicara en la ciudad de Austin, Texas, y el otro en la sede de Kio Networks en el Distrito Federal, provocó sospechas que recayeron directamente sobre la pareja Garza-Aramburuzabala.

Un futuro como la espuma

Si hace 12 años antes Mariasun no pensaba en gastar su tiempo sentada frente al televisor y comiendo palomitas, tras su boda tampoco optó por convertirse simplemente en consorte. Con todo, armó lo más parecido a una vida familiar intensa e íntima. Dedicó más tiempo a la educación de sus dos hijos, entonces adolescentes, a sus numerosas mascotas: dos labradores chocolates (Milo y Lucas), que acompañan al embajador desde su llegada a México, y sus dos *poodles* consentidos (Jackie y Roxie), así como las adquisiciones más recientes de la familia: una *Schnauzer* gigante (Laica) y una pomerania (Biri). Su condición de ama de casa no quitó, por supuesto, que siguiera explorando el negocio que desde hace tiempo le apasiona: las telecomunicaciones. Aunque ciertamente, durante algún tiempo pareció que sus planes empresariales pasaban a un segundo plano frente a las aspiraciones políticas de su marido.

Como ella misma llegó a decir, sin abandonar sus negocios en México bien podría, llegado el momento, hacer maletas para instalarse en la Governor's Mansion, la histórica residencia oficial del gobernador de Texas, localizada en Austin.

La vida dispuso de otra manera. El embajador no llegaría a ser embajador y el matrimonio apenas superaría los dos años de vida.

ADENDA

En noviembre de 2005, María Asunción y Antonio O. Garza, con nueve meses de casados, dieron una entrevista a la revista *Quién* donde hablaron de su vida en pareja. Ella aseguró que se levantaban muy temprano, si podían desayunaban juntos y cada quien partía para sus oficinas. Los lunes en la noche procuraban tener "*quiality family time*", se metían a la cama con Santiago y Pablo —hijos de ella de un primer matrimonio— y veían el programa cómico *El privilegio de mandar*.[14]

Eso se acabaría en 2010 cuando hicieran pública su separación. La portada de la segunda quincena de mayo de *Quién* tituló: "Mariasun Aramburuzabala y Tony Garza se divorcian. Cómo, cuándo y dónde se confirma la separación de la mujer más rica de México". En la publicación mencionaron que desde 2009 vivían en casas separadas y fue ella quien comentó lo de la separación a unos amigos en un viaje a Vail, pero no quiso decir las razones del divorcio.

Él se volvió a casa y en noviembre de 2013 se casó con la dermatóloga norteamericana, Liz Beightler, quien fue su novia en la preparatoria;[15] pero de la vida amorosa de María Asunción nada. Cuando asiste a eventos como el Mercedes Fashion Week México, lo hace sola o con amigos.

María Asunción retomó la vida que había llevado hasta entonces e intensificó lo que mejor sabia hacer: multiplicar su fortuna. Según la revista *Forbes*, en 2016 su riqueza ascendía a 5 mil 500 millones de dólares y la ubicaba en la quinta posición de la lista de Millonarios de México y en el 233 del *ranking* internacional de dicha publicación.

Para llegar a este lugar privilegiado, mucho tuvo que ver que en 2013 vendió sus acciones, las de su familia y las de sus socios del Grupo Modelo —las cuales ascendían al 50 por ciento del total— a la empresa belga-brasileña Anheuser-Busch InBev por 20 mil 100 millones de dólares en efectivo, con lo cual pudo monetizar su riqueza. El primer paso para la transición lo dio Carlos Fernández González, esposo de su hermana Lucrecia, al renunciar en abril de ese año a la dirección general del consorcio cervecero y soltar así las riendas del negocio familiar.

Seguramente este salto no fue sencillo para María Asunción, pues ella se formó como empresaria en dicho grupo. No obstante, no se desvinculó del todo, pues los nuevos dueños le dieron un espacio en el consejo de la poderosa empresa cervecera. Una de las razones, sin duda, para que en 2015 encabezara la lista de las diez mujeres más poderosas de México, según la revista *Forbes*.

En julio de 2012, el analista financiero Samuel García publicó en su columna las razones de esta venta a la que consideró como una de las mayores en la historia corporativa de México. Explicó que la oferta que les ofreció AB InBev era muy suculenta —arriba del 30 por ciento de lo que valían las acciones en ese entonces— y nada fácil de rechazar, pero además, atribuyó la decisión a las constantes diferencias entre los socios mexicanos y extranjeros, quienes chocaban entre la idea de una "administración conservadora, nacionalista y religiosa" versus estrategias financieras más agresivas.[16]

Tras la venta, el mundo no se acabó para Mariasun, como la llaman sus cercanos, puso concentró sus energías en dos de sus empresas: Abilia y KIO Networks, y continuó siendo miembro de los consejos de Banamex, Alliat y Tory Burch. Renunció a los de ICA, América Móvil y Televisa. Además de las razones empresariales, su decisión para no formar parte activa de los consejos de Grupo Carso y de Televisa seguramente obedeció al deseo de mantenerse al margen de la dura disputa en la que se encuentran enzarzados los poderosos empresarios, Slim y Azcárraga, con quienes comparte una larga amistad.

Debido al éxito que ha tenido en los bienes raíces con la empresa Abilia, en *Forbes* lallaman la reina del *real estate*. La inmobiliaria, como varios de sus negocios más recientes son financiados por su propia firma de capital privado y de riesgo, Tresalia Capital; este nombre significa "tres aliadas" y representa la unión familiar entre María Asunción, su hermana y su madre.[17]

Las aliadas lograron superar la crisis inmobiliaria de 2008, y en 2015 tenían 14 proyectos de tipo residencial, casas para descanso, desarrollos de corporativos y de usos mixtos en la Ciudad de México, Querétaro y Cancún.[18]

Pero no todos los proyectos inmobiliarios han surgido sin contratiempos. A finales de 2015, varios medios de comunicación publicaron la noticia de que la ex inversionista del Grupo Modelo había interpuesto una denuncia por extorsión contra Adriana Pérez Romo, esposa del conductor de noticias de Televisa, Joaquín López-Dóriga y otros vecinos de la zona de Polanco en la Ciudad de México.

Según un video grabado por la defensa de la empresaria y publicado por el periódico *Reforma*, el abogado Mario Alberto Becerra Pocoroba, en representación de Pérez Romo y otros inquilinos, le pidió 5 millones de dólares a los representantes de la empresa de María Asunción, Abilia, para permitir la construcción de una torre de 122 departamentos en la calle Rubén Darío 225 de dicha colonia.[19]

Semanas después, en una entrevista para la revista *Proceso*, Aramburuzabala denunció que tanto el conductor como su esposa la habían amenazado con usar el poder de los medios si no accedía a pagar alrededor de 10 millones de dólares; a cambio, se desistirían de las acciones legales contra el proyecto inmobiliario y permitirían su desarrollo.[20]

María Asunción y sus socios se negaron, y tras hacer pública la demanda por extorsión, el 22 de septiembre del mismo año, Abilia ganó el recurso de reclamación ante el Tribunal de lo Contencioso Administrativo en el Distrito Federal y pudieron reanudar la obra.

En la nota de *Proceso*, la ex dueña del Grupo Modelo declaró sobre el caso: "No hay negociación posible con un extorsionador... Nunca en los 24 años me había sucedido algo así. No soy inútil y mucho menos corrupta. Mi dinero no es mal habido como el de él".

López-Dóriga negó, en una entrevista con el *youtuber* Luis Rey, que hubiera extorsionado a María Asunción, pero no mencionó a su esposa. Muchos especularon que este escándalo fue la gota que derramó el vaso en Televisa, ya que la empresaria es amiga de Emilio Azcárraga, por lo que este habría decidido quitarle el noticiero principal de la televisora a partir de agosto de ese mismo año.

Otra de las empresas Aramburuzabala que creció gracias al financiamiento de Tresalia fue KIO Networks o Sixsigma Networks S.A., la cual recibió en 2014 casi 400 millones de dólares para financiar su expansión en Estados Unidos[21] y en junio de ese mismo año compró redIT, especialista en tecnologías de la información, con la idea de competir con Alestra o Telmex.[22] Aun así, en el último trimestre del 2015 no le fue muy bien, ya que Standard Poor's rebajó su calificación por la terminación de sus contratos gubernamentales de videovigilancia y un endeudamiento más alto.[23]

Pese a su presencia femenina, sus maneras suaves y elegantes y su aversión al conflicto, María Asunción se ha ganado el respeto entre los empresarios más poderosos del país. Sus habilidades financieras y su liderazgo hace tiempo que pasaron cualquier prueba entre sus pares. Ya nadie intenta darle consejos o atribuirse el papel de protector; más bien es observada con atención e imitada en las áreas de innovación en las que es pionera. Ha dejado de ser protagonista de las revistas del corazón, para convertirse en material de las publicaciones de negocios. Por el momento.

RITA VARELA MAYORGA *es periodista especializada en economía y finanzas. Fue directora editorial, reportera y editora del periódico* El Economista. *Fungió como editora de Negocios del diario* Reforma *y de la revista* Día Siete. *Actualmente es directora editorial de la revista especializada* Energía Hoy, Ruta de Negocios *y editora de contenidos en el sitio Sinembargo.mx. Es coautora de los libros* Los suspirantes 2006 *(Temas de Hoy, 2005) y* Los Suspirantes 2012 *(Temas de Hoy, 2011).*

Roberto Hernández Ramírez

El villano favorito

Por Alejandro Páez Varela

Advertencia

Ningún mexicano en la historia ha logrado lo que Roberto Hernández Ramírez: sentar en su mesa a dos presidentes en funciones de los Estados Unidos, y darles hospedaje en su propiedad.[1] En un puño caben los que han hecho rabiar a personajes tan poderosos como Carlos Slim Helú o Andrés Manuel López Obrador, y muchos menos son los que los han puesto a raya. Pocos, como él, han sido acusados durante años de manera tan insistente y por razones tan diversas —evasión de pago de impuestos, tráfico de influencias, especulación, ingerencia irregular en la vida política del país e incluso narcotráfico—, y casi ninguno ha salido tan bien librado: Hernández no tiene, hasta donde se sabe, un solo proceso abierto desde la autoridad.

Caben en los dedos de una mano los que han brincado, en dos décadas, de "no tener ni para pagar su tarjeta de crédito"[2] a la lista de multimillonarios globales de la revista *Forbes*, o a ser uno de los miembros de la junta directiva de Citigroup, el grupo financiero más importante del mundo.

Nacido en Tuxpan, Veracruz, en 1942; casado dos veces y padre de María, Roberta y Andrea; temido, reservado hasta en el plano familiar, se ha buscado para sí una imagen de "nacionalista" que convive con la apreciación de que es, más bien, un depredador de los intereses de los mexicanos. Sólo la venta del Grupo Financiero Banamex generó sospechas de evasión de impuestos por 3 mil 500 millones de dólares. ¿Por qué es él quien carga con los señalamientos y no Alfredo Harp Helú, su gran amigo, su inseparable socio "al 50 por ciento en todos los negocios"? ¿Por qué no el resto de los accionistas que de manera unánime le autorizaron vender el banco y un fuerte catálogo de propiedades históricas de la nación, como el Palacio de Iturbide?

Porque lejos de retraerse, la presencia de Roberto Hernández en la dinámica nacional fue clave, al menos hasta hace algunos años.

Si a principios de 1990 se dijo que su amistad con Carlos Salinas le había permitido saltar de la oscuridad a ser el principal dueño de Banamex,[3] en la siguiente década ya participa directamente en la esfera de influencia del presidente del país. Si en 1988 no aparece entre los miembros de la Comisión de Financiamiento de la campaña de Salinas, a partir del 1999 ya es uno de los soportes de las correrías de su ex compañero de la Universidad Iberoamericana, Vicente Fox Quesada: le pone casa de campaña; lo manda a vacacionar en su finca exclusiva de Punta Pájaros, en Quintana Roo,[4] y otorga aportaciones económicas directas, a su nombre, para los proyectos personales que el entonces mandatario compartía con Martha Sahagún, su esposa: es parte de la lista de donantes de Vamos México, y del acta constitutiva de la llamada "egoteca", el Centro de Estudios, Biblioteca y Museo Vicente Fox Quesada.

Y después, en 2006 —de acuerdo con la izquierda mexicana y los observadores políticos—, su presencia no se limita al apoyo; fue un activo en la campaña que lleva a Felipe Calderón Hinojosa a la Presidencia. El exitoso banquero, sin embargo, no es hombre de un partido. Colaboró directamente, por ejemplo, con el gobierno del Distrito Federal (GDF), que encabezó el perredista Marcelo Ebrard Casaubón, en ese entonces uno de los hombres más cercanos de López Obrador.

El 23 de mayo de 1993, a las 2:07 de la mañana, la explosión de un arsenal clandestino en Managua, Nicaragua, reveló la existencia de una lista de empresarios mexicanos "secuestrables", supuestamente elaborada por miembros del grupo separatista vasco ETA; entre los mencionados estaba Roberto Hernández. Después, el 14 de mayo de 1994, un comando armado secuestró a Alfredo Harp. Por estos dos incidentes, se afirma, la vida de Hernández Ramírez se maneja con gran cautela, a extremos asombrosos:[5] aplique en su buscador favorito de internet "Pedro Hernández Maldonado", padre de Roberto, fallecido a finales del 2000. A pesar de que fue alcalde de Tuxpan en los años 80 y se vio obligado a renunciar por presión de grupos sociales y políticos, encontrará poco, o nada de su vida.

Llama la atención que, en cambio, el tuxpeño tiene acceso a los expedientes de millones de mexicanos —si lo desea— por la naturaleza de sus negocios: la banca. Sólo su competencia, o el gobierno federal y el Instituto Nacional Electoral (INE) tendrán un padrón tan bien actualizado.

Para la realización de este perfil biográfico se entrevistó a casi una docena de personas. En los asuntos más polémicos o en las acusaciones más fuertes se usan fuentes directas, y sólo en temas menores se permiten los anónimos. Se consultaron en hemerotecas más de dos docenas de publicaciones prestigiadas de México y el extranjero,[6] y se visitaron cinco ciudades y/o regiones del país, una de ellas dos veces, para encontrar fuentes primigenias.

El título no viene de una deducción. Se le cita a él, según las crónicas sobre la reunión de principios de febrero de 2006 en Valle de Bravo, en la que Hernández reclama a López Obrador, entonces candidato de la izquierda a la Presidencia, por sus señalamientos. El político hace referencia del episodio en su libro sobre la postelección.[7]

"Soy su villano favorito", le dijo Hernández. De aquí sale el título.

Una acotación sobre este evento. Varios entrevistados coinciden en que las acusaciones del político tabasqueño "inocularon" al personaje, y trasladaron el debate sobre su polémico rol en la agenda nacional de las tribunas públicas a la política. En los últimos años, los mexicanos han visto cómo las acusaciones en campaña se quedan allí: en las campañas. Este texto usa con prudencia, entonces, las declaraciones de López Obrador.

Se deja establecido, desde este inicio, que se solicitó en dos ocasiones y por dos medios diferentes una entrevista con Roberto Hernández. Una vez se negó; en la segunda, él y/o su equipo cercano optaron por el silencio.[8] Por último: este primer apunte se plantea como *advertencia*. Puede ser visto, también, como introducción.

Una fallida aventura política

Antes de engarzarse en una sola corriente, las muchas colas de víbora que alimentan el río Tuxpan atraviesan las fronteras de los estados de Veracruz, Puebla e Hidalgo depositando virtudes sobre la tierra. La época de la Colonia no volteó hacia acá, hacia esta región de la Huasteca. Hasta la Independencia, los hermosos y ricos campos fueron poco explotados. El nacimiento de México como nación impulsó los ranchos y las haciendas; así llegaron hace no más de 150 años la ganadería y los cultivos.

Qué tan rico será el río, que Tuxpan, la ciudad al norte de Veracruz en donde nació Roberto Hernández Ramírez en 1942, se fincó sin voltear realmente al mar, aunque lo tiene a unos cuantos kilómetros. Prefirió enfrentar un codo ancho y caprichoso; dominarlo a fuerza de pateras y puentes para crecer en sus riveras.

No es difícil aceptar, entonces, la cita en *Business Week* de principios de los 90: que el niño Roberto quería ser ranchero. Se entiende por el vergel que le ofrecía la tierra firme, y por el ejemplo que recibió de su familia.

Roberto es hijo de Elena Ramírez y Pedro Hernández Maldonado, casados a principios de la década de los 40 y con raíces en San Luis Potosí. Don Pedro falleció en agosto del 2000; Elena lo siguió unos meses después, en enero del 2001. Fueron un matrimonio unido; en el círculo familiar se habla de amor a primera vista; él la conoció acompañando a un primo, que era quien la pretendía.

A Pedro, nacido en 1910, se le atribuye la introducción del cultivo de cítricos en Veracruz, que no es poca cosa: hoy es el estado mexicano naranjero por excelencia. La vocación por el campo viene desde antes, desde su abuelo, de nombre también Pedro Hernández, igualmente citricultor en San Luis Potosí. Su familia es fundadora de la primera empacadora y exportadora de cítricos en Montemorelos, Nuevo León, a mediados del siglo pasado.

En Tuxpan se recuerda al padre de Roberto como un agricultor con visión. La región era platanera; Pedro Hernández fue el primero en poblar enormes extensiones de tierra con naranjo. Era un hombre de campo al que le gustaba trabajar personalmente sus parcelas.[9] De sus tierras y su esfuerzo nace, por ejemplo, un cítrico famoso y exportado: la "Santa Mónica", bautizada, se dice, por una de las hermanas de Roberto.[10]

La casa en la que nació Hernández no está propiamente en Tuxpan —aunque sí en el municipio del mismo nombre—. Se ubica en Santiago de la Peña, comunidad con su propia autoridad que muchas veces se confunde como colonia de la ciudad.

Ubicada en el corazón de un solar con tierras dedicadas a los cítricos, los tuxpeños recuerdan la casa como notable, sobresaliente en la zona; de una familia acomodada. Está en un cuadrante delimitado por el estero o brazo de río Palma Sola, el Tuxpan y la carretera que va hacia Cobos, hoy con una población formal y creciente y antes básicamente instalaciones de Petróleos Mexicanos (Pemex).[11]

Aunque don Pedro falleció, la finca sigue en poder de la familia, según fuentes cercanas. "Fue una infancia un poco idílica. Mi papá no es de Tuxpan, pero después de casarse, mis papás vendieron un rancho que tenían, que les habían regalado mis abuelos, y con eso se fueron a empezar a Tuxpan. Ni siquiera vivíamos en Tuxpan; vivíamos en un rancho sobre el río cerca de esa población", dijo Hernández Ramírez al periodista Rogelio Cárdenas Estandía.[12]

Elena y Pedro tuvieron ocho hijos: Pedro, María Elena, Roberto, Leticia, Patricia, Mónica, Verónica y Bárbara. Pedro, el mayor, vive actualmente en la península de Yucatán y está casado con Soledad Madrazo, muy cercana a Vicente Fox y a la Ibero. Está retirado. Tiene una hacienda y se dedica a viajar y a estar con sus hijos, ya que "le fue muy bien en los negocios".

María Elena estuvo casada con Íñigo Laviada, fallecido hace algunos años por complicaciones relacionadas con Alzheimer. Tuvieron ocho hijos; uno de ellos murió en un accidente; Cecilia trabajó en la campaña con Felipe Calderón, según una fuente muy cercana a la familia; Íñigo fue diputado federal por el PAN.

En orden decreciente, sigue Roberto. Luego Leticia, divorciada de un yucateco y con cinco hijos. En seguida está Patricia Hernández, casada con Teodoro Verea, primero, y después con el embajador español Ramón Gandarias. Le sigue Leticia. Duró casada 20 años. Se divorció, y posteriormente se casó con un sevillano de nombre Aníbal González. La pareja es reconocida como los primeros en ver oportunidad con la compra de haciendas yucatecas. Roberto Hernández vio el negocio allí, en casa de su hermana. Leticia y Aníbal compraron Katanchel, en Mérida, como "regalo de luna de miel". Primero fue "casa de fin de semana". Empezaron a asistir los amigos y otros invitados, y se dice que Emilio Gamboa Patrón fue quien les sugirió convertirla en lo que hoy es: un hotel de lujo.[13] Gamboa fue durante años un funcionario relacionado con el turismo; entre otros puestos se desempeñó como director general del Fondo Nacional de Fomento al Turismo (Fonatur).

Katanchel es una joya. Es una de las más hermosas haciendas del siglo XVII. El sitio de Internet[14] que la promociona agrega: "Construida entre ruinas mayas, atestigua hoy como ninguna el esplendor de la arquitectura novohispana y el misterio de la civilización maya. Productora de henequén en el siglo XIX, Katanchel es hoy un grandioso hotel en medio de 300 hectáreas de selva tropical [...]. Cuenta con 22 pabellones y 18 *suites* rodeadas de jardines, fragantes flores y exóticos sonidos de aves y vida salvaje".

Después está Verónica. Ella, María Elena, Pedro y Bárbara son los únicos de ocho en seguir desposados con sus parejas originales. Está casada con Fernando Chico Pardo, un influyente empresario mexicano asociado a George Soros, con intereses en los aeropuertos del país y muy cercano a uno de los rivales históricos de Roberto Hernández: Carlos Slim Helú. Una fuente muy cercana a la familia dice: "Fernando la ha manejado [la relación] muy bien. Yo creo que, la verdad, antes había un poco más de tensión. Pero ahorita Fernando ya puso su propio negocio o algo así, y ya lo ha sabido manejar y ya no hay nada de tensión y está muy bien".

Otra fuente cuenta una anécdota: "Cierta vez se mencionó en una reunión de consejo a Roberto. Carlos Slim se quitó un zapato y golpeó varias veces el piso y advirtió: 'De Roberto, nunca más se vuelve a hablar en esta mesa'. Eso se cuenta".[15]

Finalmente está Bárbara, la menor. Casada con Fernando Álvarez, hijo de una familia vinculada a los negocios de restaurantes que, se dice, en los últimos años entró en conflictos internos que la llevó incluso a dividirse. Esa es otra historia.

En Roberto Hernández se percibe una constante: desligar, a él y a su familia, en el presente y en el pasado, de *los políticos*. Dejarlos atrás. Borrar su presencia incluso desde aquellos primeros años.

En septiembre de 1991, Hernández Ramírez le dice a la revista *Proceso*: "Mi padre inició una nueva carrera a los 73 años. No le gustó y se salió. Es de sabios reconocer que uno no tiene vocación para eso".[16] Se refiere a la breve gestión de Pedro Hernández, presidente de Tuxpan durante dos años, de 1983 a 1985, cuando Agustín Acosta Lagunes era gobernador de Veracruz (1980-1986).

Agrega en aquella ocasión: "Mi relación con los políticos ha sido a través de mi gestión como presidente de la Bolsa y, básicamente, con el sector hacendario y financiero del sector público".

Quince años después, en la entrevista con Cárdenas Estandía, al planteamiento de: "Tengo entendido que su padre fue alcalde de Tuxpan y su abuelo también estuvo en la política", responde con una rotunda negación: "No. Mi papá y mi abuelo eran agricultores. Lo que pasa es que a los dos, en cierta época de su vida, les dio por la política. Mi abuelo fue presidente municipal de su pueblo, allá en San Luis Potosí. Y a mi padre le entró la cosa de la política cuando tenía 73 años. Murió a los 90". De estas afirmaciones, parte es cierto y parte no. Sí, su padre fracasó en su intento por gobernar Tuxpan. Y no, Roberto Hernández ha vivido básicamente en medio de la política y de los políticos, sin descuidar —o para impulsar— su mundo profesional y de negocios.

Carlos Lozano Medrano, hoy de 56 años, conoció a Pedro Hernández desde la década de los 60, cuando Roberto ya vivía en la Ciudad de México. Dice: "En mi adolescencia, allá por 1964, mi papá nos prestaba una lancha del taller donde trabajaba. Era el encargado de los Astilleros Tuxpan. Junto con algunos amigos remábamos en el río Tuxpan y algunas veces nos íbamos hacia el estero de Palma Sola, en donde la familia Hernández tenía su casa, muy bonita, con un recibidor amplio y techado, todo arbolado, con palmeras de coco sobre la orilla del río y sus naranjales. A veces veíamos que llegaban americanos de visita, o se me hacían [americanos]. Claro que para mí todo eso significaba otro nivel social y económico".[17]

Durante su presidencia, la primera obra de Pedro Hernández en Santiago de la Peña fue el embanquetado de la avenida Cinco de Mayo. "La obra se la asignaron en 1983 a una empresa constructora. No recuerdo de quién era. Se decía que esta persona lo había apoyado en su campaña", cuenta.

Lozano dice que la primera vez que trató a Pedro Hernández fue por invitación de otro vecino, Raúl Rosas Barón, quien vivía en Cinco de Mayo y Riva Palacio: "Alguna vez me abordó para comentarme que se le hacía caro el presupuesto de la parte que le tocaba de la 5 de Mayo y que si lo acompañaba a entrevistarnos con don Pedro para plantearle que él conocía a otro contratista que le había dado un presupuesto más económico, casi a la mitad del otro".

Cuenta que la comunidad estaba "muy atrasada" en los tiempos en los que Hernández llegó a la presidencia. Y entre los problemas, había uno mayúsculo: el cobro en la caseta de peaje del puente Tuxpan. Aun siendo residentes, se pagaba una cuota por pasar por el puente que une a Santiago con Tuxpan: "En el periodo del presidente Adolfo López Mateos, en 1962, se inauguró el puente. Todo mundo recordaba que en su discurso había dicho que se pagaría el peaje durante 20 años".

En 1984, después de un incremento en la cuota, nació Organización Cívica Santiaguense, OCISA. A principio de febrero de 1985 volvió a subir el peaje y el grupo fue a la Ciudad de México a hablar con Francisco Velasco Durán, director de operaciones de Caminos y Puentes. "Cuando le entregamos nuestro oficio y el legajo de firmas y lo leyó, nos dijo que no era posible dar respuesta positiva. Nos cayó como un balde de agua fría. Nos comentó que acababan de enviar respuesta a una solicitud que habían recibido de don Pedro Hernández para que exentaran a los tractores, argumentando apoyo al campo". Los Hernández estaban entre los agricultores más activos de la zona.

Carlos Lozano dice que el movimiento pasó de las gestiones a la acción: tomaron el palacio municipal. Y ese mismo día, a las diez de la noche, "llegó la comisión que había ido a Jalapa prácticamente con el acuerdo que don Pedro dejaría la presidencia. Suponíamos que no iba a ser muy rápido, porque se decía que don Pedro era compadre del gobernador. Desalojamos el palacio".

Poco después, Pedro Hernández Maldonado dejó la presidencia de Tuxpan. Su aventura como político había terminado.

"¿Era travieso?", pregunta a Roberto Hernández el periodista Cárdenas Estadía en 2006. Ambos recuerdan su infancia. "Creo que sí". "¿Recuerda alguna travesura en particular?", "No", responde, "porque todos los días hacíamos muchas. Mis hermanos y yo éramos muy inquietos".

Sí, Roberto Hernández habrá sido travieso. Pero se volvió olvidadizo. No sólo su padre y su abuelo fueron políticos. Roberto es primo hermano de Amalia Hernández, la recientemente fallecida coreógrafa, bailarina y fundadora del Ballet Folclórico Nacional, hija de Arturo Hernández, jefe del Departamento del Distrito Federal con Plutarco Elías Calles. Su tío abuelo fue general de división en los años 40, miembro de la casta que administró a la nación y dictó la vida política nacional durante un amplio tramo del siglo XX; Tirso Hernández García llegó a jefe de departamento en la Secretaría de la Defensa. Su abuelo fue general en la Revolución de 1910.[18]

Más recientemente, Hernández tuvo como aliado a Patricio Patrón Laviada, gobernador de Yucatán hasta 2007. Y al hermano de este, Alejandro, quien también ha sido político y funcionario público, además de ser uno de los rostros visibles del empresario en la compra de haciendas y tierras en la península.[19] Aquí, como se dijo, existen además lazos familiares: Íñigo Laviada, abogado de renombre casado con María Elena Hernández, hermana de Roberto, fue tío de los Patrón Laviada. Según innumerables reportes de prensa y declaraciones hechas por varios entrevistados, los Patrón son socios de Hernández en negocios de cítricos, en compras de tierras y playas, en adquisición de haciendas por cientos de millones de pesos y en otras actividades.

"Si lo analizas, nosotros nunca hacemos negocios con el gobierno; con ellos hacemos servicios, o presentamos proyectos competitivos, no hay una relación de hacer negocios. Nuestras inversiones las manejamos básicamente en el mercado", se deslindó Hernández Ramírez en la entrevista concedida al periodista de *El Financiero*.

No es así. Hernández olvida —o niega— que el negocio de su vida, la compra de Banamex, fue hecho con el gobierno. Que en el pasado quiso adquirir, del Estado mexicano, una de las grandes perlas del país: Teléfonos de México (Telmex), cedida muy a su pesar a Carlos Slim Helú. O que desde sus primeras apariciones públicas, durante el mandato de Carlos Salinas de Gortari, ha sido relacionado con los políticos, e incluso citado en los 90 como integrante de la "plutocracia protegida".[20] Roberto Hernández olvida que fue protagonista de uno de los más cuestionables episodios entre políticos y empresarios del México moderno (y no el único, en su caso): el llamado "pase de charola".

Esta es una historia notable porque empieza a definir el perfil de Hernández Ramírez. La primera nota que da cuenta del hecho fue impresa en la portada de *El Economista.*[21] A pocas horas de que el diario la había circulado, ya era tema en casi todos los medios nacionales e incluso en los internacionales.

De acuerdo con las crónicas publicadas por *Proceso,*[22] *El Economista* y otros medios, sucedió el martes 23 de febrero de 1993, aunque se dio a conocer casi un mes después. Un os 30 hombres del poder económico en México fueron citados por Salinas de Gortari a las ocho y media de la noche en la casa de la calle Tres Picos número 10, en el Distrito Federal, propiedad del que fuera secretario de Hacienda durante 18 años, director del Banco Interamericano de Desarrollo (BID) y del Banco Nacional de México (Banamex), Antonio Ortiz Mena. Entre ellos estaba Roberto Hernández, considerado entonces como *nuevo rico*.

Aunque el país supo que la petición vino de Carlos Salinas, fue Ortiz Mena quien la soltó: el PRI necesita de los hombres de negocios. Les propuso reunir 75 millones de pesos. Según *Proceso*, Roberto Hernández fue el primero en responder positivamente a la petición.

Ese día se sirvió salmón ahumado, medallones de filete, helado y vino de mesa, según *Proceso*. El financiero, para entonces más relacionado con casas de bolsa y ya con posiciones en algunas empresas, fue el encargado de la logística del banquete.

Cuando fue al cine por primera vez, cuenta Hernández Ramírez, tenía 11 años. Y meses después partió de Tuxpan con rumbo a la Ciudad de México. El niño que quería ser ranchero cambiaría de aspiraciones muy pronto.

En el siguiente tramo de su vida mantuvo el interés por la charrería. Volvió al rancho de sus padres en las vacaciones y hacía bicicleta con sus hermanos. Pero en 1960 entró a la Universidad Iberoamericana, y en 1966 escribió su tesis, confirmando ya de esta manera la vocación redefinida.[23]

Es aquí cuando nace el Roberto Hernández que estamos conociendo. Dos años después de su nacimiento, de ese mismo Tuxpan salió, en 1956, el *Granma* con Fidel Castro a bordo. Llevaba un destino totalmente diferente al de Roberto: iba rumbo a Cuba, a derrocar al corrompido dictador Fulgencio Batista.

Se cuenta que Pedro Hernández conoció a Fidel Castro en aquellos años. Que el líder cubano llegó a pedirle ayuda. Don Pedro, dicen, presumía orgulloso: "Le dije que no". En tono de broma, los tuxpeños suelen decir que "todos conocieron a Castro".

En busca del éxito

"He expedido en consecuencia dos decretos: uno que nacionaliza los bancos privados del país, y otro que establece el control generalizado de cambios", dijo José López Portillo[24] (1920-2004). Y ya no tuvo tiempo para ver lo que había desatado. Las consecuencias del anuncio sobrevivirían a su mandato. Y a él mismo.

No son necesarias las metáforas para explicar lo que sucedió al interior de un sector pudiente de la sociedad mexicana en los años que siguieron a la estatización de la banca.

Simplemente imagine esto: el día menos pensado el gobierno anuncia a una generación de banqueros, buena o mala, que se va a su casa; que debe quitar las fotos familiares de sus escritorios porque en cuanto lo haga, funcionarios públicos colgarán en la pared otra, una mayor: la del presidente de la República. Ubíquese pocos años después, cuando el mismo gobierno con diferente rostro dice bajita la voz que no pudo con el paquete; que se equivocó, y que por lo tanto devolverá los bancos a los empresarios. Pero no a los mismos que los tenían: a los que demuestren que pueden hacerlos rendir. Si entre los interesados estaban los antiguos dueños y calificaban (o eran cercanos al círculo de poder), pues adelante. Y si son otros, pues viene.

A la categoría de "otros" se sumó Roberto Hernández Ramírez y una nueva generación de mexicanos que no estaban formados en la banca, sino en las casas de bolsa que el gobierno impulsó como una manera de afianzar con capital privado al maltrecho empresariado.

Siga los eventos. Ahora brinque hasta finales de 1994. Recuerde: han pasado 12 años del anuncio de José López Portillo, y apenas dos o tres desde que el gobierno empezó el proceso de privatización. Roberto Hernández y su socio y amigo Alfredo Harp Helú son ahora accionistas mayoritarios de Banamex.[25] Los nuevos dueños de este y los 12 bancos del sistema mexicano apenas se han dado tiempo para abrir los libros. Y en eso les cae la crisis financiera más severa del México moderno.

La presión fue doble para esos "neobanqueros". Los acosaba la resultante de la debacle económica, pero, además, exponían un prestigio que hasta entonces ni siquiera se había consolidado. Los *Robertos Hernández* de ese momento se dieron cuenta de que si fracasaban en el rescate serían señalados para siempre. Así se consolidó Hernández. El polémico Fondo Bancario de Protección al Ahorro, Fobaproa, una inédita bolsa millonaria usada por el gobierno —y obtenida con deuda— para tapar el hoyo de la fuga de capitales y la falta de pagos, fue su gran oportunidad. Pero vamos por partes.

En 1966, a sus 24 años, Roberto Hernández ya tenía definido su futuro: el mercado bursátil. A su llegada de Tuxpan se había incorporado al quinto año de primaria en el Colegio México y siguió con maristas hasta el Centro Universitario México (CUM). Y en 1960 ingresó a la Universidad Iberoamericana, en la carrera de administración de empresas. "Si le dabas pie, Roberto el universitario te platicaba de sus planes. Eran modestos, claro, si piensas hasta dónde ha llegado; ni él calculaba en lo que se convertiría. Roberto hablaba del sector financiero", cuenta uno de sus contemporáneos.[26] Es en esos años que conoce a Vicente Fox Quesada. Amigos, amigos no fueron. Conocidos, en todo caso. Es difícil saber si en los códigos de Hernández, Fox cabe hoy en la categoría de "amigo".

Hernández presentó su tesis de licenciatura ese 1966, llamada *Base para una sociedad liquidadora de valores*, que es modesta: 72 páginas media carta y a doble espacio, contando apéndices. Nada menospreciable, como se verá.

Sirve conocer los siguientes datos en su biografía[27] para entender su vocación: cinco años después de presentar su tesis, en 1971, ya era el presidente del consejo de Acciones y Valores de México (Accival), que funda con Alfredo Harp Helú; él tiene 29 años; Harp, 27. Se habían hecho amigos en la Bolsa de Valores de México (BVM) poco tiempo antes. Él lo cuenta así:[28] "Alfredo y yo nos conocemos en el piso de la bolsa. Fue toda una generación que entró ahí con proyectos muy similares, con ideas de cambio, y tuvimos la oportunidad porque se dio como un cambio generacional. La primera vez nos asociamos en Inversora Bursátil (Inbursa), y cuando yo me separo de ahí, en octubre del 71, él decide venirse conmigo y formamos Acciones y Valores juntos". Su sitio *web* personal abunda: "Al poco tiempo de su creación, la casa de bolsa Accival logró colocarse en el segundo lugar de operatividad en el piso de remates, solamente superada por Banamex".

En el siguiente dato en su biografía, Hernández tiene 32 años y ya es parte del consejo de administración de la Bolsa de Valores de México (BVM). Y dos años después, en 1974, se hace su presidente, cargo que ocupó hasta 1979. Un verdadero *enfant terrible.*

El Roberto Hernández de 24 años, el de la Ibero, era práctico. Convierte su tesis en un manual para el usuario, que sería él mismo. En ella expone problemas y trabas de un mercado regido por normatividades de principios del siglo. Tomando como referencia experiencias maduras, sugiere cambios a la legislación, a las inercias y a las normas que moderaban la bolsa. Tiene una clara inspiración en el mercado bursátil estadounidense.

Cuando Hernández termina su tesis, unos 100 mil mexicanos invertían en valores, es decir, uno de cada 400. La proporción en Estados Unidos era de uno por cada seis habitantes, y en Japón, uno de cada 20.[29]

Había otra inspiración para clavar los ojos en este mercado: el analista en ciernes detecta el creciente interés de los privados por los instrumentos bursátiles. En 1950, el volumen total operado en la Bolsa de Valores de México fue de 54 millones de pesos. Para 1964, había crecido hasta poco más de 26 mil millones. El número de acciones negociadas en el mercado mexicano aumentó, evidentemente, en proporciones similares: en 1950 se operaron un total de 88 mil 472; para 1964 eran 10 millones 142 mil 147.

El negocio estaba creciendo, pues. Necesitaba un empujón y Hernández sabía por dónde darlo, siendo estudiante todavía. La tesis de Hernández, dedicada a sus padres y a su primera esposa, Marilú Velasco —ahora casada y radicada en la Ciudad de México— permite ver con claridad su visión. Al estudiar las posibilidades de una sociedad liquidadora de valores, a Hernández le interesa el rol del que está entre compradores y vendedores, que en ese entonces —antes de la auto matización del mercado— es el agente que permite el intercambio físico y numerario de los títulos, hasta su liquidación. Como estudiante, obvio, no puede aspirar a más. Aunque muy pronto él ocupará las tres posiciones: la de tenedor, la de operador y la de inversionista.

Esto le generará su primera fortuna. Amigos y detractores aseguran que Roberto Hernández usa información privilegiada para ganar con los movimientos de las acciones.

Parte de los entrevistados expresaron dudas sobre sus operaciones —y las de sus contemporáneos— con papeles de varias empresas del país. Coincidieron específicamente en dos: Palacio de Hierro y Aurrerá. De ambos casos se habla con mucha insistencia, pero nadie ofrece pruebas; ni siquiera permitieron que sus voces fueran grabadas. Las dos operaciones son muy importantes en la biografía de Hernández y del mismo Harp, porque a partir de este punto, se dice, ingresan a las grandes ligas empresariales del país, aunque la primera transacción de importancia para Accival fue la oferta pública de Asarco Mexicana, convertida después en Grupo México.[30]

El periodista Luis Enrique Mercado señala: "Los financieros de todas las épocas, de todos los países y en todas las circunstancias, tienen información de primera mano. Tienen un mayor conocimiento e información que les permite tomar decisiones antes que los demás, sin duda alguna. Sería decir que son tontos y retrasados mentales, y no lo son; se trata de gente muy talentosa. No me atrevería a decir que es gente poco moral; me atrevería a decir que son personas que tienen los conocimientos y la capacidad de aprovechar los momentos y las circunstancias. Sin duda".[31]

Ernesto Canales Santos, abogado, consejero de varias empresas y en momentos cercano a Hernández Ramírez, cuenta que el banquero hizo parte de su fortuna inicial apostando a las acciones de Telmex, Banamex, Bancomer, "que a la hora en que se privatizan, y estas acciones se hacen bursátiles, cambian de valor. Fue una posesión muy importante para el capital de Roberto en un principio".[32] Hace notar su apuesta por Alfa, Bimsa, Femsa, Bimbo. "Y otras. Acciones y Valores rentaba la tranquilidad o la seguridad a estos grupos de que iban a hacer una colocación exitosa, que había una capacidad de distribución muy amplia, que tenía convocatoria de inversionistas, que tenía la confianza de los fondos internacionales, que su acción no se iba a pulverizar, que iba a tener mucha actividad. Y animaba. Y, obviamente, en lo personal o a través de Acciones y Valores, seguramente participaba".

Miguel Menéndez Cámara, ex presidente del Consejo Coordinador Empresarial yucateco y hoy periodista, dice haber sido testigo accidental de una operación dudosa, con información privilegiada, que involucra a Hernández y a sus cercanos. Íñigo Laviada, casado con una hermana de Roberto, María Elena, fue primo de la madre de Menéndez. Los Patrón Laviada, sobrinos de Íñigo, crecieron con Miguel:

"Empezaba el movimiento de la bolsa allá. Un día me tocó ver en su casa la euforia de este primo mío, *la Vaca* [Alejandro Patrón Laviada]. Estaba comprando un chingo de acciones de una que se llama CB Accival. *La Vaca* socializó el conocimiento en ese grupo de amigos de ellos, Gerardo Biget, Osvaldo Biget y alguien más. 'Compren estas acciones', les dijo. Y se puso de moda en Mérida. En dos minutos corrió el chisme que compraran CB Accival. Y un chingo de gente compró. En un momento dado, específico, cuando [la acción] llegó a valer *un huevo*, antes de que cayera, él vendió. A él se lo dijo su tío Roberto. Y los demás, algunos dos o tres días después de la primera caída. Les dijeron: 'se va a recuperar', pero ya venía el fraude, la acción ya venía al piso. Nadie lo sabía. *La Vaca* sí lo supo".[33]

Es reconocido que en los primeros años de Acciones y Valores (Accival), Roberto Hernández y su socio, Alfredo Harp, tomaron riesgos. En 1976 —por ejemplo—, en medio de la crisis económica, dos hombres realmente jóvenes (Hernández de 34, Harp de 32) convencieron al mítico y conservador empresario Jerónimo Arango para que bursalitizara Aurrerá, posteriormente convertida en Walmex. El ambiente del país, y dos bancos, Banamex y Bancomer, decían que no era el momento. Pero ellos tenían sus razones. El debut bursátil de la cadena fue redondo.

Hernández y Harp habían ganado, así, un cliente para los siguientes 25 años.

La tesis del joven estudiante de la Universidad Iberoamericana arrojaba frutos.

El gran salto

Luis Enrique Mercado Sánchez, director de *El Economista*, era reportero de *El Universal* cuando, en 1971, conoció aquella generación a la que pertenece Hernández. Cuenta: "Llegaba un grupo nuevo, en el que estaban Roberto Hernández, Alfredo Harp, el propio Carlos Slim, José Madariaga, Héctor Madero. Eran financieros más capaces, más eficaces, con más estudios e incluso mejor preparados. Y muy ambiciosos: la ambición de la juventud".

Mercado recuerda cómo este grupo impulsó un nuevo marco legal; ese con el que soñaba Hernández desde la universidad. Todavía no tenían 30 años. Contactaron, dice, a las autoridades en el sexenio de Luis Echeverría y empezaron a pugnar por una legislación. Así es como el gobierno promulga la primera Ley del Mercado de Valores, que entró en vigor el primero de enero de 1975. "Y esa ley es la que da origen a todo. Porque en esa ley se crea la figura de casas de bolsa". Y da paso a la mayoría de los banqueros de los años 90.

"El liderazgo era muy, pero muy claro de Roberto Hernández. Tan claro era el liderazgo, que Roberto llega un chamaquito como presidente de la bolsa… puesto que no deja hasta, no sé, seis o siete años después, y casi, casi por amenaza de las autoridades. Se cuenta, se dice, y yo creo en esa historia, que el gobierno tuvo que amenazar a las autoridades de la bolsa con anexarla al Banco de México si Roberto no dejaba la presidencia", dice.

El periodista afirma que con Hernández como presidente y Madariaga como vicepresidente, el mercado mexicano empieza a modernizarse: "Todos ellos fundan sus casas de bolsa. Roberto y Alfredo Harp, que siempre han trabajado juntos, como una mancuerna muy eficaz, en ese tiempo asociados con Carlos Slim y Onésimo Cepeda [el obispo de Ecatepec] crean Inversiones Bursátiles (Inbursa), y luego después se separan y fundan Acciones y Valores de México (Accival)".

Cuando las casas de bolsa empezaron a operar, los viejos banqueros las sintieron como amenaza. "El sistema bancario de aquel momento, con Agustín Legorreta y Manuel Espinosa Yglesias como líderes muy importantes, da de manotazos en contra de las casas de bolsa, permanentemente. Sentían [a la nueva generación] como una amenaza, y tenían razón. El tiempo demostró que tenían razón", señala Mercado Sánchez.

Hernández y su generación tuvieron que resistir el bloqueo. Los bancos no sólo no participaban del nuevo mercado: les negaban créditos a las casas de bolsa para hacer operaciones. Mercado dice que los bancos hablaban del peligro de la especulación, en un ambiente de abierta hostilidad.

El conflicto continúa así hasta 1982, cuando López Portillo anuncia la nacionalización de la banca. Y todo cambia dramáticamente en el país. Incluso Onésimo Cepeda (el jovencísimo gerente de Banca Privada de México a finales de los años 50), que en 1964 entra a Inbursa, y allí conoce a Roberto Hernández,[34] abandona ese mundo para convertirse, a partir de junio de 1995, en el poderoso obispo de Ecatepec, Estado de México.

Los años posteriores a la nacionalización bancaria y hasta su reprivatización movieron imperios familiares. Algunos apellidos se fueron por el caño mientras los nuevos empezaron a fulgurar en el universo de los notables.

Hernández Ramírez dejó a un lado del camino a muchos hombres probados en los negocios, y apellidos clásicos. Por voluntad propia y con mucha sagacidad, él mismo se distanció de esos otros que, como él, entraron a la tómbola de negocios que abrió Salinas de Gortari desde su llegada a la Presidencia de México. Unos fueron a la cárcel, otros a la desgracia. El escarnio público fue implacable con unos. Los años posteriores a la apertura salinista demandaron gran astucia y enorme don. Roberto Hernández tuvo ambos, a manos llenas.

Gerardo de Prevoisin, Álvaro López Castro, Ángel Rodríguez Sáez, Carlos Caval Peniche y Jorge Lankenau saturaron las notas de ocho columnas de los diarios del país con escándalos en empresas pilares: Aeroméxico, Mexicana de Aviación, Hoteles Camino Real, Banpaís, Banco Unión, Abaco-Confía, respectivamente.[35] El desempeño poco escrupuloso, la falta de ortodoxia, o una escasa habilidad para el manejo ante las autoridades financieras y económicas del país condujeron hacia las ruedas de la carreta a los Martínez Güitrón, a los Ballesteros Franco, a Agustín Legorreta Chauvet, e incluso a individuos de experiencia y tradición en los negocios de la banca, como José Madariaga Lomelín, Carlos Gómez y Gómez, Antonio del Valle o Adrián Sada, que no fueron señalados por la opinión pública como los primeros, pero que tampoco mantuvieron el ritmo de Hernández.

Con la banca todavía en manos del gobierno, los llamados "casabolseros" fueron puestos, dicho de manera coloquial, a prueba: Miguel de la Madrid les fue soltando las amarras... hasta que sus instituciones se convirtieron en una banca paralela.

"Y así se les denomina, así se les conoce, así se les ve: como banca paralela. Y el crecimiento que tienen es monumental. Roberto Hernández y Harp Helú, con Acciones y Valores, estaban en Isabel la Católica 44, en el edificio de la Noria, en el centro [de la Ciudad de México]. Allí estaban todos, en un pisito, en edificios antiguos y viejos. Y luego aparecen en Paseo de la Reforma. Aparece Inbursa en Palmas, o aparece Operadora de Bolsa, con Eduardo Legorreta, que se había incorporado al mercado tiempo después, con un edificio en la colonia Juárez", recuerda Luis Enrique Mercado. "De ser pequeñas empresas pasan a ser organizaciones financieras poderosas, grandes, activas. Ponen sucursales en el país. Se desata un desarrollo extraordinario de todo el sector".

Cuando llega la reprivatización de los 12 bancos en manos del gobierno, Roberto Hernández estaba muy consolidado en el mundo empresarial, no sólo en el financiero; tenía intereses en Union Carbide Mexicana, en Robert's, en Crisoba. Y tenía, además, otra carta que era la que realmente importaba en ese momento: era amigo de Carlos Salinas. Incluso juega con él, apuesta a su candidatura y a su presidencia. Después acude a sus giras para apoyarlo.[36] Y recibe su recompensa, aunque no por donde él pensaba: Hernández quería Telmex y lo perdió con Carlos Slim Helú.[37]

"Quienes ignoraban su historia se encontraron de pronto ante un advenedizo sin apellidos pesados como Garza, Sada o de perdida Legorreta, y que alguna vez fue rechazado de cierto club social por su carácter de 'desconocido' ", cuenta el periodista Jaime Santiago. "Entonces los medios empezaron a hablar de la amistad personal de Hernández con el entonces presidente Salinas, y de cómo en su sexenio se marcó el ascenso vertiginoso de una nueva casta de 'billonarios' mexicanos. Sólo el nombre de Carlos Slim se ligó más cercanamente que el de Hernández al hoy repudiado ex mandatario".[38]

Carlos Mendoza, investigador y documentalista, afirma que en ese momento se entabla una alianza de largo plazo entre los dos personajes. "No hay pruebas. Son tratos que ni siquiera puedo imaginar. Pero creo que la fortuna de Hernández es también fortuna de Salinas. Es lo que se dice y yo no lo descarto. Se cuidan mucho, claro, pero ¿tú crees que Salinas iba a dar tanto poder a cambio de nada?", pregunta.[39]

Entonces llega 1994 y con el año, un evento realmente difícil para Hernández: el secuestro "en horario triple AAA" —como se le conoció— de su amigo y socio Alfredo Harp Helú.

Cuentan que durante los 103 días que su socio estuvo en cautiverio, Roberto Hernández "la pasó mal".[40] Harp, el amigo más cercano al empresario y financiero, cuestiona en misivas a Hernández Ramírez porque "no paga" el rescate. Lo hace con una o varias pistolas en la cabeza, se entiende. Pero se ventilan nombres, fuera de todas las reglas de casa.[41]

Como sea, el hecho pone en advertencia al banquero. Las medidas de seguridad se incrementan para toda la familia. Una fuente cercana cuenta que este es un primer momento en el que varios de los hermanos Hernández Ramírez se plantean salir del país, cambiar de residencia. La segunda, según esta misma fuente, es en 2006, cuando Roberto se vuelve una constante en el discurso de campaña del izquierdista Andrés Manuel López Obrador.

Choque de trenes

Para la dupla formada por Roberto Hernández y Alfredo Harp Helú, el verdadero momento de mostrar habilidades de administración, conexiones y capacidad de convencimiento se dio después del estallido de la crisis de diciembre de 1994, y durante la contingencia económica que le siguió, en 1995 y 1996.

Banamex no fue de los que turnaron al Fobaproa la mayor cartera vencida. Cuando muchos otros enviaron hasta 26 por ciento a las cuentas del gobierno, el banco de Hernández vendió sólo el 12.1 por ciento. Siendo el principal banco del país en ese entonces, este porcentaje implicó enorme cantidad de recursos. Entre finales de 1995 y principios de 1997, se traspasaron al Fobaproa 23 mil millones de pesos, 15 mil en créditos comerciales y 8 mil en hipotecarios.

Los detractores de los banqueros y del Fobaproa afirman que dentro de esos créditos turnados al gobierno se introdujeron, de manera dolosa, los de muchos amigos que aprovecharon para liberarse de cargas financieras sin estar realmente en problemas de solvencia.[42] Hernández ha argumentado que frente a la crisis, Banamex usó el apoyo "eficientemente, y le pagó al gobierno con intereses nada bajitos; de 20 mil millones de pesos, le pagamos al gobierno 86 mil millones de pesos".

El pleito entre López Obrador y Hernández Ramírez no viene de la campaña presidencial de 2006. Siete años antes, el tabasqueño escribió *Fobaproa: expediente abierto*, en el que denuncia "la forma en que se fraguó la decisión de convertir la deuda privada de un grupo de banqueros y de grandes empresarios en deuda pública". El autor detalla en ese libro, por ejemplo, cómo el banquero "rescatado con dinero del erario público" tiene un castillo en Francia. "Cuenta con una cava de exquisitos vinos. También nos contaron que sus dueños apenas lo ocupan, porque sólo pasan por allí cuando van de cacería a África".[43] Esto da pie a un posterior reportaje de la revista *Proceso*, que expone a Hernández frente a la opinión pública como inmoral.[44]

Los dos personajes terminan por verse la cara en marzo de 2006, en Valle de Bravo, en el Estado de México. Las crónicas periodísticas coinciden en que el "encontronazo" entre los dos personajes se produjo cuando Hernández Ramírez le reclamó. El político tabasqueño da una versión de los hechos en *La mafia nos quitó la presidencia*. No dista mucho, si se quitan los comentarios y los adjetivos, de lo que dijo la prensa en su momento:[45]

"Durante la campaña, me encontré con él en una reunión del Consejo de Administración de Televisa. Me invitaron y acepté participar en un encuentro llevado a cabo en Valle de Bravo [...]. En esa reunión, expliqué por qué debía cambiar la actual política económica y argumenté sobre la necesidad de una renovación tajante de la vida pública. Les hablé con franqueza, porque no utilizo un doble discurso [...]. En Valle de Bravo, Roberto Hernández tomó la palabra para reclamarme sobre mis cuestionamientos por el asunto de la venta de Banamex. Sostuvo que todo se había hecho de manera legal. Yo le contesté que, aun aceptando sin conceder, como dicen los abogados, que fuese legal, a todas luces había sido una inmoralidad no pagar los impuestos por la venta del banco".

La frase que Hernández usó, reseñaron los medios, fue: "Soy su villano favorito".

Tanto el político como el financiero tienen fama de ser directos. En un reportaje publicado en 2005 en la revista *Poder y Negocios* —propiedad de Televisa—, cuando Roberto Hernández regresa a México después de un sabático de dos años tras la venta de Banamex, el periodista Isaac Lee lo compara con su socio, Alfredo Harp, y lo define así: "Hernández es más reservado. Primero, porque es impudente, porque no es hipócrita, porque no se mide. No es un hombre políticamente correcto. Dice lo que piensa".[46]

Lo de López Obrador y Hernández fue, en aquel episodio, un choque de trenes. Y lo sigue siendo. Concluida la campaña presidencial de 2006, declarado ganador Felipe Calderón con un estrecho margen y en medio de una fuerte polémica, López Obrador sostuvo que Roberto Hernández fue uno de los operadores del fraude que, aseguró también, se cometió en su contra. Lo acusa de haber participado en un plan para "arrebatarle la Presidencia". La elección de 2006 sigue en la mesa de debates de los mexicanos.

Desde entonces y hasta la fecha, han goteado nuevas acusaciones contra Hernández, y se han publicado datos poco difundidos en el pasado sobre su supuesta vinculación con políticos y autoridades antes y después del rescate financiero.

Una columna publicada en el diario *La Jornada* sostiene que Margarita Zavala Gómez del Campo, esposa de Felipe Calderón Hinojosa, es prima de Javier Arrigunaga Gómez del Campo, y agrega: "La familia Gómez del Campo es de San Luis Potosí, pero hay algo adicional: María Elena Hernández Ramírez, hermana de Roberto *Fobaproa* Hernández Ramírez, el que vendió Banamex sin pago de impuestos, estuvo casada con Íñigo Laviada (fallecido), quien es tío de Javier. Cuando este firmó los pagarés del Fobaproa, a Banamex le correspondieron alrededor de 60 mil millones de pesos, intereses incluidos. Al concluir su encargo, tal vez por gestiones de su primo *Felinillo* [Felipe Calderón], fue enviado como embajador a la OCDE, en París. Luego fue premiado con un alto cargo en Banamex, el cual ocupa hasta la fecha", escribe el periodista Ricardo Galván Ochoa.[47] En efecto, después de ser el primer director de Fobaproa, Arrigunaga pasó a Banamex como director corporativo de Asuntos Jurídicos e Internacionales; posteriormente, en 2010, fue designado director general del Grupo Financiero Banamex, puesto al que renunció en octubre de 2014, tras el escándalo por el fraude cometido por la empresa Oceanografía en contra del grupo financiero. En mayo de 2016 asumió la presidencia del Consejo de Administración de Aeroméxico.

Rescate después del rescate

Para los bancos, el Fobaproa significó en un primer momento una tabla de salvación para las instituciones financieras. Pero después sería como "iniciar sesiones de quimioterapia", diría un analista de Goldman Sachs en 1997.[48]

Por cada dos pesos traspasados en cartera vencida al gobierno, los bancos debían aportar uno en capitalización, es decir, en dinero fresco. Esto significa que Banamex adquirió, al turnar 23 mil millones y pico de pesos, un compromiso de 12 mil 540 millones de pesos. Y los hombres a cargo de la institución (Roberto Hernández, Alfredo Harp, Manuel Medina Mora, Fernando Quiroz, y otros) debían buscarlos hasta por debajo de las piedras, o tomar una de esas piedras, amarrársela al cuello y hacer lo conducente.

Manuel Medina Mora, entonces director general de Banacci, explicó en 1998 a la revista *Expansión* las tres iniciativas iniciales de la operación de rescate, y una cuarta, cuya posibilidad de éxito —considerando que México estaba sumido en una crisis que le acarreó un gran desprestigio— era muy dudosa. Esa cuarta iniciativa era salir al mercado internacional en busca de capital.[49]

En medio de la crisis, con el reto de sacar a la institución adelante, lo primero que Roberto Hernández y su equipo hicieron fue ubicar negocios de Banacci que pudieran ser liquidados o fusionados de inmediato, para transformarlos en efectivo. Así fue que Operadora Banacci se fundió a la arrendadora y a la casa de bolsa. Se despidieron 4 mil empleados. Con este movimiento obtuvieron 2 mil 787 millones de pesos, una cantidad muy menor para los 12 mil 540 millones que se estaban buscando.

El segundo paso fue deshacerse de subsidiarias en el extranjero. Se cerraron Banamex Investment Bank en Londres e Intermex Holding en Luxemburgo. Se vendieron las acciones de Bansud en Argentina y virtualmente se desplumó su California Commerce Bank, para traerse utilidades.

En esos momentos, con menos del 30 por ciento de los recursos requeridos ya en sus manos, emprendieron una tercera acción: ubicar nuevos negocios para atraer inversionistas. Roberto Hernández quería desde tiempo atrás Telmex; se alió a la telefónica MCI para lanzar Avantel. Bajo la misma línea de intereses, con aseguradora Aegon formó una compañía de seguros: Banamex Aegon. Así, con estas dos operaciones y una tercera con MoneyGram, se hicieron de capital fresco: cerca de 8 mil millones de pesos. De esos, destinaron 4 mil millones a su reto de capitalización, cuya meta seguía lejana.

Para el verano de 1996, Hernández y su equipo ya habían juntado 8 mil 490 millones de pesos. Con una estructura más delgada y con nuevos negocios, ahora sólo les quedaba el verdadero reto: poner su habilidad y su prestigio a prueba. El país estaba quebrado, las empresas apenas podían respirar y voltear a México.

En las siguientes dos semanas, ayudados por Merrill Lynch y Goldman Sachs, consolidaron su futuro. Ganaron prestigio y tranquilidad. Iban por 2 mil 678 millones de pesos, poco más de lo que les faltaba para completar la capitalización exigida por el gobierno. Contestaron cientos de preguntas, dieron decenas de argumentos, convencieron. Obtuvieron lo que estaban buscando. El vecindario se portó amable.

Roberto Hernández, dicen, es uno de los hombres más exitosos a la hora de vender una idea. Es, sostienen, un "natural". Suele decirse que Carlos Slim Helú lo describió alguna vez como "el mejor vendedor que he conocido en mi vida".

El 21 de julio de 1994, dos años antes de aquel exitoso verano de 1996, Roberto Hernández sudaba su propia agitación. Esta vez no estaba en el extranjero, sino en Monterrey. Tampoco había grandes inversionistas, sólo aspirantes de agroempresarios y prensa. Allí, en un foro al que había sido invitado el presidente de los banqueros lanzó otra emisión de bonos que no buscaba atraer a los hombres del capital, sino a sus eternos —aunque negados— aliados: los políticos en el gobierno. No iba por dinero; capitalizaba votos a favor del PRI.

"Sólo Ernesto Zedillo garantiza una baja en las tasas de interés, y certidumbre económica",[50] defendió al candidato del PRI, que era, en ese entonces, también su partido. Y alertó de un posible impacto de "otros factores".[51] Los principales contendientes de su candidato eran Diego Fernández de Cevallos, del PAN, y Cuauhtémoc Cárdenas Solórzano, del PRD.

Seis meses después, en diciembre de 1994, Roberto Hernández se tragaría sus palabras. No contaba con los otros grandes desestabilizadores, ambos amigos personales: Carlos Salinas de Gortari, quien le había asignado Banamex pero había dejado mal puesto el alfiler que sostenía el país, y su otro consentido, Ernesto Zedillo, el que quitó el alfiler aquel diciembre funesto del que millones de mexicanos todavía no se recuperan. Como él.

El nacionalista

Frente al mural *Energía* de Rufino Tamayo, en el Club de Industriales, el empresario afirma: "¿Se imagina que Roberto se hubiera quedado con Telmex? Hubiera sido muy interesante ver lo que habría hecho, ¿no cree? Roberto es un nacionalista. Habría hecho algo más que el otro, ya sabe [Carlos Slim Helú]. Imagínese: Carlos es un coleccionista de arte francés del siglo XIX. Prrr. ¡Arte francés del siglo XIX!".[52]

Esa es la fama de Roberto Hernández Ramírez. Por lo menos entre los círculos más pudientes de México, o con los más cercanos a él. A la primera provocación se cita su gusto por la cultura nacional; su casi mítica relación con el arte colonial o la arquitectura mexicana.

Se le pone como banderín si se habla de educación y de cultura: es miembro de decenas de patronatos, escuelas o instituciones de beneficencia en el país o a nivel internacional, y en estas tareas ha caminado de la mano con su familia. Su hermana Bárbara, por ejemplo, está involucrada en varias fundaciones, incluyendo, por supuesto, la Fundación Pedro y Elena Hernández, que lleva este nombre en honor a los padres del empresario y financiero.[53] Y su segunda esposa, Claudia Madrazo, es creadora (1992) de *La Vaca Independiente*, que involucra artistas, comunicólogos, filósofos, psicólogos, historiadores y pedagogos. El sitio de *La Vaca*[54] se define: "Creamos diferentes proyectos para integrarlos a la vida cotidiana, desarrollar la inteligencia, la comunicación y la sensibilidad".

Es, Roberto Hernández, uno de los hombres del capital en México más involucrados en las aventuras privadas —que se han hecho llamar "filantrópicas"— del polémico y cuestionado matrimonio formado por Marta Sahagún y Vicente Fox Quesada, que gobernó el país de 2000 a 2006. Fue donante de la Fundación Vamos México,[55] y según una investigación del periódico *La Jornada*, cuando los Fox todavía ocupaban la residencia oficial de Los Pinos, Roberto Hernández y Claudia Madrazo firmaron como socios del Centro de Estudios, Biblioteca y Museo Vicente Fox Quesada, la llamada "egoteca" construida en el rancho San Cristóbal, en Guanajuato.[56]

El abogado Ernesto Canales Santos recuerda a Claudia y a Roberto como una pareja unida en torno a la cultura mexicana; un matrimonio en el que se respetan las actividades de cada quien, aunque, juntos, comparten su pasión por el arte. "Claudia trabajó con Manuel Álvarez Bravo de muy joven. Ella tiene una vida propia", dice, y agrega:

"Cuando se tomó un sabático de dos años después de la venta de Banamex, estuvieron primero, creo, en París, Roma, Tokio y China. En los días que estuve en Roma me platicó el embajador: 'Nadie me ha hecho trabajar tanto como Roberto, porque me pide un profesor de tal cosa, me pide una visita a tal lado. Sabe qué colecciones privadas hay; si las tiene identificadas, quiere conocerlas; y vamos un día a Venecia, otro día a otro lado. Me puso a trabajar en serio' ". Así es Roberto.

Justo antes del sabático, en julio de 2001, poco después de la venta de Banamex a Citigroup, *Proceso* hizo pública una extensa investigación que, en su momento, fue ampliamente comentada entre la opinión pública: Roberto Hernández tiene castillo en Francia. Y lo usa por una suerte de manejo financiero que se permitió gracias al Fobaproa.

Según *Proceso*, el castillo pertenece a la Société du Château de la Motte que administran el español José Manuel Montagud y los mexicanos Miguel Brikman, Luis Rebollar y Luis Bosoms. Bosoms, yerno de Roberto Hernández. Su esposa, María de Lourdes Hernández, hija mayor del principal dueño de Banamex-Accival, es también integrante del consejo de administración de esa institución bancaria. Bosoms es a la vez director del Grupo Plan, cuyo accionista mayoritario es también Roberto Hernández.

"La sociedad compró el castillo en 3 millones 200 mil dólares. En el momento de su creación, la sociedad contaba con un capital social de 250 mil francos, alrededor de 50 mil dólares. Sus principales accionistas eran los hermanos Guillermo, José y Jorge Martínez Güitrón, empresarios de Guadalajara y cabezas de Sidek-Situr, grupo dedicado, entre otras cosas, a la venta de bienes raíces y a proyectos turísticos".

En 1995, Sidek-Situr entró en insolvencia[57] y declaró una moratoria —de la que luego intentó retractarse—[58] por una deuda de 2 mil 200 millones de dólares. El 70 por ciento se lo debía a 17 bancos mexicanos, el principal de ellos Banamex. El 9 de febrero de 1996 este grupo reestructuró su deuda con los bancos y Banamex adquirió la mayor parte de las acciones, según *Proceso*. "Fue entonces cuando aparecieron Luis Rebollar y Miguel Brikman como presidente y consejero, respectivamente, de Sidek-Situr. Pero Roberto Hernández, en lugar de asumir las deudas de Sidek-Situr, las endosó al Fobaproa".

Pero no todo es dinero. En su carátula de "hombre de la cultura", Roberto Hernández es miembro o directivo del Patronato Económico y de Desarrollo de la Universidad Iberoamericana, del Museo Dolores Olmedo Patiño, del Museo Nacional de Arte, de la Universidad de las Américas-Puebla, del Hospital Infantil de México "Federico Gómez", del Instituto de Fomento e Investigación Educativa, de The Nature Conservacy, del Centro de Estudios para América Latina David Rockefeller en la Universidad de Harvard, de la Universidad de Cambridge, del Museo de Arte del Estado de Veracruz, de Preservación del Patrimonio Arquitectónico de San Luis Potosí, de Fomento Cultural

Banamex, de Fomento Ecológico Banamex, de Fomento Social Banamex, del Centro Mexicano de Filantropía, de las organizaciones de rescate de Valle de Bravo en el Estado de México, de la Fundación Pedro y Elena Hernández, de la Fundación Haciendas en el Mundo Maya o del World Monuments Fund, dedicado al rescate y preservación de monumentos históricos alrededor del mundo, que ha intervenido en más de 430 monumentos en 83 países.

Y la lista se vuelve interminable. Hay que recordar que las aportaciones filantrópicas son deducibles de impuestos.

Con ese espíritu nacionalista es que Roberto Hernández Ramírez toma la decisión, en mayo del año 2000 —justo unos meses antes de que Zedillo deje Los Pinos—, de ir por Bancomer.[59]

El grupo financiero BBV-Probursa, que era el postor inicial, acusó a Hernández y a su equipo de apelar a ese nacionalismo para intentar una fusión que crearía el mayor banco de América Latina, con 60 mil millones de dólares en activos y más de 100 millones de clientes.

Expansión narra una parte intensa de aquel episodio. Vitalino Nafría, el número uno del entonces grupo financiero que había hecho ya una oferta por el banco BBV-Probursa, prácticamente ya trabajaba en la sede del Grupo Financiero Bancomer en la Ciudad de México: "Iba todos los días a las oficinas de Avenida Universidad y ahí lo sorprendió la noticia de que Banacci había lanzado una oferta a los accionistas de Bancomer para destrabar la fusión en curso con BBV-Probursa. Banamex ofreció un esquema de fusión y capitalización por 2 mil 400 millones de dólares, el doble de lo ofrecido por la subsidiaria del Banco Bilbao Vizcaya-Argentaria (BBVA). La propuesta ('hostil', la llamaron), inédita en la historia corporativa del país, tomó por sorpresa a los círculos financieros".[60] Tal cual, Roberto Hernández y sus asociados pretendieron quedarse con Bancomer poco después de que sus competidores extranjeros habían firmado una carta de intención con el corporativo mexicano. Además de plantear la conveniencia de que el banco más grande del país quedara en manos de mexicanos, ofrecieron a los socios encabezados por Eugenio Garza Lagüera un 35 por ciento de participación accionaria contra el 23 por ciento prometido por los de BBVA.[61]

La oferta provocó todo tipo de reacciones. Se cuestionó la liquidez de Banamex para realizar una operación de esa envergadura y se señaló la voracidad del grupo encabezado por Hernández. Banacci tenía 300 millones de dólares por la venta de su afore a la firma Aegon. Ofrecía 240 millones de capitalización y le faltaban 2 mil 100 millones, pero mostró la ruta para conseguirlos: 500 millones de una suscripción accionaria del grupo resultante; 600 millones con una emisión de notas de capitalización no convertibles en acciones y mil millones más en venta de activos que resultarían, dijeron, "redundantes", una vez que estos dos monstruos se fusionaran.

Hernández y Alfredo Harp habían comprado Banamex nueve años antes, el 18 de septiembre de 1991. Entonces se valuó el banco en poco menos de 5 mil millones de dólares. Con esta nueva empresa se convertirían en banquerosno sólo de talla continental, sino global. Pero, ¿y si la fusión no se lograba? ¿Traicionaría Hernández la imagen de nacionalista que había cultivado con tanto esmero? ¡Claro que no!

"¿Buscarían un socio extranjero?", le preguntan los reporteros de *Reforma* en una entrevista.[62] "No. En el nombre llevamos el compromiso. Mientras podamos ser una empresa básicamente mexicana, así vamos a seguir".

Para muchos, una voz que pesó en ese momento fue la de Carlos Slim Helú: "Es una vergüenza y un cinismo que Banamex, en lugar de vender sus activos para pagar sus quebrantos, los use para comprar Bancomer. Con la crisis bancaria Banamex fue el único banco en el que no se diluyeron los accionistas ni aportaron capital fresco, nunca. Los quebrantos ya los pagó el Fobaproa y los va a cubrir la sociedad".[63]

Dicen los analistas que esta frase, y un cabildeo intenso por parte del hombre más rico de México, complicó el escenario a su archirrival, un hombre acostumbrado a ganarlas todas. Según publicó la revista de Televisa *Poder y Negocios* en 2005, el entonces secretario de Hacienda, José Ángel Gurría, también se opuso a la compra y en la Comisión Federal de Competencia no se aprobó la fusión.

El caso es que, en efecto, la operación no se concretó.[64] Hernández, el "banquero nacionalista", no pudo lograr su cometido: que el mayor banco del país quedara "en manos de mexicanos".

En el segundo tramo de aquel 2000, el banquero, inmensamente rico y poderoso, hizo tareas de escritorio y fortaleció sus relaciones con el gobierno entrante, el de Vicente Fox Quesada. Ya para cerrar ese año, el primero de diciembre, acudió al Auditorio Nacional —en el que también tiene intereses—, para sentarse en primera fila y recibir al nuevo presidente de México, el señor Fox.

Nacionalismo aplicado

El 16 de mayo de 2001, un año después de perder Bancomer, ninguno de los miembros del consejo de administración de Banacci mencionó, ni por equivocación, la palabra "nacionalismo".[65] Ese día, de manera unánime, decidieron aceptar la oferta que hizo Citicorp por su banco —y subsidiarias—, con 120 años de historia. Los argumentos fueron redondos, y el negocio ofrecido muy bueno, porque tomaron la decisión instantes después de que Roberto Hernández y su equipo les propusieron lo que, hasta horas antes, era inimaginable: vender. Nadie recordaba el discurso de meses anteriores, cuando la idea era fortalecer esta "apuesta de mexicanos".

Así, al día siguiente, por 12 mil 500 millones de dólares, la mitad en efectivo y la otra en acciones de Citigroup, el grupo financiero que dirigió Roberto Hernández pasó a ser propiedad de extranjeros. Con todo y el Palacio de Iturbide, el Palacio San Mateo de los Condes de Valparaíso, la Mansión Solariega de los Montejo, el Palacio de Canal de San Miguel de Allende, la Casa del Diezmo, la Casa del Conde del Valle de Súchil, y miles de obras de arte y fincas y haciendas y más edificios, patrimonio cultural de los mexicanos. Con todo y subsidiarias, dicho sea de paso, como Avantel, empresa de telecomunicaciones obligada a tener un 51 por ciento de capital mexicano; se requirió un permiso especial del gobierno para su traspaso.

La operación se dio en un profundo sigilo y con una rapidez que sorprendió a los analistas: bastaron entre tres y cuatro reuniones, en abril de 2001, en la Hacienda de San José Cholul, Yucatán. Cuatro, cinco dependencias federales liberaron la operación también de manera expedita: el gobierno de Vicente Fox Quesada les otorgó todas las facilidades.

Los extranjeros se habrán lamido los bigotes por anticipado, porque esa histórica hacienda en la que acordaron el grueso de la operación; esa finca "rescatada" por los "buenos oficios" de un hombre con fama de nacionalista, era propiedad de Banamex, aunque hoy aparece administrada por Grupo Plan, también de la familia Hernández. Muy pronto sería de ellos, habrán pensado los extranjeros.

Y Roberto el nacionalista, el mexicanista, el amante del arte colonial, dejó a Citigroup el derecho de una parte importante del patrimonio cultural de los mexicanos.

Poco después anunció a su familia que tomaba vacaciones. Claudia Madrazo y él empacaron, y cambiaron de aires: Europa, Asia. El mundo era, por primera vez, suyo. De verdad suyo.

Caballo de hacienda

La venta de Grupo Financiero Banamex, que sólo a Roberto Hernández habría redituado unos 900 millones de dólares en efectivo y una cantidad similar en acciones de Citicorp, levantó una polvareda de críticas entre la mayoría de los sectores sociales de México; el gobierno de Vicente Fox simplemente cerró la boca. Los analistas dicen que si se hubiera gravado la venta, Hernández y sus asociados habrían aportado 3 mil millones de dólares al erario.[66] Sus amigos en la administración federal nada dijeron del destino del patrimonio cultural mexicano turnado, de la noche a la mañana, a manos de extranjeros.[67]

Las voces críticas no se mantuvieron por mucho tiempo. Los únicos que las sostuvieron durante los siguientes años fueron los representantes de la izquierda mexicana. Y conforme pasó el tiempo, el que se quedó con la voz demandante fue Andrés Manuel López Obrador.

Inmediata mente después de la operación, la institución se encargó de difundir por diferentes medios sus propias cuentas. Hizo un enorme esfuerzo por vender la idea de que los inversionistas de Banamex "no habían ganado significativamente con la operación". Se mostraron estos números: en 1991, se argumentó, se pagaron 4 mil 923 millones de dólares; en diez años, los accionistas hicieron aportaciones de capital por 2 mil 337 millones, y se reinvirtieron 4 mil 127 millones en el mismo periodo. Esto suma 11 mil 327 millones de dólares. Si se vendió en 12 mil 500 millones aproximadamente, ¿en dónde está la ganancia? Fue casi nada, se dijo. Visto con ojos de los directivos de la institución, los accionistas habían casi casi perdido. Por costo de financiamiento o por simples réditos. Varios analistas le recordaron a la institución que sólo por lo tangible o demostrable, en estas cifras jamás se contempló un reparto entre accionistas de 925 millones de dólares antes de la venta del banco.[68]

El otro frente en la defensa fue el tema del pago de impuestos. Para evitar que la operación fuera gravada por el gobierno, se argumentó que se desarrolló a través de una operación bursátil, por medio de la Bolsa Mexicana de Valores (BMV), por lo cual estaba exenta de gravámenes. Citicorp no cotizaba en la BMV.

Las vueltas de la vida: las reglas del mercado financiero fueron previstas mayoritariamente por él, por Roberto Hernández, y por otros de su generación muy cercanos.

En 2007, Hernández ya sumaba 14 millones de acciones de Citigroup, valuadas, dice en la nota de *Forbes* sobre los multimillonarios, en 780 millones de dólares.[69] ¿Menos que cuando vendió Banamex? Sí: en agosto de 2006 *regaló* (*charitable gift*) a su familia 4.8 millones de acciones, es decir, casi 470 millones de dólares. *Forbes* también dice que a cinco años de la venta del banco, "Citigroup sigue haciéndose cargo de Hernández. El año pasado (2006), Citigroup dio a Hernández y a su familia más de 2 millones de dólares en una oficina, secretarias y servicios relacionados, y un avión y un helicóptero".

Pocos poseen una visión/versión tan eficiente de Estado mexicano (o del *Estado a la mexicana*), como Roberto Hernández Ramírez. Y menos que pocos la han sabido administrar a su favor de manera tan contundente, a saber: Carlos Salinas de Gortari le permite comprar su banco; Ernesto Zedillo Ponce de León le destina miles de millones de dólares para salvarlo de la crisis, y Vicente Fox Quesada le autoriza venderlo sin pago de impuestos. Negocio redondo. No importa de qué partido sean. Quizás por eso, o como resultado de lo anterior, sus esfuerzos por hacerse ver como un "nacionalista" conviven con la imagen de depredador de México y de los intereses de los mexicanos.

Para él, después de la familia están los amigos; y poco más abajo, los operadores. Un buen ejemplo de operador, citan periodistas y analistas, es Francisco Gil Díaz, secretario de Hacienda con Vicente Fox justo cuando la venta de Grupo Financiero Banamex no fue gravada con un solo centavo por el gobierno emanado del PAN. La historia entre Gil y Hernández es más vieja; y si lo de la exención o el no cobro o la no aplicación de un impuesto en la venta de Banamex fue, como los acusan, un favor, los analistas y otras voces dicen que no fue el único.

En su libro *La mafia nos quitó la presidencia*, López Obrador señala a Hernández como inmoral y pone atención a Gil Díaz, quien, dice, llegó al gobierno de Fox como favor de Hernández. Su versión es parcial, por supuesto, porque es uno de los *bandos* en episodios comunes.

El hecho es que en 1996, como parte de su estrategia de diversificación de negocios, Hernández y sus asociados lanzaron Avantel. Como se explica en párrafos anteriores, era parte de una operación en cuatro pasos para capitalizar al grupo financiero. Al frente de la telefónica quedó Gil Díaz.

El periodista Ramón Alberto Garza, ex director de Grupo Reforma, ex presidente de Editorial Televisa, escribió en la revista electrónica *Reporte Índigo,* a propósito del conflicto entre Telmex y la empresa televisiva de Emilio Azcárraga Jean por el llamado "acuerdo de convergencia", que permite unir en un solo cable televisión, telefonía e internet: "Los hasta ahora ganadores de esta batalla son Carlos Slim y su ex empleado, el secretario de Comunicaciones Pedro Cerisola Weber. En la esquina de los hasta hoy perdedores, [están] Emilio Azcárraga y las simpatías que por su causa tenía el secretario de Hacienda, Francisco Gil Díaz". Más adelante agrega: "No es sorpresa. Cerisola fue empleado de Slim, y Gil Díaz de Hernández. Uno en Telmex y el otro en Avantel, la telefónica del uno y la telefónica del otro".[70]

El pleito de Hernández Ramírez con Slim tuvo fuertes novedades entre 2006 y 2007. El 21 de diciembre de 2006, Acciones y Valores hizo una operación por medio de la cual Roberto Hernández adquirió por 110 millones de dólares unos 18 millones 100 mil CPOs de Televisa, que pertenecían a la madre y hermana de la vicepresidenta de Modelo, María Asunción Aramburuzabala. Lucrecia Larregui de Aramburuzabala y Lucrecia Aramburuzabala Larregui de Fernández desinvirtieron, permitiendo que el financiero entrara a la televisora. Slim era propietario de 7 por ciento.[71] Ahora ya no tiene nada.

María Asunción sigue invertida en Televisa, pero su porcentaje de participación es mucho menor al que tenía hace unos años, aunque su nombre sigue apareciendo en el consejo de administración de Televisa. En el reporte 2007, Roberto Hernández aparece también, junto con otros de los hombres más ricos de México. No está Carlos Slim, su enemigo, pero está Pedro Aspe Armella, presidente del consejo de administración y director general de Protego Asesores; secretario de Hacienda con Carlos Salinas y, según la revista *Expansión*, el hombre que aconsejó a Hernández Ramírez que no fuera por Telmex porque sería de Slim, y que mejor apostara por Banamex.

Sospechas mayores

Es mediodía del miércoles 21 de marzo de 2007. En las calles llenas de sol de Mérida, Yucatán, el diario *Por Esto!*, con 144 páginas tabloide, destaca en su contraportada: "Rapiña e Impunidad/Protegidos por la SPV y el Ministerio Público de Maxcanú, Roberto Hernández Ramírez y su testaferro Alejandro *La Vaca* Patrón Laviada intentan apropiarse por la fuerza del casco de la hacienda de Chunchucmil y 7 de 12 hectáreas".

Nada extraordinario para este periódico que desde hace años denuncia a Hernández Ramírez, a su familia y allegados, de despojar campesinos para quedarse con ex haciendas en la península de Yucatán, y que desde 1997 ha publicado reportajes en los que vincula al financiero con el tráfico de drogas.[72] Nada fuera de lo común, a no ser porque ese mismo día *Por Esto!* cumple 16 años, y su director general, Mario Renato Menéndez Rodríguez, da un discurso a invitados especiales en un local del sindicato de transportistas. Expone algunos de sus temas favoritos: el narcotráfico en México, su apoyo a la legalización de las drogas y, sobre todo, Roberto Hernández.

Pasadas las dos de la tarde, en su oficina de las instalaciones del periódico, casi oculto por miles de libros que se desparraman sobre su escritorio y en libreros hasta el techo, abre la plática con esta afirmación: "Roberto Hernández es un ser despreciable, reconocido delincuente de cuello blanco, que ha hecho su fortuna principal en el narcotráfico. Es dueño de una gran parte del litoral quintanarroense, y de la parte nororiental del estado de Yucatán, en donde prácticamente a diario se reciben cargamentos de cocaína colombiana que luego son almacenadas y distribuidas hacia Estados Unidos o hacia las comisiones que se quedan aquí, para lo que se conoce como el narcomenudeo. Es un individuo que ha tenido la suerte, entre comillas, de tener como gobernador del estado a un perfecto *analfabestia* que responde aquí con el nombre de Patricio Patrón Laviada, que ni concluyó el tercer año de secundaria; un individuo que se ha dedicado, junto con sus hermanos, a defraudar, a despojar de sus tierras a los campesinos. Y de eso se ha aprovechado Roberto Hernández para apropiarse de grandes extensiones de tierras en el estado. Es un individuo que pagó entre diez centavos, 50 centavos, 80 centavos el metro cuadrado, y al que no quiere vender, le ha pedido a sus sobrinos que le echen la fuerza pública, lo que hacen de inmediato". La frase es de corrido. No tiene edición. Toma un respiro, se acomoda, y luego agrega: "Nosotros lo hemos denunciado penalmente".

Y Roberto Hernández también. A él, a Al Giordano y a varios periodistas de *Por Esto!*[73] Pero ni las denuncias de Mario Renato Menéndez, ni las del mismo Hernández Ramírez han prosperado, aunque por razones distintas:

"Primero lo denunciamos de manera pública; en las páginas de los periódicos *Por Esto!* se reflejó el trabajo que hicieron los compañeros a lo largo del litoral quintanarroense. Estuvieron allá varios días, recorrieron todo; pruebas más que suficientes. Llegamos inclusive a presentar todo esto a las autoridades militares, porque queríamos verificar hasta donde humanamente era posible, que eso se estaba llevando acá; y todos dijeron que sí. Se tomaron fotografías del interior de la estancia de Roberto Hernández en Punta Pájaros [Quintana Roo]. En ese momento había cerca de dos toneladas de cocaína pura que iban a salir; después de eso, nosotros no solamente nos limitamos a publicar la denuncia, sino que también nos presentamos ante las autoridades conforme a derecho y lo acusamos penalmente. Y no solamente nos quejamos allá, sino que nos ofrecimos en parte coadyuvante. El resultado de eso fue que a los que persiguieron fue a nosotros. Diecinueve veces hemos estado en juicio y las 19 veces las ha perdido Roberto Hernández", da su versión Menéndez.

Roberto Hernández, como se advierte a lo largo del texto, no aceptó una entrevista para hablar sobre este y otros temas. El documento con folio 603429/00, titulado *Decision and Order*, emitido por la Suprema Corte del estado de Nueva York, condado de Nueva York,[74] confirma que Hernández ha buscado acción penal contra Menéndez, Giordano y otros periodistas, no sólo en el extranjero sino también en México. Y el fallo de los tribunales le ha resultado adverso en cada ocasión. Ha argumentado daños a su persona y/o a Banamex. Por lo menos en el juicio al que se refiere el documento, no los pudo comprobar.

Menéndez, entonces, sigue con su lucha. *Por Esto!* publica insistentemente el tema desde hace años, junto con, o alternado con nuevos reportajes, últimamente relacionados a la compra de activos en Yucatán.

El periodista dice que ha sufrido atentados contra su integridad física por órdenes de Roberto Hernández. El 5 de septiembre de 2006, Ivonne Aracelly Ortega Pacheco, entonces senadora del PRI por Yucatán, solicitó un punto de acuerdo al pleno del Senado de la República para que condenara un ataque con granadas en contra de *Por Esto!* En su argumentación, ante el pleno, dijo, textual: "El 1 de septiembre pasado [2006], el día de la apertura de sesiones del H. Congreso de la Unión, a las 7:25 de la mañana, dos individuos arrojaron sendas granadas de fragmentación hacia el interior del periódico *Por Esto!* de Yucatán, que dirige el periodista Mario Renato Menéndez Rodríguez.

De los dos artefactos, uno hizo explosión, lesionando al menos a dos empleados, destruyendo bienes materiales de ese rotativo, y sembrando inquietud, azoro, y temor entre los ciudadanos de Mérida, en particular entre los profesionales de la información".[75]

Reporteros sin Fronteras, organización con sede en París, Francia, dedicada a la defensa de periodistas en todo el mundo, emitió un comunicado en los mismos términos.[76]

En el verano de 2007, Ivonne Aracelly Ortega Pacheco fue electa gobernadora de Yucatán, en sustitución de Patricio Patrón Laviada. Ortega es del PRI. Patrón, del PAN. Algunos creen que esto puede significar un riesgo para las operaciones de Hernández en la península.

"Roberto Hernández es un hombre que saca en una operación 2 mil millones de dólares. ¿Para qué relacionarse con el narcotráfico?

¿Cómo lo explica?", se pregunta a Mario Menéndez.

"Es fácil. En primer lugar, esa es la defensa que ha hecho él y que han hecho sus abogados. No hay que olvidar algo: Roberto Hernández en 1983, 1984, no tenía ni cómo pagar sus tarjetas de crédito; eso lo dicen sus propios compañeros. De 1985 a 1991 es una persona inmensamente rica. ¿Cómo se explica eso? De operador de piso de bolsa no se puede hacer Punta Pájaros [su rancho en el Caribe mexicano]. Nosotros estuvimos allí. Cuatro veces al día, cuatro vuelos diarios de cocaína pura. No tenían control sobre eso. Todo eso se documentó. Y si hubiese habido algo en lo que nosotros hubiésemos fallado, nos hubieran destruido en los tribunales en México, y nunca pudieron obtener ni siquiera una orden para censurarnos".

El director general de *Por Esto!* dice que, en el pasado, periodistas mexicanos lo buscaron para escribir sobre este caso, pero que el banquero veracruzano los compró.[77] "Como tú, vinieron muchos más. Yo los ayudé, siempre he tenido la disposición, la disposición nuestra siempre ha sido abierta; después de que se les daba todo el material, se les ofrecía, se les invitaba a ir a la zona [en la que, dice, el diario ha documentado el tráfico de drogas]. Nunca quisieron ir [...] Una vez que ya tenían todo el material, se preparaban una serie de diez reportajes, por ejemplo. Entonces se lo presentaban a un director de un periódico, el director del periódico se ponía en contacto con Roberto Hernández.

'Cuánto me vas a dar por esto'. Y el 40 por ciento de lo que les daba le correspondía al periodista [...]".

El regreso a la tierra

Es viernes 13 de julio de 2007.[78] Los niños que jugaban en la calle han tenido que abandonar el marcador, gane quien gane, pues llueve como si quisiera caerse el cielo. Los nubarrones parecen apurar la llegada de la tarde.

En una casa de tres cuartos con piso de tierra y dos hamacas, cuatro mujeres hablan maya. Se intercambian miradas. Se hacen consultas. Una dice, en español: "Mejor no queremos dar *nuestro parecer*. Vean a otros, allá, pasando la tienda. Nosotros no".

Pero nadie quiere decir palabra. Ni en la tienda, ni más allá. Hay temor en el pueblo. En los meses pasados, muchos en la comunidad de Chunchucmil fueron a dar a la cárcel. Se los llevó la policía estatal, que llegó hasta el municipio de Maxcanú. Al frente del gobierno de Yucatán está todavía Patricio Patrón Laviada, cuyo partido, el PAN, acaba de perder la gubernatura. Los detenidos protestaban porque, dicen, uno de los hermanos del gobernador, Alejandro, en representación de los intereses del banquero Roberto Hernández Ramírez, los ha despojado. Han comprado la hacienda que desde 1783 fue el centro de este pueblo, asentado sobre lo que fue una antigua ciudad maya.

La comunidad está dividida. En varias ocasiones en el 2007, de las discusiones pasaron a los golpes y las amenazas. La hacienda de Chunchucmil, que en el siglo XVII fue fundada por Manuel José González en tierras por las que pagó 200 *cargas* de maíz, está en construcción después de un abandono de décadas a causa de la caída del henequén, el principal cultivo. Aquí, dicen, habrá un hotel de lujo, como ya sucedió en muchas otras haciendas en la región, a saber: Puerta Campeche, San José, Santa Rosa, Temozón, Huayamón y Ochil, —este último restaurante— de gran lujo operados por Grupo Plan, propiedad de Roberto Hernández Ramírez y su familia.

Algo resalta al visitante que llegue hoy al pueblo: no tiene plaza principal. O, bueno, sí la tiene, pero ya no se puede ver, mucho menos tomar el sol en ella o —como sucedía hasta hace unos meses— llevar a los niños a jugar futbol. Por más increíble que parezca, la plaza ahora es privada. Está cercada por una barda de más de dos metros y medio que construyen los mismos indios que pelearon con su puño a favor del proyecto de reconstrucción, y por un empleo de albañil.[79]

Jamás la conocerán por dentro ahora que quede remozada. Seguro. A no ser que se empleen para tender camas o lavar platos o cortar césped. La plaza, junto con la hacienda, es parte del proyecto de un nuevo hotel al estilo de los Hernández.

El 30 de noviembre de 2006, cuando el país vivía en la incertidumbre por la toma de posesión de Felipe Calderón Hinojosa, los Hernández tuvieron razones para festejar, y no por motivos políticos, que serían suficientes.

Ese día, por la tarde —según crónicas de *Proceso*, *La Jornada,* otros medios y señalamientos de ONGs que se citan adelante—, la hija del banquero, María de Lourdes Hernández de Bosoms, recibió una autorización para desarrollar el complejo turístico IEL La Huerta en una parte de la Reserva de la Biosfera Chamela-Cuixmala en Jalisco. Fue el último acto administrativo del gobierno de Vicente Fox Quesada, que se sepa.[80] Marilú, como la llama Roberto Hernández, es donante de la Ibero; preside la Fundación de Haciendas del Mundo Maya (el *brazo filantrópico* en los negocios de la península de Yucatán) y dirige, junto con su esposo, Luis Bosoms Creixell, el Grupo Plan.

Proceso publicó que la operación para la constitución del rico y poderoso Grupo Plan tiene antecedentes desde 1994. Es decir, antes de que el padre de María de Lourdes y sus socios en Banamex fueran rescatados con dinero del erario público. "Cuando México vivía la peor crisis económica, con la caída del peso frente al dólar y una enorme fuga de capitales, María de Lourdes Hernández, con el apoyo de su acaudalado padre y con su esposo como apoderado legal, constituyó la empresa Promotora de Inmuebles y Espectáculos (escritura 20,485, fechada el 18 de noviembre de 1994 en Guadalajara, Jalisco)", cuenta.

"Cinco meses después, el 6 de abril de 1995, en la Ciudad de México, se fundó la empresa Imagen y Espectáculos de Lujo (IEL), dirigida y administrada por un consejo integrado por José Martínez Güitrón (presidente), Luis Bosoms Creixell (vicepresidente), Roberto Canizzo Consiglio (secretario), y Kenneth Prysor Jones, María de Lourdes Hernández de Bosoms y Giorgio Brignone Oppenheim (vocales)", agrega.

Aquí reaparece el apellido Martínez Güitrón en la vida de los Hernández. José, Guillermo y Jorge dirigieron Sidek-Situr y durante la crisis financiera declararon moratoria por 2 mil 200 millones de dólares. Las fechas dicen mucho y es prudente recordarlas. Fue en 1995 cuando los Martínez Güitrón anunciaron que Sidek-Situr era insolvente y declararon su quiebra. La empresa le debía a varios bancos, pero principalmente al Banamex de Roberto Hernández. Esto en lo público. En lo privado, ese mismo año, en abril, José se asoció con María de Lourdes Hernández de Bosoms para crear IEL.

Las operaciones de IEL se han concentrado en la Reserva de la Biosfera de Chamela-Cuixmala, una de las regiones más ricas, conservadas y hermosas de México. El proyecto incluía una marina artificial con capacidad para 161 yates, 35 lotes residenciales, villas y búngalos, dos hoteles con mil 25 habitaciones, zonas comerciales, clubes playeros, carreteras, infraestructura hidráulica, eléctrica y servicio telefónico, equipo contra incendio, una gasolinería y una estación para el tratamiento de aguas negras.

De acuerdo con los registros de prensa y de las ONGs que siguen el caso, Grupo Plan sometió el 4 de enero de 2005 la Manifestación de Impacto Ambiental (MIA) del proyecto Marina Careyes de IEL para su evaluación en la Secretaría de Medio Ambiente y Recursos Naturales (Semarnat). El Consejo para la Defensa de la Costa del Pacífico y los especialistas Álvaro Miranda, Luis Bojórquez y Gerardo Ceballos González, Premio Nacional de Biología, presentaron el 20 de julio del mismo año argumentos técnicos, científicos y legales para demostrar que se estaba violando la Ley General del Equilibrio Ecológico y la Protección al Ambiente, su reglamento en materia de Impacto Ambiental y el Programa de Ordenamiento Ecológico Territorial vigente en la región, según cita *Proceso*.

Pero IEL sorprendió una semanas después. Retiró la solicitud de evaluación y dio un aparente paso atrás. Las aguas se calmaron. Los especialistas voltearon hacia otra parte. La empresa de los Hernández simplemente dejó pasar las elecciones, porque el 9 de octubre de 2006, IEL reapareció con el mismo plan, con otro nombre. Le llamó IEL La Huerta, que recibió la aprobación del gobierno foxista. Específicamente de Ricardo Juárez Palacios.

Posteriormente el proyecto sería rchazado graias a la presión de las organizaciones ambientalista. En 2010, con algunas modificaciones volvió a presentarse una iniciativa similar, aunque ahora fue llamado complejo turístico Zafiro. Roberto Hernández destacaba como inversionista clave, de acuerdo con una nota del diario *La Jornada* (5 de abril de 2010). En 2016 las obras se encontraban en pleno desarrollo.

"Siempre he dormido bien"

"¿El futuro de Roberto Hernández?", se pregunta el periodista Mario Renato Menéndez. "No puedo anticipar nada. El que siembra vientos, recoge tempestades. Es un viejo refrán español, y quien está atentando contra la salud del pueblo, él mismo cae en ese vicio, en esa enfermedad".

"La acumulación de capital, la creación de riqueza, beneficia al país", dice Luis Enrique Mercado. "El gobierno destruye riqueza, no la crea. Ojalá México tuviera muchos Robertos, muchos Slim, muchos Alfredos y muchos Madariagas, y muchos Arangos y muchos Aramburuzabalas. Yo lo que lamento del país es que no hayamos tenido gobiernos capaces de decidir. La obligación de los gobiernos es regular, generar las reglas de participación para que la mayor cantidad de personas tenga las mismas posibilidades".

A finales de 2006, Rogelio Cárdenas Estandía preguntó a Roberto Hernández: "¿Qué le quita el sueño?". El empresario respondió: "No. Duermo muy bien. Siempre he dormido bien. Tengo diez minutos y me duermo. Y más antes, que siempre andaba con deuda de sueño".

ADENDA

El empresario veracruzano seguramente ahora duerme mejor que nunca. Ha dejado atrás las reuniones interminables, las alianzas empresariales, deudas de favores políticos y altibajos en los negocios. Desde 2009, año en el que las acciones de Citigroup cayeron precipitadamente, dejó el consejo de la empresa estadounidense y su ritmo de vida se ha relajado.

Si bien mantuvo su presencia en el consejo de Banamex hasta 2013, los últimos años los ha dedicado a sus negocios turísticos en la península de Yucatán y a la filantropía. Su interés por la conservación ambiental lo llevó a que en 2006 se afiliara al World Monuments Fund (Fundación para los Monumentos del Mundo), de quienes recibió el Hadrian Award 2013 por sus esfuerzos para ayudar a preservar varios sitios arqueológicos. Además, es parte del Consejo de Conservación para América Latina del Nature Conservancy y del Centro de Estudios Latinoamericanos en Harvard "David Rockefeller".[81]

Creó junto con su hija Marilú la Fundación Haciendas del Mundo Maya, con el objetivo de promover el desarrollo sostenible de la zona y elevar las condiciones de vida de sus habitantes.

No obstante, no han cesado las críticas por los presuntos despojos a campesinos por las tierras que requieren sus proyectos turísticos. El periodista Jenaro Villamil de la revista *Proceso* acusa a Hernández de "obligar" a vender a los dueños de más de 60 haciendas en Yucatán y Campeche para convertirlas en hoteles *boutique*, y formar parte de su grupo empresarial turístico Catherwood Travels.[82] Por cierto, en una de estas haciendas, la de Tekik de Regil, ubicada a pocos kilómetros de Mérida, se casaron en abril de 2013, Emiliano Salinas Occeli, hijo del ex presidente Carlos Salinas de Gortari, y la actriz Ludwika Paleta.

Y también está el polémico caso de la compra, por 20 millones de pesos, de la zona de Las Pozas en Xilitla, San Luis Potosí, donde construyó un espacio escultórico pero fue cuestionado porque artistas locales y nacionales lo consideraron una privatización del patrimonio potosino.

El todavía consejero de Grupo Televisa y miembro del Consejo Mexicano de Hombres de Negocios fue homenajeado en 2012 en Bellas Artes por parte del Consejo Nacional para la Cultura y las Artes (Conaculta), el Instituto Nacional de Antropología e Historia (INAH) y el Instituto Nacional de Bellas Artes (INBA), por "el apoyo que ha dado al rescate, difusión y conservación del patrimonio cultural mexicano".[83]

"Estoy convencido de que la cultura es sustancial en la vida diaria de la gente y a la grandeza de una nación. Incluso en su desarrollo económico. La única forma de conseguir que los monumentos que integran este patrimonio cultural sigan vivos y vigentes, transmitiéndonos su mensaje, es conservar el compromiso que tenemos como individuos y como sociedad, de respetar, conservar, estudiar y difundir nuestro pasado y nuestro presente cultural. Los invito por ello a poner manos a la obra y a sumarnos con entusiasmo en esta tarea y a convertirnos literalmente, en agentes del cambio cultural", dijo el ex dueño de Banamex en aquella ocasión.

Según la página de la Fundación Haciendas del Mundo Maya, de la que es presidente honorario, también es presidente del Patronato del Hospital Infantil de México Federico Gómez, del Patronato del Museo Nacional de Arte, del Patronato de la Universidad Iberoamericana, presidente honorario del Patronato del Museo de Arte del Estado de Veracruz y copresidente de Fomento Cultural, Ecológico y Social Banamex.

Debido a su cambio en el ritmo de trabajo, quien en alguna ocasión estuviera entre los diez más ricos de México, en 2016 la revista *Forbes*, lo ubicó en el lugar 22 con una fortuna de mil 700 millones de dólares[84] y según el Monitor Empresarial de Reputación Corporativa (Merco), Hernández Ramírez fue el número 35 de los CEOs más sobresalientes de México 2015. Su acérrimo rival en los negocios, Carlos Slim, fue el número uno por dos años consecutivos.

El único ciclón en el paraíso del retiro

En febrero de 2014, Citigroup se enteró de que la empresa petrolera Oceanografía había sido inhabilitada por el gobierno mexicano y, tras una revisión, encontró que Banamex les había otorgado, hasta diciembre de 2013, créditos de corto plazo por 585 millones de dólares, de los cuales, 400 eran fraudulentos.[85]

Debido a este caso, la Comisión de Bolsas y Valores de Estados Unidos (SEC) investigó a Citigroup por fraude, hubo especulaciones sobre una nueva venta de Banamex y los rumores sobre una posible compra de los ex accionistas Roberto Hernández, Alfredo Harp y Manuel Medina Mora no se hizo esperar. Esto nunca ocurrió, pero tras una investigación de la Comisión Nacional Bancaria y de Valores (CNBV) multó a Banamex con 29 millones 962 mil 35 pesos.[86]

Hernández continúa siendo presidente honorario del Consejo de Administración de dicho banco pero realmente tiene poca injerencia en las decisiones de la empresa y su trabajo está enfocado a las cuestiones culturales. Además, ha dejado de ser el villano favorito de Andrés Manuel López Obrador, el tabasqueño ya no lo menciona en sus discursos y ha impulsado su caballada contra Televisa y Emilio Azcárraga.

Únicamente el periódico *Por Esto!* De Yucatán continúa denunciando al empresario pues asegura que se aprovecha de la pobreza de los indígenas de la península para llevar a cabo sus negocios inmobiliarios;[87] los demás lo han dejado descansar y dormir más tranquilo.

ALEJANDRO PÁEZ VARELA *es director de contenidos del diario digital Sinembargo.mx. Ha sido subdirector de* El Universal *y de la revista* Día Siete. *Fue editor de* El Economista *y de* Reforma. *Es autor del libro de relatos* No incluye baterías, *y de las novelas* Corazón de Kaláshnikov, El Reino de las Moscas, Música para perros *y* Oriundo Laredo. *Es coautor de* La Guerra por Juárez, Los Amos de México, Los Intocables, Los Suspirantes 2006, Los Suspirantes 2012 *y* Los Indomables *(Planeta, 2015).*

Lorenzo Servitje

Una apuesta por el pan

Por Salvador Frausto Crotte

A principios de 2001, el empresario Lorenzo Servitje y Francisco González Garza, presidente de la asociación A Favor de lo Mejor, visitaron a Carlos Abascal Carranza en sus oficinas. Conversaron sobre los "excesos" de los medios de comunicación y compartieron opiniones sobre la actualidad política. El funcionario, que llevaba pocos meses al frente de la Secretaría del Trabajo, les contó cuán difícil era negociar con algunos dirigentes sindicales y con ciertos líderes de la oposición. "Carlos —le dijo Servitje a su antiguo amigo—, tú tienes una responsabilidad muy importante, pero para que tengas éxito tienes que querer a los adversarios, a los otros, no sólo platicar con ellos interesadamente, políticamente, de veras quererlos, si los llegas a querer, eso sí se nota".[1]

La euforia por el triunfo electoral foxista, que había puesto fin a siete décadas de gobiernos del PRI, aún corría por las venas de los panistas. Abascal acababa de afiliarse al PAN, Servitje lo había hecho desde hace mucho y González Garza, aunque ahora retirado de las lides partidistas, había sido diputado azul a mediados de los 80. Ellos formaban parte de una corriente de panistas convencidos de que las directrices de la doctrina social cristiana debían ser incorporadas al "nuevo modo" de hacer política. Y es que los tres son católicos, católicos practicantes. Por eso el fundador y presidente honorario de Bimbo hizo alusión al mandato cristiano "Amarás a Dios sobre todas las cosas y al prójimo como a uno mismo" y le recomendó al funcionario "querer a los adversarios, a los otros".

Unos meses después de esta reunión, Abascal se encontró con Servitje: "Lorenzo, me ha funcionado muy bien su consejo. Estoy convencido de que ese es el camino. No sabe con cuánta gente de los sindicatos y de los políticos con los que he tratado me han salido bien las cosas. Ahora cuando los veo no sólo intento convencerlos o de llegar a algo, sino que de veras les he demostrado que los quiero. Y me ha funcionado mejor de lo que esperaba".[2]

El magnate de la segunda panificadora más grande del mundo es así: da consejos. Pero lo hace con más confianza cuando se trata de sus amigos, y Abascal lo es desde hace años. Lo apoyó cuando buscó y obtuvo la presidencia de la Confederación Patronal de la República Mexicana (Coparmex) y trabajaron estrechamente cuando el ex secretario del Trabajo se desempeñó como vicepresidente del Instituto Mexicano de Doctrina Social Cristiana (Imdosoc), una asociación que recibe apoyo económico del empresario que tiene como hábito leer *The Economist* y *Newsweek*. Sus vidas también se cruzaron cuando, en febrero de 2001, Lorenzo Servitje y Rodrigo Abascal Olascoaga adquirieron parte de los activos de CBI Seguros, ahora Seguros Prodins. Poco después, la Comisión Nacional de Salarios Mínimos —dependiente de la Secretaría del Trabajo, cuyo titular era el papá del joven accionista de la compañía de seguros— contrató los servicios de la empresa en cuestión.[3]

Cuatro años después de la charla en la Secretaría del Trabajo, los tres amigos volvieron a encontrarse el 13 de septiembre de 2005. Esta vez en la Secretaría de Gobernación. Abascal acababa de ser nombrado titular de esta dependencia. Y de nuevo charlaron sobre los medios de comunicación y acerca de los temas políticos del momento. Un par de días antes se había realizado la primera de tres rondas de votaciones para elegir al candidato presidencial del PAN: Felipe Calderón le había ganado por una diferencia de diez puntos a Santiago Creel, y Alberto Cárdenas, como se preveía, había terminado tercero.

Pero Lorenzo no se veía afligido, pese a que hasta ese día llevaba invertidos 2.5 millones de pesos en la precampaña de Cárdenas. Unos días antes un reportero lo cuestionó sobre la eventual derrota del candidato por el que había apostado: "Pues que siga para la siguiente, como Lula da Silva. Es joven, tiene 47 años de edad. Pero dijo Benito Juárez: el que no tiene fe en el triunfo ya está derrotado. Entonces, ahorita no podemos sentirnos derrotados".[4] El periodista también quiso saber por qué no había apoyado a Santiago Creel: "Más bien le diría en plan positivo: ¿por qué me incliné por Alberto? Se necesitan dos requisitos: que sea un buen candidato y un buen gobernante. El único de los tres precandidatos del PAN que ha ganado elecciones es Alberto; es, además, quien está cerca del común de la gente por sus antecedentes, su manera de ser, su vestido, su presencia. Los otros dos precandidatos no fueron gobernantes, y Alberto sí, en Jalisco".[5]

El 14 de septiembre, un día después de la reunión con Abascal y cuando ya sabía que era prácticamente imposible que Cárdenas obtuviera el triunfo en los comicios panistas, Servitje donó otro millón de pesos a la precampaña de su alfil. Nadie, ni simpatizante ni militante, aportó tanto dinero a ese proceso electoral.

Lorenzo Juan José Servitje Sendra (Ciudad de México, 20 de noviembre de 1918), dicen sus allegados, suele apostar sin titubeos cuando está convencido de que hace lo correcto. Sus amigos lo definen como "un humanista que promueve valores morales",[6] mientras que sus críticos lo ubican como "un cruzado de la mafia conservadora".[7]

Pero el activismo moral del empresario, si bien ha sido una constante en su vida, comenzó a hacerse notorio en 1993, justo el año en que decidió jubilarse y dejar las riendas de Bimbo a sus familiares. Entonces se avecinaba un publicitado concierto de Madonna, el primero que la cantante daría en México. Servitje se alió con organizaciones civiles de católicos, como Provida y la Unión Nacional de Padres de Familia (UNPF), para tratar de impedir que este concierto se presentara porque consideraba que la artista era un mal ejemplo para los jóvenes. "Se masturba en el escenario",[8] repetían con azoro algunos integrantes de las agrupaciones católicas de aquellos años.

El entonces legislador priista Fernando Lerdo de Tejada, esposo de Marinela Servitje Montull, hija de Lorenzo, llevó el tema a la Cámara de Diputados argumentando que este tipo de espectáculos atentaban contra la moral y la familia. El concierto se realizó pese a que los manifestantes, quizá algunos cientos, quemaron un par de televisores, mostrando así su repudio a la liberalidad mostrada por los programas televisivos de la época. Lerdo de Tejada —que años más tarde se desempeñaría como vocero del presidente Ernesto Zedillo— sumó puntos frente a su suegro mientras que las agrupaciones católicas comenzaron a coligarse para continuar su lucha, cada vez de modo más organizado. En la mayoría de ellas participó Lorenzo Servitje, aunque no siempre de manera visible: estuvo en contra de ciertas expresiones artísticas, la promoción del condón, la educación sexual en las escuelas primarias, el aborto, las marchas gay, las escenas eróticas en los programas de tele.

Dos años después, en 1995, Televisa comenzó a transmitir *El Show de Cristina*, un *talk show* que exhibía —y exhibe— problemas dramáticos de gente común. Los dirigentes de la asociación de padres de familia dieron una conferencia de prensa en la que protestaron por la exhibición de este programa, por considerarlo perjudicial para niños y jóvenes. Ese mismo día los productores del *talk show* invitaron a González Garza, entonces presidente de la UNPF, a que diera sus puntos de vista frente a Cristina:

"Les pedí que fuera una mesa en la que pudiéramos platicar en igualdad de circunstancias, pero no ocurrió así. Nos citaron en Televisa, iba yo con otras dos gentes. Llegamos y nos sentaron en una sillita y, de repente, que se abre el telón, había como 600 gentes, y que sale Cristina y que hace su *show*. Fue un diálogo muy fuerte entre los padres de familia y Cristina. Ella se tiró al drama y dijo que todos los casos que traía eran de la vida real y que le hacía bien a la gente".[9]

Unos meses después Lorenzo Servitje citó a González Garza en su oficina. "Les fue muy mal a ustedes en la televisión, con Cristina", dijo Servitje. "Sí, claro, fue una trampa, fue ilegal", le contestó González Garza. A lo cual el empresario propuso: "Mi hermano Roberto y yo hemos insistido mucho en que todos tenemos que hacer algo. Pero por qué no hacemos algo fuerte y en grande. Las cartas que me llegan de la gente me han hecho pensar que tenemos que hacer algo para mejorar los contenidos de la televisión. Vamos a convocar".[10]

Y convocaron: dirigentes de colegios, de universidades, e integrantes de diversas organizaciones de católicos fueron invitados a participar en esa cruzada que inició en 1996. En las primeras reuniones se propusieron reunir 500 mil firmas. Todos aquellos que apoyaran que la televisión no transmitiera programas que atentaran contra los valores familiares o que, al menos, estuvieran a favor de restringir a ciertos horarios la exhibición de escenas de sexo y violencia, podían suscribir el documento que los activistas católicos circulaban en escuelas, centros comerciales y parroquias, principalmente parroquias. Estaban, decían, a favor de contenidos responsables y a favor de contenidos que promovieran principios.

Consiguieron 4.5 millones de firmas. Y surgió A Favor de lo Mejor. Servitje estaba complacido, se sabía fuerte, poderoso. Había logrado introducir al espacio público una discusión moral: está bien o está mal. En las sobremesas y las charlas de café la gente debatía: ¿Deben ver los niños *talk shows*? ¿Cómo afecta a los jóvenes la difusión de escenas eróticas en las telenovelas? ¿La violencia vista en la tele engendra violencia?

Inmoralidad. Libertinaje. Frivolidad. Los términos usados por los grupos conservadores encontraban un espacio en los medios de comunicación, incluida la propia Televisa, provocando un debate que se reproducía sin fin. Con el tiempo esta lucha fue sumando adeptos: autoridades gubernamentales, defensores de derechos humanos, intelectuales, periodistas y agrupaciones sociales se lanzaron contra los *talk shows*, aunque la mayoría de estos guardó distancia de los reclamos contra la transmisión de escenas eróticas en la televisión.

Los directivos de Televisa y TV Azteca se reunieron con Servitje en aquellos años. Sintieron su presión y el peso de sus consejos. Pero también respiraron el riesgo de perder a uno de los principales anunciantes del país. Los *talk shows* fueron perdiendo popularidad —*rating*— y, la mayoría, salieron del aire: *Hasta en las mejores familias*, *Laura en América*, *Cosas de la vida*... Y programas asociados con contenidos violentos: *Ciudad Desnuda*, *Duro y Directo*... Pero Cristina, Cristina siguió transmitiéndose.

"Hemos tenido un tema de diálogo con las televisoras y hemos logrado que muchos programas salgan del aire —afirma González Garza—. Ahora ya hay una buena plataforma de diálogo, pero el punto no es la libertad de expresión, sino el punto nuestro es el papel que juegan los medios en la cultura y hacerles entender que se asuman como promotores de tal, y, por lo tanto, que asuman la responsabilidad de sus contenidos".[11]

La creación de A Favor de lo Mejor le abrió a Servitje un canal institucional para acercarse a los directivos de los medios electrónicos, con quienes en los siguientes años mantuvo encuentros periódicos. González Garza cuenta que mientras fue presidente del consejo de administración de Bimbo Roberto Servitje, tuvo un papel relevante en la relación con los medios; fue él quien con mayor frecuencia entró en contacto con la gente de las televisoras.

"Pero don Lorenzo va y plantea las cosas tal como son —dice González Garza—. Les ha dicho a los dueños de las televisoras: 'Pensemos en el bien mayor del país, en lo más elevado, en el bien que le podemos hacer a la gente a través de instrumentos tan poderosos como los medios de comunicación' ".[12]

El que no está conmigo está contra mí

El 12 de mayo de 1997 Canal 40 transmitió los testimonios de algunos ex seminaristas que aseguraban haber sido abusados sexualmente por el padre Marcial Maciel, fundador de los Legionarios de Cristo, una de las órdenes religiosas más poderosas del mundo.

El programa había sido filmado varios días antes y, de algún modo, en el círculo cercano a Maciel se enteraron de que iban a ser difundidas espinosas declaraciones sobre el legionario mayor. Desfilaron por la oficina de Javier Moreno Valle, director del canal, representantes de la Universidad Anáhuac, primero, jerarcas de la congregación religiosa, luego, y finalmente Roberto Servitje. Moreno Valle también recibió una llamada telefónica de Carlos Ruiz Sacristán, entonces secretario de Comunicaciones y Transportes, y amigo de los religiosos.

Todos ellos alertaron al director del canal: la difusión de tales testimonios será interpretada como una falta de respeto al clero. Pero fueron los Servitje quienes lanzaron la advertencia más dura: la divulgación del programa causará que Bimbo retire su publicidad.

Aún así, Moreno Valle decidió dar luz verde a la difusión de los testimonios obtenidos por el periodista Ciro Gómez Leyva y ordenó que se hicieran *spots* para promocionar el programa.

"Es en ese momento, diez días antes de la transmisión, cuando las empresas se suman a la presión —cuenta Gómez Leyva—. Roberto, hermano de Lorenzo, es quien le advierte a Javier Moreno Valle que Bimbo no sólo va a retirar la inversión publicitaria de Canal 40 sino que va a promover que otras empresas hagan lo mismo, porque, dijo, 'es un ataque contra la Iglesia, porque es una injusticia, porque es una calumnia, porque es una difamación' ".[13]

Un día después de la transmisión del programa, Lorenzo Servitje dijo en el Instituto Tecnológico Autónomo de México (ITAM) —durante una conferencia de A Favor de lo Mejor— que estaba en contra de la divulgación de los testimonios de los acusadores de Maciel porque "la miseria humana no debe exhibirse" y porque sólo en un juicio podría comprobarse la veracidad de las denuncias. Ahí confirmó que Bimbo había cancelado un contrato publicitario con Canal 40.[14]

El cabildeo de los Servitje trajo consecuencias: otras diez empresas dejaron de publicitarse. Y comenzó la crisis. Ciro Gómez recuerda: "El [asunto del] padre Maciel lleva a Javier Moreno Valle, un año después, a firmar esa locura de acuerdo de alianza estratégica con Televisión Azteca. El canal, que más o menos iba, entra en un bache financiero del que ya nunca logra salir; y estaba la posibilidad de vender el canal, de vendérselo a Clemente Serna —experimentado empresario de la radiodifusión y entonces presidente de Grupo Editorial Expansión—. Hubo una carta de intención de compra de Clemente Serna y en ese momento se dio el acercamiento con TV Azteca, y se firmó el tristísimamente célebre acuerdo de alianza estratégica".[15]

En los años siguientes los anunciantes no aparecían por ningún lado. Nunca más aparecieron. Se acentuó la crisis. Y cerró el canal.

La historia de la presión de los Servitje —y de los legionarios— a Canal 40 quizá sea la máxima expresión del poder de esta familia. En 1997 encendieron una mecha que explotó cinco años después: contribuyeron decididamente para que cerrara un canal que en poco tiempo había ganado fama de independiente. Sin embargo, no lograron frenar la transmisión de los testimonios de los ex legionarios; primer paso de un largo camino que culminó con la caída de Maciel.

Pero Lorenzo Servitje no siempre se ha medido con adversarios con fragilidad financiera. En 2002 se opuso a la transmisión de *Big Brother*, un *reality show* de Televisa. Protestó. Habló personalmente con los productores del programa y, como no logró convencerlos, les advirtió que Bimbo podía optar por no anunciarse con ellos.

González Garza recuerda: "Nosotros invitamos a muchas empresas diciéndoles: 'Lo que *Big Brother* va a ofrecer es esto, les dejamos a ustedes la responsabilidad de anunciarse o no anunciarse'. Cerca de 45 empresas grandes no se anunciaron en ese programa, ese fue un asunto muy importante, como definición, aunque *Big Brother* duró cinco años, de tal manera que poco a poco ellos fueron metiendo pequeños anunciantes, otras compañías, ofertas de todo. Y *Big Brother*, como se demostró, fue primero algo inculto, luego fue algo muy pésimo, luego los artistas… acabó como acabó, una miseria de programa".[16] Emilio Azcárraga Jean y sus ejecutivos lograron convencer a otros anunciantes de que se mantuvieran en sus pautas comerciales y, al menos en las primeras emisiones, el programa reportó buenas ganancias a Televisa.

Un par de años después Servitje volvió a la carga. Preocupado por los altos índices delictivos de la capital del país, y especialmente por la ola de secuestros, el empresario se sumó activamente a la polémica marcha contra la inseguridad. Se colocó como uno de los promotores de la protesta, junto con los dirigentes de México Unido Contra la Delincuencia —cuyos dirigentes están ligados a la Iglesia católica y a los Servitje— y otras agrupaciones civiles. El entonces jefe de gobierno del Distrito Federal, Andrés Manuel López Obrador, dijo que la manifestación que se gestaba estaba organizada por grupos de ultraderecha, con el propósito de atacarlo a él.

Pero la apuesta tuvo éxito: el 27 de junio de 2004 marchó un alud de personas por las avenidas Reforma, Juárez, Madero, hasta llegar y llenar el Zócalo. Estaban, sí, los integrantes de grupos ligados a la Iglesia católica, pero también una buena cantidad de ciudadanos —camisetas blancas— molestos con los niveles de inseguridad. ¿Un millón, medio millón? Eran muchos.

Unos días antes de la manifestación, Ciro Gómez Leyva escribió en su columna del periódico *Milenio* un texto titulado "Si me encontrara a Lorenzo Servitje". En el artículo, el periodista decía que le gustaría conversar con el empresario acerca del caso de Canal 40 y sobre la marcha de la inseguridad. "Cinco minutos para hablar sobre la confiabilidad y la verosimilitud de los testimonios de esos cuatro ex Legionarios de Cristo que decidían contar sus dolorosos recuerdos".[17]

Gómez Leyva —que había hecho explícito su apoyo a la marcha, a través de su noticiero en Canal 40— también dijo en aquel texto que celebraba que "un hombre de su edad, con tantos galardones, se preocupe aún por denunciar esta situación criminal".[18]

Poco después de la publicación de este artículo el periodista recibió una llamada de Servitje. Quería verlo y acordaron encontrarse al día siguiente, en las oficinas de Canal 40. "Llegó solito, sólo con su chofer —recuerda Gómez Leyva—. Fue una reunión privada en la que básicamente hablamos de dos temas: sobre lo que había sido el caso Maciel en su momento; él hizo sus reflexiones, a eso le dedicamos unos 20 minutos de la hora, y los otros 40 minutos los dedicamos a hablar, básicamente, de la marcha contra la inseguridad. Además, él también me expresó sus inquietudes sobre el humanismo, que es uno de los temas que le interesan mucho, la necesidad de tener un mejor mexicano. No hablaba de un mejor México sino de un mejor mexicano, con toda su concepción y filosofía de lo que es un mejor ser humano. Eso sí te lo puedo decir, los trazos generales; los detalles y algunas frases que recuerdo bien sólo podría contarlas con su autorización".

"*¿Pero qué impresión te dio él, como persona?*: 'Un hombre de bien' ".

El génesis

Las revueltas sociales hacían que la gente de los pequeños poblados se encerrara en sus casas, muchas veces asegurando puertas y ventanas con maderas sujetadas por clavos. La inestabilidad política asustaba a todos pero sobre todo a la gente del campo, que de modo creciente iban quedándose sin empleos. En las zonas aledañas a Barcelona un rumor corría sin freno: la situación amenazaba con ponerse peor. Los catalanes se empobrecían cada vez más y tenían a la muerte respirándoles al oído.

Era la Europa que se convulsionaba ante la inminente llegada de la gran guerra, la primera, la mundial. Los españoles la tenían especialmente difícil porque no habían logrado arrancar el desarrollo urbano e industrial que requerían los países que aspiraran a sobrevivir en ese agitado inicio del siglo XX. Entonces comenzaron a irse por montones. Tres millones, 4 millones. Los historiadores no se ponen de acuerdo, pero entre 1900 y 1930 emigraron muchísimos ibéricos. A México arribaron miles en esa época y muchos más en la década de los 30, cuando estalló la guerra civil española.

Juan Servitje Torrallardona fue uno de los catalanes que llegaron a estas tierras a principios del siglo pasado con la ilusión de crearse un presente y que terminaron forjando un futuro para sus familias. Trabajador, dicen que era muy trabajador, como la mayoría de los españoles que vinieron a emplearse, primero, y luego a establecer sus propios negocios. Otros ya traían sus ahorros y pusieron comercios apenas pisaron tierra azteca.

Cuando llegó en 1904, Juan no traía mucha plata, por lo que se puso a trabajar en la empresa de unos conocidos suyos, La Flor de México, una pastelería que se hizo de buena fama en la capital del país por la alta calidad de su repostería. Las artes del oficio panadero, aprendidas ahí, acompañarían a Juan durante su corta vida.[19]

Los últimos suspiros del porfiriato y los aires revolucionarios se entremezclaban para generar inestabilidad en el país, pero los españoles seguían llegando para probar fortuna. Aquí andaba mal la cosa pero allá estaba peor. Josefina Sendra, catalana, de origen campesino, llegó en 1915 y también se estableció en la Ciudad de México. Tenía 23 años, provenía de un pequeño pueblo de la provincia de Barcelona y, como Juan, vino con la firme intención de buscarse una mejor vida. Ella había trabajado desde pequeña para ayudar en la economía de su casa y muchos la recuerdan como una mujer emprendedora, de personalidad fuerte y con una voluntad que podía resistir cualquier prueba. Algunos de sus familiares ya estaban establecidos en este país: uno de sus hermanos era el socio principal de La Flor de México, la pastelería en la que trabajaba Juan Servitje.[20]

Las vidas de Juan y Josefina no tardarían en cruzarse. Pronto se conocieron, noviaron, se casaron y para 1918, justo el día en que se cumplía el octavo aniversario del surgimiento de la Revolución mexicana, nació Lorenzo Juan José Servitje Sendra, el primero de cinco hijos.

Los Servitje Sendra vivieron en la calle República de El Salvador, en el centro de la ciudad. Aunque sin lujos, la familia gozaba de ciertas comodidades. Les alcanzaba para ir a Chapultepec o para visitar a los tíos en carruajes de caballos. Las calles empedradas y las carretas tiradas por mulas, que transportaban mercancías, son recuerdos que aún no escapan de la mente de Lorenzo. "Los cortejos fúnebres conducían a los muertos en unos vehículos conocidos como 'tranvías góndolas'. Veía uno pasar la góndola con el ataúd y las coronas por las vías del tren".[21]

El pan de caja comenzaba a conocerse. Lo servían en los vagones del ferrocarril, en algunos restaurantes y en pequeños comercios del centro de la ciudad. Los primeros colonos europeos lo habían llevado a Estados Unidos y de ahí había saltado a México. Era caro, lo guardaban en cajas de metal. A partir de los años 20, con la creación de Pan Ideal, un negocio ubicado cerca de la casa de los Servitje, en la calle 16 de Septiembre, comenzó a incrementarse la comercialización de este novedoso producto, aunque con muchas deficiencias: Pan Ideal tenía serios problemas de distribución y muchos clientes se quejaban porque se los vendían en malas condiciones.

En 1926 Juan comenzó a trabajar en Pastelería Ideal, empresa hermana de la surtidora de pan de caja, y un par de años más tarde fundó la pastelería El Molino, con algunos socios. Doña Pepita, como le decían a Josefina Sendra, lo animó a aventurarse a poner su propio negocio.

Roberto, el segundo hijo de los Servitje Sendra, nació en ese 1928. Luego vendrían Josefina, Fernando y Juan *junior*.

La empresa de los Servitje no tardó en ganar clientela. Algunos habitantes del centro de la ciudad aún recuerdan que sus padres los llevaban a comprar pasteles de cumpleaños a El Molino, o simplemente no olvidan que ahí se surtían de bolillos. Y es que Juan había adquirido una Higiénica Múltiple Póo, que fue la primera máquina hacedora de bolillos que llegó a México. Los Servitje tuvieron problemas para echarla a andar: los empleados no querían usarla porque pensaban que el raro artefacto los dejaría sin trabajo.[22]

El año en que inició la guerra civil española y Lázaro Cárdenas asumió la Presidencia de México, 1936, fue un mal año para la familia Servitje. Los hermanos de Lorenzo —todos menores de ocho años— trataron de convencer a sus papás para que los dejaran poner un árbol de Navidad, igual que en casa de sus primas. Pero Juan y Josefina no veían con buenos ojos esa costumbre: ellos eran partidarios de colocar sólo un Nacimiento. En algún momento de diciembre obtuvieron el "sí" de la mamá y estaban contentos por ello. Pero una tragedia estropearía sus planes infantiles.[23]

Lorenzo recién había cumplido 18 años y cursaba el primer año de la carrera de contaduría cuando, inesperadamente, murió su papá. La nana Rafaela tocó a la puerta del cuarto de Juan pero este no respondió. Entró y lo encontró tendido en la cama, sin vida. De inmediato le avisaron a Josefina, que trabajaba cerca. Al llegar a casa entró a la habitación con dos de sus hijos, Roberto y Fernando. Doña Pepita les dijo que el alma de su papá ya se había ido. Fernando, que era muy pequeño, le preguntó a su hermano Roberto: "¿Cómo se fue si estaba cerrado todo?". Y se fueron a buscar al padre González, que estaba en una iglesia cercana.[24]

El infortunio ocurrido el 15 de diciembre de 1936 marcó la vida de los Servitje. Lorenzo tuvo que dejar la universidad para ayudar a su madre en los asuntos de la pastelería. El Molino se convirtió entonces en el punto de encuentro familiar, en la cosa que debían sacar adelante juntos. Todos llegaron a cocinar pan en algún momento. Conforme fueron creciendo se fueron involucrando en la atención a los clientes, en las cobranzas o coordinando las entregas que hacían los camiones repartidores. Todos conocieron las tripas del negocio.

Luego de la muerte de su padre, Lorenzo —diez años mayor que Roberto— asumió cierto rol paternal con sus hermanos. Los llevaba a la escuela, les firmaba las boletas de calificaciones. "Era quien nos daba consejos, nos regañaba, se ocupaba de nosotros los pequeños".[25]

Lorenzo dejó de ser el encargado de ventas para convertirse en el gerente de El Molino. Y se propuso ampliar y modernizar la empresa. Alquiló todo el edificio —antes sólo rentaban una parte— y compró nuevo equipo de producción. Al poco tiempo El Molino se convirtió en la pastelería más moderna de la Ciudad de México. La ambición del joven Lorenzo pudo haber surgido a partir de la lectura de algunas revistas estadounidenses —como *Baker's Helper*— que le acercaron información sobre la industria del pan en aquel país: artículos sobre máquinas sofisticadas y acerca de novedosos sistemas de administración.[26]

Las buenas artes de la pastelería comenzaron a aburrirle a Lorenzo. Eran los años 40. Ahora no dejaba de pensar en la panadería industrial. Eso le permitiría tener ventas al mayoreo. Necesitaba maquinaria, un local amplio. Y camiones, eso era fundamental. Si la deficiencia de Pan Ideal, que dominaba el incipiente mercado del pan de caja, era precisamente la distribución, él podría crear rutas de reparto eficientes. No sólo en el centro de la ciudad, sino en toda ella. Jaime Sendra, jefe de producción de El Molino y hermano de Josefina, se entusiasmaba cuando escuchaba las ambiciosas ideas de su sobrino. Fue él quien un buen día le preguntó: "¿Qué te parece que pongamos una fábrica de pan de caja?". Y lo ayudó para armarse de valor: tenía que decirle a doña Pepita que intentaría poner un negocio propio. Josefina no estuvo de acuerdo ni quiso asociarse con su hijo mayor, pero terminó prestándole algo de dinero para que arrancara el proyecto.[27]

En 1944 comenzó a adquirir forma el nuevo negocio. Ya estaban Lorenzo y su visión de empresa; Jaime y su idea. Faltaban los vendedores. Jaime Jorba y José T. Mata eran socios de Lorenzo en un pequeño negocio de importaciones y exportaciones. Y buenos para las ventas. Jaime —cuñado de los jóvenes Servitje— había trabajado en El Molino. José había estudiado con Lorenzo. Pero el sueño de montar una empresa moderna requería de un experto en maquinaria. Por eso invitaron a Alfonso Velasco, que por esos días se desempeñaba como director técnico de Pan Ideal. Más tarde, antes de que iniciaran operaciones, se sumó al equipo Roberto, que entonces tenía 17 años.

Ese mismo año Lorenzo se casó con Carmen, hija de Daniel Montull, dueño de las fábricas de cerillos La Imperial y La Central. Los socios de la empresa aún sin nombre estuvieron a punto de comprar un terreno de unos mil 800 metros cuadrados para instalar el negocio, pero el suegro de Lorenzo les ofreció un terreno de 10 mil metros en la colonia Santa María Insurgentes. "Me lo pagan de poco a poco", les dijo.[28]

El 2 de diciembre de 1945 nació Panificadora Bimbo en el local que les había facilitado Daniel Montull. Con 34 trabajadores, diez camiones y cuatro productos —Pan Grande, Pan Chico, Pan Negro y Pan Tostado— se lanzaron a conquistar el mercado de la Ciudad de México. Esa era su ambición: que los capitalinos compraran Súper-Pan —lo que ahora se conoce como Pan Bimbo—. El famoso Osito, emblema de la compañía, apareció impreso en las envolturas de celofán de esos primeros productos.

Lorenzo lo había logrado. Apostó por el pan y consiguió, a los 27 años, fundar su propio negocio. Jamás imaginó que Bimbo se convertiría en uno de los grandes imperios empresariales de México.

Id y predicad el Evangelio

Lorenzo solía caminar meditabundo por los espaciosos pasillos de la primera planta de Bimbo. En ese local grisáceo con larga fachada de ladrillos de la colonia Santa María Insurgentes con frecuencia se le veía pensando, siempre pensando, y caminando. Así era y así es hoy, dicen quienes lo conocen. Quizá adquirió la costumbre de reflexionar cuando en su juventud temprana cursó algunos estudios de filosofía.

A menudo sus meditaciones derivaban en alguna idea que servía para promocionar a la empresa o en una ingeniosa frase publicitaria. Desde entonces y acaso antes, cuando trabajaba en El Molino, Lorenzo ponía especial énfasis en la importancia de la mercadotecnia, aunque en ese tiempo no se usaba este término: sólo se decía que había que anunciarse o que había que "enseñar para vender". El secreto del éxito, dijo recientemente en una entrevista para una revista de viajes, radica "en acostarse temprano y levantarse temprano, en no parar de trabajar y en anunciar".[29]

Así lo hizo el domingo 2 de diciembre de 1945. La inauguración de la primera planta de Bimbo salió anunciada en dos planas del diario *Excélsior*, se transmitió por las estaciones de radio XEW y XEQ y en los noticieros de cine, que eran muy populares en esa época. El poder de la publicidad debió haber sido todo un descubrimiento para el joven Servitje, que por un lado veía las ventajas que ello traía a la venta de sus productos pero por el otro advertía que los medios en los que se anunciaba se mostraban agradecidos por el dinero que invertía en ellos. Esos dos conocimientos lo seguirían toda su vida.

Los primeros lanzamientos de Bimbo estuvieron acompañados por ingeniosas campañas de publicidad. Tuvieron un programa de radio, *Revista Radiofónica Bimbo*, en el que usaban fondos musicales de canciones populares y pegajosas para bombardear al público con mensajes que tuvieron un alto nivel de recordación: "Sírvale a todos / que Bimbo llegó / con pan nutritivo / y de rico sabor".[30]

Además, en los principales diarios del país se publicaban historietas en las que el Osito era el personaje central. Los mensajes publicitarios —"Usted puede confiar en pan Bimbo", "Delicioso… es el panqué Bimbo"—[31] y las aventuras del Osito fueron bien recibidos por la gente, creando un posicionamiento de marca muy efectivo.

No obstante, el propio Servitje tiene una frase que aún ahora repite entre sus allegados: "Por más publicidad que se haga, no se pueden vender pechugas de zopilote. Lo importante es la calidad".

González Garza, que conoce a Lorenzo desde hace más de 15 años, asegura que el empresario tiene una obsesión con la calidad: "Recuerdo que estábamos comiendo en algún restaurante y, de pronto, me dice a la salida: 'Oye, vamos a llevarnos en esta servilleta el pan que quedó'. Me sorprendí. Entonces íbamos ahí en el camino, abrazados, muy amigos, y dice: '¡Es que este pan está muy rico y se los quiero llevar allá para que vean cómo se hace el buen pan, porque así lo quiero!' ".[32]

A mediados de los 50 Lorenzo decidió que una parte de las ganancias de Bimbo, que para entonces ya tenía más productos —Panqués, Donas, Bimbollos, Medias Noches, Colchones…—, se destinarían a construir y mantener una escuela para niños con escasos recursos. Estaba ejercitando su músculo filantrópico, pero no sin razón; la empresa crecía sin tregua: estaban por abrir una planta en Guadalajara, tenían 700 trabajadores y 140 camiones de reparto.

El éxito de Bimbo había sobrepasado las expectativas de sus fundadores, lo que reforzó en Lorenzo una idea misionera: estaba en este mundo para transformar cosas, para cambiar realidades. Esta noción venía ligada con su pensamiento social cristiano, inculcado por su madre y cultivado por él durante toda su vida. El mandato bíblico "Id y predicad el Evangelio a toda criatura" calaba hondo en el joven emprendedor. Por eso se avocó a participar y fundar organizaciones civiles. En 1957 fue presidente de la Unión Nacional de Empresarios Católicos y de ahí no paró. A principios de los 60 creó la Unión Social de Empresarios Mexicanos (USEM), afiliada a la red internacional de empresarios católicos, y poco más tarde la Fundación Mexicana para el Desarrollo Rural (Fundar), una asociación que se ha dedicado a financiar proyectos de agrupaciones campesinas.

Su participación en estas asociaciones motivó que los servicios de inteligencia del Estado siguieran sus pasos. En una de las fichas que resguarda el Archivo General de la Nación, fechada en los 70, se lee que Lorenzo Servitje es "un prominente miembro del Opus Dei, al que patrocina con fuertes sumas… Los empresarios de la democracia cristiana tienen cada día mayor número de partidarios. Difunden ampliamente la ideología Social Demócrata Cristiana".[33]

En otro documento se dice que los integrantes de la USEM de Puebla, por instrucción de Servitje y del sacerdote Ignacio Alarcón, estaban promoviendo la creación del Comité de Trabajadores Guadalupanos. Y citan una carta en la que el gerente de esta asociación en aquel estado le solicita a un empresario poblano que le proporcione "los nombres de los trabajadores católicos de varias fábricas establecidas en Puebla".[34]

Los espías del gobierno acudían con frecuencia a la sede de la USEM, que en aquellos años estaba en la calle de Bucareli, en el centro de la ciudad, y a las de Fundar, ubicada en avenida Ejército Nacional, en la colonia Polanco. Los reportes señalan asuntos tan nimios como los días en que tales oficinas permanecen cerradas por vacaciones, pero también apuntan los datos exactos de las fechas en que fueron constituidas legalmente tales organizaciones y los nombres de los integrantes de las mismas. El empresario Gastón Azcárraga, por ejemplo, fue uno de los fundadores de la USEM.

Desde aquellos años Lorenzo se dio a conocer como un dirigente con mano firme, exigente, pero que ofrecía un trato amable a sus socios y empleados. Una característica que le atribuyen quienes lo conocen es que es proclive a ofrecer consejo a la menor provocación. "Búscate socios decentes, cristianos", "Los empresarios debemos difundir ideas, no sólo tenemos intereses". Los directivos de la USEM aseguran que Servitje h buscado mantenerse activo en la organización a lo largo de todos estos años. "Es un filósofo en acción", define Francisco González Gómez. En sus encuentros mensuales, de unos 150 empresarios, se ofrecen charlas para mejorar el desempeño de los negocios y se difunde la doctrina social cristina. A Carlos Latorre López le sorprende que Lorenzo sea austero y sobrio. "Usa una pluma Bic", dice. "Hay que gastar con manos temblorosas", le recomendó en alguna ocasión a Constantino de Llano.[35]

Roles de Canela, Pan Molido, Gansito, Bombonetes, Negritos. Los productos de Bimbo se multiplicaban sin cesar. Ahora Lorenzo comandaba una moderna estructura corporativa desde sus nuevas oficinas de la avenida Ejército Nacional. Eran los años 60 y 70 que se consumían tan rápido como los productos de la empresa. Y *marketing*, más *marketing*: 47 maneras de hacer sándwiches, la línea de pastelillos Marinela —con la niña güerita como emblema—, promoción en diarios, en la radio. Bimbo, Bimbo, Bimbo. En el mercado de alimentos de estanquillo todo era Bimbo hasta que llegó Wo nder con productos similares. Twinky Wonder y Submarinos Marinela sostuvieron un duelo entonces: a través de una batalla en el campo publicitario buscaban conquistar a los consumidores. Igual pasó con Gansito, que se batió frente a Pipiolo. La competencia los obligó a ser más creativos y a esmerarse en el cuidado de la calidad de los productos. Y en mantener precios bajos. Dos décadas duró el pleito entre Bimbo y Wonder, hasta que a mediados de los 80 los Servitje decidieron comprar a su competidor.

Desde entonces la acusación de que la panificadora incurre en prácticas monopólicas ha ido y venido. En Bimbo dicen que pocos se animan a competirles porque mantienen precios bajos y buena calidad. Las autoridades antimonopolios, por su parte, no han evitado que esta empresa compre otras marcas, como la panadería El Globo, o recientemente El Molino, la empresa que fundó el papá de Lorenzo y que estuvo en manos de algunos familiares durante años, o Sunbeam. Algunos vendedores de estanquillos dicen que los distribuidores de Bimbo les ofrecen buenos precios a cambio de no dejar entrar los productos de pequeños competidores. Unosaceptan, otros no. Y les dan infraestructura para colocar los Pingüinos, los Bimbuñuelos…

"Siempre hemos sido muy cuidadosos en cuestión de precio. Nunca hemos abusado, pudiendo hacerlo por una posición monopólica en algunos productos en ciertas épocas. Y probablemente de eso se deriva que la competencia no haya podido entrar, nuestra política de precios ha sido muy austera con el objetivo socialmente de vivir tranquilos".[36]

Como sea, Bimbo acapara más del 90 por ciento del mercado en que se mueve; 99 por ciento, dicen los más críticos.

Y se fueron a España, donde lucharon un tiempo, pero luego vendieron. En los 70 compraron algunas compañías estadounidenses. Les costó trabajo pero ya están instalados allá. Ahora alrededor del 25 por ciento de los ingresos de la empresa provienen de las ventas en ese país.

Lorenzo era un guerrero: quería ganar todas las batallas. Incluso le compró Barcel a su hermano Fernando. Pensó que podía sacarle más jugo a sus canales de distribución, por eso le entró al mercado de botanas. La línea de frituras Barcel, los Kranky, los Crunch. Luego creó Ricolino, para tener una división de dulces y chocolates. Paleta Payaso, Bubulubu, Confitones. El ambicioso Servitje quería siempre más. Con

Tía Rosa abarcó tanto tortillas como pan dulce tipo casero, y diseñó productos como las papas Chip's.

Las rutas de distribución motivan la envidia de muchas otras empresas. En los pueblos más recónditos de México puede encontrarse un Gansito, ahí solo, solito, en un anaquel sin otros productos. El camión blanco puede verse avanzar por caminos intrincados, a veces terregosos, pero siempre terco en su afán de llegar a sus lejanos destinos: los estanquillos de casi todas las localidades del país. Y es que esa es una de las principales misiones que se fijaron los Servitje desde que fundaron Bimbo, y que han perfeccionado con el tiempo. Ahora tienen un eficiente sistema computarizado por medio del cual pueden saber cuántas Barritas de Piña se venden cada día.

Quizá fueron esos, los 70, los años en que Lorenzo jugó con más audacia. Compró, compró, compró. Creó, creó, creó. Por eso algunos de sus cercanos aún se sorprenden de que haya decidido dejar la dirección general de la empresa en 1979 para ocupar el cargo de presidente del consejo de administración, puesto que tuvo hasta 1993, cuando optó por retirarse, a los 75 años.

Su hermano Roberto tomó el timón de la empresa, la puso a cotizar en la Bolsa Mexicana de Valores en 1980, la expandió a Sudamérica, impulsó un plan de control de calidad llamado Cero Defectos. A partir de 1997 dejó la dirección y quedó al frente del consejo. En ese año Daniel, hijo de Lorenzo, tomó las riendas de la compañía: modernizó la estructura empresarial creando cuatro grandes divisiones: la de panadería, la de botanas, la que atiende los negocios en Estados Unidos y una más que coordina la rama latinoamericana. Y llevó Bimbo a República Checa, a China. Los amigos de la familia aseguran que "don Lorenzo es un gran sembrador de ambiciones". Roberto y Daniel serían la prueba de la afirmación.

Ahora Bimbo está, además de las naciones antes citadas, en Argentina, Brasil, Chile, Colombia… en docenas de países en todo el mundo.

En la actualidad el presidente honorario de Bimbo sigue ofreciendo consejos a los timoneles de la empresa. "Es como El Padrino, el jefe máximo, el líder moral de los Servitje", dice un amigo de la familia que no quiere ser identificado.

El hijo pródigo

A las 6:30 de una mañana de febrero de 2002, Lorenzo llamó por teléfono a Francisco González Garza para comentarle que no asistiría a la junta de A Favor de lo Mejor. "Me ha pasado una calamidad desastrosa", le dijo. Carmen Montull, 57 años de casados, acababa de fallecer.

"A su esposa la quiso mucho, le ha hecho muchos poemas, la extraña mucho, se nota un amor verdadero y duradero con su esposa, una gente muy sensible a su pérdida, como él dice: 'irreparable' —dice González Garza—. Ahora suele tener siempre un consejo muy importante para las parejas con las que se encuentra, les dice: 'Quiérela, quiérela mucho, no sabes lo que vas a perder cuando ya no esté, quiérela, quiéranse mucho'. Mi esposa tiene una operación en la pierna que no ha salido bien y cuando va a mi casa, le dice: 'Señora, ¿cómo está, cómo sigue usted?'. Siempre está pendiente de la vida de sus amigos. '¿Qué pasa con tu hijo, dónde está tu hijo, dónde está tu esposa, qué pasa con tu mujer?'. No es una relación mecánica, automática de un hombre con capacidades, es permanentemente un ser humano".[37]

Lorenzo y Carmen tuvieron seis hijas y dos hijos, 24 nietos y aún más bisnietos. Algunos de sus cercanos dicen que nunca imaginó que su mujer moriría antes. "Él vive con pérdida —dice Carlos Latorre—. Alguna vez estuve en su oficina y me preguntó sobre mi familia, él recordó a su esposa y se le llenaron los ojos de lágrimas, le tenía un gran amor, vivieron muchos años juntos, hicieron una gran familia entre los dos. El recordar eso debe ser un dolor muy profundo".[38]

Pero también afirman que ha logrado sortear la tristeza aconsejando a los demás. "A mí me regaló un libro, *Carta a Lorenza*, que habla de un marido escribiéndole a la esposa muerta una carta de amor —cuenta Constantino de Llano—. Y me dijo: 'Oye, es bueno cuidar a la esposa y fomentar un buen matrimonio, es la base de la familia, la base del éxito, cuida a tu mujer'. Es una persona que está leyendo todo el tiempo y lo que tiene lo comparte".[39]

El periodista español Gerardo Castillo Ceballos entrevistó a Servitje para su libro *Confidencias de casados, famosos y felices*, publicado en la península ibérica a finales de 2006. El empresario le contó que a una de su nietas, previo a la boda, le dijo que el secreto del éxito matrimonial radica en vivir un noviazgo constante, en que la pareja mantenga la tensión y la gana de verse.

"[El cariño] tiene que manifestarse de mil maneras y que muchas veces se descuida por la rutina [...] Querer a una persona no es sólo un sentimiento de atracción, sino el querer y procurar su bien, incluso a costa del bien propio en un momento dado".[40]

Los consejos de este abuelo, como los de tantos otros, son recibidos por sus familiares como sugerencias de sabio. Hijos y nietos lo admiran por su congruencia —"vive como piensa"— y porque creó un emporio que da empleo a más de 100 mil personas. En México, sólo Carlos Slim —Telmex, Telcel— y José Fernández Carvajal —Coca-Cola, Jugos del Valle— ofrecen más plazas de trabajo.[41] Aconseja, financia y apoya los proyectos de su gente, pero también, como buen patriarca, aleja y castiga a los que no siguen sus directrices.

Algo así ocurrió con Lorenzo *junior*, a quien por ser el varón mayor quizá le hubiera tocado tomar en algún momento las riendas de la empresa. Pero no, ese papel lo desempeña el hijo menor, Daniel, aficionado a los deportes extremos. El caso de Lorenzo *junior* tiene algo de misterio: amigos y familiares eluden referirse a él, no quieren dar detalles. Con voz queda alcanzan a decir: "Ah, ese muchacho" o "No salió como el padre". Algunos allegados a la familia confirman que hay problemas entre padre e hijo y otros aseguran que el distanciamiento es cosa del pasado, que ahora se llevan bien y que el hijo mayor tiene una fundación para ayudar a personas que quieren dejar ciertas adicciones, aunque no refieren el nombre de la asociación. Un profesor universitario, en cambio, asegura que uno de los nietos de Lorenzo papá contó durante una clase que su abuelo se negaba a tener contacto con Lorenzo hijo, que no le perdonaba que se hubiera divorciado y que no aprobaba su modo de vida.

La única referencia publicada y aparentemente confiable es un resumen de un testimonio de Lorenzo Servitje Montull en el portal Network-Press.Org, ligado a agrupaciones católicas de varios países y que comenzó a difundirse en la red en enero de 2004:

"Testimonio"
Conferenciante: *Lorenzo Servitje Montull*
Resumen por: *Alberto Castellanos*

En su infancia siempre sintió a sus padres muy lejanos y distantes, por tanto vivió mucho tiempo con un gran resentimiento hacia ellos. Pudo entender esta situación gracias al retiro y la meditación, y gracias a que llegó a conocer y comprender mejor a sus padres.

La experiencia de sentir y vivir la presencia, la cercanía afectuosa y el testimonio laboral de su padre, en una época difícil de su vida, es una huella que sigue viva en él.

Las dificultades laborales, la venta de la compañía y el olvido de los valores fundamentales lo llevaron a centrarse y pensar únicamente en sí mismo, lastimando seriamente la relación con su esposa y su hijo hasta llegar a una situación irreversible de divorcio. De lo que más se lamenta es el daño que hizo a su hijo al tratar de llevarlo a vivir con él. Su hijo sufrió las consecuencias cayendo en el mismo error que su padre, pero actualmente está en rehabilitación.

Todo esto provocó que Lorenzo buscara su felicidad en realidades externas: sexo de todo tipo, alcohol, drogas, etc. Al cabo del tiempo, descubrió que no sólo no alcanzó la felicidad, sino que aumentó su vacío, su tristeza y su soledad.

A esta situación se añadió el rompimiento en la relación con su padre, causándole nuevamente un profundo resentimiento contra él. Sin embargo, su padre siempre le ofreció la oportunidad de ayudarlo a cambiar su vida.

Cuando decidió aprovechar la oferta de su padre para cambiar su vida, comenzó un proceso realmente duro de encuentro consigo mismo, en el que rescató los valores aprendidos en los colegios de los Legionarios de Cristo".[42]

Los ocho hijos heredaron la vena religiosa y la preocupación social del padre. María Luisa, por ejemplo, cursó una maestría en Desarrollo Humano, en la Universidad Iberoamericana, y se tituló con la tesis

Presupuestos para un diálogo sobre culpabilidad entre teología moral y desarrollo humano (2001). El alegato refiere la necesidad de incorporar argumentos de la ciencia de Dios en las actividades de ayuda social.

Lorenzo Servitje ha dicho que mantiene contacto frecuente con sus hijos, nietos y bisnietos, pese a que tiene una agenda de actividades que desentona con su edad. Hasta hace poco mantenía la misma agenda que ha llevado en los últimos años: levantarse todos los días a las seis de la mañana, comer algo de fruta, leer diarios, resúmenes de libros, informes sobre la situación política y económica del país —que le envían de la Coparmex— y, a menudo, sostener compromisos a las 7:30 am: juntas con dirigentes de las asociaciones civiles que ha creado o desayunos con socios, empresarios, políticos.

Es cliente asiduo del restaurante Hacienda de los Morales, en la colonia Polanco, aunque generalmente prefiere comer en su casa. Su platillo favorito es un guisado que hacía su madre y que ahora prepara su diestro cocinero: chuleta de cerdo y chuleta de cordero en una salsa espesa. A su casa de Las Lomas —donde pasa la mayor parte del año— suelen llega r los dirigentes de las asociaciones que patrocina o apoya y, principalmente los fines de semana, recibe la visita de sus hijos y nietos. Cuando no ahí, está en París, donde vive una de sus nietas, o en Houston, Texas, donde también tiene familia. Conoce buena parte del mundo pero principalmente por los viajes de negocios que hizo para expandir Bimbo, porque es un *workaholic* confeso: lo primero que hace al despertar es pensar en "trabajo",[43] y cuando dice trabajo se refiere a la labor que realiza en las organizaciones civiles que patrocina y a las actividades de apoyo político.

"Don Lorenzo tiene una agendita, de esas de piel, que tiene una cartulinita, una tarjetita —cuenta González Garza—. 'Aquí está mi *laptop*', dice. Ahí toma nota de sus comisiones, durante las juntas o en las pláticas, y todas las cumple: si apunta seis cosas, las seis las cumple. Pueden ser asuntos menores o mayores. Siempre dice: 'En estas causas, hay que poner el corazón por completo, y aquí lo que tenemos que conseguir con todos estos es que den su tiempo, que es lo más valioso, que nos den su apoyo moral y también que contribuyan económicamente' ".[44]

Antes iba al cine con sus nietos y en algún tiempo jugó ajedrez, pero ya no, ahora su único pasatiempo es la lectura. Economía, sociología, política, biografías. Ensayos sobre todo.

"Hace poco trajo un libro de Michel Albert, *Capitalismo contra capitalismo* —dice González Gómez—. Es una crítica a los sistemas y a los modelos capitalistas que hay en el mundo. Estuvo promoviendo entre los socios de la USEM la lectura del libro. Es muy bueno".[45]

¿Y su postre favorito? El panqué con pasas.[46] El de Bimbo, claro.

La multiplicación de los panes

Vicente Fox todavía no cumplía su primer año de gobierno cuando surgieron, casi de modo simultáneo, una asociación civil apuntalada por la esposa del presidente y un fideicomiso gubernamental. Ambas instituciones tenían como objetivo canalizar recursos económicos a agrupaciones privadas de asistencia social. En septiembre de 2001 nació la fundación Vamos México, encabezada por Marta Sahagún de Fox, y en octubre del mismo año comenzó a operar Transforma México, un fideicomiso auspiciado por la Lotería Nacional.

Las buenas intenciones, el parecido en el nombre y la fecha de nacimiento no eran las únicas coincidencias entre las dos instituciones de asistencia social. Laura Valdés Ruiz, titular de la Lotería, quedó como secretaria del fideicomiso Transforma México, y María Elena Valdés Ruiz, hermana de Laura, fue invitada a integrarse a Vamos México como secretaria general.

Ayudar, ayudar, ayudar. A los pobres, a los campesinos, a los estudiantes, a los discapacitados, a nuestros viejos. Eran los días del *boom* filantrópico. En aquel tiempo causaba novedad que las cajeras de súper solicitaran a los clientes donar unos cuantos centavos para mejorar el Bosque de Chapultepec o para alimentar a los niños mazahuas o para, de plano, la fundación Vamos México. Desprevenidos algunos, conscientes otros, pero casi todos caímos alguna vez en las redes del redondeo.

Los empresarios también se inscribieron en la moda altruista y no tardaron en aportar recursos a agrupaciones de ayuda social. Las asociaciones civiles, por su parte, se apuraron —época de oro— a llenar solicitudes para obtener los beneficios de fideicomisos de organismos públicos, como Transforma México, o de grandes concentradoras de dinero de carácter privado, como Vamos México.

Otros, como los Servitje, hicieron las dos cosas: dieron y pidieron. En 2001, siete de los ocho hijos de Lorenzo Servitje aportaron a Vamos México, entre todos, poco más de un millón de pesos. María del Carmen, María del Pilar, María Luisa Eugenia, Cecilia Gabriela, María Lucila Isabel y María Elena Victoria (Marinela) dieron 125 mil pesos cada una. Daniel Javier desembolsó 250 mil. Sólo Lorenzo *junior* no aparece en la lista de benefactores de la fundación de Sahagún. Tres años después, Bimbo, en su condición de empresa, aportaría otros 200 mil pesos.

Tal generosidad no escapa de lo habitual, al menos en el caso de los Servitje, una familia con tradición altruista. Lorenzo creó en los 60 Fundar y la USEM. Apoyar económicamente proyectos productivos en el campo e invertir para que los hombres de negocios abracen las directrices de la doctrina social cristiana han sido asignaturas constantes en la agenda del presidente honorario de Bimbo.

Su hija Marinela es conocida por su relevante labor al frente de Papalote Museo del Niño, pero también porque se ha convertido en una experta en reunir fondos para agrupaciones de beneficencia. Forma parte de los patronatos de asociaciones como la Unión de Empresarios para la Tecnología en la Educación (UNETE), Ver Bien para Aprender Mejor, Aprendiendo a Través del Arte, Fideicomiso Pro Bosque de Chapultepec, entre muchas otras.

Otro hijo de Lorenzo, Daniel Servitje Montull, actual cabeza del grupo, también tiene su vena filantrópica. Impulsó la creación de Reforestemos México, una asociación civil que tiene como objetivo cuidar y multiplicar los recursos naturales. A principios del sexenio de Fox acompañó a Alberto Cárdenas, que entonces se desempeñaba como titular de la Comisión Nacional Forestal, a San Lorenzo Acopilco, un pueblo ubicado en las cercanías del pasaje volcánico Popo-Izta. Ahí se comprometió a invertir los recursos suficientes para sembrar árboles en 2 mil hectáreas de la región.

Parecía natural que, con la experiencia de los Servitje en las lides de beneficencia, los creadores de Transforma México invitaran a Daniel para que se integrara al comité técnico del fideicomiso gubernamental. Esta instancia administraría los más de 200 millones de pesos que serían canalizados en los siguientes tres años. Un panadero distribuyendo panes o, mejor, un filántropo haciendo lo suyo. La decisión parecía correcta, salvo que el director de Bimbo cayera en la tentación de influir para que los recursos del fideicomiso fueran a parar a las cuentas bancarias de las fundaciones ligadas a su familia. En el comité técnico de Transforma México también estaban Agustín Irurita Pérez, consejero propietario de Bimbo, y Ramón Muñoz Gutiérrez, ex gerente de Personal de la misma empresa y poderoso asesor del presidente Fox.

La "promiscuidad" en tan variadas organizaciones acabaría generand o un conflicto de intereses. Si bien al principio Transforma México ignoró a los Servitje, pronto mostraría su predilección. El primer donativo del fideicomiso gubernamental lo recibió la Fundación John Langdon Down: 1.5 millones de pesos, el 28 de enero de 2002. En los siguientes meses una treintena de asociaciones civiles salieron felices con sus respectivos cheques pero las fundaciones ligadas a los Servitje no aparecían como beneficiarias. Fue hasta el 29 de abril cuando se abrieron las arcas: UNETE recibió 13.9 millones y, el mismo día, Fundar obtuvo 1.5 millones. Marinela, vocal de la primera; Lorenzo, presidente honorario de la segunda.

En mayo vino una tanda casi idéntica. 13 para una; uno y medio para la otra. UNETE obtuvo 44.4 millones entre 2002 y 2004. Fundar recibió en el mismo periodo cuatro aportaciones que sumaron 8.6 millones. Ver Bien para Aprender Mejor, 5 millones; Aprendiendo a Través del Arte, 505 mil pesos. Las asociaciones ligadas a los Servitje se beneficiaron con 58.5 millones de pesos. Una cuarta parte del total de recursos con los que contaba Transforma México.

Vamos México, por su parte, también fue generosa con UNETE. En 2003 les otorgó 24 millones y en 2004, 26.7 millones. 58.5 + 50.7 = 109.2.

Entre 2002 y 2004 las instituciones de beneficencia vinculadas a los Servitje recibieron de Transforma México y de Vamos México 109 millones de pesos. Con ese dinero seguramente apoyaron el equipamiento tecnológico de cientos de escuelas, financiaron proyectos productivos en el campo, otorgaron lentes a niños de escasos recursos y promovieron que los estudiantes adquirieran conocimientos culturales y artísticos. Los Servitje en su elemento: la ayuda social.

A mediados de 2004 los legisladores de oposición pegaron el grito en el cielo: descubrieron que las hermanas Valdés Ruiz, cada una desde su trinchera, habían favorecido a unas cuantas A.C. en detrimento de otras. Las instituciones de asistencia privadas ligadas a las familias de Claudio X. González, Lorenzo Zambrano, Carlos Slim, Roberto Hernández, Emilio Azcárraga y Lorenzo Servitje habían recibido un trato privilegiado. Las personas o empresas que habían aportado dinero a Vamos México habían recibido más de Transforma México. "Se pone en evidencia una triangulación de fondos públicos", dijeron los diputados en aquel agosto.

Las auditorías independientes realizadas a Transforma México y a Vamos México,[47] de las cuales se desprenden las cifras aquí expuestas, muestran eso: que los Servitje donaron un millón a la fundación privada de la esposa del Presidente y que recibieron del fideicomiso gubernamental cien veces más.

No hubo sanción. Ellos sólo dieron y recibieron.

La parábola del sembrador

Una mañana de julio de 2005, luego de desayunarse un trozo de papaya, Lorenzo Servitje firmó un cheque por 2.5 millones de pesos. Dicen que lo hizo como si estampara su rúbrica en un memorando cualquiera. "Don Lorenzo estaba convencido de que estaba haciendo una inversión, o más concretamente, como él suele decir, estaba sembrando para cosechar", afirma el amigo de la familia Servitje que no quiere ser identificado.

Aquellos no eran días de fiesta para Lorenzo. Tres meses antes el gobierno de Fox había dado marcha atrás en el proceso de desafuero que se le seguía a Andrés Manuel López Obrador, entonces jefe de gobierno del Distrito Federal. "Es un peligro para México", le escucharon decir al magnate al menos un año antes de que el PAN utilizara esta frase para describir al tabasqueño. Lorenzo no sólo estaba a favor del desafuero sino que promovía en círculos gubernamentales y empresariales la necesidad de dejar fuera de la carrera presidencial a López Obrador. Un populista y un radical y un izquierdista —todo eso junto— no podía dejarle nada bueno a México. Estaba convencido de ello.

El país parecía un *ring* de boxeo pero pocos apostaban por los de calzoncillo azul. El pleito entre Roberto Madrazo y Elba Esther Gordillo estaba en su máximo apogeo pero todo parecía indicar que el entonces dirigente del PRI caminaría con solidez en su aspiración presidencial. Cuauhtémoc Cárdenas embestía contra López Obrador pero nadie dudaba que el tabasqueño se mantendría en la punta de las preferencias electorales. Y en el PAN estaban por arrancar los comicios internos para elegir a su candidato. Santiago Creel era el favorito en las encuestas, pero era demasiado pragmático para el gusto de Lorenzo. Le había temblado la mano en el caso Atenco y eso no le cuadraba al jefe de la familia Servitje. A Felipe Calderón lo veía muy liberal. Alberto Cárdenas, en cambio, era católico, muy católico, como él, de principios sólidos, como él. Tenía experiencia de gobierno: había sido mandatario de Jalisco. Y le había caído bien que apoyara decididamente a Reforestemos México en su plan de sembrar muchas hectáreas de árboles.

El monto desembolsado, entonces, no debería provocar cejas alzadas. Sólo eran 2.5 millones. Grupo Bimbo obtuvo en 2006 utilidades netas por 3 mil 500 millones de pesos. Pero luego vinieron más cheques. Y en proporciones inéditas. En los siguientes días otros miembros de la familia realizaron depósitos bancarios por un millón, 900 mil, 760 mil, 250 mil, 140 mil… En total aportaron a un mismo beneficiario, el PAN, 11.9 millones de pesos. El dinero fue a parar casi en su totalidad a las arcas de la precampaña de Alberto Cárdenas, ex secretario del Medio Ambiente, y, en menor medida, a la precampaña del aspirante Santiago Creel, ex secretario de Gobernación.

Desde que el IFE publica en su página de internet un registro de los donativos otorgados a los partidos —1998 —, ninguna familia o persona había aportado tanto dinero a una agrupación política. Los

Slim, por ejemplo, donaron a la campaña de Vicente Fox poco más de 5 millones de pesos.

Los allegados de los Servitje no se sorprenden cuando les hago notar que diez integrantes de la familia —hijas, yerno, nietos— siguieron los pasos del fundador de Bimbo y pusieron parte de sus ahorros en la cuenta de campaña de Cárdenas. Tampoco les extraña que sólo Roberto apostara por Creel. "Don Lorenzo es como un patriarca, si él dice agua va, pues agua va. Aunque en aquellos días hubo una discusión en la familia. Don Lorenzo estaba por apoyar a Alberto Cárdenas, porque es más afín a los principios de la familia, en cambio su hermano Roberto decía que debían de ser pragmáticos y que era mejor apoyar a Creel. Su hijo Daniel, quizá porque al ser director de Bimbo debe ser más cauteloso, pensaba que no debían meterse tan de lleno en la política partidista. Pero ya ves, casi todos se disciplinaron con el jefe de la familia", dice el amigo de los Servitje que no quiere que se mencione su nombre.

Los donativos de los Servitje se realizaron entre el 15 de julio y el 26 de octubre de 2005, según consta en los reportes de la comisión de fiscalización del IFE. Lorenzo aportó 3.5 millones —2.5 en julio y uno más en septiembre— y su hija María Luisa, 1.9 millones —900 mil en julio, un millón en octubre—. Seis de sus nietos, los Laresgoiti Servitje y los Mariscal Servitje, aportaron 900 mil cada uno. Su hija María del Pilar le entró con 350 mil y el yerno José Ignacio Mariscal Torroella desembolsó 250 mil. Todos ellos contribuyeron con la campaña de Cárdenas. Roberto, en cambio, respaldó a Creel con 500 mil pesos.

"Yo creo que Lorenzo abrió una brecha en el país, porque se metió a la política y se metió abiertamente y lo dijo, todo mundo lo supimos —dice González Garza—. Creo que la primera incursión abierta fue la de Alberto Cárdenas, donde él creyó que él era el hombre y lo impulsó y participó. Ahí encontramos mucha gente que pensamos que la política también es un camino... Don Lorenzo siempre repite: 'Un buen militante que no pone su tiempo y sus recursos no es más que un fraude' ".[48]

Pero la generosidad de los Servitje pudo meterlos en un brete. A principios de 2005 el IFE fijó las reglas para las precampañas. El instituto acordó que las personas físicas no podían aportar más de 976 mil pesos. Lorenzo y su hija María Luisa habían dado más que eso. Incluso Luis Carlos Ugalde, presidente del instituto, había dicho en una visita a la Cámara de Diputados que ningún "individuo" podía donar más de esa cantidad. Pero resulta que, aunque el reglamento de la comisión de fiscalización señala que el IFE puede establecer las reglas de competencia y que los partidos deben acatarlas, hay otro artículo que señala que los partidos pueden determinar a su gusto el tope máximo de aportaciones de sus afiliados. Y en el PAN el límite establecido fue de 3.5 millones. Justo lo que desembolsó Lorenzo. La regla fijada por las autoridades electorales a principios de año, interpretó el partido en el gobierno, aplica para los simpatizantes pero no para los militantes, condición que guardan Lorenzo y María Luisa. Otros 13 integrantes de la familia, por cierto, también aparecen en la lista de militantes panistas.

A los 11.9 millones aportados en 2005 habría que agregarle otros 1.2 millones donados al PAN en 2004. Lorenzo depositó en la cuenta de este partido 350 mil pesos, mientras que sus hijas María Luisa y María del Pilar aportaron 500 mil y 350 mil, respectivamente. 11.9 + 1.2 = 13.1.

Los Servitje dieron al PAN 13 millones de pesos entre 2004 y 2005. Pero este dinero no sirvió para apuntalar a Cárdenas, o a Creel, pues el ganador de la contienda interna fue Calderón, el único precandidato al que no apoyaron con recursos económicos. Sin embargo, Lorenzo acudió al IFE el día en que Calderón recibió su acreditación como candidato. Esa tarde el empresario dijo que aportaría dinero a la campaña presidencial del panista. Pocos días después, Calderón aseguró que Servitje lo estaba apoyando con recursos económicos. Pero los dichos no se reflejaron en los reportes de aportaciones de militantes y simpatizantes que los partidos entregaron a la comisión de fiscalización del IFE: ahí los Servitje no aparecen como donantes de la campaña presidencial de Calderón.

¿Habían sembrado sin cosechar?

En los años anteriores, las fundaciones ligadas a la familia habían recibido del gobierno y de Vamos México más de 100 millones de pesos. Ellos habían aportado un millón a la fundación de Sahagún y 13 millones al PAN. Y no puede pensarse que la apuesta fallida por Cárdenas les significara una preocupación mayor: Bimbo generó en 2006 ventas anuales por más de 63 mil 500 millones de pesos. Sólo siete consorcios mexicanos facturan más que los reyes del pan industrializado.[49]

Lorenzo debió estar feliz. Las fundaciones ligadas a su familia tenían recursos suficientes para ayudar a mucha gente —y a diversas causas—, el PAN ganaba por segunda vez las elecciones presidenciales, López Obrador quedaba fuera de la jugada y Alberto Cárdenas, su candidato-apuesta, era designado secretario de Agricultura.

Todo bien. Sembró y cosechó.

El apocalipsis

Bueno, la inversión en Alberto Cárdenas rindió frutos y, calculó Servitje, dejará mejores dividendos a futuro. ¿Pero por qué no hacer una nueva apuesta política que cubriera varios flancos?

Mariana Gómez del Campo. Ex secretaria particular de su amigo José Luis Luege. Prima de Margarita Zavala. ¿Por qué no? Joven, con empuje, avispada. Cercana a dirigentes panistas de corte conservador. Y pariente de la esposa de Felipe Calderón —le debía una al presidente: los recursos que no le dio en la precampaña—. ¿Por qué no?

El 22 de enero de 2007, en el restaurante Hacienda de los Morales, se reunieron casi 50 consejeros del PAN-DF. También estaban los empresarios Patricio Slim y José Barroso Chávez. Y Lorenzo, Lorenzo Servitje, el patrocinador de la comida y promotor de la candidatura de Gómez del Campo. Que Mariana era la líder que requería el partido, la capital, el país; que la meta era ganar la jefatura de gobierno de la Ciudad de México en 2012, se dijo ahí. El contexto: cinco días después los 88 consejeros panistas elegirían a su nuevo dirigente de partido en la capital.

La apoyó, entre otros, Carlos Abascal, quien además de secretario de Gobernación sería secretario general adjunto del PAN. "El partido está preparado para que lo dirija una mujer", dijo antes de la elección. También la respaldaron desde la Presidencia de la República. A los consejeros les llamaban desde Los Pinos, dicen los panistas chilangos, para comentarles que Felipe Calderón veía con buenos ojos la candidatura de Gómez del Campo. "El presidente y don Lorenzo ya hablaron del asunto", le dijeron a uno de los azules.

El resultado: Mariana Gómez del Campo ganó la elección, con 54 votos.

A juicio de Servitje las cosas en la Ciudad de México no iban bien y pintaban para peor: los izquierdistas que desde hacía una década gobernaban la capital no habían resuelto el tema de la inseguridad ni el de la corrupción ni han regulado las marchas, las molestas marchas. Por eso se animó a promover un liderazgo que capaz de pelear por las causas por las que él ha luchado siempre.

Ahora la apuesta de Lorenzo Servitje no sólo consistiría en presionar a los políticos; ahora había que intervenir directamente en la política. El PAN no había sido lo suficientemente enfático y eficaz para oponerse a la legalización del aborto ni para exigir que mejore la seguridad en la capital del país. Decidió actuar de manera más decisiva. Durante meses organizó en el restaurante la Hacienda de los Morales encuentros a los que asistían, entre otros, Guillermo Velasco Arzac, fundador de México Unido Contra la Delincuencia, y René Bolio Halloran, ex diputado panista.

René Bolio, el mismo que encabezaría el Movimiento de Participación Solidaria, una agrupación que terminó convirtiéndose en partido político bajo el nombre de Partido Humanista.[50] Bolio fue representante nacional de la precampaña de Alberto Cárdenas, cuando este buscó la candidatura presidencial de su partido, y lleva años trabajando en el entorno de José Luis Luege. En la Procuraduría Federal del Medio Ambiente (Profepa) y en la Secretaría de Medio Ambiente y Recursos Naturales (Semarnat). La cercanía de Bolio con los amigos de Servitje y las reuniones entre este y el empresario generaron suspicacias: ¿estaba Lorenzo apoyando el surgimiento de un partido aún más conservador que el PAN?

La declaración de principios y los estatutos del Movimiento de Participación Solidaria[51] coinciden con las líneas de pensamiento del empresario: defensa de la vida desde la concepción y hasta la muerte, promoción de los valores familiares, énfasis en la cuestión educativa y una serie de propuestas para ensanchar la participación de las iglesias en los ámbitos públicos. Estos documentos fueron redactados por Fernando Rivera Barroso, otro amigo de Servitje que fue secretario de Educación en Guanajuato, cuando Fox era gobernador, y a quien el periodista Álvaro Delgado[52] ubica como uno de los dirigentes del Yunque, una organización secreta que aglutina a católicos radicales.

La columnista Katia D' Artigues publicó que una de las primeras reuniones de los dirigentes de esta agrupación política ocurrió en la sede del Instituto Mexicano de Doctrina Social Cristina (Imdosoc) y que el libro de cabecera de Bolio y sus amigos es *La persona del tercer milenio*, de Lorenzo Servitje.[53]

Todos los hilos que atan a esta agrupación parecen estar conectados con el entorno del empresario. La Unión Nacional Sinarquista —cuyo fundador fue Salvador Abascal Infante, padre de Carlos— es la agrupación política con registro ante el IFE que se alió con el movimiento de Bolio para intentar cubrir los requisitos para convertirse en el partido que defienda los valores familiares y se oponga a las causas progresistas que han ganado terreno en los últimos tiempos, sobre todo en la capital del país.

Y es que lo que desfilaba frente a los ojos de Lorenzo Servitje, en ese momento con 89 años, es una ciudad en la que los homosexuales pueden unirse en un rito similar al del matrimonio y en donde las mujeres que desean abortar pueden hacerlo sin pena. Una ciudad en la que miles de personas pueden encuerar se en el Zócalo y en la que se discute la legalización de la prostitución y la de la eutanasia e incluso, incipientemente, la de la marihuana.

El México que Lorenzo no quería ver está ahí, desata do. Corre que corre. Las escenas eróticas en las telenovelas y las imágenes que retratan este mundo violento nuestro —todos los días, en los noticieros, en los programas de tele—. Y los tantos divorcios y la promoción del condón y la insuficiente inversión en educación y los libros de texto cada vez más explícitos en temas de sexualidad.

Cosa mala, cosa mala.

Y sin embargo, el hombre que se asume como transformador de realidades sigue luchando, apostando por Marianas, por Albertos, por fundaciones, por partidos, por empresas, por causas. Y sigue rezando muy de mañana, todos los días.

Continúa en su cruzada. A su modo, con su estilo. Sembrando, cosechando a veces.

ADENDA

"Crean en México, apuéstenle a México y hagan un mejor país", frase que Lorenzo Servitje repetía constantemente a sus hijos.[54] A pesar de estar retirado, el fundador de Bimbo continúa en su cruzada por un mejor México, uno menos corrupto pero también más conservador.

Para Servitje el "gran error de las empresas es crear *juniors*", por lo que siempre buscó que sus herederos, sus principales portavoces en esa lucha, se formaran "desde abajo" y "no por el simple hecho de llevar un apellido (pudieran) dirigir una compañía".[55]

Daniel y Marinela son quienes dan voz al legado de su padre. Él como presidente del Consejo de Administración de Grupo Bimbo, puesto que desempeña desde 2013, tras la renuncia de su tío Roberto Servitje Sendra. Y ella, desde la filantropía y como presidenta de la empresa Sietecolores, especializada en la creación de espacios públicos para la convivencia y aprendizaje como museos y parques.

El primero ha resultado hábil en los negocios como su papá, conquistado mercados difíciles como los estadounidenses, canadienses y europeos. En 2009, a pesar de la crisis, fue de los impulsores de la adquisición de la empresa de Estados Unidos, Weston Foods y dos años más tarde empujó para invertir 700 millones de dólares y obtener el negocio de pan de Sara Lee en ese país, en España y Portugal lo que les permitió registrar, al cierre de 2011, ventas netas por más de 10 mil 700 millones de dólares.[56]

Del 2000 al 2016, Grupo Bimbo compró 54 empresas, entre ellas: Panrico (Beijing 2006); Fargo (Argentina 2011); Canada Bread (Canadá 2014); Saputo Bakery (Canadá 2015) y General Mills (Argentina 2016).[57]

En una entrevista que la revista *Forbes* le hizo a Daniel Servitje en noviembre de 2014, afirmó que México era el segundo mercado más importante en ingresos para Bimbo, pues debido a los conflictos económicos, sus ventas habían disminuido, mientras que en Estados Unidos y Canadá, crecieron 7.8 por ciento entre abril y junio de ese año y en Europa 29 por ciento.[58]

La empresa tiene presencia en 22 países con 166 plantas, más de 100 marcas en el mundo, una red de distribución de más de 52 mil rutas y 2.5 millones de puntos de venta. Según el *ranking* BrandZ Top 50 de 2015 sobre las marcas más valiosas de América Latina, la panificadora está en el número 18, con un valor de 2 mil 795 millones de dólares y reportaron ventas netas en 2015 por 219 mil 186 millones de pesos, 17.2 por ciento más que en 2014.[59]

Aun así, el presidente del Consejo de Administración del grupo afirmó que no son un monopolio, por lo menos en México, "del 100 por ciento de la harina que se produce y se compra en México, dos terceras partes van para el pan, y de esas dos terceras partes, si mal no recuerdo, entre 80 y 88 por ciento de ese consumo de harina va para las panaderías de autoservicio o de barrio", es decir, comparó a Bimbo con las pequeñas panaderías locales.[60]

Su coco ha sido China: a pesar de que han estado en el país por más de ocho años, no han logrado entrar con éxito a dicho mercado. En 2006 llegaron al país y pagaron 9.2 millones de euros por el 98 por ciento de Beijing Panrico Food Processing Center; en 2015 la planta de producción trabajaba a menos de un tercio de su capacidad y a pesar de que lanzaron nuevos productos para el mercado como los rollos rellenos de frijoles dulces y pan relleno de carne picante, según especialistas financieros no ha encontrado la forma de crecer.[61]

En su momento, el director general de Bimbo para Asia, Jorge Zárate, imputó el lento crecimiento a la insuficiencia de infraestructura carretera que les limitaba la distribución a tiempo.[62]

A pesar de ello, en 2016 *Forbes* ubicó a los Servitje en el número 7 de su lista Los Millonarios de México, con una fortuna de 4 mil 665 millones de dólares.

Pero no todo es negocio para los Servitje. Marinela, la hija altruista y popular es quien desde hace décadas se ha encargado de la labor filantrópica de la familia. Primero como directora general de Papalote Museo del Niño por 18 años y en la Fundación Mexicana para el Desarrollo Rural A.C. y actualmente en su empresa Sietecolores Ideas Interactivas, donde ha dirigido la creación de varios proyectos como El Trompo-Museo Interactivo Tijuana, Museo de Historia Natural de Tamaulipas, La Rodadora, entre otros. Todos solicitados por gobiernos estatales o municipales.

En 2016 tenían cerca de 20 proyectos en el país y acababan de inaugurar tres museos: Museo Trapiche en Los Mochis (inversión de 300 millones de pesos); Museo Acertijo, en Gómez Palacio, Durango (inversión de 200 millones de pesos) y el Papalote Museo del Niño en Monterrey (inversión de 505 millones de pesos). En febrero de ese mismo año, declaró en una entrevista para el periódico *El Universal* que por años han intentado sobornarla para ganar proyectos pero como su papá los enseñó a obtener las licitaciones por ser los mejores y no por estar "repartiendo dinero", siempre se negó.[63]

Relaciones con el poder

Debido a los altos índices de obesidad en México, en abril de 2010, las comisiones unidas de Educación, Salud y Estudios Legislativos del Senado presentaron una reforma antiobesidad que incluía evitar que en las escuelas vendieran comida "chatarra" o con un alto índice de calorías y azúcar, y sancionar con multas de casi un millón de pesos a quienes hicieran caso omiso de las prohibiciones.

En junio, la Secretaría de Educación Pública (SEP) envió a la Comisión Federal de Mejora Regulatoria (Cofemer) el anteproyecto "Lineamientos generales para el expendio o distribución de alimentos y bebidas en los establecimientos de consumo escolar de los planteles de educación básica". El descontento de empresas como Bimbo, Jumex, Danone, Coca-Cola y PepsiCo no se hizo esperar. La Cámara Nacional de la Industria de las Conservas Alimenticias (Canainca) hizo pública su inconformidad e inició el cabildeo con los legisladores para echarla abajo.[64]

Los representantes de las empresas se reunieron con senadores, diputados y secretarios de estado con la finalidad de llegar a un acuerdo, al final, la Cofemer recomendó a la SEP abundar más en el costo-beneficio tanto para la sociedad como para la industria y planteó reducir los niveles de azúcar en la producción de alimentos para evitar prohibirlos pues era un golpe para las empresas.[65]

A finales del 2010, los legisladores aprobaron una ley "light" que permitía vender este tipo de productos pero de hasta ciertas calorías, por lo que las empresas hicieron nuevas versiones más pequeñas de sus mismos productos y se acabó la discordia.

Investigadores y organizaciones de la sociedad civil acusaron a los grupos empresariales de echar para atrás la ley antiobesidad por ser financiadores del Partido Acción Nacional (PAN): "Bimbo, Coca-Cola y PepsiCo, las tres grandes procesadoras de alimentos que acaparan el mercado, incluyendo el de las tiendas escolares, en diversas ocasiones han sido denunciadas por sus vínculos con las campañas políticas. La familia Servitje, con el PAN; Coca-Cola, con Vicente Fox y todas las relaciones del blanquiazul con ese grupo", declaró Alejandro Calvillo, director de El Poder del Consumidor.[66]

Fundador de partidos

A pesar de que varios de los Servitje se afiliaron al PAN y apoyaron económicamente la precandidatura de Alberto Cárdenas Jiménez en 2005, tras su derrota, la mayoría no refrendó su militancia como adherente[67] y según los informes del Instituto Nacional Electoral (INE) no hay registro de que hayan aportado dinero a la campaña de la candidata presidencial, Josefina Vázquez Mota. Únicamente, uno de los nietos de Don Lorenzo, Pablo Sánchez Servitje, sí continuó con su trayecto blanquiazul; dirigió Acción Juvenil en la delegación Miguel Hidalgo y después en el Distrito Federal y en el periodo 2012-2015 fue suplente del diputado Andrés Sánchez Miranda en la Asamblea Legislativa del DF.

Mientras tanto, Lorenzo y familia decidieron hacer su apuesta por la creación de un nuevo contendiente electoral. En 2007 lo llamaron Movimiento de Participación Solidaria, dirigido por los ex panistas Javier López Macías y René Bolio Hallorán[68] y en 2014 lograron el registro como Partido Humanista al comprobar 270 mil 966 afiliados con 211 asambleas distritales.[69]

El partido recibió dinero del erario a partir de agosto de 2014 con lo que se prepararon para los comicios de 2015 donde necesitaban lograr el 3 por ciento del total de los votos y no bajar de 219 mil 608 afiliados para mantener el registro. Esto no ocurrió, el 9 de diciembre de 2015 el Tribunal Electoral del Poder Judicial de la Federación (TEPJF) confirmó el acuerdo del Consejo General INE que determinaba la pérdida de registro del Partido Humanista.[70]

No hay información que demuestre que el mayor de los Servitje haya apoyado puntualmente a gobiernos priístas, pero tras varias crisis de derechos humanos y corrupción del gobierno de Enrique Peña Nieto, en enero de 2015, el ex dirigente del Grupo Bimbo sorprendió en una reunión de representantes de las cámaras empresariales al asegurar que el presidente estaba en su "peor momento" y tan bajo reconocimiento social era muy peligroso por lo que debían "respaldar abiertamente al Presidente".[71] Aún cuando los pensamientos priístas podrían ser más liberales que los de los Servitje, a los empresarios no les conviene un conflicto social en el país, por ello, sigue y seguirá apostando por México o por lo menos por el México que él quiere.

SALVADOR FRAUSTO CROTTE *es editor y reportero de investigación. Ha sido editor en las revistas* Gatopardo, Cambio México, Quién, Bucareli 8 *y* Domingo. *Es autor de los libros* Los doce mexicanos más pobres: el lado B de la lista de millonarios *(Planeta, 2016) y* El vocero de Dios. Jorge Serrano Limón y la cruzada para controlar tu sexo, tu vida y tu país *(Grijalbo, 2008). Actualmente se desempeña como coordinador de la Unidad de Periodismo de Investigación del diario* El Universal. *Es fundador del colectivo de cronistas iberoamericanos cuadernosrobleraya.com*

Jorge Vergara

Chivas en cristalería

Por JORGE ZEPEDA PATTERSON

JORGE VERGARA MADRIGAL no se parece a ningún otro de los empresarios importantes de México. Ni a los buenos ni a los malos; simplemente entra en otra categoría por la naturaleza de su negocio y las características de su trayectoria. No ha construido empresas famosas y los productos que fabrica y vende no pueden encontrarse en las tiendas; no cotiza en bolsa y prácticamente está ausente de las secciones de negocios y las columnas financieras de la prensa especializada. Hasta hace algunos años era un perfecto desconocido entre la élite de la iniciativa privada. Y sin embargo, atrás de Carlos Slim, es el empresario mexicano más mencionado en los medios de comunicación en los últimos años, tanto en México como en el extranjero. Y aunque por su facturación de casi mil 500 millones de dólares anuales Omnilife se ubica apenas en el lugar 100 entre la lista de las primeras 500 empresas, su dueño es actualmente uno de los hombres con mayor liquidez en el país, gracias a los enormes márgenes de utilidad con los que opera.

La chequera veloz de Jorge Vergara no está sujeta a un consejo de administración, a las restricciones de una calificadora de bolsa o a la exigencia de alguna consulta familiar. Eso le ha permitido gastarse 30 millones de dólares en planos de arquitectos famosos para un centro cultural que hasta este momento no se construye, 160 millones de dólares en equipos de futbol o 50 millones en un avión privado.

No está mal para alguien que hace 25 años pedía prestado a un amigo para pagar un boleto de avión, y 20 años antes de eso surtía carnitas a distintos puestos y restaurantes.

Hoy Vergara encabeza un corporativo con presencia en 18 países, a través de más de 6 millones de vendedores de productos para el cuerpo y el alma, quienes lo reverencian con sentimientos normalmente reservados a un líder espiritual o a un ídolo de rock. Ha convertido a las Chivas en una máquina de hacer dinero y en una plataforma que igual le permite enmendarle la plana a Hugo Sánchez por el manejo de la selección nacional, encarar a los americanistas con desplegados en prensa para anunciar una presunta goliza o desairar a las televisoras al negociar los derechos de transmisión de los partidos de las Chivas. Un empresario que ha salido a comprar equipos de futbol a Europa y a ganar concursos de cine como productor en Cannes. Una mezcla de Donald Trump y predicador mesiánico. Pero probablemente el único empresario mexicano que está decidido a hablar mandarín con fluidez (y con él sus hijos y colaboradores) como parte de la estrategia para conquistar el mercado chino y expandir sus ventas.

El vertiginoso encumbramiento de Jorge Vergara es una de las historias más peculiares en los anales del empresariado mexicano. Su imperio no es producto del espaldarazo de un presidente o un gobernador, ni requirió contratos oscuros que le permitieran ordeñar al erario público; su dinero no procede del lavado de dinero, como algunos de los ricos tradicionales de Guadalajara llegaron a decir en algún momento; tampoco es resultado de un golpe de suerte bursátil o subproducto de la especulación en tiempos de crisis económica. Nada le ha llegado a Vergara de manera gratuita. Su fortuna es producto de su portentosa habilidad para vender, su temeridad y una vocación natural para enzarzarse en todo tipo de litigios para salirse con la suya. Además, claro, de 40 años de ensayo y error y no pocos fracasos.

Un tren a Pénjamo

Nadie puede acusar a Jorge Vergara de haber rehusado un pleito cada vez que pudo tenerlo. Nunca le ha preocupado ser inoportuno. De hecho lo ha sido desde su nacimiento mismo, cuando "obligó" al tren a regresar a la estación de Guadalajara en los momentos en que su madre comenzó a sufrir dolores de parto. "De otra manera habría nacido en Pénjamo o algo así", camino a México, afirma el empresario.[1] Sus padres residían en la Ciudad de México de la cual eran originarios y en donde don Jorge Vergara Cabrera trabajaba como contador en el despacho de Andrade y Asociados. Pero la invitación para abrir su propia oficina en Guadalajara había llevado a la madre a buscar una casa para la mudanza a pesar de lo avanzado de su embarazo. La joven pareja debió haber estado muy apremiada por las fechas para arriesgarse de esa forma, toda vez que habían esperado con ansias la llegada del primogénito, luego de dos hijas: Patricia y Gabriela, nacidas respectivamente dos años y un año antes que Jorge. Cuatro años después de él llegaría Juan Carlos, luego de dos embarazos fallidos de la madre.

Los padres le pusieron Jorge al niño que quiso nacer en Guadalajara un 3 de marzo de 1955. Arraigaron en la ciudad y prosperaron. Un grupo empresarial local, la familia Urrea, dueños de Nibco, una pujante fábrica de válvulas, convenció al contador Vergara que dejara su despacho y comenzara a trabajar de tiempo completo para esa firma. Nunca más dejaría de hacerlo hasta su jubilación, tres décadas más tarde.

El padre se volcó sobre su primer hijo varón. Y el hijo sobre él, aunque más de alguna vez resintió la excesiva atención de su progenitor.

Un amigo de la infancia recuerda que Jorge era el niño que más batallaba en lograr permisos familiares para ir a jugar a casas de otros compañeros. Vergara afirma que su papá era demasiado disciplinado para poder hablar de una complicidad filial o de una amistad cálida. Pero no duda en considerar a don Jorge como la influencia más decisiva en la formación de su personalidad. A él se atribuye algunas cualidades del ahora empresario: ética del trabajo, ahorro y disciplina. Pero, sobre todo, Vergara otorga a sus genes paternos una virtud que encumbra por encima de todas las demás. A su manera, su padre era un pionero: hizo traer el primer fax que se conoció en Guadalajara y una de las primeras computadoras, una HP 35, que sus jefes, los Urrea, consideraban no sin cierta sorna, un capricho de su administrador. Como seguramente habrán juzgado una extravagancia de don Jorge el hecho de ser portador de una bolsa, anticipándose un par de décadas a las carteras de mano para hombres de los años 80.

Jorge Vergara padre inculcó en su primogénito la persecución casi obsesiva de "la superación personal". Algo quizá tenía que ver con el hecho de que don Jorge logró ascender de mero contador de la empresa a director general y hombre de confianzas del Grupo Urrea. No sólo eso, los dueños lo trataron casi como uno de sus pares, inscribiendo a su director en el selecto Country Club de Guadalajara, bastión de la élite tapatía y reducto de los restos de la aristocracia local. Más tarde le ofrecerían una parcela en el fraccionamiento familiar que los Urrea se hicieron construir en Ajijic, en la ribera del lago de Chapala. Don Jorge Vergara debe su ascenso social al hecho de que hizo de la superación personal la razón de ser de su vida. Tomaba cursos de inglés, de lectura dinámica, de oratoria, de control mental, entre otros, a los que inscribía a su hijo. El ahora empresario todavía recuerda con placer la pieza que él y su padre prepararon para la graduación del curso de oratoria: Jorge comenzó tartamudeando de manera deliberada por una supuesta timidez, tras lo cual fue adquiriendo confianza gradualmente, para terminar de forma apoteótica. Toda una metáfora de la manera en que los Vergara han concebido el paso por la vida.

El uso de la filosofía de autoayuda que difunde Jorge Vergara en sus talleres y en el reclutamiento de vendedores ha sido un poderoso recurso en la expansión de su imperio. Algunos no han visto en ello más que una estrategia ramplona y astuta para dotar al sistema de ventas multilínea de una aura de espiritualidad. Y ciertamente Vergara ha sido un mago para adornar con un soplo místico la expansión de su empresa, gracias a su insistencia en temas de superación, calidad de vida interior, armonía y valores. Sin embargo, todo indica que el propio Vergara es un fiel creyente en la noción de que el éxito económico, la búsqueda de la felicidad y la superación personal son cualidades entreveradas y autorreforzantes. En última instancia es el credo paterno de la meritocracia; el éxito como fruto de la superación y el mejoramiento personal.

Jorge asimiló y reprodujo los métodos de su padre, pero modificó la meta o el punto de llegada. A diferencia del fiel y leal ejecutivo, agradecido con sus patrones por los ascensos recibidos como reconocimiento a sus méritos, Vergara hijo decidió que él sería capitán de su propio barco. Quizá resultó marcado por el hecho de crecer y convivir con los hijos de las familias más acomodadas de Guadalajara, pero sin ser uno de ellos. Décadas más tarde, cuando logró amasar una fortuna similar o mayor a la de otros millonarios tapatíos, habría de irritarle la actitud de la "gente bien" que durante algún tiempo siguió desdeñando al nuevo rico. Después de todo, los éxitos en el terreno de las ventas multinivel resultaban muy ajenos a los negocios tradicionales del empresariado local. Vergara liquidaría suspicacias y desdenes a punta de proyectos faraónicos y haciéndose del control de la joya de la corona de la patria tapatía: las Chivas del Guadalajara.

Sin embargo, la de Vergara no fue una infancia regalada. Y no sólo porque su apellido era un festín de albures para sus compañeros durante toda la primaria y la secundaria. Jorge no era un alumno destacado, si bien nunca reprobó algún curso escolar en el Cervantes Colonias, un colegio de clases medias y altas, de padres maristas. Tampoco sobresalía en los deportes y su físico rechoncho lo convertía en presa fácil para las burlas. Casi medio siglo más tarde su semblante se endurece al evocar, sin mencionarlos, alguno de los crueles apodos típicos de la infancia.

Quizá por ello sus compañeros lo recuerdan como un niño tímido, aunque no huraño. Se circunscribía a media docena de amigos y si bien no era el líder de su pequeño grupo, tampoco se subordinaba a otros liderazgos. Es probable que la timidez de Jorge haya sido el motivo que impulsó a su padre a enviarlo al inicio de la secundaria a una escuela semimilitar, de curas irlandeses en la zona de Boston. No debió haber sido fácil sobreponerse a la lejanía de casa, el idioma ajeno, la extrema severidad de este tipo de colegios y la difícil compañía de alumnos entre los que proliferan niños con problemas de conducta. Jorge regresó a cursar el resto de la secundaria al Instituto de Ciencias en Guadalajara, conducido por jesuitas, con la confianza que otorga el hecho de ser sobreviviente en ambientes mucho más hostiles. Luego de eso, dice, "vencí todos mis miedos".

Aunque nunca controlaría del todo otros estados de ánimo. Uno de sus mejores amigos de la infancia y la adolescencia lo recuerda en secundaria como alguien un tanto introvertido y no muy dado a la broma, aun cuando tenía facilidad de palabra y gran imaginación. Sin embargo, era famoso por sus corajes repentinos con los cuales se ponía rojo como granada. Aunque eran arranques tan intensos como breves. Con el tiempo, y los cursos Silva de control mental, aprendería a controlarlos. Le costó mucho más trabajo controlar el embarazo que le provocaba trabajar en el supermercado Ricamesa, el principal en Guadalajara, en el que su padre lo puso a laborar en las tardes y durante alguna vacación. Don Jorge gozaba de buena posición pero no era hombre de fortuna. Cuando tenía ocho años, Vergara preguntó a su padre qué significaba la palabra "herencia": "algo que tú no vas a tener", le respondió. "Se gastaba sus pequeños ahorros en viajes con la familia por todo el mundo". Quiso que su hijo se acostumbrara a trabajar desde pequeño porque sabía que lo único que habría de dejarle sería la disciplina y la educación recibidas. "No fue fácil ver a las mamás de mis amigos comprando azúcar y yo marcándola en el supermercado", recuerda el ahora próspero "ex cerillo".

Al terminar la secundaria, su padre aceptó enviarlo a Monterrey por el prestigio que había adquirido el Tecnológico como una institución moderna, orientada al futuro. Para un usuario de los primeros faxes y computadoras, el TEC era la escuela que mejor garantizaba una educación de avanzada para su hijo. Para el hijo, en cambio, el TEC representaba la posibilidad de hacer la preparatoria en dos años, en lugar de tres y le permitía recuperar el "año perdido" en Boston (en Monterrey todavía era vigente el calendario escolar bianual). La perspectiva de separarse de su casa y vivir como "adulto" debió ser un poderoso incentivo para el joven de 16 años.

Pero el gusto duró poco. Las limitaciones económicas de la familia obligaron a suspender la experiencia regiomontana al terminar el primer año, con el consiguiente regreso a Guadalajara. Un ex amigo, menos amable, cree recordar que el desempeño académico de Jorge no fue del total agrado del exigente padre. Quizá haya sido una combinación de motivos, pero lo cierto es que al regreso de Monterrey, Jorge prefirió inscribirse en la preparatoria vespertina de la Universidad Autónoma de Guadalajara, de los Tecos. Parte de la frustración del joven era que, lejos de recuperar un año escolar terminó perdiendo otro adicional, porque las instituciones tapatías no revalidaban los estudios cursados en el TEC. En consecuencia, Jorge debía comenzar de cero a cursar los tres años de preparatoria. Ante la perspectiva, prefirió darle prioridad al trabajo.

Su primer empleo formal fue en la propia Nibco, que dirigía su padre, aunque fue por poco tiempo. Su verdadera iniciación la tuvo con Eduardo Servín en la concesionaria de Volskwagen de la cadena Albarrán. En realidad lo asignaron a la oficina del aeropuerto, para trabajar en la arrendadora de la empresa. El futuro Og Mandino mexicano pasaba las mañanas atendiendo los cuatro vuelos que había en el turno de siete a dos, y asistía a clases a partir de las tres de la tarde. "Aprendí algo de ventas y mucho de aviones en los casi dos años que viví en el aeropuerto", afirma Vergara.

Durante esa época solía reunirse con los amigos, que seguían siendo los mismos de la infancia, a tomar café en un Deny's de Plaza del Sol. Conversaban sobre los planes para el futuro, sobre novias y aficiones. Un compañero recuerda que Jorge nunca hablaba de conseguir un buen empleo como funcionario o llegar a ser director de alguna empresa; nunca se concibió como empleado. Más bien el futuro que se imaginaba siempre rondaba en torno a la posibilidad de hacer grandes negocios. Seguramente reflejaba las aspiraciones normales en el círculo en el que había crecido, entre hijos de empresarios.

Nunca fue mujeriego, aunque sí enamoradizo. Sólo tuvo dos novias formales desde la adolescencia hasta su matrimonio a los 29 años. "A diferencia de algunos de nosotros, Jorge era muy formal en la relación de pareja. Cumplía con disciplina espartana la visita diaria a la casa de la novia y preparaba durante semanas el regalo para su cumpleaños". Javier González Durán, amigo durante décadas, recuerda que el primer negocio juvenil que realizaron fue ofrecer a diversas empresas botellas de tequila para sus regalos de Navidad; "las comprábamos a granel en la fábrica de mi tío y hacíamos etiquetas con el nombre de cada empresa". Jorge se gastó su parte en el regalo para la novia.[2]

Pero su gran afición eran los autos. El primero fue un Ford Versalles 1956 que compró con ayuda de un cuñado y se trajo desde Zacatecas sin parabrisas. Después, trabajando para Volkswagen se hizo de un "vocho" y más tarde compró a plazos una Brasilia nueva. En algún momento siguió de cerca las carreras de autos de todo tipo. Algunos de los primeros lujos que se dio cuando hizo fortuna, 20 años después, consistió en la compra de algunos modelos de colección. Pero es un *hobby* que ha abandonado con el tiempo. Ahora que forma parte de la "familia ecológica" y persigue autos híbridos, considera un pecado de juventud aquella primera afición.

Al golf, único deporte que llegó a practicar, lo abandonó mucho antes; acostumbraba a jugar de joven en el mismo Country Club al que pertenecía la familia, pero al cumplir 18 y verse en la necesidad de pagar cuota de adulto tuvo que dejarlo. No así a los amigos, que mantendría durante décadas, hasta que los matrimonios, profesiones y fortunas terminaran por separarlos.

Nace un Og Mandino

Fue en Volkswagen donde Jorge descubrió el talento singular que tenía para las ventas. Si bien en el aeropuerto simplemente tramitaba el alquiler de autos, más tarde se convirtió en comisionista en una nueva concesionaria de un amigo en Guadalajara. Aceptó dedicarse a las ventas a regañadientes; "me daba vergüenza vender, como si estuviera pidiendo un favor", recuerda 25 años después. En ese entonces su sueño era abrir un restaurante importante en la ciudad y estaba en la búsqueda de una oportunidad para introducirse en ese negocio. Pero mientras tanto, la venta de autos le dejaba comisiones mucho más elevadas de lo que había anticipado.

La oportunidad para convertirse en restaurantero la creyó encontrar en el periódico con un anuncio de Casolar, una empresa del Grupo Alfa que construía casas, pero también tenía proyectos de hotelería como el de Las Hadas en Manzanillo. A los 19 años Vergara decidió irse a México a trabajar de mesero y aprender de ese negocio. Allá se encontraba cuando se enteró de las contrataciones de Las Hadas y acudió a una cita de reclutamiento con el propósito de convertirse en el *maître* o capitán de meseros de alguno de los restaurantes del hotel que estaba por inaugurarse. Y en esas estaba cuando un amigo vinculado a Casolar, quien había sido su cliente en Volkswagen, lo vio en el lugar y lo presionó para que fuera al área de ventas del propio consorcio con la insistencia de que esa era su vocación y no la de andar dándole de comer a otros. Era una etapa en que las virtudes mercadológicas de Vergara eran más apreciadas por sus conocidos que por sí mismo. Más tarde él insistiría con el tema de la gastronomía, pero nunca más abandonaría el oficio de vendedor.

La partida de Volkswagen debió haber tenido alguna tensión, porque ha dado pie a una leyenda negra, típica de las que rodean la biografía de Jorge. Un viejo conocido afirma que Vergara fue despedido por el director local de la concesionaria, y que en venganza este compró la distribuidora muchos años más tarde para darse el lujo de despedir al funcionario. Y en efecto, en algún momento el grupo Omnilife adquirió una concesionaria Volkswagen e hizo cambios en el personal. Pero Jorge rechaza la versión argumentando que tal funcionario nunca fue su jefe, pues él dependía de otra dirección de ventas, ni él fue despedido cuando decidió cambiar de aires. Un ejecutivo de Omnilife asegura que la adquisición de la concesionaria se debió a una oportunidad comercial y a la necesidad de buscar una opción para adquirir a más bajo precio las grandes cantidades de autos que regalan como incentivos a sus vendedores (más de 500 unidades en los últimos años). En beneficio de Jorge habría que decir que entre los detractores entrevistados, y la considerable lista de defectos que le atribuyen, no se encuentra el de ser vengativo, y mucho menos al largo plazo. "Jorge puede destruirte comercialmente sin miramientos, demandarte y dejarte en la calle, si te atraviesas en su camino. Pero te ignora si no representas una amenaza", afirma un arquitecto que construyó alguna obra de Omnilife y terminó demandado de mala manera. Las fuentes coinciden al señalar que el empresario es peligroso por sus arranques, no por sus rencores.

Casolar

A los pocos meses de ingresar a Casolar, Vergara recibió la encomienda de trasladarse a León para hacerse cargo de la representación de ventas de la constructora en el Bajío. Tenía 22 años y era su primera gran responsabilidad. Durante los siguientes tres años gozó de un estable periodo de bonanza. Hizo migas con los leoneses y, más importante, hizo dinero de sus comisiones y de algunos negocios marginales con jóvenes empresarios dedicados al calzado. Es la etapa dispendiosa del soltero que por vez primera goza de un presupuesto abundante y sin obligaciones que lo limiten. En aquel entonces conoció a Vicente Fox entre el círculo de los zapateros, entre otras cosas porque el contador de la empresa del ex presidente era un viejo conocido de Jorge. "No fui íntimo, pero lo conocí bastante bien, al grado que al arranque de su campaña presidencial me pidió consejo sobre su estrategia de *marketing* alguna vez".

La burbuja de oro en la que se encontraba se deshizo abruptamente en 1981, a sus 26 años, cuando Casolar entró en crisis, canceló gran parte de sus operaciones y despidió a cerca de 13 mil empleados, entre ellos el vendedor tapatío. Fue un duro golpe para Vergara, quien se sentía apenas en el inicio de un interminable periodo de vacas gordas. Súbitamente se quedó sin empleo, carecía de ahorros y se vio obligado a regresar a Guadalajara y comenzar de cero. En realidad menos que de cero, porque un escándalo local ensombreció su salida de León. Meses antes se había ofrecido para vender el departamento de un conocido mediante una rifa entre sus amigos leoneses. A él le tocó vender boletos, pero el que organizó la rifa se quedó con el dinero y dejó mal parada la reputación de Jorge. Años más tarde el empresario pagó el departamento.

Fue un retorno sin gloria. En pocos meses se esfumó la liquidación que había obtenido de Casolar, mientras tocaba puertas infructuosamente en busca de un empleo. "Me tomaban por un soltero dispendioso y juerguero por la manera en que me habían visto prosperar y gastar". Finalmente decidió insistir en el negocio de la comida, por vía doble. Con un amigo italiano abrió un restaurante de pizzas y pastas, pero poco tiempo después tuvieron diferencias y el socio le compró su parte. Igual destino tuvo una sociedad efímera que llegó a hacer con otro amigo para establecer un restaurante en la playa Los Ángeles Locos, en Tenacatita, Jalisco, pero salieron de pleito. Un final similar tuvo el intento de representación de firma de calzado leonés en Guadalajara, en sociedad con un amigo de la infancia. En todos los casos, el socio terminó quedándose con el negocio prefiriendo liquidar la parte de Jorge. Estas experiencias muestran las dificultades por las que Vergara suele pasar cuando debe trabajar en sociedad sin gozar del beneficio del control al 100 por ciento.

Entre 1983 y 1984, y luego de varios negocios infructuosos, Vergara parecía refractario al éxito. No le faltaba mucho para llegar a la treintena de años y si bien había probado su valor como vendedor de autos Volkswagen y de casas Casolar, prefería seguir fracasando en el intento de hacerse empresario que emplearse en el departamento de ventas de algún corporativo.

Hacia 1984 inició con su hermano un comercio de carnitas. No se hizo rico, pero alcanzó para pensar en ponerle fecha a la boda, luego de un largo noviazgo con Maricruz Zatarian.

Ella es hija de una familia de españoles que se habían asentado en Argentina, donde nació Maricruz, antes de llegar a México. El padre se había establecido en Ocotlán, Jalisco, un poblado industrial a 80 kilómetros de Guadalajara, como funcionario de una gran planta de Celanse a orillas del lago de Chapala. Vergara conoció a su futura esposa mientras esta estudiaba en Guadalajara en una casa que albergaba a otras estudiantes procedentes de Ocotlán. Fue un noviazgo largo e institucional, con visitas formales a su pueblo cuando ella regresaba a la casa paterna durante las vacaciones. Un noviazgo que había resistido la larga estancia en León por parte de Jorge.

Se casaron con apremios económicos a finales de 1983 y sólo pudieron irse de luna de miel gracias al importe de la venta de su Dodge Dart. En los siguientes años las carnitas terminaron absorbiendo a la joven pareja en un esfuerzo agotador que no daba ninguna prosperidad pero permitía pagar las cuentas. Vendían directamente al menudeo, pero también hacían entregas a restaurantes y a otros negocios. Algunos fines de semana colocaban un puesto en Ajijic, a orillas del Lago de Chapala. No debió haber sido fácil para alguien cuyo padre tenía una casa de descanso en un fraccionamiento exclusivo de la zona. Pero para entonces hacía tiempo que Jorge había dejado atrás cualquier rubor respecto del oficio de vendedor.

Y sin embargo, fueron las carnitas las que propiciaron el cambio afortunado en su vida. O mejor dicho, los efectos colaterales de las carnitas. "No sólo no prosperaba en ese negocio; además me tenía enfermo, gordo e intoxicado", afirma Vergara. Por esa época, mediados de los 80, se encontró a un ex colega en ventas de Casolar, quien le habló de los productos de Herbalife y la manera en que podían mejorarle la salud. "Me impresionaron los productos, pero más me impresionaron las comisiones de venta que él ganaba como distribuidor: 30 o 40 mil dólares mensuales". Unos meses más tarde, Vergara daba su brazo a torcer y se hacía representante.

Vergara se hace herbal

A partir de 1987 la situación familiar comenzó a mejorar paulatinamente. En tiempo récord Vergara había reclutado a más de mil vendedores y se había ganado un importante bono. A sus habilidades naturales se añadía la convicción absoluta en las virtudes de los productos que vendía. Él mismo se había convertido en un consumidor agradecido por los resultados obtenidos. La generosidad de los nuevos vientos que soplaban en la casa de los Vergara les convenció de tener un hijo, luego de cuatro años de matrimonio. Para su desgracia, durante el embarazo las autoridades federales cancelaron los permisos de Herbalife en México y, una vez más, Vergara se quedó sin empleo. Pero esta vez las consecuencias eran mucho más graves. Durante un tiempo tuvieron que vivir exclusivamente del sueldo de Maricruz y debió pedir prestado para pagar el parto de Amaury, nacido en 1987. Un parto que, acorde a su nueva vocación por la salud y el equilibrio, Jorge se empeñó en que fuera lo más natural posible.

Asumiendo que Herbalife eventualmente resolvería los permisos para seguir operando, Jorge decidió mantenerse en la empresa. Para ello se trasladó a El Paso, Texas, con el propósito de establecer un mercado de vendedores para Ciudad Juárez, con abastecimiento desde el lado norteamericano. Varias fuentes aseguran que lo que intentaba era pasar de manera informal los productos para el mercado nacional, hasta Guadalajara. De estas versiones se ha construido otra leyenda negra que asegura que Vergara fincó su fortuna en el contrabando. Pero los hechos contradicen tales versiones. Primero, porque Jorge volvió a pasar épocas de vacas flacas que habrían consumido cualquier ahorro. Y segundo, porque el trabajo en la frontera resultó bastante eficaz por sí mismo, al grado de que un año más tarde, cuando los permisos de Herbalife se restablecieron y los productos pudieron circular de nueva cuenta, Vergara decidió quedarse con sus vendedores en aquella zona.

En cierta forma su éxito condujo a su debacle. Impresionado por los resultados del joven vendedor mexicano, un vicepresidente de Herbalife, Larry Thompson, le pidió que abriera el mercado de San Antonio, Texas, en donde los intentos de penetración por parte de la empresa habían fracasado. Jorge aceptó envalentonado, trasladó a la familia, y se dispuso a conquistar América. Para su desgracia, en poco tiempo había perdido en San Antonio lo que había logrado avanzar en la frontera. Una vez más las dificultades se instalaron en la economía familiar. Algún amigo recuerda haberle ayudado a pagar un avión para que Maricruz visitara a su familia en Jalisco.

Pero los contratiempos no cancelaron la confianza de Vergara en los suplementos de Herbalife. Tenía 34 años de edad, una familia que sostener, carecía de patrimonio o de título profesional, pero seguía convencido de haber encontrado el negocio de su vida. Por consiguiente decidió hacer "una salida hacia delante". En 1989, con esposa y un niño de dos años y medio de edad, Vergara se trasladó a Burdeos, Francia, para abrir el mercado a los productos en los que seguía creyendo. Los franceses no pensaron lo mismo. Luego de casi 12 meses de trabajo infructuoso, se desplazó a Bilbao, en donde había parientes de la familia de su esposa, para intentar abrir el mercado español. Los resultados tampoco fueron buenos, pero al menos la pasaron mucho mejor.

Un año más tarde seguía convencido de que estaba en la línea de productos correcta, pero en el mercado equivocado. El recuerdo de su éxito en el reclutamiento de vendedores en Ciudad Juárez y en Guadalajara, y los magros resultados en Texas y Europa, terminaron por persuadirlo de la necesidad de regresar a conquistar su tierra.

Herbalife seguía existiendo en México, pero nunca se había recuperado cabalmente de la interrupción de actividades unos años antes. Vergara viajó a una reunión corporativa, pero con la intención de hacer una propuesta aventurada: primero, convertirse en representante para todo México y América Latina; segundo, diversificar los productos de Herbalife y convertir en líquidos lo que hasta entonces habían sido pastillas. La respuesta de Mark Hughes, presidente y fundador de Herbalife, dolió a Vergara. A lo primero le respondió que ni en sueños; de lo segundo prácticamente se burló por juzgarlo una locura.[3]

Vergara estaba convencido de que la presentación de Herbalife en polvos y pastillas dificultaba su aceptación en el mercado latino, mucho más acostumbrado a licuados y bebidas medicinales. Por lo demás, luego de varios años de consumir los propios productos Jorge seguía convencido de los resultados pero estaba asqueado de su monotonía.

Irritado por la respuesta de la presidencia, Jorge encontró que algunos otros vendedores y ejecutivos de la empresa tenían inquietudes similares. Muy pronto se convencieron de que podían optar por una versión "tropicalizada". En cuestión de horas, en un cuarto de hotel de Puerto Vallarta, tomaron el acuerdo de fundar una nueva empresa.

Omnitrition Internacional era una pequeña empresa que existía desde años antes en Estados Unidos, con productos parecidos a los de Herbalife, pero con una trayectoria económica mucho más modesta. Los nuevos empresarios decidieron que era más conveniente apoyarse en ella que comenzar de cero. Los dueños estadounidenses de Omnitrition aceptaron las propuestas de los jóvenes empresarios y crearon Omnitrition México, con importante participación accionaria de Vergara y sus compañeros (dos ex vendedores estadounidenses de Herbalife).

El arranque, en 1991, no fue sencillo, tanto por la falta de capital como por el cúmulo de trámites y permisos que requirió la puesta en marcha. Una vez más, hay versiones que señalan que en esta etapa inicial la nueva empresa utilizó todo tipo de intermediarios para lograr los suministros de importación, a falta de los permisos adecuados.

Pero Vergara se encontraba en su elemento. Para él se trataba de lo mejor de los dos mundos. Por fin se había convertido en empresario de un negocio prometedor que, a la vez, requería de todo su talento de vendedor. No pasó mucho tiempo antes de que comenzara a disputar el control de la empresa. Él argumenta que el acuerdo inicial consistía en que la participación en la composición accionaria en Omnitrition México quedaría definida por los resultados de ventas de los primeros años. Aquel que vendiera más estaría en posibilidades de comprar al resto de los socios su parte, para asumir el control de la empresa. Pero estos acuerdos no fueron respetados, pese a que Vergara superó con creces el desempeño de todos los demás. Los dos ex socios, afirma Vergara, en realidad nunca hicieron su parte y la empresa quedó circunscrita esencialmente al trabajo que se hacía desde Guadalajara. Vergara desencadenó un largo y costoso litigio que eventualmente le permitió quedarse con la propiedad absoluta. Ello significó, por otro lado, un acuerdo legal con la propia matriz norteamericana que con el tiempo habría de crecer mucho menos que su versión mexicana.

En 1995 Omnitrition cambió su nombre por el de Omnilife, entre otras razones para desvincularse por completo de tan azaroso inicio.

Life en Omnilife

A pesar de que la filosofía oficial de la empresa establece que la misma es una creación de Jorge Vergara, en realidad constituye una adaptación masiva de Herbalife, el modelo original. La estructura de ventas por multinivel opera a través de una cadena de distribuidores diamante, oro, plata y bronce, estimulados con bonos e incentivos espectaculares; la insistencia en asociar los productos con un cambio de vida y el desarrollo personal; la celebración de eventos denominados Rallies y Extravaganzas (mismos nombres de Herbalife) con la participación de cantantes de renombre mundial; o la construcción del culto a un líder carismático que lejos de esconder su riqueza la exhibe como muestra de éxito personal (avión privado de lujo incluido).

Jorge Vergara asimiló cabalmente el ejemplo de Mark Hughes, fundador de Herbalife, quien recorrió mucho antes el camino del mexicano y construyó un imperio antes de cumplir 30 años de edad. Reconocer este hecho no quita méritos a la hazaña de Vergara, porque la fórmula de Hughes no era ningún secreto y estaba a la vista de todos. Lo difícil fue aplicarla y en cierta manera superarla.[4]

Los inicios de Omnilife no tienen nada que envidiar a las historias legendarias de los grandes imperios nacidos en una cochera. La empresa se creó con 10 mil dólares prestados. En 1991 Vergara colocaba anuncios en el periódico los jueves para reclutar vendedores y los recibía en la oficina que un amigo le facilitaba, por horas. Y en casa de otro, en un cuarto disponible, almacenaba el producto para la venta. Maricruz, su esposa, levantaba pedidos y llevaba la administración. Pero la intuición de Vergara había sido la correcta cuando supuso que las bebidas vitamínicas y energéticas funcionarían mucho mejor que las píldoras. Omnilife creció exponencialmente en México, mucho más rápido de lo que lo había hecho Herbalife en los mercados latinos. Tres años más tarde ya tenía vendedores en las principales ciudades y Jorge recorría el país incesantemente para abrir otras plazas.

El sistema de ventas por multinivel es una derivación de las estructuras piramidales, aunque a sus fundadores no les guste esa referencia por los escándalos que se generaron en las cadenas y cartas fraudulentas hace algunos años.

El sistema opera actualmente de la siguiente manera: un vendedor reclutado trata de colocar el producto entre amigos y familiares, para lo cual obtiene un descuento que va desde 20 hasta 40 por ciento, según los montos vendidos, bajo una escala de puntos y premiaciones. Pero el verdadero negocio para él consiste no tanto en conseguir consumidores, sino en reclutar a otros vendedores. El sistema permite a estos distribuidores "comisionar" 20 por ciento de todas las ventas que realicen sus vendedores reclutados e incluso a los agentes reclutados por aquellos. Un distribuidor diamante, por ejemplo, obtiene comisión de los siguientes seis escalones o niveles. El distribuidor oro sólo comisiona en los siguientes cinco, el plata lo hace en cuatro y el bronce en tres.

El esquema parece sencillo pero el resultado acumulado es explosivo. Los vendedores diamante, una cuantas decenas en el mundo, obtienen comisiones superiores a 100 mil dólares mensuales y en ocasiones más del doble. Un colombiano y dos mexicanos "diamantes" son propietarios de aviones privados, para estar en condiciones de visitar todos sus niveles (y de paso reproducir en su entorno o región el fenómeno "Vergara"; es decir, alguien que irradia y difunde el éxito).

En la base de toda esta estructura se encuentra el consumidor-vendedor de pequeña escala, quien le compra a un distribuidor bronce o plata algunos productos para su propio consumo y los de su entorno inmediato. Omnilife asegura que cuenta con 6 millones en todo el mundo, más de un millón de ellos sólo en México. La cifra parece exagerada toda vez que no hay registro oficial independiente de la empresa, pues no se trata de empleos en nómina o en Seguro Social. Sin embargo son proporciones aceptables si consideramos que el consorcio reporta ventas por mil 500 millones de dólares en el año de 2006, la mitad de las cuales se realizaron en México. Ello significaría que los distribuidores en el país habrían vendido en promedio una cantidad de producto equivalente a 750 dólares en el año; una cantidad razonable asumiendo que la mayoría de ellos compran los suplementos alimenticios para sí mismos y su entorno diario.

La clave del éxito de este sistema de ventas consiste efectivamente en enriquecer y hacer prosperar a una porción importante de la cadena de ventas. Después de todo son productos que no se anuncian en los medios de comunicación ni pagan campañas de publicidad. Se mueven exclusivamente por el interés de los vendedores y los méritos del producto a los ojos del consumidor.

No sólo se trata de que los buenos vendedores prosperen, e incluso se hagan millonarios, sino también de "cacarearlo" intensamente para irradiar a lo largo de la cadena la aspiración a convertirse en una más de las muchas historias de éxito. De allí la importancia de los Rallies y las Extravaganzas. Estas últimas se realizan una vez al año, usualmente en Guadalajara, con la asistencia de más de 15 mil distribuidores venidos de todo el continente, la mitad de ellos con todos los gastos pagados gracias a sus bonos por metas cumplidas. Son sesiones en las que se describen los nuevos productos, se presentan testimonios de casos de éxito, se presume el sistema de incentivos y se ofrecen cursos y herramientas para la superación personal. Las Extravaganzas culminan con dos eventos magnos. Primero, la presentación de Jorge Vergara en vivo con una puesta en escena que nada envidiaría a los mejores predicadores evangelistas de la televisión estadounidense, tanto por el oficio del expositor como por la intensidad de su relación con los participantes.

Las Extravaganzas terminan con un concierto musical a cargo de artistas de renombre: Carlos Vives, Ricky Martin, Diego Torres, Mariah Carey, Shakira, Marc Anthony, Chayanne, Sofía Vergara, entre otros. Y, por supuesto, la asistencia al estadio Jalisco al partido de las Chivas. Los Rallies son versiones más sencillas, sin concierto ni partido de futbol, que se realizan durante todo el año en los países en los que Omnilife tiene presencia. Vergara asiste a buena parte de ellos, pero no siempre es el caso. Sin embargo, la herramienta de ventas más importante son los estímulos y los premios. Consiste en un complejo sistema de puntos y bonificaciones muy atractivo, destinado a incentivar al vendedor para que aumente su desempeño haciendo un esfuerzo adicional. La clave está en otorgar premios a todos los niveles de tal forma que ese esfuerzo extra siempre sea recompensado, sin importar en qué escala se encuentre. Desde una residencia o un carro de lujo, hasta un simple descuento o un producto nuevo.

Los autos y los viajes son los objetivos más perseguidos. Cada año Omnilife organiza un viaje internacional de 6 mil, 8 mil o 10 mil personas, dependiendo del cupo del barco u hotel que se contrate. Son viajes bien organizados en los que no se escatima presupuesto ni calidad, y en muchos de ellos Vergara mismo funge como anfitrión. En 2006 y 2007 viajaron a Atlantis en Las Bahamas, en 2005 a Europa y en 2004 al Caribe. Además de los boletos que requieren estos viajes y los de Extravaganza, a lo largo del año se gestiona una gran cantidad de viajes para seminarios, Rallies, programas de escuelas de hombres y mujeres con graduación en la playa, etcétera. La magnitud de la boletería gestionada es tal que hace una década Mexicana de Aviación mantenía tres operadores de tiempo completo en las oficinas de Omnilife, para desahogar cerca de 30 mil boletos anuales que requería la operación de la empresa.

Vergara ha tenido la habilidad de lograr una cadena de vendedores bien motivada y una base enorme de vendedor-consumidor de pequeña escala que convierte la venta de los productos de Omnilife en un ingreso familiar adicional nada desdeñable. Alrededor del 60 por ciento de la infantería de este ejército de ventas son mujeres pertenecientes a las clases populares.

Esto es posible gracias a los considerables márgenes de operación con los que funciona este tipo de productos. Carece de presupuestos onerosos de publicidad, prácticamente opera sin inventarios pues fabrica lo que su cadena de distribución le pide y posee una estructura mínima de personal. Durante años, Omnilife y compañías similares han logrado mantener a raya las gestiones jurídicas que ha hecho el IMSS para obligarles a cotizar e inscribir a los vendedores en calidad de empleados.

Originalmente los productos de Herbalife nacieron con el propósito de ofrecer complementos alimenticios para llevar una dieta equilibrada y reducir peso. Mark Hughes aseguraba que había fundado la empresa en respuesta al trauma que le había dejado la muerte de su madre, fallecida por una intoxicación con productos para adelgazar.

Luego resultó que no era más que una historia destinada a darle un toque dramático a los orígenes de la empresa. En realidad la madre había muerto a consecuencia de una sobredosis de tranquilizantes.[5] Paradójicamente el hijo moriría de algo similar casi 25 años más tarde: intoxicación por la mezcla de alcohol y tranquilizantes.

Pero ciertamente, Herbalife tenía una vocación eminentemente "dietética" en sus orígenes. Como se ha dicho, Jorge Vergara entró en contacto con el producto por su interés en bajar de peso y mejorar su salud, luego de los estragos ocasionados por los años dedicado al negocio de las carnitas, por no hablar de una propensión fisiológica a la obesidad. Consecuentemente, también en Omnitrition existió un énfasis similar en los primeros años.

Pero Vergara percibió que había un potencial aún mayor en otro tipo de productos: bebidas energéticas, complementos vitamínicos, cremas y shampus, sustitutos de café y tés, y hasta la Chiva Cola, además de la línea tradicional de licuados bajos en calorías. Hoy en día el catálogo de Omnilife consiste en cerca de 60 productos, sin considerar una línea de belleza que opera con su propia marca e imagen, aunque se comercializa en la misma cadena de venta bajo el genérico "Kenya Vergara", nombre de su hija (con ventas que ya en 2006 ascendían a 50 millones de dólares).

Omnilife fue transitando poco a poco hacia una línea de productos con más énfasis en la salud y la ecología, sin abandonar por ello al público que se interesa en artículos para la reducción de peso. En 2001 Vergara estuvo muy cerca de adquirir The Body Shop, la cadena inglesa con más de mil 800 tiendas de artículos de belleza y salud de origen "orgánico", por una suma cercana a 500 millones de dólares. Era una oportunidad comercial para entrar de cuajo a un gran número de países y para asociar los productos Omnilife con una imagen amable con la naturaleza y la ecología. Pese a que la ruptura en las negociaciones canceló esa vía, Vergara ha buscado afanosamente identificar sus productos con atributos similares. Sin embargo, habría que decir que el uso de recipientes de plástico y de metal es muy poco favorable para proyectar la imagen que la empresa desea construir. Un ejecutivo asegura que Omnilife está haciendo esfuerzos para encontrar una alternativa a sus envases, pero al menos por el momento no es una empresa que pudiera ser apreciada por Greenpeace.

¿Funcionan?

Existe una enorme polémica respecto a los beneficios de este tipo de suplementos alimenticios. Las posiciones suelen ser sumamente polarizadas. Desde los que aseguran que se trata de productos poco menos que milagrosos, capaces de propiciar la recuperación de enfermos graves, hasta los que argumentan que son bebidas y polvos anodinos, sin mayor virtud que su capacidad para aprovecharse de la credulidad de las personas. No existen estudios científicos de alguna institución prestigiada e imparcial sobre los efectos en un gran número de consumidores. La propia Omnilife asegura que sus productos han pasado pruebas de las autoridades de salud en todos los países en los que opera, incluyendo las de Estados Unidos o la Comunidad Europea, además de aplicar pruebas de análisis de control de calidad en los laboratorios en donde se fabrican. Sin embargo, también admite que carecen de un seguimiento controlado de los efectos sobre la población al mediano y largo plazos. En suma, sólo se cuenta con el testimonio de los consumidores, lo cual conduce a una larga lista de impactos milagrosos, como igualmente desastrosos, según la versión que se consulte.[6]

En beneficio de Omnilife debe decirse que en la mitad de los escritorios de los empleados de las oficinas de la propia empresa suele haber uno de los productos en proceso de consumirse. Jorge Vergara mismo invariablemente es visto y fotografiado haciendo uso de alguna bebida Omnilife (aunque durante las casi dos horas y media en que fue entrevistado para esta investigación, en su oficina, no se observó que hiciera uso de alguno de sus productos).

Algunos doctores han señalado que a juzgar por el contenido de los productos estamos hablando de efectos que ni son milagros ni son calamitosos. En realidad se trata de productos vitamínicos, suplementos alimenticios y bebidas energéticas que pueden servir si la persona tiene carencias de las sustancias en cuestión. Los complementos dietéticos, como cualquier otro nutriente, pueden ayudar a reducir peso en la medida en que sustituyan el consumo de productos inadecuados para la salud. Eso no impide que Vergara prácticamente los utilice como productos medicinales. Una media docena de veces durante la entrevista recibió llamadas en su teléfono celular de parte de distribuidores que hacían consultas sobre algún cliente y la bebida más adecuada para un problema en particular. Interrogado sobre su papel de "doctor", simplemente argumentó que nunca propone nada que no haya probado él mismo.

Vergara afirma que la mayor parte de las sustancias utilizadas en la fabricación consiste en productos orgánicos cultivados en sus propios invernaderos. Hay tres plantas de fabricación localizadas en Guadalajara, Colombia y Barcelona. En esta última ciudad se encuentran los laboratorios en que se realizan pruebas y se fabrican las esencias.

La construcción de un imperio

Sean productos milagrosos o no, lo cierto es que hicieron un milagro para Jorge Vergara, convirtiéndolo en el hombre más rico de Guadalajara en tiempo récord. La empresa que arrancó en 1991 de manera tan precaria, se había convertido en un imperio antes de que terminara la década. Para 1998 Vergara se había comprando un avión de 37 millones de dólares, y un año más tarde había adquirido un segundo aparato.

Maricruz Zatarian, la ex esposa de Vergara, tiene una enorme responsabilidad en la construcción de ese milagro (mérito que Vergara siempre ha reconocido). Si él fue el genio de las ventas, ella resultó una gerente excepcional. Organizó la producción, coordinó contadores, estableció auditorías, fijó salarios. En suma, se hizo cargo de la logística para edificar en terreno sólido los sueños que su marido iba convirtiendo en realidad. Jorge imaginaba, convencía, conducía la estrategia; ella implementaba y permitía que las cosas funcionaran día a día.

No fue fácil para Maricruz, porque en la práctica ello significó hacer el papel de villano en la administración de la empresa. Le tocaba imponer normas y disciplinas, ajustar salarios, postergar pagos a proveedores, estirar las finanzas. Hay un rosario de anécdotas de la manera en que las promesas de Jorge a algún empleado o proveedor eran reducidas o negadas por ella. El reparto de trabajo entre el detective bueno y el malo. Las leyendas negras también la alcanzan a ella. Varios ex empleados están convencidos de que la administradora intervenía teléfonos y tenía un sistema de vigilancia en las oficinas mediante micrófonos y cámaras ocultas. Eso incluiría la propia oficina de Vergara, con la supuesta venia del empresario.

En los primeros años la pareja se apoyó en parientes y amigos de muchos años para enfrentar el crecimiento vertiginoso del gigante que estaban creando. Las dos hermanas y el hermano terminaron haciéndose cargo de diversas tareas. Patricia, la hermana mayor, psicóloga de profesión, ha sido una de las más destacadas instructoras del personal de ventas y de las escuelas de desarrollo personal. Gabriela, su otra hermana, se casó con un hermano de Genaro Borrego, quien fuera director del IMSS (lo cual habría permitido recibir algún consejo sobre la mejor manera de agilizar los permisos de salud para los productos Omnilife).

Un amigo de la infancia de Jorge, Germán González Navarro, habría de convertirse en su brazo derecho prácticamente hasta su muerte en un accidente automovilístico. Era la contraparte operativa de Maricruz, y nunca escondió la rivalidad que existía con la esposa de su amigo. Días antes de su muerte, Maricruz había logrado despedirlo y Vergara estaba cabildeando su regreso a la empresa. Su muerte en tales circunstancias fue un duro golpe para el empresario.

Algunos amigos se han quejado de la "ingratitud" de Vergara ahora que es rico. Los que lo defienden aseguran que, en efecto, Jorge no es generoso para regalar dinero, pero sí para compartirlo en el trabajo. Algunos de los que están a su lado se han convertido en millonarios, pero incluso ellos aseguran que Jorge no ofrece nada de manera gratuita ni se hace santo patrón protector de sus conocidos.

Pese al desplante de los costosos aviones, en la vida cotidiana el empresario dista de tener hábitos derrochadores. Por el contrario. Ya convertido en millonario siguió viviendo durante varios años en el mismo departamento que ocupaba cuando fundó Omnitrition (aunque compró también uno al lado), en un conjunto habitacional de clase media, enfrente de la Universidad Autónoma de Guadalajara.

Tiene rasgos de excentricidad, como el famoso hábito de nunca usar calcetines. A lo largo de docenas de entrevistas ha ofrecido las más variadas razones para haberse quitado este atuendo (es más saludable, los animales no usan, si las mujeres no se ponen por qué lo tienen que hacer los hombres, hace mucho calor, es nuestro termostato, etcétera).

¿Mera excentricidad? ¿Formas de llamar la atención? ¿Construcción de una personalidad pública? Imposible saberlo.

Sin embargo, como ejecutivo es un hombre esencialmente práctico y de sentido común. Resuelve rápido, con el mínimo de juntas, y siempre está disponible para algún asunto importante, afirma uno de sus ejecutivos principales. No hay burocracia. "Todos tenemos su celular y lo usamos continuamente". El cuerpo de directivos de la empresa se reúne una vez a la semana, sin él; y cada tres meses con él. Con Jorge "no es un problema equivocarse, si tienes argumentos y una solución prevista", dice el responsable de las finanzas del grupo, Raúl Cuevas.[7] Reprende con dureza, pero escucha los argumentos en contra. Salvo en el tema de ventas, se interesa menos en el detalle y mucho en los objetivos de largo plazo, en el diseño de estrategias y en la creación de ideas.

Sin embargo, hay muchos profesionales y empresarios que han terminado en litigios con Vergara. Es impaciente con los contratiempos y los errores de la contraparte, y suele disparar abogados con mayor rapidez que su adversario. Un ex distribuidor importante de Guadalajara, Elie Óscar Michel Guerrero, con el que se enemistó, amenazó con recurrir a los medios de comunicación para exponer supuestas prácticas fraudulentas relacionadas con los productos de Omnilife; la empresa lo acusó de extorsión y terminó en la cárcel.[8] Sin embargo, Vergara reconoce que durante semanas perdió el sueño por la preocupación del posible daño que podía provocar un escándalo de esa naturaleza.

Rossana

Y sin embargo, la disolución del contrato más importante de su vida resultó sorprendentemente plácida. En algún momento, alrededor del año 2002, el matrimonio entre Jorge y Maricruz dejó de serlo. No están claros los motivos, pero es un hecho que al poco tiempo Jorge comenzó a relacionarse con otra pareja. Fue una separación tersa, no obstante que ella era propietaria de 29 por ciento de la propiedad de la empresa frente al 71 de su esposo.

Más importante aún, comparten la vida cotidiana de sus hijos, a los cuales pese a vivir en hogares separados Vergara frecuenta cotidianamente. Después de Amaury, nacido en 1987, el matrimonio había procreado a Kenya en 1993. Además, hace algunos años adoptaron a Yelena, entonces una preadolescente que conocieron en Rusia. La versión peyorativa de esta adopción señala que los Vergara necesitaban una especie de niñera de confianza, toda vez que Maricruz cumplía largos horarios de oficina. Sin embargo hay múltiples testimonios del trato comedido y afectivo que ella ha recibido, y que su crianza y educación han sido similares a los de una hija propia. Interrogado sobre las razones para una adopción, Vergara simplemente responde: ¿y por qué no? En el acuerdo de separación, Maricruz se retiró de la participación activa en Omnilife, aunque en ese momento conservó bajo su control la constructora y los invernaderos, entre otras de las empresas colaterales.

Vergara conoció a su siguiente pareja, Rossana Lerdo de Tejada, en el 2002, durante alguna visita a Nueva York, a donde había ido en búsqueda de algunos cuadros para su colección y por sus actividades relacionadas con el cine. Ella trabajaba como ejecutiva de alto nivel de una de las galerías de arte más prestigiadas en Manhattan, la Gagosian Galery. Sobrina de Fernando Lerdo de Tejada, quien fuera director de comunicación social de Ernesto Zedillo, Rossana era una guapa treintañera, especialista en historia del arte, de personalidad recia. "Una mujer que no pasa inadvertida en un salón, tanto por el porte físico como por el comportamiento", afirma una conocida suya de Nueva York. Su relación con ella aportó al tapatío una sofisticación de la cual carecía. Si bien es cierto que Jorge nunca fue un personaje rústico y que había viajado lo suyo, Rossana pertenecía a la élite cultural y social de Nueva York, con todo lo que ello significa. A partir de su relación con esta *broker* de arte, la apariencia física del propio empresario comenzó a transformarse: desaparece el bigote, adquiere un corte de pelo moderno, y comienza a portar ropa de marca y de estilo sofisticado. Trajes Hugo Boss y calzado Ferragamo, aunque sea sin calcetines. Las notas de sociales reflejan a un Jorge Vergara más delgado en esos años.

Según un reportaje de la revista *Expansión*, Rossana Lerdo de Tejada se convirtió en el referente de la élite en Guadalajara en materia de atuendos y hábitos sociales. Una especie de primera dama de la moda en la Perla Tapatía.[9] Por lo demás, fue la anfitriona perfecta para muchos de los proyectos culturales con los cuales Vergara ha buscado hacer más glamoroso a su imperio. Entre otras cosas, fungió como presidenta de la fundación Por los Niños del Planeta, auspiciada por Omnilife. En 2004 Rossana tuvo una niña, su primera hija, la tercera para Jorge.

Un dream team de arquitectos

Omnilife, al igual que Herbalife en su momento, ha insistido en la noción de que este tipo de empresas va mucho más allá de ser meras fábricas de vitaminas para pobres. Su estrategia consiste en presentarse como canales para la superación personal de todo su ejército de ventas, tanto por la prosperidad económica que pueden propiciar, como por la filosofía de desarrollo humano y búsqueda de la felicidad que dicen pretender. Habría que reconocer que en este punto Vergara ha superado al maestro. Omnilife ha hecho un esfuerzo más intenso que Herbalife para aspirar a la meta de cambiar las vidas de los que integran "la familia life". Esto es particularmente palpable en el caso de los empleados del consorcio (poco más de 4 mil). Son exhortados a tomar cursos de distinta índole, a participar en la escuela de hombres y mujeres (talleres y seminarios de superación personal) y el hijo mayor de cada empleado tiene una beca para asistir a Educare, la escuela del grupo fundada en 1995 con un plan de estudios afin a la filosofía Omnilife. La escuela incluía programa de primaria, secundaria y preparatoria. Fue cerrada en 2014.

Una afanadora con quien topamos en el transcurso de esta investigación, con antigüedad de varios años en la empresa, había viajado ya por todo el mundo, gracias al hecho de que los empleados son llevados por turnos en los cruceros con todos los gastos pagados, sin importar su nivel (viajan como invitados, no trabajando en las rutas).

En última instancia se trata de una estrategia de *marketing*. Pero en el caso de Omnilife de Jorge Vergara parecería coincidir con una convicción personal, una trayectoria de vida y una carga genética heredada del padre.

Nada ilustra mejor esta mezcla de objetivos estéticos, morales y económicos, como el proyecto JVC. En 1999, Vergara hizo la presentación de un proyecto cultural de proporciones tan descomunales que provocó tanto la admiración y el arrobo de los cercanos, como la burla de los incrédulos. Había razones para alimentar ambas reacciones.

El JVC, por las iniciales de su padre (Jorge Vergara Cabrera), es un centro cultural y de negocios que habría de ser construido por los mejores arquitectos del mundo, con un costo estimado originalmente en 440 millones de dólares. Cuatro años más tarde, en un relanzamiento del proyecto sin haberse edificado aún la primera piedra, la cifra estimada había aumentado a 800 millones de dólares.

Pese a que originalmente se presentó como un conjunto para ser inaugurado en 2010, cada vez resulta más evidente que su plena realización podría tomar buena parte del resto de la vida de Vergara. El terreno mismo, de 240 hectáreas en las afueras de Guadalajara, terminó por consolidarse jurídicamente apenas en 2006 luego del pago de cerca de 100 millones de dólares a lo largo de seis años, y un largo rosario de trámites y litigios jurídicos.

Aunque el proyecto ha ido cambiando a medida que los intereses de Vergara y de Omnilife lo han hecho, la idea básica consiste en un grupo de edificios que en sí mismos serán una obra de arte y en conjunto formarán una peque ña Atenas. Incluye un Museo de Arte Contemporáneo y Centro de las Artes diseñado por el arquitecto japonés Toyo Ito, un Centro de Convenciones por el mexicano Enrique Norten, un Centro Comercial y de Entretenimiento por los austriacos Wolf Prix y Helmut Swiczinsky, un Club Deportivo Guadalajara por el mexicano Teodoro González de León, un Hotel por la iraní Zaha Hadid, una Isla de los Niños por los estadounidenses Philip Johnson y Alan Ritchie, las

Oficinas Corporativas Omnilife por el francés Jean Nouvel, el Pabellón (salas de proyección) por los mexicanos Ricardo Nurko y Alejandro Aptilón, un Palenque por el estadounidense Thom Mayne, un Recinto Ferial y Parque de Diversiones por la catalana Carmen Pinós, La Universidad del Éxito por el polaco-estadounidense Daniel Libeskind. Posteriormente se añadió el estadio de las Chivas, según proyecto del francés Jean Massaud y el húngaro Daniel Pouzet.

Vergara se hizo mundialmente famoso al convocar a este especie de *dream team* internacional de la arquitectura. Le costó entre 20 y 30 millones de dólares el pago simplemente de los proyectos a cargo de estos despachos, pero logró posicionar el nombre de JVC en los anales del diseño arquitectónico mundial, aun antes de comenzar a construirlo. Quince años después ninguno de los edificios del proyecto original había comenzado a levantarse, salvo el estadio de futbol construido sobre una porción del terreno.

Por lo demás, la relación con los arquitectos tampoco estuvo exenta de problemas. En parte por razones imputables a las exigencias de estos personajes afamados, y en parte por las pretensiones de Vergara de usar su nombre para promocionar no sólo el JVC, sino también la venta de productos Omnilife (lo cual se repetiría años más tarde con algunos jugadores de las Chivas). Varios de estos arquitectos fueron llevados a alguna Extravaganza y presumidos por Vergara como trofeos que confirmaban el éxito del grupo. No todos quedaron en buenos términos con el empresario, aunque se asegura que finalmente todos recibieron su pago y entregaron su proyecto, aun cuando los detalles de cada uno de ellos se mantienen en reserva.

Vergara adquiere título nobiliario

Para finales de los años 90 Vergara era probablemente el hombre de mayor fortuna en Guadalajara, o por lo menos el de mayor liquidez. Pero eso estaba muy lejos todavía de darle alguna satisfacción. Para la élite tapatía seguía siendo un nuevo rico y en algunos círculos tradicionales se veía con suspicacia el rápido enriquecimiento en un negocio intangible y poco ortodoxo. No sólo los tapatíos lo percibían así. Durante el sexenio de Zedillo (1994-2000) fue objeto de docenas de auditorías por parte de Hacienda, que desconfiaba del crecimiento vertiginoso de las cuentas bancarias de Omnilife (sólo hasta el año 2006 la empresa aseguraba haber sufrido 210 auditorías desde su inicio). De todas ellas salió ilesa la contabilidad del empresario. Pero no su orgullo.

Quizá por ello, desde finales de los 90 Vergara comenzó a dedicar cada vez más tiempo a la búsqueda de proyectos sociales y culturales de gran envergadura. Como si quisiera dejar asentado que no sólo estaban equivocados al desconfiar de él, sino que a la postre había resultado mejor que todos los ricos que lo criticaban. Una ex colaboradora lo pone justo en esos términos: "Vergara hace muchas cosas, dice muchas cosas, con el exclusivo propósito de mostrarle a los demás que él es mejor".

En realidad, sería motivo de diván indagar la naturaleza de los resortes que han impulsado la enorme diversificación de sus intereses, muchos de ellos sin ánimo de lucro. O al menos en apariencia: no hay que olvidar que hacer de su nombre una leyenda es también una estrategia comercial y de negocios en el ramo al que está dedicado. Lo más probable es que cálculo y temperamento se hayan conjugado para hacer de Vergara un empresario hiperactivo en toda suerte de proyectos, algunos disparatados, otros muy afortunados: cine, revistas, música, pintura y escultura, futbol, turismo, educación…

El primero de ellos fue el Premio Omnilife en 1997, otorgado en el contexto de las actividades artísticas del Salón de Octubre, que cada año se celebra en el marco de las Fiestas de Octubre en Guadalajara. A partir del siguiente año se instituyó el Gran Premio Omnilife que se convirtió hasta 2002 en uno de los certámenes más atractivos en el país, al menos por la generosidad de la bolsa otorgada (hasta 15 mil dólares por categoría). Las obras premiadas pasaban a formar parte del acervo de la Fundación Cultural Omnilife y eran exhibidas en una galería de la institución. Sin embargo, el premio vino a menos al poco tiempo cuando la decisión del jurado contrarió a Vergara y él decidió premiar a otro finalista. El argumento era impecable, en la lógica del empresario: si el premio salía de su cartera, no había razón para premiar algo que no gustaba al dueño de la fundación.

El cine es quizás el primero de sus proyectos que lo catapulta a nivel nacional e internacional. Si bien es cierto que lo del JVC ya se había presentado, no pasaba de ser una promesa. En cambio, el éxito de la película *Y tu mamá también* producida por su empresa en 2001, dirigida por Alfonso Cuarón y estelarizada por Gael García y Diego Luna, lo convirtieron de la noche a la mañana en un protagonista central de la nueva industria del cine mexicano. Si bien nunca recuperó los 3 millones de dólares que invirtió, los beneficios intangibles fueron incalculables.[10] En el año 2002 la revista *Variety* lo nombró uno de los diez productores a seguir.

A diferencia del caso del futbol, una actividad totalmente desvinculada de los intereses Vergara, con el cine había antecedentes familiares: Víctor Vergara, hermano de su padre, había participado en la producción de algunas películas de El Santo en los años 60. El hecho es que Vergara había buscado a Cuarón para la filmación de algunos videos y documentales institucionales, pero este logró interesarlo en uno de sus proyectos de largo aliento. No fue la única película que hizo Producciones Anhelo, la empresa creada para ese efecto, pero sí la más afortunada. En 2001 coprodujo con socios españoles *El espinazo del diablo* y como productora principal la película *Crónicas*, del director ecuatoriano Sebastián Cordero, en 2004. El proyecto más ambicioso, *El asesinato de Richard Nixon*, protagonizada por Sean Penn y Naomi Watts, dirigida por Niels Muellers, resultó un fracaso de taquilla. A partir de 2004 Vergara instituyó el Premio Omnilife al Mejor Director, por 500 mil pesos, dentro del marco del Festival del Cine de Guadalajara, pero sólo se otorgó ese año y el siguiente, luego de algunas diferencias con los organizadores del festival (la Universidad de Guadalajara).

Estos últimos reveses, y la atención creciente que han demandado otros proyectos, particularmente la adquisición de las Chivas, parecen haber desalentado la actividad de la productora de Vergara. El empresario todavía se lamenta de haber rechazado coproducir *El laberinto del fauno*, cuando el también tapatío Guillermo del Toro se lo propuso. “Me dejé influir por opiniones que desestimaron el guión”, afirmó en entrevista. En algún momento externó su interés en hacer una película sobre el 68 en México, pero todo indica que ya ha menguado el entusiasmo.

Es probable que Productora Anhelo incurra en una segunda etapa si se concretan los planes de su hijo Amaury, de 20 años, de estudiar cine en el extranjero. Hasta ahora los intereses del joven se habían concentrado en la música, al fungir como director de la productora de música Suave Récords, propiedad del corporativo. En realidad resulta un tanto pomposo considerar a esta empresa como una productora musical. Se fundó en torno a la gestión de los derechos del *soundtrack* de *Y tu mamá también*, que llegó a competir por un Grammy. La invitación al prestigiado productor musical Camilo Lara para codirigir la naciente empresa permitían pensar en un mayor desarrollo de este proyecto, pero Lara se retiró del mismo luego de algunas desavenencias con Vergara padre.

Las chivas

Como todo lo que involucra a Jorge Vergara, existen dos versiones sobre la forma en que llegó a hacerse de la propiedad de una institución poco menos que sagrada en Jalisco: las Chivas del Guadalajara. Para algunos, se trata de un despojo y el resultado terminará convirtiendo a las Chivas en una mercancía sin alma; para otros, se trata del verdadero rescate de una institución en crisis crónica, que de otra manera habría terminado en manos de consorcios foráneos.

En lo que todos están de acuerdo es que a diferencia de muchos otros proyectos que han salido de su imaginación, comprar a las Chivas fue resultado de una circunstancia fortuita, culminación de una larga y accidentada trayectoria.

En 1906 se creó el equipo Unión fundado por un belga y algunos amigos franceses. Dos años más tarde cambiaron el nombre a Club Guadalajara y formaron una cooperativa mercantil. Y aunque el uniforme a rayas se adoptó en honor al equipo belga Brugge, en 1908 los socios decidieron que sólo alinearían jugadores mexicanos. En los años 40 la cooperativa se había transformado en asociación civil y para 1948 habían adoptado ya el apelativo "Chivas". Originalmente fue un insulto de los atlistas, enemigos acérrimos, a partir de la frase de un cronista deportivo quien afirmó que el Guadalajara estaba jugando como chivas brinconas. En un inesperado giro irónico, los propios aficionados del club comenzaron a festejar las buenas jugadas con el grito de guerra de "Chivas".

Entre los años 40 y principios de los 50 el Guadalajara se ganó la fama de ser el equipo del "ya merito" por sus numerosos subcampeonatos. Pero a partir de 1954 las Chivas se hicieron del mote de campeonísimo gracias a la obtención de siete de los nueve títulos disputados entre mediados de los 50 y mediados de los 60. Y aunque en las siguientes décadas obtendrían por gotero un par de campeonatos más, hacia 1990 las Chivas eran un equipo que literalmente vivía de sus glorias pasadas, frente al empuje de nuevos protagonistas del futbol mexicano.

En 1993 la asociación civil entró en una crisis financiera en picada y los socios, encabezados por Ignacio Agnesi y González de Paul, gestionaron entregarlo por diez años a una promotora particular. El empresario Salvador Martínez Garza, un regiomontano asentado en Guadalajara y acérrimo aficionado del equipo, se quedó con el contrato. Martínez Garza era propietario de Mexlub, una empresa de lubricantes que en condiciones por demás polémicas había obtenido el monopolio de la distribución de aceites en todas las gasolineras de Pemex. Este flujo le permitió a Mexlub relanzar el equipo con una inversión millonaria y el nuevo mote de "Superchivas".

El contrato obligaba a Martínez Garza a hacerse cargo de las cuantiosas deudas del club, costear los gastos del primer equipo y pagar a la asociación 120 mil pesos mensuales. Por su parte, el club se hacía cargo de las fuerzas básicas y las instalaciones del club deportivo. Es decir, el pacto se limitaba al equipo de primera división.

La suerte de Superchivas fue un fiel reflejo de la trayectoria de Mexlub. Aunque el arranque fue incierto, el equipo logró el campeonato en 1997, pero a partir de ese año comenzó a desplomarse en lo deportivo y en lo económico. Hacia el año 2002 había tocado fondo. Martínez Garza enfrentaba crecientes dificultades ante nuevas administraciones de Pemex, que habían reducido los márgenes de beneficio en la venta de sus aceites. Un año antes de que terminara el contrato con la promotora, resultaba evidente que ninguna de las partes estaba interesada en prolongarlo. En 2003 el equipo regresaría a manos de la asociación civil propietaria del club.

Justamente por eso las elecciones internas en el 2002 fueron muchos más aguerridas que nunca. Una y otra planilla anunció grandiosos planes para el nuevo milenio. Finalmente venció la propuesta encabezada por Francisco Cárdenas, hijo de un legendario directivo de los años 50, Evaristo Cárdenas. Los derrotados, justamente apoyados por González de Paul y uno de los hermanos Agnesi, quienes habían buscado a la promotora diez años antes, juzgaron que los triunfadores no estaban a la altura de los retos empresariales del futbol moderno, y buscaron argumentos de mucho más calibre. Allí encontraron a Jorge Vergara.

Omnilife había hecho ciertamente algunas incursiones menores en el deporte al financiar algunos proyectos de tipo amateur. Pero la relación de Vergara con el futbol no iba más allá de celebrar su cumpleaños el mismo día que el estadio 3 de Marzo de los Tecos. Sin embargo, aceptó gustoso la invitación de parte de uno de los Agnesi, amigo desde la infancia.

Lo que siguió fue una ácida disputa jurídica y económica que en su momento acabó dividiendo a familias y amigos, y a buena parte de la sociedad tapatía. Vergara no quería contratos ni promotoras, sino la propiedad total del club. Ello significaba modificar la personalidad jurídica de la institución: convertir en sociedad anónima lo que era una asociación civil. Los abogados diferían sobre la pertinencia legal de un cambio de esa naturaleza. Según los socios originales, el Código Civil de Jalisco establece que una asociación civil no puede transformarse en sociedad anónima sin antes entregar sus activos a la beneficencia pública, lo cual no se hizo. Omnilife pidió un peritaje al constitucionalista Ignacio Burgoa Orihuela, ya fallecido, que al resultar positivo a sus intereses publicó en los diarios.

Pero el problema de fondo no eran las leyes sino la voluntad de los 196 socios que poseían los títulos de membresía. Vergara tenía que convencerlos de que firmaran el cambio de estatuto, renunciaran a sus derechos y le otorgasen la propiedad. Al final lo conseguiría ofreciendo

6 millones de pesos por cada uno de los certificados que durante décadas habían sido meramente honoríficos. Había familias de clase media que dejaron de serlo gracias a que habían convertido en tradición doméstica entregar a cada hijo un título del club de las Chivas; cuando Omnilife les compró recibieron una derrama de 12 o 18 millones de pesos.

Pero Francisco Cárdenas y su grupo no se quedaron cruzados de brazos. Emprendieron una batalla legal para abortar la asamblea que modificaría los estatutos, convocaron a la opinión pública de Guadalajara para impedir que el club se convirtiese en propiedad de una persona y buscaron padrinos importantes para ofrecer un plan financiero alternativo. Entre otros hombres de poder y políticos que se sumaron a su causa se encuentra el priista Arturo Zamora, quien tres años después perdería por escaso margen la elección a la gubernatura de Jalisco. Al final, lograron empatar la primera oferta que había hecho Vergara, de 2 millones de pesos por certificado, pero con la ventaja de ofrecer una modalidad que permitía mantener el estatuto de sociedad civil. Es una opción que sin duda habría ganado: Cárdenas tenía a su favor el sentimentalismo de los socios y los aficionados. Pero Vergara tenía la cartera.[11]

Cuando los reporteros embistieron a Vergara para conocer su reacción frente a la propuesta de Cárdenas, el empresario preguntó a los periodistas qué cantidad había ofrecido su rival, como si no lo supiese: "2 millones", le respondieron. "Ah, sí", dijo Vergara, "pues yo les ofrezco 6 millones", como si allí mismo lo estuviese decidiendo. Una propuesta que la mayoría de los socios no estaba en condiciones de rechazar, incluyendo un hijo y un hermano del propio Cárdenas.

El director financiero del grupo Omnilife recuerda que en la víspera Vergara había llegado a la conclusión de que podían ofrecer menos, pero corrían el riesgo de entrar en una puja interminable. Asumían que detrás de Cárdenas podía haber algún grupo económico poderoso, de los muchos que están interesados en entrar en el futbol moderno. Seis millones por certificado equivalían a un desembolso total cercano a los mil millones de pesos, más las deudas y los costos de operación de los equipos. Vergara simplemente preguntó a sus directivos: "¿Cuánto tienen que aumentar las ventas de Omnilife para pagarlo en dos años?". "Cuarenta por ciento", fue la respuesta. "Va", dijo Vergara y se hizo Chiva.[12]

En pocos días sus gestores habían logrado entregar 500 mil pesos a casi el 80 por ciento de los socios, a cambio de que firmaran un acuerdo legal por el cual se comprometían a votar a favor de la sociedad anónima y ceder sus derechos a Jorge. La asamblea se realizó en octubre de 2002 entre pitos y sombrerazos, incluyendo la presencia de patrullas y un juez con orden de impedir la sesión. Pero los socios ya estaban decididos. A medianoche Vergara era dueño formal del equipo, aunque un puñado de disidentes mantendría el litigio sobre la ilegalidad del acto durante los años siguientes.

El mundo es un balón

La propiedad del equipo Guadalajara le dio a Vergara, de manera inesperada, lo que durante tantos años estuvo buscando: los reflectores y la pasarela adentro y afuera de la sociedad tapatía. La aristocracia tradicional podía desdeñar al nuevo rico, pero no podía ignorar el glamour del propietario de la franquicia más importante después del tequila. Con habilidad, Jorge comenzó a invitar al patronato de las Chivas a algunos de los apellidos más conspicuos de la ciudad y a trasladarlos a Sudamérica en su impresionante avión para presenciar los juegos por la Copa Libertadores. Pronto se convertiría en motivo de distinción ser invitado por Vergara a estos viajes o al palco oficial en los partidos de las Chivas.

Pero sobre todo lo convirtió en un protagonista nacional. Rápidamente Vergara encontró la clave para hacer de su nombre uno de los más citados en las páginas deportivas del país. Le bastó con exacerbar mediáticamente la rivalidad con el América anunciando golizas, haciendo mofa de los resultados en desplegados de prensa, o convirtiéndose en duelista verbal del entonces entrenador nacional Lavolpe, al que provocaba casi cada semana. Una estrategia infalible que siguió con su sucesor en el puesto, Hugo Sánchez.

Sin embargo, se equivocan los que toman a Vergara por mero bufón del futbol nacional. Ciertamente cualquier aficionado podría estar en condiciones de demostrar un mayor conocimiento futbolero que él, pero, en cambio, Vergara ha resultado mejor empresario deportivo que muchos dueños de equipos nacionales. A diferencia de casi todos ellos, no lo guía la pasión siempre subjetiva del aficionado, sino la visión empresarial del vendedor en búsqueda de resultados espectaculares.

Para empezar, le dio la vuelta a la economía del club trasformándolo en un negocio rentable. Vergara sostiene que la marca Chivas es la más valiosa del continente, por encima de Yanquis o Boca Juniors. Parecería una más de sus muchas frases desmesuradas, pero es una que se ha apresurado a demostrar: canceló el contrato de ropa con la empresa Atlética y firmó un convenio mundial con Reebook por cinco años. Hace unos años el tesorero del corporativo afirmó que la camiseta rayada era la tercera más vendida en el mundo, aunque no ofreció cifras para demostrarlo. Alrededor de 20 compañías estadounidenses y 15 mexicanas han adquirido la licencia de marca de Chivas para producir vajillas, ropa de cama, artículos para autos y escritorios, etcétera, con ventas anuales por 60 millones de dólares sólo en Estados Unidos.

Omnilife se encontró con una gran cantidad de negociaciones de poca monta tanto por lo que respecta a esquilmos en el estadio (bebidas y alimentos), como patrocinios en el uniforme (en total 17) y venta de fechas del equipo en partidos en Estados Unidos. Las bebidas dentro del estadio fueron canceladas para permitir la venta exclusiva de Chiva Cola, desarrollada para ese efecto por Omnilife. Y si bien invirtió cantidades importantes para indemnizar y cancelar toda suerte de contratos, rápidamente los recuperó al renegociar nuevas contrataciones con firmas internacionales por cantidades de más dígitos. Chivas estaba abaratada y el nuevo dueño no se dete ndr ía hasta corregirlo.

Una fuente inesperada de recursos fue la venta del predio Los Colomos en donde se erigían las instalaciones deportivas del Club Guadalajara tanto para el servicio de los equipos como de los socios. En una medida sacrílega para la familia del chiverío, Vergara vendió los edificios históricos en 30 millones de dólares a una empresa inmobiliaria. Casi 2 mil socios se quedaron sin instalaciones.

La nueva administración asegura que ha logrado deshacerse de la pesadilla que representa para todos los clubes el costo del primer equipo. Vergara puso como condición que la compraventa de jugadores arrojara números positivos. En 2003 y 2004 no lo consiguieron debido a la presión para obtener resultados deportivos al corto plazo: adquirieron a Palencia, Adolfo *el Bofo* Bautista, Salvador Carmona, Ramón Morales, entre otros. Fueron jugadores que dieron resultado, pues en 2004 Chivas llegó a la final y en 2006 obtuvo el título. En 2006 Chivas vendió jugadores por 17 millones de dólares (Oswaldo Sánchez, Carlos Salcido, Rafael Medina, entre otros) e hizo compras por apenas 8 millones.

Pero simultáneamente la empresa hizo de la marca Chivas el motor para la construcción de las fuerzas básicas. Ha establecido franquicias con academias por todo el país que operan con reglamento y supervisión, de las cuales recibe jugadores y una renta. Además cuenta con 20 escuelas propias en las que supervisa a casi 5 mil elementos. La mayor ventaja, afirma un directivo, es que a diferencia de cualquier otra fábrica, la materia prima no cuesta; al contrario, los futuros jugadores pagan para entrenarse. El costo total de las fuerzas básicas, alrededor de 3 millones de dólares al año, puede recuperarse en una sola venta. Carlos Salcido, por ejemplo, extraído de fuerzas básicas, fue vendido en 4.4 millones de dólares al PSV Eindhoven de Holanda, con una ganancia de 15 a 1 con respecto a lo que se había invertido.

Nada ilustra mejor el énfasis empresarial de las nuevas Chivas que el controvertido tema del nuevo estadio. Pese a que el club era propietario del 33 por ciento del Estadio Jalisco, Omnilife decidió construir una nueva sede deportiva. Los argumentos esgrimidos eran logísticos y operativos (falta de estacionamientos y vejez del Estadio Jalisco, entre otros), pero detrás de ellos se encuentra lo que podría ser una operación sumamente lucrativa. El nuevo proyecto suponía una inversión de 90 millones de dólares, más otros 30 millones en infraestructura y vialidades. Los directivos estimaban que el 80 por ciento del costo será financiado por la preventa de palcos y butacas. Pero los contratos entregan las localidades por cinco y diez años exclusivamente, tras lo cual Omnilife los pondría a la venta de nueva cuenta, con lo cual se asegura una derrama periódica de considerable importancia.

Por lo demás, el estadio se convertiría en sede de restaurantes, salones de juego y recreación, museo deportivo. Estaría acondicionado para ser rentado para todo tipo de eventos, conciertos y espectáculos gracias a la versatilidad de sus instalaciones, a diferencia del Estadio Jalisco.

El anuncio hizo feliz a muy pocos aficionados. El nuevo estadio tiene un aforo total de 45 mil plazas, insuficiente para alberga r los llenos de las grandes conflagraciones deportivas. El aforo del Estado Jalisco es poco menor a los 70 mil asistentes. Los organizadores afirman que el criterio internacional es hacer estadios más pequeños y manejables. Pero Omnilife suele colocar la mayor parte de las localidades en preventa, lo cual significa que el cupo para el aficionado humilde termina siendo muy restringido. Lo cierto es que los seguidores castigaron al Omnilife con una afluencia muy inferior a la que acudía al estadio Jalisco. Pese a ser más pequeño, en raras ocasiones registra un lleno total.

La pérdida de las instalaciones del club o la salida del Estadio Jalisco no son los únicos agravios entre los seguidores de las Chivas. Al inicio de su administración Vergara tuvo serias divergencias con algunos jugadores y con el director técnico Benjamín Galindo, por el uso de los deportistas en eventos promocionales de Omnilife o del propio Vergara. La inasistencia de uno de ellos a un programa de Adal Ramones en el que acompañaría a Vergara, precipitó la salida de Galindo del equipo, uno de los ex jugadores más apreciados por la afición.

En 2002 todos aseguraban que Vergara había comprado al Club Guadalajara demasiado caro y que lo habían "chamaqueado". Hoy muchos empresarios afirman, no sin envidia, que Vergara compró al equipo demasiado barato.

El futuro está en chino

El fenómeno económico que ha surgido en torno a las Chivas ha convencido a Vergara de que el deporte de masas, y todo lo que lo rodea, puede ser uno de los gran es negocios en el futuro de Omnilife. Lo que comenzó siendo una coyuntura favorable y un negocio colateral que podría ser un refuerzo para sus suplementos alimenticios, pronto adquirió vida propia. Productos como Chiva Cola, de la cual asegura vender un millón de unidades al mes, muestran las importantes sinergias que existen entre las redes multinivel y la afición deportiva.

En 2003 Vergara compró al Saprissa de Costa Rica, por 5 millones de dólares, con el cual resultó campeón de inmediato dos veces seguidas. Y con una inversión de 20 millones de dólares en 2006 inauguró las Chivas USA con sede en Los Ángeles. Contra su costumbre, Vergara decidió asociarse en el proyecto de Estados Unidos con Antonio Cué Sánchez Navarro, quien dirigía BCBA Impulse, una empresa de la cual es copropietaria Maria Asunción Aramburuzabala (Vergara fue uno de los asistentes a la boda entre la empresaria, principal accionista de Modelo, y el embajador Tony Garza, en abril de 2005). La sociedad con el joven Cué Sánchez podría ser más de carácter estratégico que estrictamente financiero, toda vez que no se trataba de una operación onerosa. Además de sus relaciones con el Grupo Modelo, Antonio Cué estaba vinculado a los Serrano Segovia, socios principales de TMM, el poderoso grupo naviero y ferroviario (entre otros rubros). Con el mismo propósito de entrar en las grandes ligas empresariales, el grupo Omnilife ha recurrido a Pedro Aspe y su empresa para orientar su estrategia financiera y fiscal.

En los últimos años ha hecho propuestas, todas infructuosas, para hacerse de equipos en Chile (la Universidad Católica), en Perú y en España (Atlético de Madrid y Málaga). Sostuvo conversaciones para establecer un equipo Chivas en Corea y estaba decidido a hacer lo mismo en China. No obstante, en los siguientes años terminó cancelando todos estos proyectos futbolísticos internacionales, incluidos el Saprissa y Chivas USA, para concentrarse en el equipo local.

Desde hace dos años Vergara está obsesionado con el desarrollo del mercado en China y la India para productos de Omnilife. Primero viajó extensamente por estos países para conocerlos a fondo y luego comenzó a estudiar el idioma chino oficial. Los brotes comerciales que ha sembrado en el Oriente han comenzado a crecer a una tasa exponencial y está convencido de que en pocos años las ventas en estos países superarán con mucho las operaciones de Occidente. A diferencia de los pueblos europeos, más reticentes a este tipo de productos, los orientales están acostumbrados a los complementos naturales y su sociedad se estructura en redes sociales muy propicias para el establecimiento de ventas por multinivel. Vergara está convencido de que algunas hierbas de Oriente, sometidas a técnicas occidentales modernas, podrían revolucionar los productos de Omnilife. Pero no sólo eso. "Podría ser el futuro del turismo en México", afirma. Dentro de unos años habrá 400 millones de chinos millonarios viajando por el mundo. Si construimos la infraestructura amable para ellos, México podría convertirse en su destino preferido. "Pero hay que comenzar desde ahora", dice Vergara: hotelería con restaurantes chinos, personal que hable el idioma, etc. Para probar su tesis se ha hecho de una extensa propiedad de playa en el Pacífico mexicano, en el que algún día espera construir su Shangri-La. No está claro hasta dónde llegará Jorge Vergara. Es demasiado pragmático para tener intereses o convicciones políticas más allá de sus necesidades de corto plazo. Afirma no haber tratado a Vicente Fox durante su presidencia, pese a que lo conoció años antes en León y haberlo asesorado durante su campaña. No resulta fácil de creer a juzgar por la visita de Marta Sahagún a una de sus Extravaganzas en 2004 y los testimonios de los negocios que hizo con Juan Pablo Fox, hermano del ex presidente, en un proyecto de invernaderos llamados Vegetlán, para producir lechuga. El nacimiento de esa firma estuvo sustentado por un préstamo por 8.6 millones de dólares "sin garantías" que obtuvo Juan Pablo Fox Quesada por medio de Fideicomisos Instituidos en Relación con la Agricultura en el Banco de México (Fira), con el fin de crear cinco hectáreas de invernaderos en sociedad con Jorge Vergara y su empresa Omnilife, señala Edgar Arroyo, presidente del consejo de administración de Grupo Industrial Aguascalientes (GIA).[13]

Una investigación del periódico *La Jornada* realizada en octubre de 2006 mostraba que la página oficial de la empresa, www.vegetlan.com.mx, estaba patrocinada por Omnilife (posteriormente podría haber sido cambiada). Los invernaderos se encuentran en un predio vecino al rancho San Cristóbal de la familia Fox, aunque se encuentra en disputa por parte de la comunidad ejidal, que se queja de haber sido despojada.[14] En abril de 2004, el abogado de Dolores Creel, hermana del entonces secretario de Gobernación, informó que Vergara era uno de los patrocinadores de los documentales sobre Octavio Paz.[15] Habría que recordar el escándalo provocado por el presunto asalto que sufrió la funcionaria de Conaculta cuando fue despojada de 25 mil dólares en efectivo, supuestamente para fondear tales documentales. Aunque el escándalo en sí mismo no está relacionado con Vergara, confirma la disposición del empresario para "posicionarse" estratégicamente con respecto a los actores políticos. Año y medio antes, Víctor Urrea Stettner, de la familia ex patrona del padre de Vergara, informó que se estaba organizando un grupo de apoyo a la candidatura de Andrés Manuel López Obrador, entre los que figuraba Vergara (no fue confirmado por el empresario).[16]

Apenas cumplido un mes en la Presidencia, el 3 de enero de 2007, Felipe Calderón estaba poniéndose la camiseta de las Chivas en Los Pinos, en un acto ampliamente publicitado por el propio Vergara. Unos días más tarde, el 12 de enero, varios jugadores del equipo rayado se tomaron fotos promocionales rodeados de soldados y trepados en tanques y otros vehículos militares. De inmediato Joaquín López-Dóriga cuestionó la irresponsabilidad del ejército y logró una revancha para Televisa, luego de la interminable lista de provocaciones del dueño de Omnilife. La Secretaría de la Defensa se vio obligada a hacer un extrañamiento al respecto.

Pese a estos devaneos con los políticos y los poderes públicos, Vergara no incurre en el error de tomar partido o hacerse candidato de algo. Difícilmente habrá de involucrarse en la política, aunque es muy probable que termine inmiscuyéndose en todo lo demás. En los 15 años que lleva olfateando proyectos y áreas de diversificación, ya ha incursionado en las artes, el cine, la música, la educación, la industria editorial, las bienes raíces, el turismo, la agricultura, el futbol, la gastronomía, más lo que se le ocurra durante la semana en curso.

Divide su residencia entre el avión (en el que tiene habilitado prácticamente un departamento flotante) y sus dos residencias en Guadalajara: un rancho en la afueras de Guadalajara y un *penthouse* en una torre exclusiva que domina el Country Club de Guadalajara, por el que pagó un millón 100 mil dólares. Fiel a su leyenda, Vergara ha tenido problemas con los vecinos del rancho, quienes se quejan de haber sido despojados de agua por las construcciones del empresario. En el departamento se gastó una fortuna adicional en arreglos estructurales que le hizo una arquitecta traída de Polonia para, entre otras cosas, tener un piso térmico y un centro de comunicaciones que sembró el techo del edificio de antenas de distinta índole. Al final terminó peleado con la arquitecta, así como con los vecinos de otros pisos que resultaron afectados por las modificaciones. Pero Jorge consiguió lo que quiso: dominar la vista del mismo club al que tuvo que renunciar hace 35 años por no poder pagar la cuota.

El periplo que va de su salida del Country Club a los 18 años y su regreso en 2006 por lo alto al mismo campo de golf apenas cumplidos los 50, es un buen resumen de la trayectoria de Jorge Vergara. Salió siendo un muchacho tímido y regordete, para transformarse en un chamán millonario, un provocador profesional, un vendedor genial y un empresario de muy fino olfato para los negocios. ¿Es auténtico o sólo una gran farsa? En el fondo es probable que ni siquiera él lo sepa. Mito y realidad conviven hasta terminar siendo una misma cosa. Lo cierto es que Vergara, ahora sexagenario, seguirá despertando pasiones encontradas, rompiendo moldes, y en ocasiones algo más que eso.

ADENDA

Nuevamente Jorge Vergara rompió el molde, sus declaraciones acapararon las portadas de todos los diarios —no sólo los deportivos—. El empresario, anunció el 19 de mayo de 2016 que no renovaría el contrato con Televisa por las transmisiones de las Chivas Rayadas del Guadalajara.

En pocas palabras, agradeció a Emilio Azcárraga su apoyo y rompió así una relación de 22 años con la cadena televisiva más grande de México. En una entrevista posterior con Fox Sport aceptó que esto le representó una pérdida de 30 millones de dólares en los primeros años.

Un par de días después, hizo público el surgimiento de Chivas TV, un canal por internet que funcionaría a partir del Torneo de Apertura

2016 (julio de 2016) y que, según sus cálculos, cada partido sería visto por alrededor de 25 millones de personas. El plan de negocios: las transmisiones no serían gratuitas y lo obtenido por publicidad entraría directamente a las arcas del Grupo Omnilife-Chivas.

"Nos asesoramos de gente experta que nos mostró el camino a seguir y obviamente implica un gran riesgo, inversión, no recibir ningún tipo de recurso por un par de años, dos o tres años, por lo menos y eso obviamente afecta porque necesitamos invertir en el equipo y estamos dispuestos a hacerlo porque nuestro objetivo a mediano plazo es estar con toda la gente y estar metidos en sus casas", aseguró Vergara en dicha entrevista.[17]

Hasta el momento, ningún equipo de futbol del mundo ha optado únicamente por transmitir en internet; sobre producir sus propios contenidos, ya existen equipos que lo hacen como El Real Madrid o el Barcelona FC, aun así, los complementan con las transmisiones tradicionales en televisión.

Como todo lo relativo a Jorge, la decisión fue aplaudida por algunos y cuestionada por otros, al final: él decide y se decantó por tener el control de todo lo que lleve el nombre Chivas.

Dos años antes, en febrero de 2014, tras varios traspiés comerciales y deportivos, decidió vender el club Chivas USA, que jugaba en la liga MLS de Estados Unidos. "Solo hay un Chivas de Guadalajara",[18] dijo, ya que vendía la franquicia más no el nombre, ese es y será suyo.

Sobre el Centro Cultural JVC, sólo uno de los proyectos se llevó a cabo, el estadio Omnilife, el cual costó más de 2 mil millones de pesos. La casa del rebaño sagrado parece un volcán rodeado de vegetación natural y los encargados del diseño del proyecto fueron Jean Marie Massaud y Daniel Pouzet del Studio Massaud Pouzet. Previo a su inauguración tuvieron algunos problemas con el municipio de Zapopan por los permisos pero tras invertir 250 millones para las vialidades alternas se resolvieron.

El 30 de julio de 2010 con un partido amistoso contra el Manchester United el "equipo del pueblo" estrenó estadio.

Los otros negocios Chivas continuaron por buen camino; en noviembre de 2015 creó el buscador de seguros automotrices, ChivaCotiza, el cual compara entre las aseguradoras GNP, Axxa, Quálitas y AIG y ofrece el mejor presupuesto al cliente. Además, está el ChivaBono, un abono semestral que incluye ocho partidos como local, y uno anual con 17 juegos. Para las dos temporadas del 2016 el equipo logró vender anticipadamente 26 mil 831 boletos, 60.55 por ciento de la capacidad del estadio que tiene un total de 44 mil 310 asientos. Los precios oscilaron entre 780 a 5 mil 400 por semestre, y de 2 mil 555 a 14 mil 300 el anual.[19]

En 2011, el rebaño dejó de vestir Reebok y negoció con la marca alemana Adidas hasta 2017, como ya es costumbre con el equipo de Vergara, el monto de la transacción no se dio a conocer.

Un año después, el equipo Rojiblanco, junto con Netshoes, lanzó su tienda virtual tiendachivas.com.mx. Y algunos de los patrocinadores que han invertido en la marca son: Tecate, Scotiabank, Bimbo, Adidas y Pepsi.

Lo que sí sabemos, es que las Chivas fueron de 2014 a 2016 el equipo más valioso del futbol mexicano, según lo publicado por *Forbes* México, en el último conteo lo valuaron en 302.3 millones de dólares.[20]

Derrota en el amor, confrontación en los negocios

A mediados de 2007 lo rumores sobre la separación de Rossana Lerdo de Tejada y Jorge Vergara empezaron a surgir, las revistas del corazón como *Quién* y *Hola* la atribuían a que él había conocido a alguien más. Y sí, esa era la empresaria Angélica Fuentes Téllez quien se desempeñaba como directora general del Grupo Imperial, considerada una de las compañías de gas natural más importantes de México.

Ese mismo año, la chihuahuanse fue contratada por el dueño de Chivas para dirigir el Grupo Omnilife. El objetivo era que corrigiera el rumbo, ajustara las finanzas de la empresa y evitara las pérdidas financieras. "Jorge creció la empresa muy rápido, pero se quedó operando como una tribu", declaró Fuentes en su momento a la revista *Expansión*. Lo primero que hizo fue despedir a 600 empleados, cerró operaciones en cuatro países, además de las empresas Producciones Anhelo y los invernaderos.[21]

Ocho meses después de haber entrado a dirigir el grupo, Angélica y Jorge se casaron en una pomposa boda en India que duró cinco días en los que recorrieron varias ciudades y castillos hindúes y viajaron sobre elefantes y autos antiguos.

Durante la inauguración del estadio Omnilife, Angélica hizo público que tendría una niña a la cual le pondrían Valentina y nacería el 12 de agosto de 2010. Ese mismo año, ella entraría a la lista de Las 50 Mujeres más poderosas de la revista *Expansión*.

El 2010 fue un bueno para Angélica ya que adquirió el 43 por ciento de las acciones del Grupo y según una entrevista de Jorge Vergara a *Expansión*, la intervención de su esposa había funcionado pues habían tenido un fuerte crecimiento ya que en 2013 ingresó cerca de mil 700 millones de dólares.[22]

En estos años de felicidad y opulencia, la pareja era fotografiada en decenas de eventos sociales como el Fashion Week de Nueva York, donde ella presentó su marca de maquillaje Angelíssima; en la subasta "Arte Vivo" a favor de la investigación del VIH-sida; en el concierto de Placido Domingo en Arena Teques o en la gala de recaudación de fondos del Museo de Antropología. Y la dicha continuaba, el 6 de enero de 2013, Jorge y Angélica serían papás nuevamente, le pusieron Mariaignacia a la hija y lo anunció el empresario en su cuenta de Twitter.

Pero todo terminó en abril de 2015. El propio Vergara anunció que retomaba el control total del Grupo Omnilife-Angelíssima-Chivas. Reconoció la ruptura con Angélica y el inicio de una batalla legal por presuntas irregularidades en la empresa por 4 mil millones de pesos.[23]

Vergara acusó a su ex de fraude y según sus cálculos el proceso podría durar diez años. Ella declaró que hasta ese momento había invertido 200 millones de dólares en el grupo pero él lo negó.

"Lo que te puedo decir es que fueron seis años, siete años, de estancamiento, de no crecimiento, y que por supuesto le estamos dando la vuelta. Es la universidad más cara que he tenido en la vida... Estoy dispuesto a negociar, tristemente ella no está dispuesta a negociar. Quiere todo",[24] declaró el empresario para *Forbes*.

En la misma entrevista, aseguró que pese a los conflictos, la empresa no corría ningún peligro, ya que era un problema entre accionistas y el grupo estaba apostando por crecer. Soltó números como el incremento de sus ganancias en Estados Unidos superior al 36 por ciento o el 15 por ciento en México.

El 22 de abril de 2016 un juez falló a favor de él y en detrimento de ella. Angélica Fuentes fue condenada a restituir 2 mil 650 millones de pesos que habría sustraído ilegalmente de las cuentas de su pareja. Con esos recursos adquirió un porcentaje significativo de las acciones del Grupo Omnilife y de las propias Chivas. Al cierre de esta edición se daba por descontado que los abogados de la empresaria apelarían la sentencia y convertirían el conflicto en un litigio interminable.

En esta ocasión el hombre de la última palabra, el que acababa con sus enemigos, se había enamorado de una mujer que resultó una adversaria de su mismo calado.

JORGE ZEPEDA PATTERSON *es economista por la Universidad de Guadalajara, maestro en Sociología por FLACSO y candidato a doctor en Ciencias Políticas en La Sorbona. Director de Sinembargo.mx. Ha sido director de* El Universal *en la Ciudad de México y director fundador de Siglo 21 y Público en Guadalajara, y director de la revista* Día Siete. *En 1999 obtuvo el premio Maria Moors Cabot de la Universidad de Columbia. Es autor de las novelas* Los Corruptores *(Planeta, 2013),* Milena o el fémur más bello del mundo *(Premio Planeta 2014) y* Los Usurpadores *(Planeta, 2016); y autor-editor de media docena de libros periodísticos, entre ellos* Los Suspirantes 2012 *(Temas de Hoy, 2011) y* Los Intocables *(Temas de Hoy, 2008).*

Los Ramírez

Una vida de película

Por José Pérez-Espino

Un hombre está recostado en una cama. Se encuentra boca arriba, con la cabeza hacia el televisor. Tiene la mano izquierda extendida y la derecha cerca de la ingle. Junto a él, un revólver Colt, calibre .38 especial. Su cuerpo sangra. Tiene cinco heridas de bala. La recámara está en orden y no se distinguen señales de forcejeo. El hombre, de 79 años, está vivo.

La esposa del hombre tiene problemas de audición. Necesita un aparato especial para escuchar. Habla por teléfono en otra habitación. Su residencia es vigilada por 19 guardias de seguridad. Cuando se producen las detonaciones, dos empleadas domésticas se encuentran con el chofer, buscando unas clavijas. La esposa y ellas son las primeras en encontrar a la víctima. Se levanta un velo de confusión.

El célebre productor de cine y televisión, Jerry Bruckheimer, recuerda la idea que un día llegó a venderle el escritor Anthony Zuiker: "Entras en una habitación y encuentras a una mujer sin vida, una maceta rota en el suelo y un elefante rosa en el jardín. ¿Qué fue lo que sucedió?".[1] Así nació la serie *CSI Crime Scene Investigation*, quizá la más vista en los años recientes, con una audiencia global de 2 mil millones de espectadores y cuyas historias de investigación forense se desarrollan en tres de las ciudades más fotogénicas de Estados Unidos, Las Vegas, Nueva York y Miami.

Pero estamos en Morelia, Michoacán, el 6 de junio de 1996. La escena descrita no corresponde al guión de una serie de televisión ni al de una película de Hollywood.

La noticia recorre el país de inmediato. El licenciado Enrique Ramírez Miguel, fundador de la Organización Ramírez, la empresa líder en la exhibición de películas en México, fue encontrado sin vida con cinco disparos de arma de fuego en su cuerpo, según las autoridades.[2] En los medios se divulga un comunicado de prensa de la familia con una versión distinta: el empresario se lesionó accidentalmente de un tiro, cuando limpiaba una pistola, por lo cual fue trasladado con vida al Hospital Memorial, donde falleció al filo de las 13:30 horas.

Originario de Encarnación de Díaz, Jalisco, Enrique Ramírez Miguel se inició en el negocio de la cinematografía en 1956. Era aficionado a los toros, practicaba la equitación y, en un rancho de su propiedad, en Guanajuato, se dedicaba a la crianza de caballos ingleses.

Se le consideraba pionero de una industria que hasta pocos años antes de su muerte era controlada por el gobierno, mediante la Compañía Operadora de Teatros. El 28 de septiembre de 1971 fundó Organización Ramírez, con la inauguración del Cinema Morelia, actualmente convertido en Cinépolis Morelia Centro. Dos semanas después, el 12 de octubre, abrió en la Ciudad de México el Cinema La Raza 70.

Cuando él murió, Organización Ramírez se presentaba como la empresa líder en su ramo en América Latina, al poseer 435 salas en México, con una asistencia anual de 50 millones de personas. Las empresas del corporativo incluían Cinemas, Gemelos, Multicinemas, Cinépolis y Multivideo, en las cuales se daba empleo directo a más de 3 mil personas en aquel 1996.

En cuatro décadas, Ramírez Miguel había construido uno de los corporativos más poderosos del país. Un dato ilustra su campo de acción: fungía como presidente del consejo de administración de al menos 25 empresas en Michoacán, Jalisco, Tamaulipas y San Luis Potosí. Poseía el 4 por ciento del Grupo Financiero Inverlat y era vicepresidente de Multibanco Comermex en la zona Occidente. Su familia tenía la representación de las compañías Ford, Mercedes Benz, Zuzuki y Yamaha en Michoacán.

Entre las empresas del grupo se encontraban la División Inmobiliaria Grupo Ramírez (INGRA), que inició en 1976 cuando Enrique Ramírez Miguel y sus cuatro hijos emprendieron el proyecto de un centro comercial que se llamó Plaza Las Américas. El complejo incluía la tienda de autoservicio Comercial Mexicana, un conjunto de Cinemas Gemelos y diversos locales comerciales. Su éxito generó el impulso de otros centros tipo *mall* en la región.

Actualmente, INGRA tiene presencia en Michoacán, Guanajuato, Sinaloa, Nuevo León y Tamaulipas. Su operación incluye centros comerciales, estacionamientos, locales independientes, terrenos, hoteles, agencias de auto móviles, fraccionamientos y un centro de espectáculos.

Se trataba de un personaje influyente y poderoso cuya muerte conmocionó a Michoacán y a buena parte del país. Pero, ¿fue un asesinato o un suicidio?

¿Quién?, ¿por qué?

El 16 de mayo de 1996, casi tres semanas antes de su fallecimiento, Organización Ramírez había inaugurado el Cinépolis Interlomas, en el Distrito Federal, un moderno complejo de 20 salas tipo estadio a partir de un proyecto del arquitecto Eduardo Florentino Ramírez Villalón, quien utilizó los mayores parámetros de calidad en esa época.

La compañía inició entonces una agresiva campaña de posicionamiento de marca, cuando ya enfrentaba la competencia de las cadenas Cinemark y Cinemex, una con capital 100 por ciento extranjero y la segunda con capital bipartita, nacional y extranjero.

Un día después de la muerte de Enrique Ramírez Miguel, el diario *Reforma* publicó una entrevista que días antes había hecho a su hijo, Enrique Ramírez Villalón, vicepresidente ejecutivo de Organización Ramírez, quien llevaba el control de la cadena. Se trataba de una de las primeras que otorgaba uno de los dueños del grupo. "Organización Ramírez —le dijo el reportero de *Reforma*—, que tenía fama de ser una empresa muy cerrada, ha dado un giro total a su imagen, y se empieza a arriesgar a cambios fuertes, ¿cuál es la causa de esta transform ación?"

"La competencia es la principal causa —respondió Ramírez Villalón—, la competencia que nos empezó a pegar duro en algunas zonas. Digamos que nos vino a dar un empujoncito para que nos modernizáramos en la Ciudad de México, porque nuestro concepto de Cinépolis empezó a funcionar desde hace algunos años en el interior de la república".

En esa plática, el empresario habló de algunos temas delicados, como su incómoda relación con el sindicato. Justamente, la tendencia a abrir más salas en el Estado de México que en el Distrito Federal obedece a problemas con el Sindicato de Trabajadores de la Industria Cinematográfica: "Nosotros creímos que era mejor evitar trabajar con la Sección Uno del STIC, que realmente es una lata. En el Estado de México no trabajamos con ellos sino con el Comité Nacional y con ellos tenemos menos problemas", dijo.

Enseguida ofreció un ejemplo de la diferencia de trabajar con uno y otro. En los multicinemas de Plaza Universidad, "que son cinco, trabajamos con seis operadores; mientras que en Cinépolis Interlomas, que son 20 salas, trabajaremos con dos o tres, porque contratamos gente del Comité Nacional. No hay comparación. La Sección Uno es una sección muy latosa, de gente muy grande". Su actitud "tiene que cambiar", afirmó.

El mismo día que se publicó esa entrevista, la mayoría de los diarios del país daban la noticia de la muerte del patriarca de Organización Ramírez.

El señor Ramírez Miguel murió a consecuencia de las lesiones ocasionadas por uno de los impactos de bala que recibió en el cuerpo, informó la Procuraduría de Justicia de Michoacán en un comunicado de prensa: "Se practicó la necropsia al cuerpo del señor Enrique Ramírez Miguel en la que se determinó que la causa de su fallecimiento se había producido por la penetración de uno de los cinco proyectiles de arma de fuego, que le afectó el vaso, el hígado y el colon".

Seis días después del fallecimiento del empresario, la Procuraduría de Justicia emitió un nuevo comunicado de prensa mediante el cual informó que la víctima recibió dos impactos de bala cuando se encontraba en el interior de su recámara, otro al caer y dos más cuando su cuerpo se encontraba boca arriba.

El gobernador Víctor Manuel Tinoco Rubí ni siquiera había cumplido cuatro meses en el cargo, que asumió el 15 de febrero de 1996. Tenía una bomba en las manos. En sus primeras declaraciones a los reporteros dijo que no compartía la versión de la familia, cuyos integrantes sostenían que se había tratado de un accidente. "Debemos comprender los momentos por los que atraviesan los familiares del señor Ramírez Miguel, pero la procuraduría deberá continuar con las investigaciones para esclarecer plenamente esta muerte ". El caso de Ramírez Miguel se convertiría en una piedra en el zapato durante el resto de su administración.

Ya de por sí Tinoco Rubí enfrentaba un panorama político enturbiado por las circunstancias mismas de su elección. Cuatro años antes, en 1992, Eduardo Villaseñor Peña debió abandonar el cargo apenas dos semanas después de asumir la gobernación de la entidad federativa, debido a las acusaciones de haber cometido fraude electoral para ganar la elección al perredista Cristóbal Arias.

El 12 de noviembre de 1995, Tinoco Rubí fue electo gobernador de Michoacán, con 38.9 por ciento del total de los votos emitidos. El candidato del PRD, Cristóbal Arias, registró 32.4 por ciento; y en un tercer lugar quedó el candidato del PAN, Felipe Calderón Hinojosa, con 25.5 por ciento. La oposición perredista mantuvo el señalamiento de que se había registrado un nuevo fraude electoral. Con el tiempo, Tinoco Rubí entregaría el cargo al perredista Lázaro Cárdenas Batel.

Desde el primer día, cuando perdió la vida Ramírez Miguel, el gobernador ofreció su respaldo incondicional a las líneas de investigación trazadas por el procurador de Justicia del Estado, Eduardo García Torres.

En ese empeñó comprometió a su administración. Así comenzó una confrontación directa con la familia Ramírez. El visitador de la Procuraduría de Justicia, Roberto Herrera Trujillo, dijo después que el único familiar que se encontraba en la residencia el día del homicidio era la esposa de la víctima, María Villalón Verduzco. El empresario fue asesinado a quemarropa: le dispararon a una distancia de entre 5 y 20 centímetros, según el funcionario. En varios casos, la prueba de rodizonato de sodio resultó positiva, dijo a los reporteros.

Sus declaraciones no sólo sembraron dudas. Avivaron toda suerte de especulaciones porque fortalecían la hipótesis de homicidio. En un comunicado de prensa, la familia negó los señalamientos en el sentido de que alguno de sus miembros, equipos de seguridad o servidumbre hubieran sido los responsables de la muerte. "Tras el análisis de los hechos creemos que el licenciado Ramírez fue víctima de un asesinato o un intento de secuestro", dijeron.

Los familiares, empleados de confianza y de servicio cooperaron en las investigaciones de la Procuraduría de Justicia, aseguraba el comunicado, "...y no se ha encontrado absolutamente ninguna prueba que pueda inculpar a ninguno de ellos".

En el mismo documento dieron a conocer un dato relevante, ya que ayudaba a desactivar las versiones acerca de un posible móvil relacionado con la herencia familiar. Cinco años antes de su fallecimiento, Enrique Ramírez Miguel heredó todos sus bienes a su esposa y cuatro hijos.

"Estamos indignados por las especulaciones que se han hecho en torno a nuestra tragedia y demandamos que se esclarezca este infame y deplorable crimen cuanto antes", dijeron.

Un caso perfecto

La mansión donde Enrique Ramírez Miguel fue encontrado se localiza en el Fraccionamiento Las Américas, en Morelia, Michoacán. El lujoso inmueble era vigilado las 24 horas por un cuerpo promedio de 60 guardias, divididos en tres turnos. El día de los hechos había 19 vigilantes y una operadora de radio.

De acuerdo con el expediente de la averiguación previa 297/96-V de la Procuraduría General de Justicia del Estado de Michoacán, a las 10:40 horas del 6 de junio se oyeron disparos, pero la señora Villalón dijo a los vigilantes que "ella estaba bien":

"A las 10:40 horas se escucharon varios disparos en la casa del señor Enrique Ramírez Miguel, los cuales fueron con intervalos de casi un minuto, segú n versiones de los guardias".

Como los guardias no pueden entrar a la casa, por prohibición expresa de la familia, formaron un cerco siguiendo la barda interior. "La radiooperadora de nombre Laura Moreno Tavera, en esos momentos se comunica al interior de la casa para preguntar si había algún problema, contestando la señora María Villalón que ella estaba bien, por lo que los guardias continuaron con su rutina".

Las sirvientas Catalina y María de la Luz declararon ante el agente del Ministerio Público:

"Después de 15 o 20 minutos de haberse escuchado los disparos, la señora María Villalón las llamó para preguntarles si el señor Ramírez Miguel sangraba y le contestaron que no, dirigiéndose a la recámara del señor, descubriéndolo que efectivamente sangraba, por lo que dieron aviso al cuerpo de seguridad".

Su cuerpo estaba semidesnudo y se le apreciaban moretones en el cuello. Las autoridades consideraron que pudo haber forcejeado con su agresor. De acuerdo con el expediente de la averiguación previa, la última persona que vio con vida al empresario fue su hijo Eduardo Florentino, quien lo visitó entre las 10:30 y las 10:45 horas.

"Después de que ocurrió la agresión, alguna persona ajena a la autoridad recogió el arma homicida con un pañuelo desechable para depositarlo sobre un portafolio [...] Sin embargo, parte de una huella quedó impresa en el arma y sí es factible reconocer a quién corresponde".

En el momento de los hechos, la mayor parte del personal de servicio se encontraba fuera de la residencia. En el expediente se afirma:

"Dos sirvientas fueron enviadas por la señora María Villalón a comprar blusas; su chofer salió al banco y a las oficinas centrales de la Organización Ramírez, mientras que a las dos sirvientas que quedaron en el interior se les ordenó que buscaran un contacto electrónico en el cuarto de servicio".

Después de que Enrique Ramírez Miguel fue hallado herido en su recámara, tres de sus cuatro hijos llegaron al domicilio. Marco Antonio, Jaime y Florentino.

Una ambulancia que presta sus servicios al corporativo familiar trasladó el cuerpo de la víctima al Hospital Memorial, donde falleció durante una intervención quirúrgica. Su cuerpo fue cremado el mismo día y, al siguiente, sus cenizas fueron depositadas en un nicho de la iglesia Cristo Rey.

La esposa y uno de los cuatro hijos del empresario se convirtieron en los principales sospechosos del Ministerio Público del Michoacán. En la averiguación previa se estableció: "El Arquitecto Eduardo Florentino Ramírez Villalón declaró que el día de los hechos llegó a la casa de su papá entre las 10:15 y a las 10:30 horas, que dejó a su papá en el jacuzzi a las 10:45 horas, y se fue caminando a su oficina, a donde llegó a las 11:00 horas, situación que no queda muy clara ya que la distancia entre la casa y la oficina es de 50 metros aproximadamente, lo que no lleva un tiempo de recorrido mayor de dos minutos".

En el arma se encontró una huella digital. La mano izquierda de la víctima tenía residuos de plomo y bario. Los peritos remitieron un vestido color azul estampado, de la señora Villalón Verduzco, a los Servicios Periciales.

La prueba de Walker practicada al vestido resultó negativa, al no hallarse derivados de nitritos en la prenda. El dictamen en balística estableció que la huella en el arma no correspondía a las de Eduardo Florentino. Las pruebas de rodizonato de sodio practicadas al hijo y a la esposa también resultan negativas.

En el dictamen de inspección, técnica y búsqueda de indicios, los peritos escribieron que encontraron el arma sobre un maletín color azul, la cual embalaron para trasladarla al laboratorio de dactiloscopia. No se registró la cadena de custodia correspondiente.

Las empleadas domésticas Catalina Palmeño Gómez y María de la Luz Pérez Hernández se quejaron de que al momento de rendir su declaración ante el agente del Ministerio Público y elementos de la Policía Judicial del Estado no se permitió la presencia de un abogado que las asistiera.

Había bastantes dudas, pero aun así la procuraduría estatal filtró a los reporteros que había consignado el expediente a un juez penal y que había solicitado una orden de aprehensión en contra de María Villalón Verduzco y de Florentino Ramírez Villalón, como probables responsables del homicidio de su esposo y de su padre, respectivamente.

Película en vivo

Buena parte del país seguía las noticias relacionadas con el caso Ramírez Miguel, cuya empresa tenía entonces presencia en 40 de las principales ciudades del país. Muchos medios impresos y audiovisuales se regodeaban con la versión de que la esposa y un hijo fueran imputados por el supuesto homicidio. El gobierno del estado de Michoacán y la familia Ramírez estaban en plena guerra jurídica. Ese mismo año, 1996, el mundo de la cinematog afía celebraba los 100 años de la llegada de esa industria a México.

En su columna Plaza Pública el periodista Miguel Ángel Granados Chapa se ocupó del tema, describiéndolo como un "caso de excepción" por tratarse del escándalo que rodeaba a una de las familias más prominentes del país. Escribió:

"Era sabido, en los medios sociales donde se desenvolvía la familia, que los vínculos entre sus miembros se habían aflojado notablemente. Los padres no hacían ya vida en común, y sus ocasionales encuentros no eran presididos por la mayor cordialidad. Sin embargo, se reunían para el cumplimiento de compromisos sociales. Precisamente en la víspera del homicidio la señora había viajado de la Ciudad de México para acompañar a su marido a una ceremonia en que Ramírez Miguel recibiría, con otras personas, un homenaje del diario *Ocho Columnas*, en Guadalajara".[3]

El 26 de julio, el juez Segundo de lo Penal, Enrique Barajas Acosta, dictó una orden de aprehensión en contra de la viuda, María Villalón Verduzco, quien había abandonado el país desde el 15 del mismo mes, para atenderse médicamente por problemas de salud en Estados Unidos. La agregaduría de la Procuraduría General de la República en el Consulado de México en San Antonio, Texas, informó que Villalón Verduzco había ingresado a Estados Unidos acompañada de sus hijos Marco Antonio y Florentino Ramírez Villalón, este último en compañía de su esposa, María Luisa Díaz.

De acuerdo con las conclusiones entregadas al juez, la señora Villalón Verduzco fue quien entró primero a la recámara y no las empleadas domésticas. El chofer Antonio Segundo Escobedo dijo en su declaración ministerial que escuchó gritar a la señora Nena:[4] "Muchachas, muchachas, auxilio, hubo balazos en el cuarto del licenciado, rápido pidan una ambulancia". La señora Villalón Verduzco, según los testimonios levantados por el agente del Ministerio Público, siempre se mostró "tranquila y orientada, ni temblorosa, con voz firme".

La familia, los abogados y peritos contratados por los Ramírez siempre sostuvieron que se trató de un suicidio.

¿Es posible que la víctima no haya disparado el arma, a pesar de que la prueba de rodizonato de sodio practicada en la mano izquierda resultó positiva? Según la Procuraduría de Justicia de Michoacán, sí. Su hipótesis es que "esta se da al tocarse las heridas en función de conservación, con lo cual se contamina con la deflagración de los elementos nitrados".

¿Por qué se imputó a la viuda y a un hijo? Según la Procuraduría de Justicia de Michoacán, los rastros que deja el disparo de un arma de fuego pueden borrarse lavándose las manos.

"La prueba de rodizonato de sodio practicada a Eduardo Florentino y a la señora Villalón, se les tomó cinco horas después de que sucedieron los hechos, por lo que pudieron haberse practicado el lavado de manos en repetidas ocasiones y en consecuencia, el plomo y bario haber desaparecido", según las conclusiones del Ministerio Público.

De acuerdo con la procuraduría estatal, Enrique Ramírez Miguel no pudo haberse disparado él mismo porque "se encontraba en rehabilitación de un evento vascular cerebral que había sufrido antes de los hechos y lo cual le dejó hemiplejia izquierda, esto lo señalaron claramente los señores Eduardo Florentino y Marco Antonio, ambos de apellidos Ramírez Villalón, quienes en sus declaraciones dijeron que el occiso había tenido dos infartos".

El expediente incluye la declaración ministerial de 27 personas, algunas de las cuales lo hicieron en varias ocasiones. En su domicilio, la señora María Villalón Verduzco declaró a la agente del Ministerio Público, a las 16:45 horas, del 6 de junio, según consta en el expediente oficial:

"[...] el día de hoy me levanté como a las 10:00 (diez) de la mañana, y cuando lo hice, mi marido ya había desayunado, y me dijo que se iba a tomar un baño en el jacuzzi de mi habitación, y mientras yo me quedaba sentada sobre mi cama hablando por teléfono, y en ese rato, lo volví a ver salir del baño, e iba tapado con una bata de baño color blanco, y se dirigió a su recámara, y yo seguí hablando por teléfono por espacio de dos minutos aproximadamente, y al poco rato me hablaron por teléfono sin saber quién, y me dijeron que tuviéramos cuidado, ya que se habían oído algunos disparos, pero no me acuerdo si me dijeron que había sido uno o varios, y de esto han de ver sido como las 11:00 (once) horas, y me salí de mi habitación y vi que la puerta de la recámara de mi esposo se encontraba abierta, y me asomé ya que me causó extrañeza ver la puerta abierta [...] por lo que, entonces, lo vi con sangre sobre una faja que usaba él, por lo que entonces llamé a una de las muchachas de servicio, de nombre Luz y ella le gritó a Catalina, y ellas sí entraron un poco, sin llegar hasta el cuerpo, y yo no entré a la habitación por la impresión de verlo así, pues de inmediato imaginé que se encontraba muerto, por el color pálido que tenía, y cuando vimos que estaba como muerto, de inmediato les hablé a mis hijos, llegando en primer término Eduardo Florentino, y después llegó Jaime y luego el doctor Marco Antonio, y aunque me le acerqué sin tocarlo, no vi ningún arma de fuego [...] y debo señalar que si a mí no me dicen de los disparos, yo no me doy cuenta, ya que estoy sorda, y no oigo, y señalo que desde siempre dormimos en habitaciones por separado, ya que yo estaba delicada de salud...".

El juez Enrique Barajas Acosta se negó a girar una orden de aprehensión en contra de Florentino Ramírez Villalón, por lo que la Procuraduría de Justicia presentó un recurso de apelación ante el Supremo Tribunal de Justicia del Estado.

Con la imputación del cargo de homicidio en contra de la viuda y de un hijo, la procuraduría estatal había ganado la batalla mediática en el que fue uno de los casos judiciales de más alto impacto de la gestión de Tinoco Rubí. Pero entonces empezó a perder la batalla jurídica.

El 15 de septiembre de 1996, el Supremo Tribunal de Justicia del Estado exoneró a Florentino Ramírez Villalón de los cargos relacionados con la muerte de su padre.

La señora María Villalón Verduzco también interpuso un juicio de garantías ante el Juzgado Cuarto de Distrito en Materia Penal, en el Distrito Federal, ante el cual ofreció las diversas pruebas periciales y dictámenes que no fueron objetados por los peritos designados en el juzgado.

El 24 de enero de 1997, el Juez Cuarto de Distrito en Materia Penal en el Distrito Federal resolvió el juicio de amparo 638/96-2, en el que determinó conceder la protección de la justicia federal a la señora María Villalón Verduzco, respecto a la emisión y ejecución de la orden de aprehensión dictada en su contra.

Posteriormente, el 14 de noviembre de 1997, el Segundo Tribunal Colegiado en Materia Penal del Primer Circuito resolvió el recurso de revisión interpuesto por el agente del Ministerio Público Federal contra la sentencia emitida en el juicio de amparo indirecto 638/96-2. En definitiva, se resolvió confirmar la sentencia otorgando el amparo y protección de la justicia federal a la señora Villalón Verduzco.

En el expediente consignado ante el juez penal del fuero común, el Ministerio Público utilizó como prueba el supuesto testimonio del chofer Antonio Segundo Escobedo, quien presuntamente habría dicho que la señora Villalón Verduzco se expresaba mal de su marido, incluso que "sentía odio" hacia él. Meses más tarde, María Teresa Núñez Sánchez dijo a los visitadores de la Comisión Nacional de Derechos Humanos que su esposo Antonio Segundo Escobedo jamás habló mal de su ex patrona, por quien sentía respeto y admiración. En cambio, dijo que los agentes de la Policía Judicial del Estado lo presionaron en varias ocasiones cuando iban por él para llevarlo a rendir alguna declaración ministerial. En una de esas ocasiones, regresó con el pómulo inflamado y no quiso decir el motivo.

El 14 de mayo de 1997, el ex chofer de la señora Villalón Verduzco recibió una llamada telefónica —su esposa ignora de parte de quién— en la que "le hablaron de un trabajo". Por su depresivo estado de ánimo, dijo la señora Núñez Sánchez, al cruzar sin precaución la carretera fue atropellado por una camioneta. En ese accidente perdió la vida el principal testigo de la fiscalía.

La transición de un imperio

En su matrimonio, Enrique Ramírez Miguel y María Villalón Verduzco procrearon cuatro hijos: Enrique, Marco Antonio, Eduardo Florentino y Jaime.

Los Ramírez comenzaron a forjar un imperio a nivel nacional desde Morelia, una pequeña ciudad que en los primeros años de la década de 1970 apenas superaba los 200 mil habitantes y casi cuatro décadas después, en 2007, asciende a más de 700 mil. Con el tiempo, el consorcio iniciaría su expansión hacia Centroamérica.

La familia completa está involucrada en la operación del grupo. Si bien el patriarca heredó el control de la organización a Enrique Ramírez Villalón, como cabeza de la segunda generación de la familia, en el diseño de las estrategias se involucra todo el linaje. Ya en los años 70 del siglo XX, Enrique hijo se asoció con su padre para expandirse al Bajío, donde inauguraron los cines Salamanca 70, Acámbaro y Guanajuato 70. Con los años, juntos desarrollaron el concepto de Cinemas Gemelos y Multicinemas.

Un golpe de timón durante los dos últimos años de la administración de Carlos Salinas de Gortari se convirtió en el mejor aliado de los Ramírez. El gobierno federal modificó una política de Estado que durante más de cuatro décadas había mantenido el control de la industria cinematográfica, incluyendo el control del precio del boleto en taquilla.

Pese a tal política, la corporación había mantenido un crecimiento sustancial en el país. Pasó de 88 salas en 1980 a 208 en 1990. En los años siguientes, el emporio se convertiría en el mayor exhibidor de películas de Latinoamérica y en el octavo del mundo.

Los cambios, sin embargo, no fueron del agrado de todos. Mediante una serie de reformas legales, la cadena de producción, distribución y exhibición pasó "del proteccionismo burocrático y anquilosado al desamparo neoliberal", escribió Marién Estrada.

"Los productores en los años 80 habían abaratado de tal forma el mercado y el producto que ofrecían, que el declive tocó fondo y las desgracias no vinieron solas", según Estrada. Su análisis describía crudamente la situación por la que atravesaba la industria: "Mal acostumbrados al paternalismo nulificante, los productores, que por años gozaron de créditos que nunca pagaron, de películas en donde invertían un peso y ganaban cien, de repente se vieron desamparados".[5]

El 18 de julio de 1993, los canales 7 y 13 de televisión, con sus redes nacionales pertenecientes al Instituto Mexicano de Televisión (Imevisión), fueron desincorporados del patrimonio del Estado para ponerlos en venta, al igual que la Compañía Op eradora de Teatros y Estudios América (Cotsa).

El empresario Ricardo Salinas Pliego, propietario de la cadena de artículos electrodomésticos Elektra, ganó la licitación pública de las estaciones que se convirtieron en Televisión Azteca. Alberto Saba se convirtió en dueño de la cadena de cines. La venta total sumó 645 millones de dólares. El mismo paquete incluyó la liquidación de las empresas distribuidoras Continental de Películas, Nuevas Distribuidoras de Películas y Películas Mexicanas, así como Publicidad Cuauhtémoc, las productoras Corporación Nacional Cinematográfica (Conacine) y el Banco Cinematográfico.

En un año, la nueva Cotsa cerró al menos 100 de las más de 200 salas de su propiedad, cuyos espacios fueron convertidos en tiendas diversas, algunas de ellas Elektra.

"Así, las clases populares tuvieron que abandonar las salas cinematográficas para dar paso a la clase media con su poder adquisitivo, que volvió a llenar los cines. Los grandes Palacios malolientes y pegajosos se convirtieron en asépticos multiplex, y se olvidaron las películas de ficheras y albures", de acuerdo con Marién Estrada.

Seis meses antes, el 29 de diciembre de 1992, el *Diario Oficial de la Federación* había publicado la Ley Federal de Cinematografía. Se abrogó así la Ley de la Industria Cinematográfica, promulgada el 31 de diciembre de 1949, y sus reformas, que por más de cuatro décadas mantuvieron la producción, distribución y exhibición de la industria cinematográfica en manos del gobierno.

Quizá la decisión más relevante fue la de poner fin al control de precios sobre el boleto de taquilla. En respaldo a la industria nacional se creó el Instituto Mexicano de Cinematografía (Imcine).

Bajo este contexto, Organización Ramírez inauguró en 1993 Multicinemas Bucareli, en el inmueble que albergó al cine Bucareli, uno de los de mayor tradición en el Distrito Federal.

En la república se vivía en la ilusión generada por los éxitos aparentes del régimen de Carlos Salinas de Gortari. Se había creado la percepción de que la nación estaba transitando al primer mundo. El 1 de enero de 1994 entró en vigor el Tratado de Libre Comercio de América del Norte entre México, Estados Unidos y Canadá. La cinematografía fue catalogada como una industria y no un producto cultural, lo cual fue considerado una desventaja para la producción nacional.

Para mayo, la Organización para Cooperación y Desarrollo Económico (OCDE) aceptó a México como integrante, en su calidad de país recientemente industrializado.

El martes 14 de abril de 1994, Organización Ramírez fundó un concepto revolucionario para la época. Un complejo cinematográfico de diez salas con un promedio de 200 butacas, en la ciudad de Tijuana, Baja California. Había nacido la marca Cinépolis, creada por el ingeniero Enrique Ramírez Villalón. Un par de semanas después el mismo diseño continuaría en Monterrey, Chihuahua, Guadalajara, Aguascalientes y Acapulco.

Tres semanas antes, el 23 de marzo, en la colonia Lomas Taurinas de Tijuana —la misma ciudad donde se inauguró el primer Cinépolis— fue asesinado el candidato presidencial del PRI, Luis Donaldo Colosio. Un joven de 23 años fue imputado por el magnicidio y condenado a 40 años de prisión (Mario Aburto Martínez, originario de Zamora, Michoacán). A fin de año se registró el llamado "error de diciembre": el dólar aumento de 3.4 a 7.2 pesos en una semana, las tasas de interés se multiplicaron y el país entró en la peor crisis financiera y económica de su historia.

En estos meses convulsos, Organización Ramírez ralentizó sus planes de crecimiento, pero no se detuvo. La clave, de acuerdo con sus ejecutivos, se encontraba en la capacidad de la empresa para crecer con recursos propios y un escaso endeudamiento. En aquellos años reinvertían hasta el 95 por ciento de sus utilidades y así, en 1996, introdujeron el concepto de las salas tipo estadio en los complejos de Querétaro y Culiacán, el cual es ahora característico en todas sus instalaciones.

Cuando inició el concepto Cinépolis, Organización Ramírez contaba con 302 salas en 41 ciudades del país. La empresa comenzó entonces a crecer como nunca. Había sorteado la crisis financiera y económica del país, pero en los dos años que siguieron a 1996 debió hacer frente al impacto causado por las imputaciones penales que se habían formulado contra dos integrantes de la familia.

Cambio de guión

La exoneración de la señora María Villalón Ve rduzco y de Eduardo Florentino Ramírez Villalón de los cargos por el homicidio de su esposo y padre dejaron a la familia ante la necesidad de recuperar la imagen dañada durante meses de litigios legales y un virtual linchamiento mediático. Con experiencia ancestral en la discreción, el clan optó por guardar un bajo perfil y fortalecer su trabajo a favor de la comunidad.

Faltaba, sin embargo, un recurso más: la demostración de que se habían violado sus garantías individuales. Y que el caso fuera formalmente cerrado.

El 11 de junio de 1997, los hermanos Enrique, Marco Antonio, Eduardo Florentino y Jaime Ramírez Villalón entregaron un escrito de queja ante la Comisión Nacional de Derechos Humanos, por medio del cual denunciaron presuntas violaciones a sus derechos humanos, a los de otros integrantes de su familia y del personal de servicio. Señalaron como probables responsables de los abusos a servidores públicos de la Procuraduría General de Justicia del Estado de Michoacán, a partir de una deficiente integración de la averiguación previa número 297/96-V, además de haber sido objeto de intimidación por parte de elementos de la Policía Judicial del Estado.

Siete meses después, el 11 de febrero de 1998, la Comisión Nacional de Derechos Humanos emitió la recomendación 13/1998, en relación al "Caso del señor Enrique Ramírez Miguel", dirigida al gobernador del estado de Michoacán, Víctor Manuel Tinoco Rubí. El organismo concluyó que "se acreditaron actos violatorios a los Derechos Humanos de los agraviados".

La recomendación, firmada por la presidenta de la CNDH, Mireille Rocatti, fue dirigida al gobernador del estado de Michoacán de Ocampo, "no como autoridad responsable, sino en su calidad de superior jerárquico, a fin de que se sirva enviar sus instrucciones al Procurador General de Justicia para que se inicie un procedimiento administrativo de investigación en contra de los peritos médicos adscritos a la citada institución, por la inadecuada realización de la necropsia efectuada al cuerpo de quien en vida llevó el nombre de Enrique Ramírez Miguel, así como en contra de los agentes de la Policía Judicial que intimidaron a las señoras María de la Luz Pérez Martínez y Catalina Palmeño Gómez. De igual forma, determinar la responsabilidad penal que pudiera ser atribuible a algún servidor público, dando vista al Ministerio Público para el inicio de la respectiva indagatoria, la cual debe resolverse conforme a derecho".

Con la batalla jurídica ganada, la familia Ramírez comenzó a trabajar en la reconstrucción de su imagen pública y a reformular los planes de crecimiento de sus empresas. El grupo aumentó las inversiones y obras sociales en Michoacán y en unos cuantos meses inauguró la escuela primaria federal Enrique Ramírez Miguel, destinada a la educación de más de 300 niños de escasos recursos que habitan en la colonia popular Unión Progreso, donde también se construyó el jardín de niños "Enrique Ramírez Miguel". Las dos obras fueron financiadas por la familia Ramírez.

A partir de entonces las actividades del grupo se enfocaron a obtener la certificación de Empresa Socialmente Responsable.

De acuerdo con datos proporcionados por la empresa, desde su fundación en 1947, el grupo ha consolidado "su carácter humano y filantrópico tanto al interior como al exterior de la empresa. Entre las labores sociales que realiza, resalta el programa Vamos Todos a Cinépolis, el cual consiste en invitar al cine en cuatro fechas especiales a niños de escasos recursos o con alguna desventaja. Más de un millón de niños habrían asistido gratuitamente al cine, la mayoría por primera vez.

Las actividades son diversas e incluyen la contratación de personas con capacidades diferentes. "Jóvenes con capacidades especiales que luchan por alcanzar sus sueños mediante un trabajo digno, también son bienvenidos a Cinépolis", según el sitio *web* de la empresa. Son citadas múltiples colaboraciones con la Cruz Roja y actividades de coparticipación de Cinépolis, como la campaña de reconocimiento a Héroes Anónimos; el programa Lazos, Naturalia, A.C., UNICEF, Gente Nueva, Un Kilo de Ayuda, el proyecto "Tu ayuda sí cuenta", entre otros.

En 2005 Cinépolis inició la campaña de carácter social "Del amor nace la vista", en apoyo para el mejoramiento de la salud visual en las entidades federativas con el índice de desarrollo humano más bajo de la república. Se invitó a los clientes a sumarse a la campaña donando cinco pesos en las dulcerías de los cines. La cooperación alcanzó 720 mil pesos y la empresa participó con 1.8 millones de pesos más recursos en especie, para la operación de 514 personas durante 2006. En 2007 se tenía planeado realizar al menos 800 cirugías de recuperación de la vista. Cuando se cumplieron seis años del aniversario luctuoso de Enrique Ramírez Miguel, la Procuraduría General de Justicia del Estado de Michoacán, ahora bajo el gobierno de Lázaro Cárdenas Batel, informó sobre la destrucción de las pruebas relacionadas con el expediente y declaró el caso cerrado.

La fiscalía estatal agotó todas las líneas de investigación posibles "al no existir elementos de prueba que impliquen determinada probable responsabilidad" en la muerte del empresario.[6]

Contra el peso en taquilla y los subsidios

En diciembre de 2002 se promulgó un decreto mediante el cual se estableció como derecho el pago de un peso por cada boleto adquirido en las taqu illas de los cines.

En su artículo 19 C, fracción IV, la Ley Federal de Derechos estableció entonces: "Por los servicios en materia cinematográfica se pagará el derecho de cinematografía, conforme a las siguientes cuotas: IV Por la autorización para exhibición pública de una película en salas cinematográficas o lugares que hagan sus veces: por cada boleto vendido $1.00".

En contra de esa disposición, al menos 11 distribuidoras de películas interpusieron una demanda de amparo en diversos juzgados (20th Century Fox, Videocine Warner, TriStar Film de México, United Internacional Pictures, Buenavista Columbia Tristar Films, Gussy, Nuvision, Quality Films, Cinemas Nueva Era, Cine Video y TV y Walt Disney Co. de México).

Organización Ramírez fue una de las empresas de exhibición que solicitó un amparo en contra de la llamada ley de un peso en taquilla. Alejandro Ramírez, entonces director general adjunto de Cinépolis, dijo en su defensa:

"Es que no es por ahí. Nosotros creemos que la idea es empujar al sector producción, pero sin debilitar a los otros eslabones de la cadena. Se debilitaría porque a la hora que ponen un impuesto adicional en taquilla, se tiene que incrementar el precio del boleto y la demanda es elástica. Este año vamos 10 por ciento abajo de lo proyectado, en parte por el incremento de precio que tuvo que ver con la nueva ley, y hablar de 10 por ciento menos de espectadores a escala nacional es grave: ese peso acaba siendo más de uno, si se le incluyen impuestos y derechos de autor. Si pudiéramos cobrar un peso sin que nos afectara, ya lo hubiéramos hecho. Tenemos precios escalonados: en Interlomas pagan más que en Nezahualcóyotl".[7]

Enseguida esbozó una crítica hacia los productores de cine mexicano, que no están acostumbrados a vivir de la venta de sus películas, sino del subsidio del gobierno. Por muchos años, dijo, los realizadores "se acostumbraron a vivir de tener la máquina andando, pero no importaba si la gente veía sus cintas o no porque había auspicios, como el del Banco Cinematográfico. Los productores deben vivir de vender sus películas al público y no de que el gobierno los subsidie. Tenemos que trabajar con la mentalidad de qué es lo que quiere ver la audiencia".

El 14 de julio de 2004, se divulgó en la prensa que el magistrado Juan Díaz Romero y los jueces de la Segunda Sala de la Suprema Corte de Justicia de la Nación resolvieron que el cobro de un peso en taquilla era inconstitucional.

Víctor Ugalde, un guionista, director e investigador cinematográfico cuestionó en diversas colaboraciones periodísticas la demanda de amparo que interpusieron distribuidores y exhibidores de películas.

Ugalde afirmó: "Una vez más la Suprema Corte de Justicia de la Nación atenta contra la cultura mexicana".[8]

Según el guionista, "el apoyo al cine no es anticonstitucional, los artículos 73 y 28 facultan al Estado mexicano a dictaminarlo, a lo que hay que agregar que la ley de cine obliga al Ejecutivo a crear una serie de estímulos, incentivos y apoyos para desarrollar el arte cinematográfico nacional".

Pero el guión de la Suprema Corte de Justicia transcurría en otro sentido. El 21 de septiembre de 2004, el máximo órgano jurisdiccional del país resolvió en definitiva que el cobro de un peso por boleto en las taquillas de los cines era inconstitucional.

Con ese antecedente, la comunidad cinematográfica modificó su estrategia legal para poder cobrarle un peso más a los espectadores. En vez de proponer una nueva reforma a la Ley Federal de Derechos, se ha planteado cambiar una ley diferente.

En abril de 2007 la senadora del PRD, María Rojo, informó que junto con el senador del PAN, Gustavo Madero, había presentado una iniciativa de reformas al artículo 2 de la Ley del Impuesto Especial Sobre Producción y Servicios, con el fin de establecer un impuesto especial de casi un peso por boleto a la exhibición pública de películas, el cual se calcularía multiplicando el factor 0.027 por el precio del boleto.[9] El objetivo del impuesto era fomentar la industria cinematográfica nacional, dijo la senadora María Rojo, electa para el periodo 2006-2012.

Los productores y cineastas, sin embargo, han señalado a los exhibidores como los grandes beneficiarios de la industria, al quedarse con la mayor parte de los ingresos por concepto de taquilla:

"De cada peso generado por concepto de entradas pagadas, 13 centavos los recibe el productor que, por lo demás, es quien más arriesga; de 20 a 25 centavos se los queda el distribuidor, y 51 centavos van a parar a manos del exhibidor".[10]

Según *Expansión*, la fórmula promedio del reparto es la siguiente: "De cada peso de ingreso en taquilla, el exhibidor se queda con 50 a 60 centavos, el distribuidor toma entre 25 y 30. Al productor del filme sólo llega lo que reste (12 por ciento en promedio), de donde debe pagar el precio de las copias y la promoción publicitaria, que en un inicio costea el distribuidor, es decir, su margen de utilidad —si lo hay— se reduce a 3 o 4 por ciento".[11]

La bendición de López Obrador

"Organización Ramírez cumple invirtiendo en el DF: AMLO". El titular es de *La Jornada* y las declaraciones, efectivamente, son de Andrés Manuel López Obrador. El miércoles 3 de julio de 2002, Organización Ramírez Cinemas inauguró el complejo Cinépolis Universidad, con 16 salas tipo, tres salas VIP y dos pantallas IMAX. A la apertura asistió López Obrador, como jefe de gobierno del Distrito Federal. *La Jornada* transcribió las palabras del futuro candidato presidencial:

"Organización Ramírez está cumpliendo con su responsabilidad de invertir y generar empleos en la ciudad, son un ejemplo de lo que debe ser la iniciativa privada. Es una inversión de 300 millones de pesos y generará mil empleos directos. Hay recesión económica nacional, pero en la ciudad hay crecimiento económico. Con este tipo de inversiones no se siente tanto la recesión económica", dijo.[12]

El presidente de Organización Ramírez, Enrique Ramírez Villalón, saludó la deferencia de López Obrador y le dio las gracias por "apoyar empresas mexicanas como Cinépolis, que son fuente de trabajo para miles de jóvenes en el país".

A diferencia de otros empresarios, que suelen acudir a eventos de los tres órdenes de gobierno, los Ramírez están acostumbrados a que los políticos y gobernantes asistan a la inauguración de sus empresas y actividades públicas.

Desde el embate que sufrió por parte del gobierno de Víctor Manuel Tinoco Rubí, la familia Ramírez rompió abiertamente con el priismo michoacano. Su acercamiento con el gobernador perredista Lázaro Cárdenas Batel y con el panista Felipe Calderón Hinojosa resultó evidente. Con ambos construyó relaciones que pueden calificarse de excelentes

En múltiples ocasiones se ha señalado que la familia Ramírez apoyó a Cárdenas Batel para ganar la gobernación de Michoacán y oponerse así al candidato apoyado por Tinoco Rubí, Alfredo Anaya, en la elección local de 2001.

En 1999, cuando el tema del EZLN todavía era noticia de portada en algunos medios del centro del país, se involucró a los Ramírez con un supuesto respaldo a los zapatistas.

Más allá de anécdotas de ese tipo, las relaciones con el gobierno de Felipe Calderón se convirtieron en una luna de miel. El 28 de febrero de 2007, el presidente de la República inauguró la primera etapa del fraccionamiento Bosques de Ciudad Tres Marías, propiedad de Enrique Ramírez Villalón, después de haber puesto en marcha el tramo carretero Atlacomulco-Venta de Bravo, junto con los enronces gobernadores de Michoacán, Lázaro Cárdenas Batel, y del Estado de México, Enrique Peña Nieto. Calderón y su comitiva recorrieron la zona residencial, que cuenta con campo de golf, casa club donde se pueden encontrar lujosas casas estilo mediterráneo y minimalista de al menos 3 millones de pesos de aquellos años. Por casualidad más que por animadversión, es con algunos gobiernos priistas con los que Cinépolis ha tenido más problemas. En Oaxaca, el grupo debió hacer frente al tráfico de influencias. "Otro problema es la corrupción a nivel gobierno —dijo una vez Alejandro Ramírez Magaña—, y esto lo hemos vivido en carne propia, por ejemplo, en Oaxaca el hijo del entonces gobernador José Murat tenía inversiones con otro grupo y para no enfrentar la competencia nos bloqueó todo lo que pudo para no dejarnos operar en el estado".

La capital... ¿del golf?

A diferencia de su oposición al cobro de un peso en taquilla para el supuesto fortalecimiento de la producción nacional, la organización participa desde 1999 en la coproducción de películas. Con los años, se convertiría en precursora de uno de los principales eventos de la industria en el país, el Festival Internacional de Cine de Morelia.

En 1999 Organización Ramírez invirtió en *El cometa*, una coproducción México-Estados Unidos-Francia bajo la dirección de José Buil y Marisa Sistach; en 2002 participaron en la coproducción de *El tigre de Santa Julia*, filme dirigido por Alejandro Gamboa; en 2004, en *Un día sin mexicanos*, de Sergio Arau; y, en ese mismo año, *Cero y van cuatro*, dirigida por Carlos Carrera y Alejandro Gamboa. En cada uno de los filmes aportó 15 por ciento del presupuesto respectivo.

El 5 de enero de 1999 se publicaron una serie de reformas a la Ley Federal de Cinematografía, que permitieron la creación del Fideicomiso Fondo de Inversión y Estímulos al Cine, el Fidecine, que contempla, entre otros puntos, una nueva obligación en su artículo 19:

"Los exhibidores reservarán el diez por ciento del tiempo total de exhibición, para la proyección de películas nacionales en sus respectivas salas cinematográficas, salvo lo dispuesto en los tratados internacionales en los cuales México no haya hecho reservas de tiempo de pantalla". Este considerando, agregado por la Cámara de Senadores, se ha interpretado como una suerte de cheque en blanco para los exhibidores, porque fácilmente podrán ganar un juicio de garantías para no cumplir con esa disposición.

Los voceros de los exhibidores se han quejado de no poder deducir el IVA de sus gastos, con excepción de los correspondientes a los alimentos y bebidas, pero a cambio pagan a los gobiernos estatales un promedio de 6 a 8 por ciento de los ingresos de taquilla por concepto del impuesto sobre espectáculos públicos.

El tema de la obligatoriedad de exhibir el 10 por ciento de películas nacionales no ha generado más polémica gracias a la elevada producción registrada en los últimos años y al éxito en taquilla de algunos filmes mexicanos. Los ejecutivos de la empresa confían en que más producciones nacionales pueden alentar la taquilla.

En abril de 2003, Organización Ramírez y el gobierno del estado de Michoacán anunciaron el inicio del Festival Internacional de Cine de Morelia, con el propósito de impulsar a los nuevos talentos del cine mexicano y favorecer el interés del público por las nuevas propuestas cinematográficas del mundo.

El presidente del consejo organizador del festival, Alejandro Ramírez Magaña, dijo: "El festival tendrá su sede en lo que fue el Cinema Morelia, primera sala de proyección de Organización Ramírez, construido en 1956, y que fue renovado y transformado ex profeso en Cinépolis Morelia Centro, esperando que al igual que el festival este complejo cinematográfico contribuya a la consolidación del Centro Histórico de Morelia como destino turístico y cultural".

La primera edición se llevó a cabo del 3 al 10 de octubre de 2003. Cuatro años después, entre el 10 de febrero y el 6 de abril de 2007, Cinépolis y la casa productora Canana, de Gael García Bernal y Diego Luna, iniciaron el proyecto de exhibición de documentales Ambulante, mediante una gira por 15 de las principales ciudades del país, con el fin de promover ese género.

Posteriormente, Cuauhtémoc Cárdenas Batel, hermano del entonces gobernador del estado fungió como vicepresidente del Festival Internacional de Cine de Morelia y miembro del consejo.

Un año antes, en agosto de 2002, algunos sectores habían acusado al consorcio de practicar una suerte de censura, cuando se estrenó la película *El crimen del padre Amaro*, dirigida por Carlos Carrera. El filme batió récord de taquilla, al exhibirse en 300 salas, después de la polémica generada a partir de críticas de un sector de la Iglesia católica y algunos grupos ligados a Pro Vida.

"En todo el país se pudo apreciar el filme de Carlos Carrera, a excepción de Morelia, Michoacán, donde la Organización Ramírez, dueña del complejo Cinépolis, decidió cancelar la exhibición de la cinta. La cadena explicó que no tenía copias suficientes para la presentación".[13] La cinta se exhibió posteriormente sin problema.

Este 2007 se estrenó *Cuando las cosas suceden*, dirigida por Antonio Peláez y filmada en Guanajuato, en cuyos créditos aparece como productor ejecutivo Enrique Ramírez Magaña. La organización finalmente le apostó completamente a un proyecto fílmico.

La producción de películas en el mundo es muy compleja, dice Alejandro Ramírez Magaña. "Los grandes estudios de Hollywood invierten en cinco filmes al año, en tres pierden, en una salen tablas y en una logran obtener importantes ganancias, con las cuales compensan las pérdidas de las anteriores", dijo en una entrevista a Martín Carmona. "En el caso de nuestra empresa no nos fue tan mal, casi recuperamos toda la inversión, aun así seguiremos apoyando a los cineastas mexicanos de una manera más selectiva", afirmó.[14]

La familia Ramírez ha jugado un papel protagónico en un deporte que hasta hace pocos años prácticamente pasaba inadvertido entre los medios: el golf. Enrique Ramírez Magaña funge como presidente del torneo Corona Championship de la LPGA (Ladies Professional Golf Association), que se desarrolla en el Club de Golf Tres Marías, propiedad de la familia. En diversas ocasiones la golfista tapatía Lorena Ochoa expresó múltiples elogios a la familia Ramírez y al gobernador Lázaro Cárdenas Batel por la organización del torneo.

El 29 de abril de 2007, el presidente Felipe Calderón acudió a las instalaciones del Club de Golf Tres Marías para entregar un reconocimiento a Ochoa, quien en esa fecha se había colocado como la mejor golfista del mundo, aunque no logró ganar el torneo en Morelia. Otra vez el presidente de la República aparecía en un evento público acompañando al gobernador Lázaro Cárdenas Batel y a la familia dueña de Cinépolis.

La conquista

La expansión de la Organización Ramírez al extranjero comenzó en mayo de 1999 en Ecuador, donde abrió 26 salas en asociación con el Banco Pichincha y el Grupo Diner's. Su presencia en aquel país se había pospuesto por casi un lustro, debido a la devaluación del peso ocurrida en diciembre de 1995. La experiencia en Centroamérica, sin embargo, no ha resultado miel sobre hojuelas.

Aunque el número de cadenas es bajo en México, la competencia es muy fuerte y el reto por lograr la diferencia es grande, de acuerdo con Ramón Ramírez Guzmán, director de Mercadotecnia de Cinépolis: "Creo que en algunos mercados estamos llegando a la saturación como Guadalajara y Monterrey, pero existen otros en donde aún existe un enorme potencial como Ciudad de México, entre otras ciudades y estados", dijo.[15] Por eso la empresa fortaleció su estrategia de crecimiento hacia el sur.

Pablo Billard comenzó a trabajar en la cadena de tiendas de renta de películas Blockbuster desde los 18 años. Se inició como cajero y, siete años después, terminó ocupando las gerencias de compras y de operaciones en las oficinas regionales de la compañía en Panamá. Entonces fue reclutado por la empresa mexicana, que lo designó gerente general del Cinépolis Multiplaza Pacific.

Su caso puede ilustrar la práctica institucional de la empresa de hacer una apuesta por los jóvenes y reclutar el talento regional. Pero también muestra cómo el crecimiento hacia Centro y Sudamérica ha pasado por altibajos.

La política de la empresa es la de buscar ejecutivos "que tengan un gran sentido de honestidad", que sean creativos y "tengan una capacidad analítica profunda y una habilidad gerencial importante", para lo cual es fundamental que sigan preparándose con cursos, diplomados y maestrías, afirma Alejandro Ramírez Magaña. Se han fortalecido los cuadros ejecutivos de Cinépolis reclutando ejecutivos de fuera.

"En Panamá, la cadena mexicana no pudo abrir la cantidad de salas que esperaba", escribió la periodista Melissa Nova en el diario *La Prensa*. Las proyecciones de asistencia no fueron las que se esperaban, ante su competencia directa, Extreme Planet. El pretexto fue que "la actividad de la industria del cine se encontraba 20 por ciento por debajo en comparación con el año pasado".

"Cinépolis está acostumbrado a ser un complejo de cines muy grandes para tener una posición líder en el mercado, pero por diferentes razones que no se pudieron controlar, tuvimos que abrir con ocho salas en un mercado que es muy competitivo", dijo Pablo Billard a la periodista.[16]

La tercera generación

Cuando era niño, Alejandro Ramírez Magaña celebraba su cumpleaños invitando a sus compañeros de clase al cine. Su abuelo Enrique Ramírez Miguel, quien gustaba de andar en bicicleta y caminar por las calles de Morelia, le regalaba pedazos de películas de Walt Disney o de Cantinflas. Cuando él estaba por cumplir un año, en 1971, su padre y abuelo fundaron Organización Ramírez. Quizá por ese motivo, desde 2003, celebra su cumpleaños con el Festival Internacional de Cine de Morelia como regalo el 10 de octubre.

Creció con el consorcio, cuya dirección de operaciones asumió en enero de 1996 cuando aún no cumplía los 36 años y la dirección general en 2004, a los 44. Antes se había preparado lo suficiente en el extranjero en materias de desarrollo económico y humano, con un breve paso por el servicio público federal, cuando fue objeto de un coqueteo por parte de militantes del PAN que lo intentaron persuadir para postularse como candidato externo a la Presidencia Municipal de Morelia.

Alejandro Ramírez Magaña tiene una licenciatura y una maestría en Economía por la Universidad de Harvard; una maestría en Desarrollo Económico en la Universidad de Oxford; y es candidato a doctor en Economía de Desarrollo por la Universidad de Cambridge, bajo la asesoría del premio Nobel Amartya Sen.

Trabajó en el Banco Mundial, donde participó como coautor del libro *Pueblos indígenas, pobreza y desarrollo humano en América Latina: 1994 2004*, publicado en 2005. Ese año fue nombrado "Joven Líder Global" en el Foro Mundial de Davos, Suiza.

Ocupó la Secretaría Técnica del Gabinete de Desarrollo Humano y Social de la Presidencia de la República (participó en la elaboración del "Programa de Acción 2002-2010 Un México Apropiado para la Infancia y la Adolescencia"); y fue representante permanente de México ante la Organización para la Cooperación y el Desarrollo Económicos (OCDE), en París, después de que Carlos Flores Alcocer fue separado del cargo bajo señalamientos de malgasto de recursos.

Su nombre forma parte del Consejo Asesor del Informe Nacional sobre Desarrollo Humano en México 2004, del Programa de las Naciones Unidas para el Desarrollo y, como colaborador, del Informe 2004. Pero un dato relevante de su quehacer académico es el relacionado con un planteamiento sobre los parámetros de medición de desarrollo humano, citado en diversos documentos de organismos nacionales e internacionales en la materia.

La *Revista del Centro de Desarrollo Humano de Guanajuato, A.C.*, publicó en agosto de 1999 un ensayo de su autoría intitulado "Índice de desarrollo humano del estado de Guanajuato", en el cual propone un método de cálculo para el índice de desarrollo humano de los estados de la república y de sus municipios sin utilizar el producto interno bruto per cápita ni la tasa de matriculación escolar, como se hace en los informes oficiales. En cambio, propone que se incluya el porcentaje de viviendas que cuentan con drenaje, electricidad y agua potable. La tesis fue retomada en el libro *El concepto de desarrollo humano, su importancia y aplicación en México*, de Luis F. López-Calva y Roberto Vélez Grajales, editado por la Secretaría de Desarrollo Social en 2004.

En el Cuarto Congreso Estatal de Calidad Total 2005, celebrado en Morelia bajo auspicios del gobierno del estado, presentó una ponencia en la que planteó cuatro factores necesarios para lograr una mejor competitividad en el sector público y privado del país: un sistema de derecho confiable y objetivo, una sociedad incluyente preparada y sana, un mercado de factores de producción eficientes, y un gobierno eficiente y eficaz. México se encuentra estancado en competitividad, concluyó.

A simple vista, no parece usual que uno de los líderes de la industria del entretenimiento en el país sea un experto en desarrollo humano y en competitividad gubernamental. Aunque sí en materia de competencia empresarial. Tal vez por ese motivo la cabeza visible de la tercera generación del clan ha expresado en diversas ocasiones que tiene claro que actualmente las empresas no sólo deben ver por su rentabilidad y por dar buenos servicios o productos, sino que tienen que ser socialmente responsables.

Alejandro Ramírez Magaña suele ser discreto en sus declaraciones y actuación pública, pero no ha estado exento de cometer alguna infidencia relacionada con los cargos públicos que ocupó en el gobierno de Vicente Fox.

Una crónica publicada por Rose Mary Espinosa en la revista *Letras Libres* relata algunos de los deslices. El texto se refiere a la descripción de un día en la vida del actor Diego Luna, en un momento en el cual se reunió con el heredero del imperio Ramírez en el restaurante Girasoles, en el centro de Morelia.

"Ramírez Magaña, director de Cinépolis, el emporio de exhibición cinematográfica más poderoso del país, aguarda en una mesa alargada, dentro de un salón cuyas ventanas miran hacia la Calle Real —o Avenida Madero, vaya—. Lleva una exquisita chamarra de gamuza clara. Ya en la mesa, la preocupación por la taquilla disminuye; la tónica que impera es alegre, desparpajada [...] Ramírez refiere el caso de un grupo de narcotraficantes llamado *La Familia*, que se caracterizaba por dejar junto a sus víctimas leyendas que rezaban 'Por bocón' o 'Por tragón', y que publicó un desplegado en *La Voz de Michoacán* en el cual advertía que estaba protegiendo al Estado de otros narcos 'que promovían drogas más *heavies*, como el *ice*', una suerte de limpia de imagen para 'congraciarse con la sociedad' ".[17]

"[...] Lo que sigue es un anecdotario de excentricidades de los políticos mexicanos encabezado por Ramírez, cuyo agudo sentido del humor dota la comida de un aire jocundo: desde las veces en que Sari Bermúdez, antigua titular de Conaculta, dedicaba unos minutos de su agenda para pedirle al dueño de Cinépolis que le 'renovara' la membresía a su sobrino de Metepec, hasta la actitud sobrada del ex canciller Luis Ernesto Derbez en sus giras por Europa. Y su información se antoja de primera mano: él fue quien quedó a cargo de la representación de México en la OCDE en París una vez que Carlos Flores, su ex jefe, se vio envuelto en el escándalo del 'Embajador Dormimundo' ".

Al director general de Organización Ramírez le gusta ir al cine, jugar tenis, bucear, esquiar, leer y viajar. Ha dicho que su película favorita es *Cinema Paradiso*, que *Amadeus* y *Atrapado sin salida* son dos de los mejores filmes que ha visto en su vida y que su director predilecto es Milos Forman.

En una entrevista con Martín Carmona, delineó su filosofía empresarial a partir de la premisa de tomar siempre la delantera y ser agresivo, de ser proactivo y no reactivo. Se refirió al reto de hacer que una empresa familiar logre sortear primero su permanencia en el mercado y después tener éxito.

¿Cuál fue su estrategia? "Estudiando los casos de las empresas familiares exitosas y tratando de aplicar métodos que permitan la profesionalización de todas las áreas. Durante el estudio de la maestría, tomé varios cursos sobre empresas familiares, para poder llevar a buen puerto la institucionalización de Cinépolis, porque se estima que 80 por ciento de las empresas familiares fracasan en la transición de la primera a la segunda generación y del 20 por ciento restante son pocas las que sobreviven a la tercera generación".[18]

En el mismo reportaje reveló uno de los secretos de su estrategia financiera: "Una característica del grupo ha sido crecer con recursos propios; hasta hace unos años reinvertíamos alrededor de 95 por ciento y actualmente es el 90 por ciento. Pocas compañías tienen esa política de reinversión de todo lo que generan, por lo que no hemos tenido que endeudarnos de manera severa, sólo tenemos una pequeña línea de crédito que nos permite, por ejemplo, enfrentar los altibajos de esta industria, ya que entre el verano y el invierno se presenta un bache en la asistencia de público a las salas de cine".

"En esta época —dijo— tienes que ser un hombre de negocios calculador, moderado y agresivo a la vez, pero siempre tomar la delantera; por ejemplo, en Cinépolis fuimos pioneros en temas como las salas tipo estadio, en el desarrollo de las salas VIP (desde 1999), las pantallas IMAX y las reservaciones por teléfono. Esas estrategias nos dieron una ventaja sobre nuestros competidores".[19]

En una conversación con Pablo Payró en la revista *Club MBA*, el director general de Cinépolis revelaba sus planes de crecimiento a nivel internacional, "construyendo entre 150 y 200 salas al año". Ese año se proponía un crecimiento de entre 10 y 12 por ciento. Según sus cálculos, en unos cuatro años "el mercado mexicano ya no ofrecerá grandes oportunidades de crecimiento y Centroamérica tampoco tendrá muchos espacio para hacerlo. Entonces, tendremos que tomar la decisión de irnos a mercados más grandes o empezar a invertir en otros negocios".[20]

Organización Ramírez es un conglomerado que cuenta con una división de cines; una división inmobiliaria, que desarrolla centros comerciales, fraccionamientos residenciales, edificios de oficinas, y hoteles; y una división adicional en la que posee algunas agencias de autos en Morelia. No obstante, Cinépolis representa entre el 80 y 85 por ciento de las utilidades del grupo, de acuerdo con su director general.

Durante los años en los que la familia inició una estrategia para reposicionar su imagen, también transitó sin éxito en una aventura editorial. El 5 de mayo de 2002 fundó en Morelia el diario *Provincia* con capital propio y con un evidente interés de contar con un medio decisivo en la formación de opinión pública. Con los años el clan se daría cuenta de que la prensa no era lo suyo y, recientemente, terminó vendiendo el rotativo a la empresa rival, *La Voz* de Michoacán, aunque aún conserva una porción de las acciones y preside el consejo de administración.

UNA QUEJA RECURRENTE de los productores y realizadores se refiere a que los exhibidores prefieren tener en cartelera cintas extranjeras. Pero la realidad es otra. "Nos urge tener material fílmico mexicano", dijo Alejandro Ramírez Magaña en una entrevista. De esa manera, puede acercarse a la taquilla un sector más amplio de la población a partir de una estrategia de segmentación del mercado.

Por otra parte, la asistencia al cine es "diversión prohibitiva" para 70 por ciento de los mexicanos, según estudios de la Asociación Mexicana de Estudios para la Defensa del Consumidor citados por la *Revista Mexicana de Comunicación*. Al menos Cinépolis se ha defendido bajo el argumento de que existe la opción de ir al cine pagando la mitad en miércoles.

En 2015 Canacine registró poco más de 13 mil 700 millones de pesos de ingreso en taquilla gracias a las 296 millones de entradas vendidas; un promedio de 46.5 pesos por boleto. Ese mismo año el salario mínimo en el centro del país era de 70.10 pesos. Entrar al cine representaba un 66 por ciento del salario mínimo. En 1988 la proporción era apenas de 12 por ciento.

Epílogo

¿Qué sucedió el 6 de junio de 1996 en la residencia de la familia Ramírez Villalón, en Morelia? La verdad jurídica es que el señor Enrique Ramírez Miguel habría ejercido por voluntad propia su derecho a morir. Si alguien hubiera escrito un guión en el que una persona se privó de la vida de cinco disparos, seguramente ningún productor hubiera comprado la idea.

El caso conmocionó a la sociedad michoacana y a buena parte del país. Sin duda, la imputación penal de la que fueron objeto la esposa y un hijo del empresario marcaron a la familia para siempre. Pero los Ramírez sacaron la casta. Lograron la absolución por parte del sistema judicial y con los años se convirtieron en uno de los clanes más poderosos y altruistas del país, de tal forma que son referencia más allá de la industria de la exhibición de películas. Ahora, no sólo mantienen una estrecha cercanía con el poder político actual, sino con un sector intelectual ligado a la cinematografía.

En 2005, la revista *Expansión* ubicó a Cinépolis en la posición 184 entre las 500 empresas más importantes de México. Sus ingresos ascendían a 4 mil 751 millones de pesos anuales (más de la mitad de los de TV Azteca, por ejemplo). En comparación, su principal competidor, Cinemex, reportaba mil 600 millones de pesos.

Los datos, sin embargo, han comenzado a manejarse con bastante sigilo. En las siguientes ediciones de la lista de las 500 empresas más importantes de México, Organización Ramírez no participó en la presentación de ingresos y su balance anual. Tampoco su principal competencia.

La difusión publicitaria aporta una tercera parte del total de las utilidades a la empresa; el otro tercio lo obtiene por la venta de boletos, y el resto gracias a las dulcerías. Eso explica el tiempo que transcurre entre la hora en la que aparece programada una película y la hora en que realmente inicia, lapso en el cual los espectadores deben mirar publicidad no deseada.

Quizá Alejandro Ramírez Magaña estaba predestinado no sólo para heredar el imperio familiar que fundó su abuelo y que su padre consolidó en los años 90. Su guión de vida ya estaba escrito. La escena es una de las más contadas entre los ejecutivos de la corporación. En 1996, cuando él estaba en Nueva York, a punto de firmar un contrato de trabajo en el Programa de las Naciones Unidas para el Desarrollo, recibió un mensaje: "Alex, te necesitamos. Un abrazo. Firma: Tu abuelito".

ADENDA

Alejandro Ramírez Magaña hizo bien en volver a México, no aceptar un puesto en el Programa de las Naciones Unidas y dirigir la empresa familiar. Este visionario pasó de ser el director general de un grupo con mil salas en 2003 a uno de 3 mil en 2012, que cubrían 76 ciudades de México, 5 en Centroamérica, 19 en Sudamérica, 8 en Asia y 3 en Estados Unidos; todas con tecnología digital y que en ese momento reportaban 119 millones de asistentes al año.[21]

La gran internacionalización llegó en 2015 cuando compraron la cadena de cines Fun Cinemas en la India, filial de Essel Group, con la que operaban 41 multicinemas, en 31 ciudades, convirtiéndola, en términos de ingresos, en la tercera cadena de exhibición de cine más grande de India.[22]

Según Ramírez Magaña su éxito se debe a la innovación, y tiene razón. Fueron los primeros en lanzar una aplicación para celulares para comprar boletos numerados sin necesidad de hacer filas; los primeros en crear las salas VIP y vender bebidas alcohólicas; fueron quienes lanzaron 22 salas *junior* equipadas con toboganes, sillones tipo cama y alberca de pelotas para cubrir el mercado infantil; trajeron la tecnología 3D y después la 4DX, y además, crearon la plataforma Cinépolis Klick, donde los usuarios podrían ver películas *on demand* desde sus computadoras o aparatos móviles.

En 2016 abrieron 150 salas más en México y apostando por el mercado local: "Confiamos que en México siga habiendo un ambiente propicio para las inversiones pese a lo adverso del contexto internacional. La solidez del mercado interno hace que uno quiera más invertir en México que en otros países", declaró en su momento a *El Financiero*.[23]

Por si fuera poco, también le entraron al negocio de comercializar sus palomitas —junto con la compañía de alimentos Grupo Herdez—, pero ahora en microondas. Entraron a un mercado que tiene un valor de 2 mil millones de pesos y es dominado en un 80 por ciento por una sola empresa.[24]

Por el momento, Cinépolis no está interesado en cotizar en la Bolsa Mexicana de Valores, prefieren tener una mezcla de capital propio y deuda.

El empresario, quien ha decidido dedicarse en cuerpo y alma al negocio y no a formar una familia, en 2015 fue ubicado en el número 43 de los 100 empresarios más importantes de México y elegido para el periodo 2015-2016 como presidente del Consejo Mexicano de Negocios (CMDN).

Un año antes, fue nombrado Caballero de la Orden de la Legión de Honor en la edición número 67 del Festival de Cannes, máximo reconocimiento otorgado por el gobierno francés a personas que se distinguieron por sus méritos extraordinarios, en este caso, en favor del cine.

La vida en el cine

El Festival Internacional de Cine de Morelia (FICM) es como un hijo para Alejandro; desde 2003 tiene a un equipo, dirigido por Daniela Michel, pensando, planeando y armando la siguiente emisión.

El FICM se ha destacado en el mundo por su minuciosa selección de películas nacionales e internacionales divididas en: selección michoacana, cortometraje mexicano, documental mexicano, largometraje mexicano; además de un Concurso Michoacano de Guión de Cortometraje. Desde el 2008 está oficialmente reconocido por la Academia de Artes y Ciencias Cinematográficas (AMPAS) de los Estados Unidos de América y los cortometrajes ganadores en las categorías de ficción, animación y documental son elegibles para inscribirse a los Oscar.

Pero qué sería de un festival de cine sin sus celebridades, el favorito: el director norteamericano Quentin Tarantino. Estrenó ahí en 2009 su película *Bastardos sin gloria* y además de ser aplaudido y perseguido por las calles de Morelia cada que asiste al evento, es amigo cercano de Ramírez Magaña.

Otros asistentes VIP: Guillermo del Toro, Javier Bardem, Juliette Binoche, Alfonso Quarón, Salma Hayek, Alejandro González Iñárritu, Alejandro Jodorowsky, entre otros.

El festival de 2008 fue especialmente difícil para los Ramírez y los habitantes de Michoacán en general. Un mes antes, en la celebración de independencia, integrantes del crimen organizado lanzaron dos granadas a la población civil. Murieron siete personas y 132 resultaron heridas. Días después, durante el noticiero matutino de Carlos Loret de Mola los actores Diego Luna y Gael García Bernal, acompañados del director de Cinépolis dieron una entrevista reprobando el hecho, exigiendo justicia y pidiendo a los mexicanos que no se dejaran amedrentar por la inseguridad y asistieran al FICM.

Al final, funcionó, más de 40 mil personas fueron a los cerca de 200 estrenos exhibidos durante el evento celebrado del 4 al 12 de octubre. Desde ese día y a la fecha, el director general es el mejor promotor del estado de Michoacán.

Los presuntos culpables

En 2010 Alejandro apostó por distribuir el documental *Presunto culpable*, que con el caso de José Antonio Zúñiga, acusado injustamente de asesinato, exponía las debilidades del sistema judicial mexicano.

Debido a un conflicto legal entre uno de los testigos de la película y la productora de la misma, el Poder Judicial de la Federación lo censuró, aun así, la empresa Cinépolis continuó con el apoyo y colocó en su sitio este aviso: "La película se mantendrá en exhibición hasta en tanto recibamos una orden judicial o administrativa que requiera la suspensión de su exhibición. En su caso, dicha orden será analizada y consideraremos las alternativas disponibles".

Quienes lo conocen, dicen que Alejandro pocas veces pierde una apuesta y en esa ocasión la ganó, ya que los productores de *Presunto culpable* fueron absueltos y el documental fue un éxito. En marzo de 2011 el director general de Cinépolis escribió en Twitter: "#PresultoCulpable se convirtió en la película documental más vista en la historia de México con 557,397 asistentes".[25]

Cineminuto y la política

En la campaña electoral de 2015, el Partido Verde Ecologista de México (PVEM) lanzó un paquete de cineminutos —*spots* que se transmiten antes de la película— en Cinépolis y Cinemex los cuales fueron considerados por el Instituto Nacional Electoral (INE) como actos de campaña anticipada por lo que mandó medidas cautelares para que el partido y las empresas los retirara de estos espacios.

Esto no ocurrió; simplemente el PVEM, modificó un poco el contenido y siguió transmitiéndolos en contubernio con los grupos cinematográficos. Debido a ello, la Comisión de Quejas y Denuncias del INE multó al partido con 67 millones de pesos y a Cinemex y Cinépolis con 7 millones 10 mil pesos a cada una.[26]

En diciembre de 2015, Cinépolis solicitó un amparo en contra de las investigaciones de la Procuraduría General de la República con motivo de la contratación de los Cineminutos, el litigio continúa,[27] pero a junio de 2016, ninguna de las dos empresas había pagado la multa.

Irónicamente, la empresa de los Ramírez y en especial Alejandro, fue uno de los mayores impulsores de la Ley 3 de 3, una iniciativa ciudadana anticorrupción que promueve la transparencia y rendición de cuentas de los políticos mexicanos.

JOSÉ PÉREZ-ESPINO *ha sido reportero de* El Diario *y* Norte de Ciudad Juárez. *Subdirector de Información del Canal de TV del Congreso de la Unión y secretario técnico de la Comisión de RTC de la Cámara de Diputados y editor de la revista* Día Siete. *Coautor del libro* Violencia sexista. Claves para comprender el feminicidio en Ciudad Juárez, *editado por la UNAM. Editor y coordinador de* La reforma de medios y Riesgos y perspectivas del periodismo latinoamericano. *Autor de* El periodismo del futuro. La era digital, impunidad y corrupción *(Random House, 2012) y* ¿A quién escuchan los candidatos? Los cuartos de Guerra en la lucha por el poder *(Grijalbo 2012).*

Notas

Carlos Slim, liderazgo sin competencia

1. Diego Enrique Osorno, *Slim. Biografía política del mexicano más rico del mundo*, Debate, México, 2015, pp. 168-170.
2. José Martínez, *Carlos Slim. Biografía no autorizada*, Océano, México, 2005.
3. Rafael del Villar Alrich, "Competencia y equidad en telecomunicaciones", noviembre de 2006. Con la colaboración de la lic. A. Rodríguez Aguirre, el lic. E. Quezada González y el dr. E. Martínez, México, 2003.
4. Mary Anastasia O'Grady, "A Mexican Revolution", *The Wall Street Journal*, 11 de junio de 2007.
5. Isabel Guerrero, Luis Felipe López-Calva y Michael Walton, *La trampa de la desigualdad y su vínculo con el bajo crecimiento en México*, Banco Mundial, PNUD y Universidad de Harvard, 7 de noviembre de 2006.
6. Denise Dresser, "El verdadero innombrable", *Reforma*, 28 de marzo de 2005.
7. Diego Enrique Osorio, *op. cit.*, p. 224.
8. Mary Anastasia O'Grady, "A Mexican Revolution", *op. cit.*
9. Denise Dresser, "El Acuerdo Nacional. Pensar diferente", *Proceso*, núm. 1509, octubre de 2005.

Emilio Azcárraga Jean, las trampas del rating

1. *Proceso*, núm. 1081, 21 de julio de 1997.
2. Entrevista del autor con Miguel Alemán.
3. Claudia Fernández y Andrew Paxman, *El Tigre. Emilio Azcárraga y su imperio Televisa*, Grijalbo-Raya en el Agua, México, 2000, pp. 482 y 483.
4. *Ibíd.*, p. 483.
5. Entrevista con Carlos Puig, *Proceso*, núm. 1063, 16 de marzo de 1997.
6. Julia Preston y Samuel Dillon, *El despertar de México*, Océano, México, 2004, p. 289.
7. Entrevista del autor con Miguel Alemán.
8. *The New York Times*, 25 de abril de 2000.
9. *The New York Times*, 24 de abril de 2000.
10. *Proceso*, núm. 1573.
11. *El Noticiero*, Canal 2, 15 de enero de 2007.
12. *Caras*, abril de 2007.
13. *Líderes*, octubre de 2002.

14. Claudia Fernández y Andrew Pasman, *El Tigre…*, *op. cit.*, p. 445.
15. *El Universal*, 20 de junio de 2000.
16. Fátima Fernández Christlieb, "Cómo se constituyó Televisa en poder fáctico", *Nexos*, núm. 352, abril de 2007.
17. *Ibíd.*
18. Entrevista con el autor.
19. *El Universal*, 15 de junio de 2001.
20. *El Universal*, 23 de junio de 2002.
21. *El Universal*, 15 de octubre de 2004.
22. *El Universal*, 15 de septiembre de 2005.
23. *Newsweek*, marzo de 2003.
24. *El Universal*, 1 de julio de 2003.
25. *El Universal*, 31 de marzo de 2004.
26. *Proceso*, núm. 1572.

Ricardo B. Salinas Pliego, un empresario Total Play

1. Con Fundación Azteca y otros programas de responsabilidad social, como Esperanza Azteca, Limpiemos Nuestro México, Movimiento Azteca, Vive sin Drogas, la Ciudad de las Ideas, Caminos de Libertad y Kybernus, Salinas Pliego ha creado una red de más de 80 orquestas musicales con las que se busca desarrollar valores humanos en miles niños y adolescentes de escasos recursos; ha hecho posible la recolección de miles de toneladas anuales de basura, así como la recepción y entrega cada año de millones de juguetes en el Día de Reyes, entre otros resultados. También es poco conocida su participación en la educación, con la creación del Plantel Azteca, que desde 1997 ha brindado educación secundaria y de bachillerato a más de 10 mil 500 alumnos becados de bajos recursos. Con Kybernus "busca formar liderazgos políticos y sociales, a través de una cultura basada en valores, para contribuir a alcanzar las metas que el país requiere y generar un mejor porvenir para todos". En 2015 contaba con mil 350 participantes. Cfr. "Grupo Salinas genera importante valor en 2015", comunicado de prensa, 4 de enero de 2016, disponible en http://www.ricardosalinas.com/ComunicadosVisor.aspx?r=16297, consultado el 12 de junio 2016.
2. Esta declaración la hizo el 12 de noviembre de 2008, en el marco de las reuniones con analistas financieros, que organizó el Grupo Financiero Actinver.
3. En el blog de Ricardo Salinas (www.ricardosalinas.com/blog) su autor comparte lecturas, sus ideas, "mi pasión por la libertad y, claro, algunas obsesiones", dice. Asegura que en poco más de ocho años ha publicado casi 300 entradas, que 8 millones de personas han visitado el sitio y que cuenta con 350 mil usuarios únicos. También ha recibido más de 5 mil comentarios.
4. Antonio Jáquez y Fernando Ortega Pizarro, "La historia familiar de Salinas Pliego, contada por su tía abuela, Irma Salinas Rocha", *Proceso*, 24 de julio de 1993.
5. "Paga Elektra 408 mdp por Blockbuster", en *Reforma*, 14 de enero de 2014.
6. González, Abraham, "Pierde Salinas Pliego 105 mmdp en un mes", *Reforma*, 15 de mayo de 2012.
7. "Cita la PGR a jueza civil por Elektra", *Reforma*, 12 de diciembre de 2012.
8. Bloomberg, "Trabaja Banco Azteca en bajar morosidad", *Reforma*, 17 de marzo de 2016.
9. Jessika Becerra, "Obliga Brasil cierre de Banco Azteca", *Reforma*, 9 de enero de 2016.
10. El yate puede albergar a 20 invitados VIP, "cuenta con un *beach* club en la popa de 100 metros cuadrados, así como un helipuerto en el cual puede aterrizar un helicóptero de hasta tres toneladas; también tiene una terraza de más de 100 metros cuadrados, seis

suites de lujo para los huéspedes (la principal mide 50 metros cuadrados) y su portón abatible se convierte en una terraza sobre el mar", entre otros espacios, como cocina, comedor para 20 comensales, sala de televisión, sala con piano de cola, etc. Cfr. Alejandro Gutiérrez, "Salinas Pliego, con su megayate en el Mediterráneo", *Proceso*, 4 de julio de 2013.

11. Erika Roa, "La historia de amor de María Laura y Ricardo Salinas Pliego", *Quién*, 10 de noviembre de 2008.
12. "Crónica de un bautizo millonario, casi trágico", *Ciudadano MX*, 23 de mayo de 2009, disponible en: http://ciudadanomx.blogspot.mx/2009/05/cronica-de-un-bautizo-millonario-casi.html, consultado el 2 de abril de 2016.
13. Fidel Orantes, "Encabeza la séptima entrega de la Plata", *Reforma*, 11 de junio de 2015.
14. Alejandro Olmos, "Del Canal 13 a TV Azteca", en Miguel Ángel Sánchez de Armas (coord.), *Apuntes para una historia de la televisión mexicana*, Revista Mexicana de Comunicación, México, 1998, p. 129.
15. Claudia Fernández y Andrew Paxman, *El Tigre, Emilio Azcárraga y su Imperio Televisa*, Grijalbo-Raya en el Agua, p. 406, citado por Jenaro Villamil, *La televisión que nos gobierna*, Grijalbo, México, 2005, p. 44.
16. Cfr. "TV Azteca and NBC settle arbitration", *PRNewsWire*, 2 de mayo de 2000, disponible en http://www.prnewswire.com/news-releases/tv-azteca-and-nbc-settle-arbitration-72922687.html, consultada el 23 de mayo de 2016.
17. Reuters, "Gana Azteca TV digital en Honduras", *Reforma*, 5 de septiembre de 2013.
18. Fernando Mejía Barquera, "Canal 40, ¿cosa juzgada?", en *Milenio Diario*, 13 de octubre de 2011, disponible en http://arvm.mx/canal-40-%C2%BFcosa-juzgada/, consultado el 11 de mayo de 2016.
19. Sobre caso Canal 40, consúltense los reportes anuales de TV Azteca en la BMV de 2001, 2005, 2010 y 2015, disponibles en https://www.bmv.com.mx/es/emisoras/perfil/AZTECA-5730.
20. José Ramón Fernández, quien trabajó durante 30 años para la televisión del Estado y luego para la empresa de Ricardo Salinas, renunció a TV Azteca para irse a ESPN. Su salida fue polémica, pero no le tuvo resentimiento a Ricardo Salinas, a quien consideró como su único amigo en la empresa. "Si te refieres a Ricardo Salinas como 'tu amigo', ¿por qué te hizo esto?", preguntó *El Universal*. "Yo nunca hablé con Ricardo en la parte final, él me ayudó hasta donde pudo porque lo absorbió mucho Banco Azteca y sus otras empresas y dejó en manos de gente que no le gustaba lo que hacía, porque querían el control de la empresa, como el caso de (Mario) San Román (ex director general de TV Azteca), que es un desastre, un petardo, que vendía crema Nivea y por dignidad debió dejar la empresa". Cfr. "Nunca volveré a TV Azteca: José Ramón Fernández", *El Siglo de Torreón*, 28 de septiembre de 2008.
21. Villamil, *op. cit.*, p. 143.
22. Olmos, *op. cit.*, p. 136.
23. Cirze Tinajero, "Inauguran foros televisivos", *Reforma*, 8 de junio de 2012.
24. León Lecanda, "Compra Grupo Salinas a Jaguares", *Reforma*, 17 de mayo de 2010.
25. "Salinas vende a los Jaguares de Chipas", *CNNExpansión*, 20 de mayo de 2013, disponible en http://expansion.mx/negocios/2013/05/20/salinas-vende-a-los-jaguares-de-chiapas, consultado el 23 de mayo 2016.
26. Iván Pérez, "Futbol y televisión, el negocio más codiciado", *Forbes*, 10 de abril de 2015, disponible en http://www.forbes.com.mx/futbol-y-television-el-negocio-mas-codiciado/, consultado el 10 de junio de 2016.
27. Abel Barajas, "Dan revés ministros a SCT", *Reforma*, 9 de mayo de 2012.
28. Antonio Jáquez y Fernando Ortega Pizarro, *op. cit.*
29. Gonzalo Soto, "Den vuelta al gobierno", *Reforma*, 13 de noviembre de 2012.

30. Fátima Fernández, *La responsabilidad de los medios de comunicación*, Paidós, México, 2002, pp. 55 y 56.
31. Érika Hernández, "Agradece AMLO a Salinas y Azteca", *Reforma*, 30 de mayo de 2012.
32. "Anonymous cumple amenaza contra Salinas Pliego", *Aristegui Noticias*, 3 de mayo de 2012, consultado el 26 de abril de 2016.
33. Según el IFE, el debate tuvo 10 puntos de audiencia, es decir, más de 5.5 millones de personas lo vieron, mientras que el juego fue visto por menos de 5 millones de televidentes, con 9 puntos de *rating*. Cfr. Antonio Baranda y Alejandro Flores, "Gana en *rating* debate al futbol", *Reforma*, 8 de mayo de 2012.
34. Un hecho relevante de la "telebancada" es que durante la votación de la Ley Federal de Telecomunicaciones y Radiodifusión, en 2014, se ausentaron la priista Arely Gómez, hermana del directivo de Televisa, Leopoldo Gómez; del PVEM, Ninfa Salinas, y Luis Armando Melgar, director de Proyecto 40. No obstante sí emitieron su voto legisladores como Gerardo Flores, ex asesor de Televisa, y Carlos Alberto Puente Salas, ex directivo de TV Azteca, ambos, del PVEM. Cfr. Claudia Salazar y Claudia Guerrero, "Evitan votar senadores de 'telebancada' ", *Reforma*, 4 de julio de 2014.
35. Raúl Trejo Delarbre, *Simpatía por el rating*, Cal y Arena, México, 2010, p. 236.
36. Jesús Cantú, "Las televisoras vulneran la equidad en la contienda", *Desacatos*, núm. 42, mayo-agosto de 2013, p. 93.
37. *Ibídem*, pp. 89 y 90.
38. Omar Raúl Martínez y Raúl López Parra, "Concentración televisiva y tercera cadena", en Javier Esteinou y Alma Rosa Alva de la Selva (coords.), *La 'ley Televisa' y la lucha por el poder en México*, UAM, México, 2009, p. 499.
39. José Luis Esquieval, "El Norte: conflictos de familia", *Revista Mexicana de Comunicación* núm. 103, febrero-marzo de 2007, pp. 50-52.
40. Andrea Becerril y Víctor Ballinas, "Senado y poderes fácticos chocan en el marco de la reforma electoral", *La Jornada*, 12 de septiembre de 2007, en http://www.jornada.unam.mx/2007/09/12/index.php?section=politica&article=003n1pol, consultado el 13 de junio de 2016.
41. Alejandra Buendía, "Duro y dale contra el duopolio: Salinas", *Reforma*, 20 de febrero de 2012.
42. Víctor Fuentes y Vana Guerrero, "Litiga TV Azteca por red de Televisa", *Reforma*, 2 de junio de 2015.
43. Edgar Sigler, "TV Azteca se ampara contra resolución sobre poder sustancial de Televisa", *El Financiero*, 28 de octubre de 2015, disponible en http://www.elfinanciero.com.mx/empresas/tv-azteca-se-ampara-contra-el-ift-por-poder-sustancial-de-televisa.html, consultado el 23 de junio de 2016.
44. Vania Guerrero, "Se quedó corto IFT con Slim.- Salinas", *Reforma*, 5 de abril de 2014.
45. Miguel Ángel Granados Chapa, "Azcárraga y Salinas comparten Iusacell", *Reforma*, 10 de abril de 2011.
46. Rafael Aceves y Juan Carlos Orozco, "Granados Chapa: ¿ideólogo y padrino?", *Reforma*, 8 de abril de 2011.
47. Dayna Meré y Carla Martínez, "Propone trueque Azteca a Cofeco", *Reforma*, 20 de enero de 2012.
48. Carla Martínez, "Van televisoras contra Telmex", *Reforma*, 24 de febrero de 2011.
49. Víctor Fuentes, "Rechazan revocar concesión a Telmex", *Reforma*, 24 de enero de 2013.
50. Nicolás Lucas y Claudia Juárez, "Telmex no viola su título de concesión con UnoTV: IFT", *El Economista*, 9 de junio de 2016, disponible en: http://eleconomista.com.mx/industrias/2016/06/09/telmex-no-viola-prohibicion-tv-tv-ift.
51. "Compra AT&T a Iusacell en 2.5 mmdd", *Reforma*, 7 de noviembre de 2014.
52. Víctor Fuentes, "Cancelan multa a Salinas Pliego", *Reforma*, 9 de agosto de 2012.

53. Vania Guerrero, "Vuelve Salinas a telefonía con Slim", *Reforma*, 26 de marzo de 2015.
54. Carla Martínez, "Alista TV Azteca competencia con UnoTV", *Reforma*, 26 de noviembre de 2012.
55. "Lanzan 'Totalplay', para volar en la red", *El Sol de México*, 4 de mayo de 2011, disponible en http://www.oem.com.mx/laprensa/notas/n2064155.htm.
56. Bloomberg, "Huyen tenedores de bonos TV Azteca", *Reforma*, 18 de noviembre de 2015.

Alberto Baillères, simplemente Palacio

1. Alberto Baillères y Arturo M. Fernández, *Visión de país, de la pobreza a la prosperidad para todos*, Asociación Mexicana de Cultura, México, 2007.
2. Carlos Alba Vega, *Los empresarios y la democracia en México*, El Colegio de México, Escuela Iberoamericana de Gobierno y Políticas Públicas, IBERGOP, México.
3. Helmut Maucher y Javier Chávez-Ruiz, *El futuro de la alta dirección*, ITAM, México.
4. Luz María Silva, *Memorias del Club de Banqueros a través de sus socios (1941-1999)*, edición especial Club de Banqueros.
5. Jorge Antonio Orozco Zuarth, *Raúl Baillères y su emporio económico*, tesis universitaria, Universidad Autónoma Metropolitana, 1983.
6. Bárbara Anderson, "Los secretos de Baillères", *Expansión*, 14 de abril de 2004.
7. Alberto Baillères, "My Roots at Culver and Beyond", discurso pronunciado al otorgársele el premio Hombre del Año por la Academia Culver, Indiana, mayo de 2001.
8. Taeko Hoshino, "Family Business in Mexico: Responses to Human Resource Limitations and Management Succession", *discussion paper* 12, Institute of Developing Economies.
9. *CNNExpansión*, 28 de mayo de 2007.
10. Berta Patricia Martínez Gutiérrez, *El Palacio de Hierro, arranque de la modernidad en la arquitectura de la Ciudad de México*, Facultad de Arquitectura, Universidad Nacional Autónoma de México, 2005.
11. Jéssica Samperio y María del Pilar Vázquez, *Análisis de la representación de la mujer en los medios impresos de El Palacio de Hierro*, tesis de licenciatura en Comunicación Social, Universidad de las Américas, Puebla.
12. Alberto Baillères, *Discurso pronunciado con motivo del 60 aniversario del ITAM*, ITAM, 8 de noviembre de 2006.
13. "Descarta Peñoles reajuste", *La Prensa de Monclova*, 10 de marzo de 2016.
14. Maldonado Mario, "Historias de NegoCEOs. La diversificación del imperio Baillères", *El Financiero*, 29 de marzo de 2016.
15. "Grupo Bal invertirá 2,500 millones de dólares", *El Economista*, 10 de agosto de 2015.

Olegario Vázquez Raña, el amigo de todos los presidentes

1. En entrevista telefónica con el autor, Ciudad de México, 12 de junio de 2007.
2. En entrevista con el autor, Ciudad de México, 29 de marzo de 2007.
3. *Ídem.*
4. "Asunto: Cartuchos Deportivos de México, S. A.", tarjeta informativa de Félix Lozano Rangel al "C. Director Federal de Seguridad", 14 de marzo de 1977, en "Olegario Vázquez Raña. Versión pública", Archivo General de la Nación.
5. Secretaría de la Defensa Nacional, "Proveedores de Armamento", respuestas a solicitudes de información con folios 0000700021107 y 0000700021307, a través del Sistema de Solicitudes de Información a la Administración Pública Federal del Instituto Federal de Acceso a la Información Pública.

6. Sara Pantoja, Maritza López y Raúl Férreas, "Los Olegarios", *Líderes mexicanos*, 18 de agosto de 2004.
7. Comisión Nacional de Arbitraje Médico, oficio sin número, respuesta a solicitud de información con folio 4220700004007, a través del Sistema de Solicitudes de Información a la Administración Pública Federal del Instituto Federal de Acceso a la Información Pública.
8. María Xosé Rodríguez Galdó y Abel Losada Álvarez, "Redes migratorias vs. redes económicas. Inserción sociolaboral y contribución de los gallegos al desarrollo de México", *Revista Gallega de Economía,* Santiago de Compostela, junio-diciembre, 2005.
9. Véase nota 6.
10. Adriana Ojeda, "Un empresario con ángel", *El Universal*, 12 de junio de 2000.
11. Véase nota 2.
12. En entrevista con el autor, 8 de marzo de 2007, Puebla, Puebla.
13. *Ídem.*
14. Véase nota 2.
15. Miguel Ángel Granados Chapa, "Olegario Vázquez Raña", en columna "Plaza Pública" de *Reforma*, 8 de mayo de 2006.
16. Véase nota 2.
17. Véase nota 5.
18. Registro Público de la Propiedad y del Comercio del Estado de Morelos, tomo V, vol. I, libros 2 y 3 Auxiliares de Comercio, registro 60, fojas 413-430, 18 de septiembre de 1961.
19. Escritura pública 50,642, otorgada por Mario D. Reynoso Obregón, titular de la Notaría 58, Distrito Federal, 17 de abril de 1978; y registrada en Morelos, 28 de abril de 1978, Registro Público de la Propiedad y del Comercio del Estado de Morelos.
20. "Organización 'Octopus' ", informe del capitán Luis de la Barreda Moreno sin destinatario, en papel oficial de la Secretaría de Gobernación, 23 de diciembre de 1971, en "Olegario Vázquez Raña. Versión pública", Archivo General de la Nación.
21. Véase nota 2.
22. "Liga Comunista '23 de septiembre' ", informe del capitán Luis de la Barreda Moreno sin destinatario, en hoja sin sello oficial, 6 de mayo de 1976, en "Olegario Vázquez Raña. Versión pública", Archivo General de la Nación.
23. Javier Martínez Staines, "Los negocios por afición", *Expansión*, 7 de julio de 1999.
24. Jorge Fernández Menéndez, *Nadie supo nada. La verdadera historia del asesinato de Eugenio Garza Sada*, Grijalbo, México, 2006, p. 105.
25. *Ibíd.*, pp. 112 y 113.
26. *Ibíd.*, pp. 138 y 139.
27. "Mañana será inaugurado el diario periodístico *El Sol de Morelia*", informe a la Secretaría de Gobernación, Dirección General de Investigaciones Políticas y Sociales, 8 de agosto de 1978, en "Olegario Vázquez Raña. Versión pública", Archivo General de la Nación.
28. Véase nota 12.
29. Véase nota 2.
30. *Ídem.*
31. Héctor Huerta y Raúl Ochoa, "Olegario enjuicia a Mario", *Proceso*, 20 de febrero de 2005.
32. Carmen Aristegui, entrevista con Olegario Vázquez Raña, *Hoy por Hoy*, W Radio, 9 de marzo de 2005, transcripción.
33. Véase nota 1.
34. Véase nota 12.
35. Andrés Manuel López Obrador, *La mafia nos robó la Presidencia. Sólo le han quitado una pluma a nuestro gallo*, Grijalbo, México, 2007, p. 214.
36. Véase nota 2.

37. Véase nota 23.
38. Véase nota 2.
39. Véase nota 23.
40. Véase nota 2.
41. *Ídem.*
42. Anabel Hernández, *Fin de fiesta en Los Pinos,* Grijalbo, México, 2006, p. 178.
43. Véase nota 2.
44. Anabel Hernández, *op. cit.*, sección fotográfica.
45. Alberto Barranco, columna "Empresa", *El Universal,* 19 de julio de 2006.
46. Véase nota 31.
47. Regino Díaz Redondo, *La gran mentira. Ocurrió en Excélsior*, Edamex, México, 2002, p. 132.
48. A través del oficio 322-SAT-IV-2007-077, en respuesta a solicitud de información con folio 0610100043607, mediante el Sistema de Solicitudes de Información a la Administración Pública Federal del Instituto Federal de Acceso a la Información Pública, el Servicio de Administración Tributaria hace saber que el "Monto preciso de adeudo fiscal total de la Sociedad Cooperativa Excélsior, S.C. de R.L., tanto actual como previo a la operación de compra-venta que hizo el empresario Olegario Vázquez Raña o apoderados, así como estatus actual de dicho adeudo" constituyen información "clasificada como reservada por tratarse de información protegida por el secreto fiscal".
49. José Manuel Nava, *Excélsior. El asalto final,* Edamex, México, 2006, pp. 21 y 22.
50. Andrés Becerril, "Cadena Tres, al aire", *Excélsior*, 29 de mayo de 2007.
51. Véase nota 2.
52. Hiroshi Takahashi, "El plan de Olegario Vázquez para la nueva cadena de TV", *Forbes* http://www.forbes.com.mx/el-plan-de-olegario-vazquez-para-la-nueva-cadena-de-tv-2/.
53. Gabriel Sosa Plata, "Ciro en Cadena 3", *Sin Embargo*, http://www.sinembargo.mx/opinion/08-03-2016/47003.
54. José Gil Olmos, "Investigadoras y periodistas critican falta de transparencia en publicidad oficial", *proceso.com.mx*, http://www.proceso.com.mx/390470/investigadoras-y-periodistas-critican-falta-de-transparencia-en-publicidad-oficial.

María Asunción Aramburuzabala Larregui, la heredera que rompió moldes

1. Alberto Alday Garay, "De la Corona Navarra a la Corona Leonesa. La participación española en la industria cervecera mexicana", *Diario de León*, 10 de febrero de 2001.
2. Alicia Ortiz Rivera, *Juan Sánchez Navarro. Biografía de un testigo del México del siglo XX*, México, Grijalbo, 1997.
3. María Scherer Ibarra y Antonio Jáquez, "Poder real", *Proceso*, núm. 1477, 19 de febrero de 2005.
4. David Luhnow, "Crashing Barriers", *The Wall Street Journal*, 10 de enero de 2001.
5. José Ramón Huerta, "La mujer del año. Entre cervezas y televisión", *Expansión*, 20 de diciembre de 2000.
6. David Luhnow, "The Journal Report: Women. To Watch. The Inheritors", *The Wall Street Journal,* 8 de noviembre de 2004.
7. María Scherer Ibarra y Antonio Jáquez, "Poder real", *op. cit.*
8. Kevin Sullivan, "Billaterally in Love", *The Washington Post*, 7 de febrero de 2005.
9. Raúl Férraez e Ivonne Bacha, "Semblanza. Tony Garza", *Líderes Mexicanos*, 24 de junio de 2004.

10. Carlos Benavides, "Tony Garza, la 'promesa' de Bush en México", *El Universal*, 19 de marzo de 2006.
11. Todavía pueden consultarse en la dirección www.usembassy-mexico-gov/boda.
12. Kevin Sullivan, "Billaterally in Love", *op. cit.*
13. Pueden consultarse en Internet en: http://www.ife.org.mx/InternetCDA/estaticos/PPP/ppp/2005-2006/procesos_internos/pan/fch_rsimpatizantesEfec-.
14. Nuria Díaz Masó, "Aramburuzabala y Garza se divorcian", *Quién*, http://www.quien.com/espectaculos/2010/05/10/aramburuzabala-y-garza-se-divorcian.
15. Alberto Tavira, "¿Con quién se volvió a casar Tony Garza, ex embajador de EU en México?", *Animal Político*, http://www.animalpolitico.com/blogueros-cuna-de-grillos/2013/11/14/con-quien-se-volvio-casar-tony-garza-el-ex-embajador-de-eu-en-mexico/.
16. Samuel García, "¿Por qué se vendió Modelo?", *24 Horas*, http://www.24-horas.mx/por-que-se-vendio-modelo/.
17. Alejandra Torales, "Quién es María Asunción Aramburuzabala en 5 puntos", *Quién*, http://www.quien.com/sociales/2015/08/31/quien-es-maria-asuncion-aramburuzabala-en-5-puntos.
18. Claudia Olguín, "El secreto de María Asunción Aramburuzabala en los negocios", *Forbes*, http://www.forbes.com.mx/el-secreto-de-maria-asuncion-aramburuzabala-en-los-negocios/.
19. "Denuncian extorsión por obra en Polanco", *Reforma*, http://www.reforma.com/libre/players/mmplayer.aspx?idm=28395&idg=42003&mw=640&mh=360&iw=620&ih=390#ooid=VmMnE0dzqoHhWx9uHA8TTzg70zHiB2vz
20. Jenaro Villamil, "Aramburuzabala a López Dóriga: 'No hay negociación posible con un extorsionador' ", *Proceso*, http://www.proceso.com.mx/414089.
21. Bloomberg, "Sixsigma, la apuesta de Araburuzabala por liderar servicios tecnológicos", http://www.elfinanciero.com.mx/bloomberg/aramburuzabala-apuesta-por-liderar-servicios-tecnologicos-de-mexico.html.
22. Jorge Sánchez Onofre, "KIO, el nuevo gigante mexicano de TI", *El Economista*, http://eleconomista.com.mx/industrias/2014/06/16/kio-nuevo-gigante-mexicano-ti.
23. Bloomberg, "Sixsigma...", *op. cit.*

Roberto Hernández Ramírez, el villano favorito

1. Bill Clinton en febrero de 1999; George Bush en marzo de 2007; ambos se quedan en Temozón, hacienda administrada por Grupo Plan, del que Roberto Hernández es uno de los inversionistas mayoritarios, junto con su hija María de Lourdes Hernández de Bosoms.
2. Stephen Baker, "Al inclinarse por sus cuates, Salinas no hace gran cosa por diversificar el poder económico", *Business Week*, 29 de julio de 1991. El reportero cita a un amigo de Fernando Senderos Mestre —al que no identifica—; Senderos perdió frente a Hernández en su intento por comprar Banamex.
3. El autor aprovecha esta nota para explicar que, por tratarse de las páginas introductorias, algunas fuentes en este tramo se omiten porque se citan, ampliamente, durante el desarrollo de los apartados siguientes.
4. Antonio Callejo y Martín Morita Cancino, "Punta Pájaros, un lugar de fantasía; en su exclusiva isla del Caribe, Roberto Hernández alojó a Zedillo y a Fox", *Proceso*, 24 de julio de 2000.
5. Entrevista realizada en mayo de 2007 a una fuente muy cercana a la familia.
6. *The New York Times*, *Forbes*, *Business Week*, *Expansión*, *Poder y Negocios*, *Proceso*, *Día Siete*, *El Financiero*, *El Economista*, *Reforma*, *El Universal*, entre otros medios, fueron consultados para este perfil.

7. Andrés Manuel López Obrador, *La mafia nos robó la Presidencia. Sólo le han quitado una pluma a nuestro gallo*, Grijalbo, México, 2007.
8. El autor guarda las grabaciones de ambas solicitudes de entrevista.
9. Antioco Martínez Aguilar, retirado, ex empleado de Pedro Hernández en el rancho *La Florida* y en la finca *Palma Sola*. Entrevista con Héctor Méndez Díaz publicada en el sitio tuxpan.tm.com.mx.
10. Entrevista realizada por el autor a una fuente muy cercana a la familia el 11 de julio de 2007.
11. El autor visitó Santiago de la Peña y Tuxpan en marzo de 2007. Para mayores detalles, la casa puede ser localizada en la dirección del posicionador global (GPS) 20°56'28.22"N y 97°23'26.99"W.
12. Entrevista de Rogelio Cárdenas Estadía con Roberto Hernández publicada en *El Financiero* en octubre de 2006; se recoge más amplia en el libro *Off the Record* (Océano, 2007).
13. Entrevista realizada por el autor a una fuente muy cercana a la familia el 11 de julio de 2007.
14. www.haciendakatanchel.com.
15. Plática con un periodista realizada en junio de 2007. Optó por el anonimato.
16. Fernando Ortega Pizarro, "Roberto Hernández y José Madariaga, dos banqueros que desplazan a los viejos", *Proceso*, 30 de septiembre de 1991.
17. El autor se entrevistó por teléfono y en persona con Carlos Lozano Medrano, tuxpeño, a principios de julio de 2007. Las citas directas son extraídas de un texto que Lozano Medrano, hoy radicado en la Ciudad de México, redactó en respuesta a las preguntas del reportero.
18. Felipe Cobián y Fernando Ortega Pizarro, "Más libertad, más apoyo judicial y más negocio, reclama el nuevo presidente de los banqueros", *Proceso*, 13 de septiembre de 1993.
19. Martín Morita Cancino, "El banquero Roberto Hernández transforma ex haciendas en hoteles turísticos de 'gran calidad' ", *Proceso*, 24 de junio de 1996. Martín Cancino entrevistó a Alejandro Patrón Laviada. En ella afirma: "Roberto Hernández sencillamente está encantado y muy ilusionado con el proyecto de las haciendas".
20. Stephen Baker, "Al inclinarse por sus cuates…", *op. cit.*
21. Francisco Barradas, "Fija el PRI cuotas para grandes empresarios", *El Economista*, 26 de marzo de 1993.
22. Rafael Rodríguez Castañeda, "Detalles de la cena en Tres Picos número 10, mansión de Ortiz Mena; Borrego, 29 magnates y el presidente de la República", *Proceso*, 8 de marzo de 1993.
23. Una copia de la tesis de Roberto Hernández, *Bases para la creación de una sociedad liquidadora de valores*, obra en poder del autor.
24. Último Informe de Gobierno, 1 de septiembre de 1982.
25. La compra de Banamex se hizo oficial el 18 de septiembre de 1991. Fueron registrados 5 mil socios.
26. Entrevista a ex compañero de Roberto Hernández realizada en abril de 2007. Prefirió el anonimato. Es la única cita que se le atribuye.
27. Datos de varias fuentes, principalmente de su sitio, www.robertohernandezramirez.org.
28. Fernando Ortega Pizarro, "Roberto Hernández y José Madariaga…", *op. cit.*
29. Datos obtenidos de la tesis de Roberto Hernández.
30. Roberto Aguilar y Zacarías Ramírez, "El tercer aire", *Expansión*, 28 de noviembre de 2001.
31. Entrevista con el autor, 16 de marzo de 2007.
32. Entrevista con el autor, 29 de enero de 2007.
33. Entrevista con el autor, 21 y 22 de marzo de 2007.
34. Francisco Ortiz, "Soy el obispo rico metido a pobre", *El Norte*, 23 de marzo de 2007.
35. Javier Martínez Staines, "Los 100 empresarios más importantes", *Expansión*, 4 de ago-

sto de 1998. Esta nota, sin embargo, se queda corta. Por ser un episodio importante de la vida nacional, fue documentado casi por toda la prensa nacional e incluso por la extranjera, con énfasis en los medios especializados. Se recomiendan los archivos de *Reforma*, *El Financiero* y *El Economista.*

36. Carlos Acosta, "El gobierno pasa la factura a los beneficiarios de la venta de bancos y paraestatales", *Proceso*, 9 de marzo de 1993.
37. Rafael Rodríguez Castañeda, *Operación Telmex. Contacto con el poder*, Grijalbo, México, 1996.
38. Jaime Santiago, "Alfredo Harp y Roberto Hernández", *Expansión*, 17 de enero de 1996.
39. Entrevista con el autor, 13 de julio de 2007. Es director de Canal 6 de Julio.
40. Entrevista con dos fuentes cercanas a Roberto Hernández que optaron por el anonimato.
41. Sam Dillon, "Mexico Builds a Picture of a Fanatic Rebel Group", *The New York Times*, 5 de septiembre de 1996.
42. Joaquín Fernández Núñez, "Cuando las cuentas cuadran", *Expansión*, 7 de enero de 1998.
43. Andrés Manuel López Obrador, *Fobaproa: expediente abierto,* Grijalbo, México, 1999.
44. Felipe Cobián, Anne Marie Mergier y Agustín Vargas, "Un castillo de cuento", *Proceso*, 7 de julio de 2001.
45. Andrés Manuel López Obrador, *La mafia nos robó la Presidencia..., op. cit.*
46. Isaac Lee, "¿Lo bueno del malo?", *Poder y Negocios*, 30 de septiembre de 2005.
47. Enrique Galván Ochoa, columna "Dinero", "Negocios de familia", 13 de junio de 2006.
48. Joaquín Fernández Núñez, "El león deja de invernar", *Expansión*, 20 de noviembre de 1996. La cita es atribuida a Daniel Abut, vicepresidente y analista de Bancos Latinoamericanos para Goldman Sachs en Nueva York.
49. Luis Hernández Martínez, "Diversificar, senda virtuosa", *Expansión*, 8 de diciembre de 1998.
50. Víctor Alemán, "Sólo Zedillo garantiza certidumbre: Banca", *El Norte*, 22 de julio de 1994.
51. César Sánchez Novoa y Jaime Becerra, "Deben banqueros mostrar madurez", *El Norte*, 12 de abril de 1994.
52. Entrevista con el autor. La fuente pidió no ser identificada.
53. La Fundación Pedro y Elena Hernández nació en 2002, dos años después de la muerte de ambos padres de Roberto Hernández, quien aparece como presidente del consejo directivo. www.pedroyelena.org.
54. www.lavaca.edu.mx.
55. Una copia de los registros de donaciones a la Fundación Vamos México obra en poder del autor.
56. Martín Diego Rodríguez, "Azcárraga, Salinas Pliego, Slim y Roberto Hernández, entre asociados del Centro Fox", *La Jornada*, 30 de mayo de 2006.
57. Mariel Zúñiga, "Negocia Sidek su débito", *Reforma*, 21 de febrero de 1995.
58. Alberto Barranco Chavarría, columna "Empresa", "¿Buenos negocios?", *Reforma*, 4 de marzo de 1998.
59. "Cómo ganar 12,500 millones de dólares en... sólo cinco semanas", *Expansión*, 30 de mayo de 2001, editorial sobre lo publicado por varios medios durante esas semanas.
60. Ulises Hernández y Roberto Campa, "La disputa por Bancomer", *Expansión*, 24 de mayo de 2000.
61. Luis Hernández Martínez, "Estamos listos", *Expansión*, 21 de julio de 2000. Entrevista con el director de Banamex-Accival, Manuel Medina Mora.
62. Adolfo Ortega y Alejandro Ascencio, "Una fusión sólo con nacionales", *Reforma*, 8 de julio de 2000.
63. Fernando Ortega Pizarro y Agustín Vargas Medina, "Carlos Slim abre otra vertiente del Fobaproa; Banamex, el banco consentido del gobierno", *Proceso*, 22 de mayo de 2000.
64. Jorge Rivera, "La oferta de BBVA era más segura", *El País*, 18 de junio de 2000. Entre-

vista con el presidente de Bancomer, Ricardo Guajardo, en la que afirma, entre otras cosas, que la propuesta de Roberto Hernández y sus asociados provocó "incertidumbre" entre los accionistas del banco.

65. Roberto Aguilar, José Ramón Huerta y Adolfo Ortega, "El todo por el todo", *Expansión*, 13 de junio de 2001.
66. La cifra se repite en varios medios mexicanos —*Proceso*, *Expansión* y diarios— insistentemente desde 2001. Se cita en el libro de 2007 de Andrés Manuel López Obrador.
67. "Expropiación cultural", editorial de *Expansión*, 8 de agosto de 2001.
68. Roberto Aguilar y Zacarías Ramírez, "El tercer aire", *op. cit.*
69. "The World's Billionaires 2007", *Forbes*, 8 de marzo de 2007. Roberto Hernández aparece en el lugar 488 de la lista global, 19 en la latinoamericana.
70. Ramón Alberto Garza, "Dos imperios, un camino", *Reporte Índigo* 6, del 6 al 12 de octubre de 2006.
71. Información del New York Stock Exchange (NYSE), diciembre de 2006.
72. Obran en poder del autor videos y fotos digitales tomadas de la hemeroteca de las ediciones de *Por Esto!* a las que se hace alusión.
73. Al Giordano es director del sitio www.narconews.com, demandado por Roberto Hernández por señalar sus supuestas ligas con el narcotráfico.
74. El autor guarda una copia de este documento de 48 páginas.
75. Discurso y ponencia en poder del autor.
76. Otras organizaciones, como la CIDH, replicaron este llamamiento.
77. Mario Menéndez mencionó nombres de periodistas supuestamente comprados por Roberto Hernández. Como no se tiene contraparte, es decir, la versión de los acusados, se optó por omitirlos.
78. Para estos apuntes, el autor visitó cuatro desarrollos turísticos de Grupo Plan en Yucatán.
79. El autor guarda fotos tomadas en Chunchucmil de los días a los que hace referencia.
80. Patricia Dávila, "Regalito al clan Hernández", *Proceso*, 11 de marzo de 2007.
81. Eduardo García, Ismael Jiménez y Roberto Arteaga, "Los Millonarios de México", *Forbes*, marzo de 2015.
82. Jenaro Villamil, "Bajo la furia de los aluxes, boda de Emiliano Salinas y Ludwika Paleta", *Proceso*, http://www.proceso.com.mx/339798.
83. Judith Amador Tello, "Homenaje en Bellas Artes al banquero Roberto Hernández", *Proceso*, http://www.proceso.com.mx/299014/homenaje-en-bellas-artes-al-banquero-roberto-hernandez.
84. Eduardo García *et. al.*, *op. cit.*
85. Bloomberg, "Banamex acusa fraude de Oceanografía por 400 mdd", *El Financiero*, http://www.elfinanciero.com.mx/economia/citigroup-descubre-fraude-en-mexico-y-recorta-ingresos-de-2013.html.
86. "El Lado B de la historia entre Banamex y Citigroup", *Forbes*, http://www.forbes.com.mx/el-lado-b-de-la-historia-entre-banamex-y-citigroup/.
87. Joaquín Zarza, "Advierten a Roberto Hernández: no provoque al pueblo de Maní", *Por Esto!*, http://www.poresto.net/ver_nota.php?zona=yucatan&idSeccion=1&idTitulo=7968.

Lorenzo Servitje, una apuesta por el PAN

1. Entrevista con Francisco González Garza, presidente de A Favor de lo Mejor, abril, 2007.
2. *Ídem.*
3. Miguel Badillo, "Los negocios del secretario del Trabajo y Previsión Social", *El Universal*, 24 de noviembre de 2003.

4. Fernando Pizarro, "El oso blanco apuesta por el caballo negro", *La Revista* de *El Universal*, 12 de septiembre de 2005.
5. *Ídem.*
6. Entrevista con Francisco González Garza, *op. cit.*
7. Entrevista con Édgar González Ruiz, febrero de 2007. Autor de *Los Abascal: Conservadores a ultranza* y *La última cruzada: de los cristeros a Fox*, Grijalbo, México, 2002.
8. Testimonio de un activista católico cercano a los Servitje, obtenido en 1993.
9. Entrevista con Francisco González Garza, *op. cit.*
10. *Ídem.*
11. *Ídem.*
12. *Ídem.*
13. Entrevista con Ciro Gómez Leyva, periodista, abril de 2007.
14. Salvador Guerrero Chiprés, "Sólo en juicio se podrían aclarar las acusaciones a Maciel: Servitje", *La Jornada*, 14 de mayo de 1997.
15. Entrevista con Ciro Gómez Leyva, *op. cit.*
16. Entrevista con Francisco González Garza, *op. cit.*
17. Ciro Gómez Leyva, "Si me encontrara a Lorenzo Servitje", *Milenio*, 11 de junio de 2004.
18. *Ídem.*
19. Roberto Servitje, *Bimbo: estrategia de éxito empresarial*, Prentice Hall, México, 2003, p. 8.
20. *Ibíd.*, p. V.
21. Rogelio Cárdenas Estandía, "Conversación con Lorenzo Servitje", *Off the Record*, Océano, México, 2007, pp. 240 y 241.
22. *Ibíd.*, p. 241.
23. Roberto Servitje, *Bimbo...*, *op. cit.*, pp. XV y XVI.
24. *Ibíd.*, p. X.
25. Sara Pantoja e Ivonne Barcha, entrevista a Roberto Servitje, *Líderes Mexicanos*, agosto de 2003.
26. Roberto Servitje, *Bimbo...*, *op. cit.*, pp. 10 y 11.
27. *Ibíd.*, pp. 10, 11-15.
28. *Ibíd.*, p. 17.
29. Graeme Stewart, entrevista con Lorenzo Servitje, *Escala*, 12 de diciembre de 2006.
30. *Bimbo: una historia de creer y crear*, Grupo Bimbo, 2005.
31. *Ídem.*
32. Entrevista con Francisco González Garza, *op. cit.*
33. Archivo General de la Nación. Exp. 15-3-73 H-97 L-15 y Exp. 48-68 H43 L-1.
34. Archivo General de la Nación. Exp. 100-1994-63 H-10 L-1.
35. Entrevistas con Francisco González Gómez, Carlos Latorre López y Constantino de Llano, directivos de la USEM, abril de 2007.
36. Sara Pantoja e Ivonne Barcha, *op. cit.*
37. Entrevista con Francisco González Garza, *op. cit.*
38. Entrevista con Carlos Latorre, directivo de la USEM, abril de 2007.
39. Entrevista con Constantino de Llano, directivo de la USEM, abril de 2007.
40. Gerardo Castillo, *Confidencias de casados, famosos y felices*, Amat Editorial, 2006.
41. "Los 100 empresarios más importantes de México", *op. cit.*
42. http://network-press.org/?testimonio_lorenzo_servitje_montull.
43. Graeme Stewart, *op. cit.*
44. Entrevista con Francisco González Garza, *op. cit.*
45. Entrevista con Francisco González Gómez, directivo de la USEM, abril de 2007.
46. Graeme Stewart, *op. cit.*
47. Altieri, Gaona y Hooper, S.C. auditó los estados financieros de Transforma México, de 2001 a 2004, y KPMG Cárdenas Dosas, S.C. auditó los de Vamos México, de 2001 a 2005.

48. Entrevista con Francisco González Garza, *op. cit.*
49. "Los 100 empresarios más importantes de México", *op. cit.*
50. Ernesto Núñez, "Va derecha por partido", *Reforma*, 15 de agosto de 2007.
51. www.tupartido.org.mx.
52. Álvaro Delgado, *El Yunque: la ultraderecha en el poder*, Plaza y Janés, México, 2003.
53. Katia D'Artigues, columna "Campos Eliseos", *El Universal*, 17 y 20 de agosto de 2007.
54. "Diputados han intentado sobornarme: Marinela Servitje", *El Universal*, http://www.eluniversal.com.mx/articulo/cartera/negocios/2016/02/15/diputados-han-intentado-sobornarme-marinela-servitje.
55. Daniela Bermúdez, "La receta para hornear una empresa global", *El Economista*, http://eleconomista.com.mx/industrias/2016/02/20/receta-hornear-empresa-global.
56. Lourdes Contreras y Jonathan Torres, "Roberto Servitje, el empleado #1 del imperio Bimbo", *Forbes*, http://www.forbes.com.mx/bimbo-hornea-pan-para-los-chinos/.
57. Miriam Ramírez y José Antonio López, "Bimbo, ahora a la conquista de África", *Milenio*, http://www.milenio.com/negocios/panificadora-local-gigante-global_0_733726663.html.
58. "El plan de Daniel Servitje para que Bimbo conquiste al mundo", *Forbes*, http://www.forbes.com.mx/el-plan-de-daniel-servitje-para-que-bimbo-conquiste-al-mundo/.
59. Miriam Ramírez y José Antonio López Bimbo, *op. cit.*
60. "El plan de Daniel Servitje...", *op. cit.*
61. Miguel Pallares Gómez, "Bimbo, con dificultades en estrategia para China", *El Universal*, http://archivo.eluniversal.com.mx/finanzas-cartera/2015/impreso/bimbo-con-dificultades-en-estrategia-para-china-119116.html.
62. Bárbara Anderson, "Bimbo 'destraba' las puertas de China", *Expansión*, http://expansion.mx/expansion/2010/09/03/bimbo-china-expansion.
63. "Diputados han intentado sobornarme...", *op. cit.*
64. "Rechaza Canainca retirar alimentos procesados de escuelas", http://www.zocalo.com.mx/seccion/articulo/rechaza-canainca-retirar-alimentos-procesados-de-escuelas.
65. Lilia González Vázquez, "Aplicación gradual y restricción justificada, propone la Cofemer", *El Economista*, http://eleconomista.com.mx/industrias/2010/07/22/aplicacion-gradual-restriccion-justificada-propone-cofemer.
66. Karina Avilés, "El poder económico hace fracasar la regulación a la comida chatarra", *La Jornada*, http://www.jornada.unam.mx/2011/01/10/politica/005n1pol.
67. Álvaro Delgado, "Minimiza Madero desbandada en el PAN; 'padrón estaba inflado en 80%', dice", *Proceso*, http://www.proceso.com.mx/329789/minimiza-madero-desbandada-en-el-pan-padron-estaba-inflado-en-80-dice.
68. Álvaro Delgado, "Colisión en el PAN a cuenta del factor Madero", *Proceso*, http://www.proceso.com.mx/366611/colision-en-el-pan-a-cuenta-del-factor-madero.
69. Aurora Zepeda, "Aprueban tres nuevos partidos; a partir de agosto recibirán dinero público", *Excélsior*, http://www.excelsior.com.mx/nacional/2014/07/10/970028.
70. Felipe Rodea, "TEPJF confirmó la pérdida del registro del Partido Humanista", *El Financiero*, http://www.elfinanciero.com.mx/nacional/tepjf-confirmo-la-perdida-de-registro-del-partido-humanista.html.
71. Daniela Barragán, "Los Servitje, incendiarios y conservadores, también tienen lengua que les pisen", *Sin Embargo*, http://www.sinembargo.mx/03-02-2015/1233997.

Jorge Vergara, Chivas en cristalería

1. Salvo donde se indique lo contrario, las citas textuales de Jorge Vergara provienen de una larga entrevista sostenida con el autor el 30 de mayo de 2007. El presente perfil se

basa en una amplia consulta hemerográfica y entrevistas a amigos, ex amigos, colaboradores, rivales y detractores. Estos últimos han preferido guardar el anonimato.

2. Entrevista del autor con Javier González Durán, 2 de abril de 2007.
3. Mark Hughes murió casi diez años más tarde, en mayo de 2000, apenas a los 44 años, luego de amasar una enorme fortuna gracias a su personalidad carismática y sus habilidades para convertirse en un orador que arrastraba multitudes.
4. Las ventas de Herbalife en 2006 fueron de mil 600 millones de dólares, cifra superior a la de Omnilife, pero con un ritmo de crecimiento menor al de la empresa mexicana. Los ejecutivos de Herbalife se defienden señalando que su empresa cotiza en bolsa, lo que confirma la seriedad de su información e insisten en que no es el caso de Omnilife.
5. Mathew Heller, "Death and Denial at Herbalife. The Untold Story of Mark Hughe's Public Image, Secret Vice and Tragic Destiny", *Los Angeles Times*, 18 de febrero de 2001.
6. Ejemplo de estos debates entre los usuarios puede encontrarse en sitios como el siguiente: http://www.mexicolegal.com.mx/consultas/r15429.htm?submit=notificaconsulta&idconsulta=15429.
7. Entrevista del autor con Raúl Cuevas, director de Finanzas de Omnilife, julio de 2007.
8. Alberto Barranco, columna "Empresa", *El Universal*, 14 de junio de 2006.
9. Myriam Vidriales, *Expansión*, 12 de octubre de 2005.
10. Verónica Ortiz y Javier Peñalosa, "Lo que el viento se llevó", *Expansión*, 1 de octubre de 2003.
11. Entrevista del autor con Francisco Cárdenas, 14 de mayo de 2007.
12. Entrevista del autor con Raúl Cuevas, julio de 2007.
13. Declaraciones del empresario Édgar Arroyo, *La Jornada*, 8 de octubre de 2006.
14. *Ídem.*
15. *El Universal*, 25 de enero de 2005.
16. Agencia APRO, 18 de diciembre de 2003.
17. "Vergara dejará de ingresar 30 mdd con Chivas TV", *Récord*, http://www.record.com.mx/futbol-futbol-nacional-liga-mx-chivas/vergara-dejaria-de-ingresar-30-mdd-con-chivas-tv.
18. Ángel Nakamura, "Los 13 momentos de Jorge Vergara al frente de las Chivas de Guadalajara", *Expansión*, http://expansion.mx/empresas/2016/05/24/los-13-momentos-de-jorge-vergara-al-frente-de-las-chivas-de-guadalajara.
19. César Huerta, "Todo mundo quiere ver a las Chivas", *El Universal*, http://www.eluniversal.com.mx/articulo/deportes/futbol/2016/02/5/todo-mundo-quiere-ver-las-chivas.
20. Iván Pérez, "Los equipos más valiosos del futbol mexicano", *Forbes*, http://www.forbes.com.mx/los-equipos-mas-valiosos-del-futbol-mexicano/.
21. "Los Vergara-Fuentes. Una pareja poderosa", *Expansión*, http://expansion.mx/expansion/2010/11/23/fuentes-fue-angelissima-para-omnilife.
22. "Vergara destituye a Angélica Fuentes del Omnilife-Chivas", *CNNExpansión*, http://expansion.mx/negocios/2015/04/03/vergara-destituye-a-angelica-fuentes-de-omnilifechivas.
23. *Ídem.*
24. Hiroshi Takahashi, "Angélica frenó a Omnilife por 7 años: Jorge Vergara", *Forbes*, http://www.forbes.com.mx/angelica-freno-a-omnilife-por-7-anos-jorge-vergara/.

Los Ramírez, una vida de película

1. *The Independent*, 19 de diciembre de 2006.
2. Las conclusiones del Ministerio Público del fuero común constan en la averiguación

previa 297/96-V de la Procuraduría General de Justicia del Estado de Michoacán, donde se maneja la hipótesis de homicidio.
3. Miguel Ángel Granados Chapa, columna "Plaza Pública", *Reforma,* 23 de julio de 1996.
4. El personal de la familia Ramírez se refiere a María Villalón Verduzco como "la señora Nena", de acuerdo con las declaraciones ministeriales incluidas en la averiguación previa 297/96-V de la Procuraduría General de Justicia de Michoacán.
5. Marién Estrada, *Revista Mexicana de Comunicación*, núm. 83, septiembre-octubre de 2003.
6. *El Universal*, 8 de junio de 2002.
7. *La Jornada*, 24 de abril de 2003.
8. *Etcétera*, agosto de 2004.
9. Notimex, 23 de abril de 2007.
10. *Revista Mexicana de Comunicación*, núm. 85, febrero-marzo de 2004.
11. *Expansión*, 6 de junio de 2006.
12. *La Jornada*, 6 de julio de 2002.
13. *La Jornada,* 17 de agosto de 2002.
14. *Mundo Ejecutivo*, núm. 322, 27 de febrero de 2006.
15. *Marketing-Up*, 30 de abril de 2004.
16. *La Prensa* de Panamá, 29 de noviembre de 2005.
17. *Letras Libres*, núm. 100, marzo de 2007.
18. *Mundo Ejecutivo*, núm. 322, 27 de febrero de 2006.
19. *Ídem.*
20. *Club MBA*, 6 de julio de 2005.
21. Viridiana Mendoza, "Cinépolis revela el secreto de su éxito", http://expansion.mx/emprendedores/2012/09/14/cinepolis-revela--secretos-de-su-éxito.
22. "Cinépolis compra cadena de cines en India", http://expansion.mx/negocios/2015/01/28/cinepolis-compra-cadena-de-cines-en-india.
23. Itzel Castañeda, "Cinépolis abrirá 150 salas pero descarta entrar a nuevos mercados en 2016", http://www.elfinanciero.com.mx/empresas/cinepolis-abrira-150-salas-pero-descarta-entrar-a-nuevos-mercados-en-2016.html.
24. "Cinépolis y Herdez lanzan una línea de palomitas de microondas", *Notimex*, http://expansion.mx/empresas/2016/05/11/cinepolis-y-herdez-lanzan-una-linea-de-palomitas-de-microondas.
25. "Alejandro Ramírez, el empresario defensor de 'Presunto Culpable' ", *CNNMéxico*, http://expansion.mx/entretenimiento/2011/03/05/alejandro-ramirez-el-empresario-defensor-de-presunto-culpable.
26. "INE multa al Verde con 67 millones por desacato en campaña de Cineminutos", *CNNMéxico*, http://expansion.mx/adnpolitico/2015/03/06/el-ine-multa-al-verde-con-67-millones-por-desacato-en-campana-cineminutos.
27. Gustavo Castillo, "Cinépolis solicita amparo por pesquisa de PGR por 'Cineminutos' del PVEM", http://www.jornada.unam.mx/ultimas/2015/12/22/cinepolis-solicita-amparo-por-pesquisa-de-pgr-por-cineminutos-del-pvem-5609.html.

Índice onomástico